嬗变乡村中国

乡村中国——从发展到振兴

雷 明 王钰晴 著

清华大学出版社

北京

图书在版编目 (CIP) 数据

嬗变：乡村中国 / 雷明，王钰晴著 . -- 北京：清华大学出版社，2025. 6.
（乡村中国：从发展到振兴）. -- ISBN 978-7-302-68467-1

Ⅰ . C912.82

中国国家版本馆 CIP 数据核字第 2025KH0961 号

责任编辑：左玉冰
封面设计：谢晓翠
责任校对：王荣静
责任印制：宋　林

出版发行：清华大学出版社
　　　　　网　　　址：https://www.tup.com.cn，https://www.wqxuetang.com
　　　　　地　　　址：北京清华大学学研大厦 A 座　　邮　　编：100084
　　　　　社 总 机：010-83470000　　　　　　　　邮　　购：010-62786544
　　　　　投稿与读者服务：010-62776969，c-service@tup.tsinghua.edu.cn
　　　　　质 量 反 馈：010-62772015，zhiliang@tup.tsinghua.edu.cn
印 装 者：三河市东方印刷有限公司
经　　销：全国新华书店
开　　本：148mm×210mm　　　印　　张：15.375　　　字　　数：443 千字
版　　次：2025 年 7 月第 1 版　　　印　　次：2025 年 7 月第 1 次印刷
定　　价：129.00 元

产品编号：095295-01

中国改革开放 40 多年来，其城镇化速度令世界瞩目。1978 年至 2023 年，中国城镇常住人口数及城镇化率分别从 1.72 亿、17.9% 提高到 9.33 亿、66.16%，城镇化率年均提高 1.07 个百分点，城镇常住人口数增加了 7.61 亿。数据说明，中国目前已经转变成城镇人口占主体的国家，这是发达国家需经历上百年才能完成的。中国乡村的社会关系同样发生着变化，这一点格外引人注意。随着外出务工／进城、农村人力要素／劳动力的转移，以及乡村旅游民宿经济，乡村休闲、康养等产业的发展，中国乡村的"空心化"及休闲康养化趋势进一步显现，导致了中国传统乡村以血缘、乡风民俗和乡邻关系为纽带连接而形成的差序结构"熟人社会"，正逐步被以利益联结为关联，以规制、契约为纽带连接而形成的新乡村社会形态——这里我们称之为"陌新社会"——所替代。

这一转变过程不仅体现了乡村社会的现代化进程，也反映了城乡融合过程中乡村社会的重新组织和调整。传统的乡村社会依赖于村民之间的长期交往和信任，村庄内部以血缘和亲缘关系为纽带，形成了稳固的社会网络。然而，如今随着城镇化进程的深入，越来越多的农村人口外出务工，年轻劳动力大量流失，乡村的人口结构发生了显著变化。与此同时，城乡融合趋势加强，城市人口和资本涌入乡村，带来了新的经济活动和生活方式，乡村社区逐渐变得更加多元和复杂。外来人口的增加打破了传统的社会关系，乡村社会中的"熟人"逐渐被"陌生人"取代，村民之间的信任基础开始发生变化。原本以人情和习俗为基础的治理模式，难以应对多元化的社会需求和不断变化的经济形态，这就促使乡村社会向"陌新社会"转型。在这个新的社会形态中，社会关系更加契约化，村民之间的交往更多地基于利益和规制，传统的乡土情感被淡化，而以市场经济和法治规则为基础的关系逐渐占据主导地位。这种转变不仅改变了乡村的社会面貌，也对传统的乡村治理模式提出了新的挑战。

新乡村到底是什么样的？"陌新社会"到底是一个什么样的乡村社会结构？如何适应这种嬗变？带着这些问题和好奇，我们进行了持续观察和深入研究。本书从立题到完成历时 4 年多，研究团队成员在深入实地调研、广泛查阅文献的基础上，多次讨论反复斟酌，厘清脉络，深入研究分析。成稿以后，几易其稿，反复打磨，大的修改就进行了 8 次之多，可谓历经修改—提炼—深化，最终定稿！

全书力图把握和突出以下特色。

（1）创新性。一是紧紧围绕中国乡村，围绕如何实现乡村振兴这一主题，力图对当下中国乡村进行一个全方位的扫描，力争对当下中国乡村给出一个立体式全息画像。二是特别注重当下中国乡村案例的总结，以提取出中国乡村最具有代表性的特质。

（2）前瞻性。一是结合目前乡村振兴战略，从产业发展、生态建设、乡风文明、有效治理、生活富足、美丽乡村等方面，对未来中国乡村发展之路进行了全方位展望。二是远景分析、超前研究，在预判中长期大势大局之后，对可能出现的危机及预期影响进行先导性分析，并及时给出破解的思路与办法。

（3）理论指导性。一是结合实际，围绕当下乡村生产、乡村生活、乡村治理、乡村文化、乡村人和物、乡村组织，准确把握中国乡村发展的现实需要，以全面、丰富、扎实的信息支撑，阐释当下中国乡村发展中的真问题。二是理论的提炼、归纳和总结。三是解疑释惑，确保提供的当下中国乡村画像以及未来之路思路经得起推敲检验，对现实中国乡村发展、乡村振兴实践工作有启发，有指导作用。

（4）学理性。侧重理论论述＋文献分析＋案例分析＋数据分析，定性分析＋定量分析。

现将成果以《嬗变：乡村中国》呈现出来，并作为我们"乡村中国：从发展到振兴丛书"的第一部，以飨读者。

特别感谢研究团队王钰晴博士富有成效的组织沟通工作，特别感谢4年多来研究团队郭思含（第一章）、高荣（第二章）、林上（第三章）、方程煜（第四章）、张佳伟（第五章）、钟雅晴（第六章）、苏冠颐（第七章）、崔慧敏（第八章）、彭高杲（第九章）、刘奕辰（第十章）等全体成员辛勤努力地工作。特别感谢北京大学乡村振兴研究院及光华管理学院各位同仁的大力支持，特别感谢丛书编委会各位同仁的大力支持，特别感谢清华大学出版社编辑老师的大力支持和帮助。特别感谢所有为本研究提供过支持和帮助的人，恕不能一一致谢！

在此，再次对所有提供帮助者表示衷心的感谢！

雷明
2025年2月于北大燕园

作者简介

雷明，北京大学乡村振兴研究院院长，北京大学光华管理学院二级教授，博士生导师，新疆财经大学天池特聘教授，英国爱丁堡大学荣誉教授（Honorary Professor of The University of Edinburgh）。北京市乡村振兴专家咨询委员会委员，国务院原扶贫领导小组专家咨询委员会委员，教育部教学指导委员会专业委员会委员，贵州省中国特色社会主义理论研究中心特约研究员。曾任中国运筹学会专业委员会副理事长，中国环境科学协会环境经济学专业委员会副主任委员，国际决策科学协会（Decision Sciences Institute，DSI）亚太地区决策科学协会（Asia Pacific DSI）当选主席（President Elect）。日本京都大学KANSEI POWER 讲座副教授（Associate Professor of Donated Chair），京都大学客座教授，天池学者特聘教授（2021），英国爱丁堡大学荣誉教授（2017）。

其长期从事贫困治理与乡村振兴、绿色核算与可持续发展、决策分析等，带领团队三十年如一日，深入全国十四个贫困片区两百多个地市县调研，完成百余份调研报告，出版区域发展战略丛书五辑三十余部。近年在 *Omega*、*The International Journal of Management Science*、*Energr*、*International Journal of Production Economics*、*Decision Support Systems*、*Energy Policy*、*Journal of Cleaner Production*、*Journal of Integrative Agriculture*、*International Journal of Production Research* 等 SCI\SSCI\CSSCI 期刊及《人民日报》《光明日报》等发表论文二百余篇，出版专著 *Climate Mitigation and Adaptation in China*（Springer, 2022）、《共同富裕下共享发展及其内在逻辑》（2023）、《振兴之路——新阶段中国乡村治理的制度框架》（2022）、《绿色发展与生态减贫》（2022）、《迈向共同富裕：中国扶贫的实践选择》（2022）、

《通往富裕之路：中国扶贫的理论思考》（2021）、《股田中国——兼论农村股份合作制》（2020）、《贫困与贫困治理——来自中国的实践（1978—2018 年）》（2019）、《新型城镇化与减贫发展》（2018）、《旌德调查——关于安徽省旌德县多元扶贫的调查报告》（2017）、《中国扶贫》（三部曲）（2020/2021/2022）（入选中国好书榜 / 长安读书会推荐榜 / 国家社科基金中华学术外译项目）近二十部，并被译为英语、法语、德语、俄语、西班牙语、葡萄牙语、阿拉伯语等。

获中国绿色人物特别奖，中国环境与发展国际合作委员会环境奖，教育部新世纪人才（2008）称号。获北京市哲学社会科学优秀成果专著一等奖（2021），国家教学成果二等奖，北京市教学成果一等奖，首届中国扶贫社会责任奖。北京大学乡村振兴研究院获北京大学人文社科优秀研究机构称号。

王钰晴，北京大学光华管理学院博士研究生。读博期间参加导师雷明教授主持的国务院原扶贫办、国家乡村振兴局等的多项国家级和省部级课题，在《中国农业大学学报（社会科学版）》《经济研究参考》等期刊发表多篇论文。

目录

第一章　导言 ………………………………………………………… 1

第一节　乡村之殇 ……………………………………………………… 1

第二节　乡村之美 ……………………………………………………… 8

第三节　乡村之变 ……………………………………………………… 14

第四节　乡村之路 ……………………………………………………… 18

第二章　乡村变迁 …………………………………………………… 21

第一节　曙光熹微：从乡贤把脉到农政初启 ………………………… 21

第二节　焕然一新：社会主义新农村的起步 ………………………… 27

第三节　挣脱桎梏：告别饥饿的时代探索 …………………………… 33

第四节　砥砺图强："三农"问题的迫切探索 ……………………… 40

第五节　恢宏历史：绝对贫困的全面消除 …………………………… 45

第六节　全面振兴：新时代的新乡村、新农人 ……………………… 50

第七节　本章小结 ……………………………………………………… 56

第三章　乡村生产 …………………………………………………… 58

第一节　农耕：农林牧渔产权制度变革、生产组织形态 ………… 58

第二节　延伸：产业链延伸 …………………………………………… 73

第三节　融合：一二三产业融合 ……………………………………… 79

第四节　合作：专业合作社 …………………………………………… 86

第五节　物流与电商 …………………………………………………… 93

第六节　外出务工与返乡就业 ………………………………………… 99

第七节　本章小结 ·· 107

第四章　乡村生活·· **108**

第一节　小农生活："两亩地一头牛" ····································· 108

第二节　小康生活：发家致富 ·· 113

第三节　漂移、留守与回流：流动的乡村 ····························· 128

第四节　城乡同框：城乡统筹 ·· 146

第五节　医疗与教育：村医与村小 ·· 152

第六节　美丽村庄 ·· 164

第七节　现实与梦想 ··· 172

第八节　本章小结 ·· 179

第五章　乡村文化·· **180**

第一节　构成乡村的单位：宗族与家庭 ·································· 180

第二节　乡村交流的媒介：语言与文字 ·································· 190

第三节　乡村生活的方式：物质与精神 ·································· 198

第四节　乡村文化的未来：契机与挑战 ·································· 212

第五节　本章小结 ·· 217

第六章　乡村治理·· **218**

第一节　危机与重建：新时期的秩序与治理 ·························· 218

第二节　城乡之间的迁徙：乡村"空心化" ···························· 224

第三节　基层规则嬗变：村规民约的新生 ····························· 231

第四节　民间意识形态：礼制与传统 ····································· 236

第五节　权力下移：乡贤与自治 ··· 241

第六节　多主体协同：基层组织协同 ····································· 248

第七节　三治合一：构建理想治理生态 ·································· 254

第八节　本章小结 ·· 259

第七章　乡村之人 ······ **261**

第一节　分化与流动 ······ 261

第二节　外出与留守 ······ 268

第三节　本土与外来 ······ 274

第四节　婚姻与家庭 ······ 277

第五节　外姓与宗族 ······ 281

第六节　年老与青年 ······ 287

第七节　妇女与儿童 ······ 293

第八节　能人与大户 ······ 298

第九节　本章小结 ······ 302

第八章　乡村之物 ······ **304**

第一节　土地：土地撂荒 ······ 304

第二节　资本：金融资本、民间资本 ······ 312

第三节　生产资料：种子、化肥、农机 ······ 320

第四节　资金：转移支付与农村金融 ······ 328

第五节　资产：动产、不动产 ······ 335

第六节　村落：衰败与振兴 ······ 342

第七节　非遗：历史遗产 ······ 348

第八节　生态环境：自然馈赠 ······ 354

第九节　本章小结 ······ 360

第九章　乡村之组织 ······ **362**

第一节　家庭 ······ 363

第二节　宗族 ······ 371

第三节　村"两委" ······ 375

第四节　专业合作社 ······ 381

第五节　产业基地 ······ 387

第六节　企业 ······ 392

第七节 本章小结 ·· 396

第十章 乡村振兴之路 ·· **398**

第一节 兴旺（发展生产）······································ 399

第二节 宜居（环境优美）······································ 412

第三节 文明（精神愉悦）······································ 420

第四节 有效（有效治理）······································ 425

第五节 富裕（生活富裕）······································ 431

第六节 美丽（乡村美丽）······································ 440

第十一章 向变而生 乡村重构 ·································· **447**

第一节 嬗变："熟人社会"到"陌新社会" ················· 447

第二节 乡村社区重构——乡村新型社区共同体建构 ············· 450

第三节 改革创新：持续推进农村深化改革 ················· 457

参考文献 ·· **459**

第一章

导言

当下中国乡村到底是一种什么景象？应该是一种什么景象？新中国成立前后，中国乡村又经历了一个什么样的演变历程？在实现乡村振兴的进程中，理想中的中国乡村又应当如何构建？本书紧紧围绕中国乡村，聚焦如何实现乡村振兴这一重大主题，力求通过对乡村生产、乡村生活、乡村治理、乡村文化、乡村人和物、乡村组织等方面的系统分析，呈现当下中国乡村的全貌，为读者构建一个多维度、全方位的乡村图景，并探讨未来的中国乡村发展方向。

第一节　乡村之殇

农为邦本，本固邦宁。随着我国经济的飞速发展、城市化进程不断加快，城镇化率从 1978 年的 17.9% 提高到 2021 年的 65.3%①，在过去 40 多年间，中国城镇化率提高显著，完成了由一个农业人口占主导的落后国家向城镇人口占主体的国家的历史性转变，实现了发达国家上百年都未完成的城镇化奇迹。与此同时，大量农村青壮年劳动力开始流入城市，农村常住人口下降，人口以"386199"群体为主，即妇女、儿童、老人，"谁来种地"成为难题，人口流失的比率并未随

---

① 城镇化水平显著提高 城市面貌焕然一新：改革开放 40 年经济社会发展成就系列报告之十一 [EB/OL].（2018-09-10）. https://www.stats.gov.cn/zt_18555/ztfx/ggkf40n/202302/t20230209_1902591.html.

着时间的推移逐渐下降，城镇居民与农村居民并没有形成良好的双向互动，使得城乡发展极度不平衡，这导致了曾经传统乡村以血缘、乡风民俗和关系为纽带连接所形成的差序结构"熟人社会"，正在逐步变成产业"空心化"、人口"空心化"、教育"空心化"等的"空心社会"，这会进一步导致形成农村经济持续低迷、城市经济加速发展的恶性循环。

"空心村"是农村现代化过程中，由于农业经济和就业结构的转变造成村庄内部建设用地闲置的一种聚落空间形态的异化现象。[①] "空心村"的具体表现为：村庄居民在农村外围，邻近道路的地方修建新住宅，村庄中的住宅闲置，使得农村住宅布局形成中间空的农村，农村青壮年劳动力从农村流入城市，使得农村留下的人员多是老弱病残幼。据《中华人民共和国 2021 年国民经济和社会发展统计公报》，按常住人口计算，2021 年我国人户分离的人口 5.04 亿人，其中流动人口 3.85 亿人。全国农民工总量 29 251 万人，比上年增长 2.4%。其中，外出农民 17 172 万人，增长 1.3%；本地农民工 12 079 万人，增长 4.1%。

提到乡村"空心化"，老人、妇女、儿童一度是留守乡村的主要力量。然而，近年来，这一留守人员也呈现残缺不全的趋势，大部分人口转移至城市，使乡村成为一种新的"候鸟聚集地"。一方面，老年居民群体逐渐随子女进城养老；另一方面，妇女群体一部分选择与子女一同进城务工，另一部分则在城镇陪伴子女完成学业。最重要的是，年轻一代农民普遍缺乏农业技术，并且由于长时间在城市从事制造业、快递、外卖等服务，他们的思维方式已逐渐脱离农业本质。即便偶有返乡者，他们也对从事农业工作缺乏兴趣和能力。由此可见，当前乡村社会结构的演变导致了劳动力资源的不均衡分布，老年化和农业技术流失加剧了乡村劳动力的匮乏现象。

城乡区域经济发展的不均衡直接导致了城乡收入差距的扩大，成为农村"空心化"的根本原因。在二元经济结构下，只要城乡之间存

---

① 单德启，张军英. 警惕空心村蔓延，遏制村庄无序建设 [J]. 小城镇建设，1999(8): 40-41.

在期望收入的差异，劳动力就会倾向于流向收入较高的城市。①2022年农民可支配收入中，工资性收入（主要来自外出务工）占比高达42%。② 由于农村在人均收入、基础设施、生活水平以及医疗设备等方面相对薄弱，农民在进城务工后鲜有回乡建设的积极意愿，导致农村人口急速流向城市，尤其是向中心城市单向集中流动，进而导致农村人口减少、经济活力下降。这一现象使城乡之间的发展失衡进一步加剧，形成了一种恶性循环。城市吸纳了大量农民工，但由于农民工多数来自经济欠发达的农村地区，其在城市中的社会保障、医疗保健等方面面临一系列困境。与此同时，农村缺乏吸引人才的条件，劳动力流失更进一步削弱了农村的经济实力，形成了城乡间相互制约的局面。③

农村和城镇就像硬币的两面，随着城镇化的深入进行，农村作为硬币的另一面，其"空心化"程度也日益严重，因人口"空心化"所带来的农村房屋建筑"空心化"、产业"空心化"、文化"空心化"等连锁性农村"空心化"问题将十分突出，不仅会使农村土地等资源造成巨大浪费，还会造成更严重的"城市拥挤""城市病"等问题。

农村人口"空心化"引起的农村教育"空心化"逐渐引起人们的注意。习近平总书记指出，"基础教育在国民教育体系中处于基础性、先导性地位，必须把握好定位，全面贯彻落实党的教育方针，从多方面采取措施，努力把我国基础教育越办越好"④。中国教育部官方网站公布的数据显示，2011 年，我国小学数量为 242 000 所，初中阶段学校 53 091 所，截至 2021 年，小学数量锐减到 154 300 所，初中为 52 900 所，其中减少的学校数量主要为农村学校的数量。在当前城镇

---

① 陆铭，陈钊 . 城市化、城市倾向的经济政策与城乡收入差距 [J]. 经济研究，2004，39(6): 50-58.

② 方晓丹：居民收入与经济增长基本同步 消费支出实际增速略有回落 [EB/OL].（2023-01-18）. https://www.stats.gov.cn/xxgk/jd/sjjd2020/202301/t20230118_1892287.html.

③ 苏奇，游珊珊，陈斌卿，等 . "新三农"问题的出现和破局之策 [J]. 山西农经，2022(19): 20-22.

④ 2016 年 9 月 9 日，习近平总书记在北京市八一学校考察时的讲话。

化进程中，农村学生和农村教师双双流向城市，农村生源减少、农村学校建设规划与城镇化进程严重脱节，造成农村教育者和受教育者的"双弱"格局。农村基础教育面临主体流失的困境，乡村家庭大量向城镇流动，"空壳校"困境的形成，也源于社会基础环境中多重因素共同驱动的结果。

缺失了"人"这一要素，象征着乡村面貌的乡土文化便缺少了展现的主体，乡土文化作为乡村发展的重要传承，对推动乡镇发展、助力乡村振兴具有重要作用。农村人口的"空心化"和国家城镇化建设的快速推进，最终造成自然村落和传统村庄这些承载乡土文化的载体逐渐消失，传统村落之间的地域联系和血缘关系不断疏远，使得原有的礼法风俗、行为准则、道德伦理等村规民约逐渐消失，传统习俗、技艺、特色民居、宗族祠堂逐渐消失，乡土文化传承呈现出活力和动力不足的现象，这也会直接影响乡村振兴战略中的文化振兴。

乡村振兴，关键在产业，产业兴旺，自然少不了"人"的作用。产业兴旺作为乡村振兴的基石，是推动城乡要素融合、解决就业问题、提高农民创收的主要措施，但由于农村人口外流严重，人口密度降低且村庄的分散导致要素资源无法共享，资金、土地、技术等生产要素很难实现规模效益，大量的房屋耕地处于闲置状态，没有生产要素的投入，就很难实现产业的快速转型发展，农村产业结构不合理，仍以传统农业为主，产业链条短，二、三产业发展严重滞后，由于劳动力的流失导致农村一产产值也在逐年下降，这不仅浪费了农村相比于城市的比较优势资源，也浪费了农村实现快速发展，实现脱贫攻坚和乡村振兴有效衔接的机遇。

由于人口流失，村庄内的房屋大都废弃闲置，常年无人居住，整个村庄呈现出荒芜的景象，环境卫生相当恶劣，下水道、庄稼地，随处可见各种垃圾。由于气候变化引起的农村自然灾害频繁发生，乡村生态环境并没有因为人口"空心化"而得到改善，外加"空心村"造成村子"外实内空"，土地大量搁置，布局分散杂乱，村庄的整体居住质量也因此更加恶化。

我国东部沿海地区与中部地区相比，城市化和工业化水平较高。经济特区、自由贸易区相继建立，更是让东部沿海地区的经济发展踏上了加速发展的道路。尤其是改革开放以来，作为开放程度最高、开放政策最多的地区，东部沿海地区工业化和城市化快速发展，也带动了广大农村地区生产方式等的优化和提升，但与此同时，东部沿海地区相对于中西部地区而言土地闲置率却更高。东部沿海地区"空心村"的分布特征主要有以下几点：一是"空心村"空间分布不均，东部沿海地区不同省份经济发展水平、城镇化速度、城乡收入差距以及乡村治理政策均有差异；二是"空心村"整体上呈现出南少北多的状态，其中辽宁、河北、山东"空心村"数量较多，天津、江苏、上海等地相对较少；三是贫困地区"空心村"分布集中，经济发达地区相对较少。经济发展水平和开放程度较高的城市由于产业结构升级较快，基础设施等环境较好，"空心村"数量较少，而反观河北、山东等大量农村地区的产业结构落后，农民人均纯收入较低，贫困村数量较多，形成大量"空心村"。西部地区的贫困问题源于地理环境恶劣、经济基础薄弱、交通不便、教育资源匮乏以及历史和政策等多重因素的综合作用。这导致了城乡收入差距加大、社会问题突出、资源环境压力增大、人口流动加剧以及经济发展滞后等负面结果，使得西部地区难以摆脱贫困的恶性循环。

案例1-1 浙江省杭州市临安区昌化镇后营村，乡村嬗变，振兴新景

位于浙江省杭州市临安区昌化镇最西面的后营村，村域总面积 5.94 平方千米，耕地面积约 16.67 公顷（1公顷 =10 000 平方米 =15亩），总人口 817 人，生态环境良好。然而，后营村也曾深陷"空心化"的泥沼，甚至由此衍生出土地资源浪费、人居环境破坏、民主水平欠佳等一系列后遗症，加剧了村庄治理难度。

就客观因素而言，据村民回忆："这边位置不好，2005 年的时候就发生了一场特别大的洪灾，造成 4 人死亡。"后营村地处山区丘陵，自然灾害频发。同时，较之昌北地区，"我们这边不能扩大生产，山核桃

产量不多，收入更不高"。后营村发展空间狭小，缺乏产业更新升级的发展条件。此外，后营村虽背靠杭州市区，但路网建设布局欠合理，城乡、城际交通难以顺畅衔接，与外界旅游资源沟通的难度大。而鉴于增长极的规模经济和本地市场效应的存在，有限的经济要素在市场力量作用下仍然会向资源利用效率更高的中心城市集聚，即杭州市区的"虹吸效应"会进一步集聚包含利于后营村发展在内的人力、物力等经济要素，从而进一步阻碍后营村的发展。就主观因素而言，副书记吕永说："早期以山核桃种植作为主要产业的后营村，竞争力低下，难以留住村民，致使其大量外出。"较大的城乡收入差距以及工业化与城镇化发展的推进使得大量劳动力迁移，这在造成后营村人口"空心化"的同时，进一步加剧了住宅"空心化"的现象。就社会因素而言，后营村干部队伍缺乏与时俱进的土地规划意识，加之村民对土地存在"有权无责"的共识，导致后营村建房用地与农业用地管理不规范，致使大规模特色产业发展受阻。

为了解决村庄日益"空心化"的问题，后营村以当地牧羊产业为依托，亮出富有当地文化底蕴的"羊村"名牌；以"暖山"民宿领头，村委护航打造出"民宿村"的金字招牌；以产业为基，数字惠民勇夺"未来乡村"响亮名号，发挥村庄优势。截至目前，后营村已然通过有效治理实现了从"脏乱差"向"净齐好"的转变。

资料来源：连晓佳，童耀南.后营村：以牧羊起家的民宿村[J].新农村，2022(9): 19.

案例1-2 北京市密云区北庄镇干峪沟村，"空心村"上建立起来的山里寒舍

干峪沟村，地处燕山山脉东部，海拔600多米，位于长城脚下，隶属于北京市密云区北庄镇。从北京城区到密云开车大概两小时，在山路上慢慢前行，一路风景无限。这里炊烟依旧，原始风貌犹存，被上万亩的原始次生林覆盖，野生植物36 852种，也是天然的野生动物栖息地，是一个世外桃源般的地方。在这个一直未被打扰的旅游处女之地，无限的自然风光，淳朴的传统民风，深厚的文化底蕴，都成为

其发展成创新型旅游形态的绝对优势。

虽然生态环境优越，但由于地处偏远，这个小村庄也像中国很多"空心化"农村一样难逃日益荒凉、日渐凋敝的命运，整个村庄仅有十余位老人生活于此。干峪沟村户籍人口仅有41户71人，平均年龄超过60岁，常住人口不足20人。年轻劳动力纷纷外出谋生，干峪沟村村民逐渐外迁，导致村内民居空置率高达80%，土地和山场无人打理，全村43处宅院，大多处于闲置状态，村庄凋敝的程度日益加深，当时的经济来源主要是核桃、红果，但由于地偏路窄，红果销售反而成了"靠山吃山"的村里人的心病。

总结来说，早年的干峪沟村是名副其实的"空心村"，几乎有一半的房子常年都是空置的。因为地理位置偏僻，交通不方便，很多人都被迫出去打工赚钱，到了1994年许多人享受国家生态搬迁政策后"能走的都走了"，人口流失使得产业、土地、设施等日益"空心化"。干峪沟村也是密云最小的村庄，全村总共才41户人家，不到80口人。加之很多人陆续搬迁出去，村子在人口规模上也渐渐变小。此外，这座小村庄还有一个致命的缺陷，就是缺水，当年很多投资商来这里考察过，虽然看好这里的自然景观，但是，一个吃水都困难的地方，是怎样也留不住投资者的。

总结来说，多数村庄的"空心化"形成可能各有原因，如生态要素流失、乡村聚落分散、集体经济产业"空心化"、公共空间活力降低、公共服务"空心化"等，但是其中最核心的便是没有稳定的收入来源、没有稳定的产业发展，农民留在村庄找不到生存的寄托，无奈之下只能选择离开村庄到城市里寻找生计，这种"正反馈"现象一旦形成，后果便难以想象。

资料来源：严旭阳，汤利华，杨一介.城乡关系视野下的空心村功能重构：动力与机理——北京密云干峪沟村"重生"案例研究[J].管理评论，2020，32(4)：325-336.

以乡村之殇为代表的衰退话题近几年呈现燎原之势，城镇化的快速发展不应该以牺牲农村发展为代价，总结来说，乡村人口"空心化"的生成机制为：由于乡村收入低、社会文化变迁、基础设施建设滞后等不利生活条件造成的农村推力，城镇化、工业化的快速发展，城市良好的经济条件和基础设施带动了乡村人口的非农就业转移的"城市拉力"，以及其他交通、政策等方面引起的"突变力机制"。衰退，既是提醒，也是实现变化的起点，意识到了问题，就要思考如何解决问题。本书梳理了我国乡村从中华人民共和国成立以来的历史演变进程以及历史性节点，对变迁的每一个时期发生的事件进行全方位扫描，并针对每一阶段出现的乡村之殇进行总结经验与不足，为乡村的发展奠定基础。

第二节　乡村之美

建设美丽乡村是解决人民日益增长的美好生活需要与不平衡不充分发展之间的矛盾，实现"两个一百年"奋斗目标的必然要求，是解决"三农"问题，缩小城乡差距，实现新型城镇化、农业现代化的必由之路。随着城乡之间人员更大规模的流动以及乡村的富裕和振兴，乡村的美已经不仅仅局限于传统意义上的生态美，多维度的"美"已经被发掘出来。

美丽乡村建设的提出不是无源之水，而是具有深厚的理论来源，既是适应社会经济发展的时代选择，也是贯彻落实党的十九大精神的客观需要，其应有之义包括"产业美、生态美、生活美、人文美"。它代表的是一种人与自然和谐共处，经济与生态良性互动的美好境界，新时代的美丽乡村要切实做到美一片景、兴一项业、富一方人。坚持"有为政府"与"有效市场"共进、环境与产业齐抓，选择乡村特色产业优先培育和发展，促进当地农业与文化、创意、旅游、健康、教育、养生、生态等要素深度融合。打造绿色农业、特色小镇、特色餐饮，发展康养旅游、文化创意等全新业态，推进产业集群、数字赋能，既要做到乡村"面子俏"，又要做到产业"里子美"。

案例 1-3 辽宁省沈阳市沈北新区兴光村——水稻变"颜料",稻田变"画板"

辽宁省沈阳市沈北新区的"稻梦空间"美景如画,站在高处的观光塔上,龙腾虎跃、田园爱情、女娲补天、中国日子呱呱叫等场景赫然出现在 2 000 多亩的沃野之上,映入眼帘,恍如置身梦幻空间。2011 年,沈北新区人民政府从日本引进稻田画制作技术,并在一块80 余亩的稻田上做实验,仅仅黄、紫两种颜色的水稻便种出了美轮美奂的锡伯族人民骑射的图案,在当地引起轰动。到了第二年,新区政府牵线搭桥,沈阳锡伯龙地创意有限公司接过了稻田画制作的接力棒,开始投资建设观光农业产业园,并组建专门团队到海南培育彩色水稻,不断开发新品种。2014 年中秋节前后,以稻田画为特色的田园综合体"稻梦空间"在兴隆台锡伯族兴光社区开业,总投资 1.5 亿元,辐射面积 5 万亩,立足"三农"资源,着力打造集生态稻田画、水稻加工、农业嘉年华、餐饮民俗、田园观光为一体的民族生态画卷。目前已经拥有十余种不同颜色的水稻,已具备两万亩绿色水稻种植规模,2017—2019 年,仅仅旅游观光项目,"稻梦空间"就直接创造就业岗位 200 余个,带动当地农民年创收近 500 万元。

"稻梦空间"始终坚持让农业走品牌化之路,即种植基地 + 旅游 + 品牌产品加工,拉动乡村旅游、促进农民增收,成为响应国家乡村振兴战略的"沈阳样本"。2020 年,"稻梦空间"积极探索"以企带村、村企合作"的乡村振兴新模式,大力发展单家民宿经济、建设小镇冰雪项目、开发米糠酵素浴和油画等项目。凭借其优越的生态条件,很快成为活跃在大荧幕前的"网红",2020 年国庆档电影《我和我的家乡》中"神笔马亮"的拍摄就取景于此,其中那幅壮观的火车稻田画让人印象十分深刻。

现如今,"稻梦空间"已经是国家 3A 级景区,完美融合亲子教育、生态文化、农耕文化、锡伯族文化,被冠以"中国稻田画之乡"的美誉。

资料来源:彭岩峰,葛红霞."稻梦空间"梦想成真了 [N].友报,2022-08-05(4).

如今的兴光村，不仅能闻到课本里所描绘的"泥土的芬芳"，还满足了人们对"诗和远方"的向往，是繁忙生活之外让人心神宁静的地方。它凭借其天然的自然资源禀赋，大力发展生态旅游，营造生态之美的美好画面，生态之美赋能的旅游业等发展成为新的乡村振兴核心力，加速将"美丽生态"转变为"美丽经济"。

案例 1-4　黑龙江省牡丹江市海林市蔬菜村，小蔬菜发展大经济，小村庄绽放致富花

在黑龙江省牡丹江市海林市，牡海城际公路的一头，柳树环抱的海浪河畔，坐落着一个以蔬菜而闻名的小村——蔬菜村，蔬菜村位于海林市城郊接合处，辖 10 个村民组、1 个自然屯，共有 1 935 户、6 873 口人，全村耕地面积 11 000 亩，林地 6 000 多亩，是全省最大行政村之一，也是蔬菜生产专业村。蔬菜村原名"幸福村"，可往前数 30 年，幸福村的村民并不知道"幸福"是什么滋味，人多地少，生活刚刚跨过温饱线，村集体经济几近空壳、无钱办事，加之后合并进来的分屯带来 100 多万元负债，村集体经济"雪上加霜"。在新一任书记上任后，经过反复的研究，结合蔬菜村的实际情况，确定了联营联建，引进新兴企业，壮大村集体经济的发展道路。通过抓种植大户、抓经济能人、抓典型示范，采取技术人员帮扶、大户带小户、合作社领办等方式，将蔬菜产业培育成持续拉动农民增收的主导产业。近年来，蔬菜村始终坚持"依托城区、多业并举、以企强村、以菜富民"的发展思路，深入实施"一村一品"工程，做大做强蔬菜产业。到 2018 年，全村集体经济总收入 208.5 万元，农民人均可支配收入 2.97 万元，村集体资产积累近 3 亿元，成功摘掉贫困帽，走上致富路。[①]

作为省内外有名的菜篮子基地，蔬菜村走出了一条富有特色的乡村振兴之路，成为农业强、农民富的典型。走上富裕道路的前提是必须有特殊产业，海浪河流域都是沙土地，这种土地培育出的蔬菜果形特别好，含糖量也非常高，特别适合出口外销。"农村增收的出路在科

---

① 全国乡村特色产业亿元村｜解密蔬菜村的"流量密码"[EB/OL].（2023-05-06）. https://www.hljnews.cn/jjny/content/2023-05/06/content_691441.html.

学种田"，为了让村民们早日尝到幸福的滋味，蔬菜村确立了"兴菜富民"的产业发展思路，紧紧盯住蔬菜产业不放松，同时由于东北发展蔬菜产业有优势，因为气候原因，大部分虫害可以被冻死，相应地，农药打得少，品质更优，因此东北蔬菜可以畅销。

2023年3月，农业农村部发布《农业农村部关于公布第十二批全国"一村一品"示范村镇及2022年全国乡村特色产业产值超十亿元镇和超亿元村名单的通知》，海林市蔬菜村继2020年、2021年上榜全国乡村特色产业亿元村后，2022年再度入选名单。如今的海林市蔬菜村年产各类鲜菜1.2亿多斤，其中年出口韩国、日本、俄罗斯和外销北京、广州、上海等地8 000多万斤，现已成为全省最大村级蔬菜生产基地之一。

资料来源：清华大学乡村振兴工作站赴黑龙江牡丹江支队实践调研。

案例1-5 贵州省黔南州平塘县牙舟镇边兰村，叠鞘石斛大丰收，石头缝里"开花生钱"

顽强地挺拔在石缝间的一株株铁皮石斛，是边兰村村民们精心培育的"黄金"，这些"黄金"让曾经光秃秃的石头坡变得生机盎然，平塘县牙舟镇边兰村依托良好的地理气候优势，因地制宜，扬长避短，在山旮旯的石头缝里种"黄金"，带动群众就业增收，"钱景"十分可观。

石斛是我国独特的中草药之一，生长于岩壁上或树上，素有"千金草""健康软黄金"之称，可做医用药材、养生保健、饮品食用等，有极高的医疗价值。2017年，牙舟镇边兰村通过招商引资，引进贵州祥荣科技发展有限公司，利用当地的石头山，采用仿野生种植的方式种植叠鞘石斛。引企到村，带富到人。在叠鞘石斛产业发展过程中，栽种、除草、管护、采收等为当地群众提供了就业岗位，让群众在家门口有活干、有钱赚，农民一天得到的工钱除了够生活费，还能给家里面交电费等。从当地管理人员口中了解到，为确保石斛的产量和质量，公司种植基地种下石斛三年后才开始收割、销售，此后一年一收，一次投入、长期受益。牙舟镇边兰村叠鞘石斛种植总共有1 180亩。

叠鞘石斛产业的发展，让大山里的石头开出花、生出钱，将荒山变成了"金山"，为乡村振兴开辟了一条特色生态发展之路。

资料来源：邓钺洁.人间仙草深山采 石斛花开幸福来：贵州深入建强石斛全产业链[J].当代贵州，2020(33):40-41.

生态美起来的乡村，当然也要富起来，从以上乡村产业发展中不难看出，立足实际、按照比较优势发展产业是新农村建设和乡村振兴的基础，乡村比较优势体现在了发展产业的不同：东北天然的气候特点使得蔬菜农药含量极低，并且黑土壤富含多种利于人体的矿物质；西南地区的独特气候使得其特色林下经济产业快速发展。乡村振兴的主要工作之一便是发展富民产业，只有丰沃的产业土壤，才能结出繁茂的发展中成果，要紧紧扭住乡村产业振兴不放松，做大做强各类特色产业，拓展农民致富路径。

案例 1-6 山东省济南市历城区石匣村，共赴一场戏剧之约

在石匣村，"半年节"有着吃伏羊和看戏的习俗。最近，每当"半年节"到来，演员们都会带着丰富多彩的节目来到石匣村，共赴一场戏剧之约，逐渐形成并打响了"看大戏、吃伏羊、过半年"的文旅IP（知识产权）。

以前，由于大多数年轻人外出务工，村子的发展也因此受阻。石匣村全村760余户中有360户为贫困户。"原来我们村集体收入很少，只有四五万元。"石匣村党支部书记景华说，"2019年，我回到村里做书记，一心盼望能尽快振兴石匣村。实际上，石匣村并不缺乏文旅资源，这里不仅是山东省非物质文化遗产章丘梆子的发源地，而且周围青山环绕、风光秀美，村中穿流着清冽泉水，还有9座古老庙宇。当时，我结识了来到石匣村调研的中国戏剧文学学会会长李东才，我们组织多次研讨，认为可以通过弘扬章丘梆子振兴乡村戏剧文化，打造出一张响亮的文化名片，进而带动石匣村脱贫致富。就这样，石匣村在中国戏剧文学学会的指导和帮助下开始了以戏剧赋能乡村振兴的尝试。"2019年，石匣村建设了章丘梆子戏曲博物馆，对章丘梆子的发

展与传承进行系统性介绍，并展出了多件精美的演出道具。石匣村的"半年节"富有当地乡土风情且充满烟火气，在此期间举办戏剧节能够吸引更多人参与进来，并逐渐形成石匣村的文旅品牌。

这些年来，乡村振兴戏剧节为石匣村带来了翻天覆地的变化，帮助村子实现了脱贫。现在村每户增收 1 万～2 万元，村集体收入达到了 50 万元以上。回顾石匣村的振兴，由于戏剧节引流和村子本身的资源优势，村里旅游业逐渐发展起来，很多人开办民宿和餐厅，仅全羊馆就有 10 余家。此外，还有村民沿街售卖小米、绿豆、花生等农副产品，一些年轻人也回乡创业开办工厂，对石匣村特产的小米进行加工，村里形成了产业链。现在，除了半年戏剧节期间，平时也有很多游客来到村里游憩，附近的村民也会来石匣村进行农产品交易。

资料来源：李欣然. 山东章丘：在石匣，共赴一场戏剧之约 [N]. 中国文化报，2023-08-24(4).

美了生态，富了口袋，也要富脑袋，在许多人的印象中乡村还与文化落后、贫瘠挂钩，但喜欢乡村旅游的人们已然惊喜地发现，淳朴浓厚的乡村文化，正以独特的方式，焕发新的活力，其感染着人们的同时，也吸引着人们心向往之。石匣村大力发展戏剧，这无疑是乡村文化振兴的生动实践，让人看到的是新时代乡村文化的新风貌，让人感受到的是乡土文化的独特魅力。

美丽乡村建设之美应当是"内"在美与"外"在美结合，经济、生态、乡风、治理有机统一的乡村，产业的兴旺发展是美丽乡村可持续发展的基础，要塑造乡村魅力，坚持颜值产值一起抓，深入推进一二三产融合发展，截至目前，乡村产业之美取得了很好的成就。建设美丽乡村，其中依靠产业推动实现乡村美丽十分关键，一方面，农民幸福需要产业支持，只有提高农民收入，才能不断增加农民的"获得感"；另一方面，产业发展壮大是农村发展的有力支撑，只有产业发展推动农村经济增长，才能不断改变乡村落后的社会状况，要因地制宜、科学规划、彰显特色。

没有农村的有效治理，就没有乡村的全面振兴，更无法实现国家治理体系和治理能力现代化的战略目标。美丽乡村建设涵盖改善农村环境、促进经济发展、推动乡村治理等诸多方面。全国各地积极改善乡村治理体系，营造"黄发垂髫，并怡然自乐"的乡村治理面貌，为美丽乡村的建设奠定了坚实基础。

文化兴则乡村兴，乡村振兴不振兴，要看乡风好不好。近年来，全国各地通过开展"文明家庭、十星级文明户、清洁卫生户"等乡风文明建设评选活动，积极培育践行社会主义核心价值观，倡导"婚事新办、丧事简办、孝亲敬老"等优良社会风尚，使农村陈规陋习蔓延势头得到有效遏制，有力地促进了乡风文明和家风和谐，用文明乡风扮靓美丽乡村。本书通过描绘乡村发展历史变迁的全息画像，对乡村不同时期的不同"美"进行描述以及梳理，向读者展示乡村之美的多维度、多元化，并对如何更好地实现美丽乡村建设提出讨论。

第三节　乡村之变

放宽历史的视野，我国农村经历了从新民主主义革命到社会主义建设，从改革开放到全面建成小康社会，从脱贫攻坚到乡村振兴的历史性变革，始于动荡和低迷，趋向稳健和复兴，在演变的不同阶段，我国乡村作出了什么历史性改变？如何推进乡村的演变进程？实行了哪些成功的农村改革政策？

我国农村的觉醒始于鸦片战争，面对帝国主义列强倾销农产品、占用土地、搜刮农产品的打击现象，倒逼中国从千年的封建农业社会开始现代化进程，起初部分有识之士尝试了改变乡村的方法，如兴农运动、农业改良，但都以失败告终，伴随着 20 世纪 20—30 年代中国农村经济的凋敝，我国农业农村的衰退状况才获得广泛关注，各地"救活农村"的乡村建设运动广泛掀起。

到了民国时期，在中国传统农业经济与小农乡土社会濒临崩溃的环境下，我党试图通过不同形式的行动来改变乡村的面貌和命运，其中不只有土地改革、建立以农会为基础的工农民主政权，还有新民主主义革命时期的农政思想，以及到后期南京国民政府时期我国农村治理面临的再度崩溃以及严峻挑战。总体而言，这段时期的中国乡村依旧呈现小农经济特征，并没有改变乡土中国的景象，但不断的尝试为后期农村发展奠定了很好的基础。

到了新中国成立的阶段，我国推行计划经济体制，开启了从农业国转变为工业国的新征程，革命胜利的成功经验使我们意识到农民的重要性，出台了多项法律以及政策促进农业生产和农村建设。在这一阶段，生产关系与经济制度实现了新的转变，生产条件与乡民面貌实现了新的转变，农业农村经济也实现了新的发展，我国乡村变迁之路也迎来了焕然一新的转折点。

改革开放时期，乡村发展开始了新的探索，1983 年中共中央一号文件《当前农村经济政策的若干问题》充分肯定农民在农业生产责任制的创新实践，全面推行家庭联产承包责任制，使得我国农村改革进入了一个新的历史阶段，主要体现在解除了经营体制和统销桎梏，建立以家庭承包经营为基础、统分结合的双层经营体制，极大地激发了农民的生产积极性和创造力，使得农业生产实现了历史性的跨越。据统计，1978 年至 1984 年，全国粮食总产量从 304.8 亿千克增加到 407.3 亿千克，年均增长率达到 5.2%，是 1952 年至 1978 年年均增长率（2.7%）的近两倍。[1] 中国乡村之变具备了朝向商品化、社会化、专业化的趋势。这一时期，中国部分地区农业生产体制改革中逐渐摆脱了"抓农业就是抓种植"的单一思想，在农业多样经营中发力。

改革开放以后，我国乡村建设取得了举世瞩目的成就，然而随着社会主义市场经济的发展，农业农村又开始面临新的问题，我国开始建设社会主义新农村，大力实施惠农政策，其中最具有里程碑意义的事件就是 2006 年农业税的取消以及工业化中期阶段实行的农业补贴制度，促进农业科技的创新，加强对农业基础设施的建设和保障，实施新型农村合作医疗制度、新型农村社会养老保险制度等，这一阶段迎来了科技创新和基础设施建设的双重红利，"三农"问题得到了进一步的有效解决。

---

① 　陈锡文，陈宗瑞 . 中国农业发展报告 [M]. 北京：中国农业出版社，1986：1-2.

2024 年 10 月 17 日，习近平总书记在全国社会扶贫工作电视电话会议上指出，消除贫困、改善民生，逐步实现全体人民共同富裕，是社会主义的本质要求，也是中国共产党的重要使命。与此同时，党的十八大召开，将"三农"问题提升到全党工作中的重中之重，在这一时期，国家不断加大对农业生产的支持和保护力度，将保障粮食安全作为首要使命，为了实现绝对贫困的彻底退场，国家实施了产业扶贫、易地扶贫搬迁等专项行动，2020 年我国取得了全面脱贫的历史性成就，震撼世界，城乡关系呈现出融合协调发展的图景，融合协调的振兴图景逐渐成型。

案例 1-7　浙江省杭州市萧山区航民村，从贫穷到共富

浙江省杭州市萧山区航民村位于钱塘江南岸，是一个典型的江南小村，航民村之所以叫航民，其实与航空没有关系，主要是因为萧山东部有座航坞山。村域面积 2 平方千米，人口 1 267 人。1978 年底，航民村只是一个生产大队，人均不到半亩田，一半种水稻，另一半种络麻，依靠薄田和微薄的经济收入，村民连基本的温饱都无法保障。

1978 年年底，航民大队党支部召开会议，学习贯彻萧山县委《关于贯彻党的十一届三中全会公报的意见》，提出有条件的公社大队可以兴办社队企业。1979 年，航民村乘改革开放之风，以 6 万元的村集体积累起家，创办工业企业。40 余年来，从无到有，从小到大，把一个手工小作坊发展成资产收入均超百亿的现代化企业集团，把一个默默无闻的农业穷村嬗变为中国经济十强村，从温饱不足到实现小康再到全面振兴。如今，航民村的经济体量从 12 万元增长到 112 亿元，年工业总产值从 38 万元增长到 140 亿元，最近三年，实现利润年均达到 10 亿元，年上交国家税收超过 5 亿元，拥有全资、控股、参股工商企业 28 家，控股的航民股份在 2004 年成功上市；村民年人均收入逐年增加，2021 年村民人均收入 7 万元，企业员工人均收入 8.2 万元，航民村党委先后两次被评为全国"先进基层党组织"。实现共同富裕后，航民村还让更多的外来员工品尝"共享共富"的甜美，提出了"和谐

创业模式"，通过鼓励外来员工创业、解决住房和子女就学，为外来员工搭建展示才华的舞台，现在，航民的企业员工 94% 为非本村人，本地村民和外地员工的关系十分融洽。

资料来源：刘越山.喜看"航民村"的共同富裕路[J].经济，2022(10)：75-79.

航民村取得如此巨大成就，关键在于航民人能紧跟党中央决策部署，紧紧抓住了改革开放的发展先机和中华民族伟大复兴的历史机遇。数十年坚持壮大集体经济、率先探索出村级集体产权制度改革的"航民样本"，成为"充分就业＋按劳分配＋社会福利"共富共享的和谐美丽新乡村，共同富裕的目标在航民村早已不是梦想，未来要持续把共同富裕道路越走越宽、越走越好。

全面小康社会的建成标志着中国特色社会主义进入新时代，针对我国社会主要矛盾的转变，我党提出了全面推进乡村振兴的重大战略，提升解决"三农"问题的战略高度，"产业兴旺、生态宜居、乡风文明、治理有效、生活富裕"成为全面乡村振兴的振奋图景。值得关注的是，农民有了新角色、乡村有了新面貌，但新时代快速的城镇化使得中国完成了由一个农业人口占主体的国家向城镇人口占主体的国家的历史性转变，走过了发达国家上百年才走过的城镇化进程，完成了中国的"人口转变奇迹"，城市过度的虹吸效应导致乡村逐渐成为"候鸟聚集地"，大量劳动力向城市转移。传统以血缘、乡风民俗和关系为纽带的差序结构"熟人社会"，正逐步演变为以"386199 部队"为主力的"空心社会"，并进一步向以利益联结为关联、以契约和规制为纽带的"陌新社会"过渡。

目前，我国乡村正呈现美好形态——居民主体多元化、就业结构多样化、生活方式多样化，传统单一的农人被"新的新农人＋新的老农人＋老的新农人＋老的老农人"多元居民主体所取代，传统单一的种植养殖为主的第一产业被一二三四五六融合性产业以及大量涌现的新兴产业业态所取代，传统农村村委会被新的乡村社区组织形态所取代。回首我国乡村的变迁之路，经历了许多探索以及尝试，取得了令人瞩目的成就。但新时代的不确定变化，使我国乡村仍面临着严峻挑战，要更好地适应新时代的发展，就要稳固乡村体系，创新脱贫攻坚与乡村振兴的有效衔接机制，更好地保障农民权益。本书围绕"乡村之变"这一话题展开大量讨论，详细梳理了我国从新中国成立初期到改革开放时期再到新时期乡村变迁的历史进程，以及就未来面对新时代乡村振兴战略如何更好地实现乡村之变提出了思考与讨论。

第四节　乡村之路

前面提到，我国乡村以血缘、乡风民俗和关系为纽带连接所形成的差序结构"熟人社会"，正在逐步被以利益联结为关联，以规制、契约为纽带连接的新的乡村社会形态所取代，如何应对这种嬗变，如何更好地应对乡村重构，如何更好地实现乡村振兴，成为下一步我们需要思考的问题。

党的十九大提出了乡村振兴战略，我国必须立足国情，走出一条符合我国农村社会特点的中国特色的乡村振兴道路，要紧紧围绕"产业兴旺、生态宜居、乡风文明、治理有效、生活富裕"的总要求，从乡村政治、经济、文明、生态等维度全面探讨新时代"三农"问题的发展路径。

乡村振兴，关键在于产业振兴，我国农村有着丰富的资源禀赋结构，地区之间有着不可替代的比较优势，想要保证产业发展的"自生能力"，就要使地区产业发展符合当地资源禀赋结构，从实情出发。①在面对"熟人社会"向"陌新社会"的转变中，乡民不同于传统农民，产业自然也不同于传统农业，发展方式要随着乡村的不断变迁而发生改变。因此，要发挥各地的比较优势，立足当地实际，强化资源整合与产业融合，加强组织建设，发挥"人"这一要素在乡村振兴过程中的关键力量，同时优化保障机制，促进产业生产要素流动等。

党的二十大报告指出，提升环境基础设施建设水平，推进城乡人

---

① 提炼自林毅夫新结构经济学观点。

居环境整治。随着城市化的不断推进，乡村生态环境破坏的压力越来越大，要推进农村环境的综合治理，建设具有地方特色的、干净的、整洁的美丽乡村，农村人居环境整治是一项系统性、长期性、复杂性的工作，需要政府、市场、村委、村民四方的共同配合与监督，多视角、多主体共建农村人居环境治理主体。

新时代农村精神文明建设是全面推进乡村振兴"塑形铸魂"的重大任务，其对于推进物质文明相协调的中国式现代化具有重要意义，2016年12月7日，习近平总书记在全国高校思想政治工作会议上的讲话指出，"好的思想政治工作应该像盐，但不能光吃盐，最好的方式是将盐溶解到各种食物中自然而然地吸收"。农村精神文明建设绝不是一个节点、一个人可以建成的，要将其融会贯通于整个农村发展的进程中，充分发挥法律、政府、榜样的力量，榜样带动、法律规范、政府推广，建设社会主义新农村的灵魂。

乡村振兴作为新时代"三农"工作的总抓手，治理有效是其基础和保障，农村治理体系也要随着农村的变迁而发生改变，实现"三治融合"，充分发挥村民主体性，村党组织、乡贤能人的价值引导性，法律制度的强制性。同时也要根据时代的发展赋予乡村社会治理创新新的实施路径。

全面脱贫的最终目标是要让人民过上好日子，实现人民的共同富裕，解决城乡发展差距大这一难题，改善农村低收入人群现状，乡村振兴的大方向是实现产业融合于创新业态，农村有了富民产业，农民就有收入的保障，要持续做好脱贫攻坚与乡村振兴的有效衔接，大力培养兼业农民，保障土地、保障农民的收入，防止返贫现象发生。

新社区居民来源构成复杂，陌生的新面孔、陌生的熟面孔，熟悉的陌生人、陌生的家人，越来越多地出现在村庄里，由于生活习惯、文化程度、年龄差距、性格差异等原因将导致村民需求多样化。这个新群体，人与人之间相对陌生，社区认同感、归属感相对缺乏，而传统以熟人社会为基础的治理体制机制渐显乏力，导致当前社区服务不足、水平不高、方式单一，社区服务专业人才匮乏、素质不高等现象突出，仅靠村"两委"提供传统的行政公共服务远远满足不了村民的需求。在这种背景下，乡村治理面临着前所未有的挑战与机遇。为了应对新社区居民结构的变化以及需求的多样化，必须重新审视和调整现有的乡村治理体制和服务模式。

为此，要着力探索新的美丽乡村治理模式，凝聚共治合力，有效把面向"熟人社区"的传统治理变为面向"陌新社区"的现代治理，使新型农村社区成为一个新的生活集聚地、新的职业岗位创造提供地、新的幸福实现地、新的农村基层治理示范地、新的乡村价值发现地。本书通过梳理乡村之"变"的演变进程，围绕当下乡村生产、乡村生活、乡村治理、乡村文化、乡村人和物、乡村组织，给出了当下中国乡村全景式画像，为未来我国农村如何适应新时代考验下的嬗变提出了合适的发展路径，围绕"产业兴旺、生态宜居、乡风文明、治理有效"展开讨论。

第二章

乡村变迁

中国自古以来就是一个农业大国。农业、农村、农民问题是事关国民经济和社会发展全局的根本性问题。我国农村经历了从新民主主义革命到社会主义建设，从改革开放到全面建成小康社会，从脱贫攻坚到乡村振兴的历史性变革，展开了波澜壮阔的乡村发展新画卷。自民国时期迄今，中国农村社会已历经历史性蜕变，始于动荡和低迷，逐步趋向稳健和全面复兴。在这漫长演变中，乡村的经济、生活、文化以及治理等各个领域均发生了翻天覆地的革新。农民的地位与作用愈加突显，乡村精神风貌得以根本改善，这为中国式现代化建设与乡村振兴战略的持久发展提供了坚实基础与长远支撑。本章以时间为轴线，以乡村图景为切入点，回顾和总结了我国乡村发展变迁的历史画像。

第一节　曙光熹微：从乡贤把脉到农政初启

一、鸦片战争前后中国农村的衰败与觉醒

鸦片战争之前，中国的农村还是一片衰败景象。作为一个独立的封建国家，自鸦片战争始，中国面临着来自帝国主义列强军事、政治、经济和文化的侵略。战争倒逼中国从千年的封建农业社会开始现代化进程，西方列强向中国倾销农产品、占用工地、搜刮农产品，无数农民和

手工业者破产，严重打击了中国的农业生产。但与此同时，国门被迫打开也使得一些先进的知识分子清晰地感知到中国农业与外国的差距。

中日甲午战争后，兴农和农业改良成为维新派戊戌变法的一项重要内容，全国上下通过创办农务学堂、刊农报、设农会、讲农政、译农书等来广推农业转型，掀起一场颇具规模的兴农运动。

兴农运动在一定程度上推动了中国农业现代化的进程，但由于帝国主义的压迫和封建官僚资本主义的剥削，中国农民的生活状况并没有得到根本改善。尤其是在晚清时期，由于田赋制度的沿袭和加重，农民所承担的税负极为沉重。据学界统计，晚清时期农民田赋基本达到 20%~50%，而超过 20% 的赋税基本便会使生活难以为继。这种高额的赋税不仅严重压迫了农民的生产和消费，也严重阻碍了农业现代化的发展。[①] 总体而言，这段时期的兴农运动未能给中国农业和乡村发展带来实质性改变，未能改变衰微的乡村图景。

伴随着第一次世界大战结束，中国遭遇的经济侵略程度不断加深，传统农业经济濒临崩溃。帝国主义、封建主义和官僚资本主义的三重压迫加之天灾人祸，使得 20 世纪 20—30 年代中国农村经济凋敝，广大农民困苦难言。在此背景下，一批国内的有识之士和海外归国学者广泛关注中国农业农村状况，在全国各地掀起"救活农村"的乡村建设运动。

二、民国时期的乡村建设运动

民国以来的中国乡村建设运动经历了两个阶段：知识分子乡贤建设时期和中国共产党领导建设时期。[②] 这两个阶段的乡村建设运动，都是在中国传统农业经济与小农乡土社会濒临崩溃的环境下，试图通过不同形式的行动，来改变乡村的面貌和命运。

知识分子乡贤建设时期的乡村建设运动，主要是由中国各地的良绅和知识分子在自己的家乡或者其他地方发起的，他们开展了一系列

---

① 陈勇勤. 晚清时期农业近代化思路与实践 [J]. 江西社会科学，1998(1): 4-10.
② 王景新. 乡村建设的历史类型、现实模式和未来发展 [J]. 中国农村观察，2006(3): 46-53，59.

教育、医疗、农村组织、经济改革等方面的活动，希望能够提高农民的文化素质、生活水平和社会地位。这些活动有些是自发的，有些则是受到国外或者国内一些先进思想和实践的启发和影响。例如，梁漱溟在山东邹平县创办了明德学校，推行"生活教育"，培养农民的自主意识和社会责任感；陈独秀在安徽宁国县开展了"新农村运动"，倡导"新生活""新道德""新经济"，改善农民的生产方式和生活方式；李大钊在河北香河县实施了"香河计划"，组织农民成立合作社，进行农业技术改良和市场拓展；蔡元培在浙江萧山县推行了"萧山计划"，建立了农村学校、医院、图书馆、合作社等公益事业，提高农民的教育水平和卫生条件等。[①]

针对乡村治理主体，包括村民、乡贤和干部的整体素质提升，以梁漱溟倡导的"合格村民"理念为邹平乡村建设实验为例，1932 年 1 月，训练部组织了 300 余名师生，分散到各个区乡村，开办了乡农学校。最初，这些学校设立在一些条件较好的大村，每个区设立一所。随后，这一模式逐渐扩展到几个小村的合办。这些乡农学校在邹平乡村建设研究院的指导下运行，所有辅导员都由训练部的学生担任。课程内容广泛涵盖了三民主义、精神陶冶、识字、史地、乡村自卫和农业科技等多个领域，学制约为 3 个月。除了正规的乡农学校外，还有一些村庄设立了乡农夜校，面向全村男女老幼，教授识字、时事、农业知识等内容。截至 1933 年冬季，全县已经建立了 156 所夜校，共有 5 241 名农民参与了夜校教育。此外，还有一些村庄设立了女子部或女校，专门传授家务、卫生以及育儿知识。[②]

这些乡村建设运动，在一定程度上对当时的乡村社会产生了一些积极的影响，改善了一些地方的经济状况和社会风气，提高了一部分农民的觉悟和能力。但是，由于这些运动缺乏全国性的组织和领导，受到封建势力和国民党政府的压制和破坏，也没有触及农民最根本的

① 王先明，李伟中 .20 世纪 30 年代的县政建设运动与乡村社会变迁——以五个县政建设实验县为基本分析样本 [J]. 史学月刊，2003(4): 90-98，104.
② 俞可平，徐秀丽 . 中国农村治理的历史与现状——以定县、邹平和江宁为例的比较分析 [J]. 经济社会体制比较，2004(2): 13-26.

利益——土地问题，所以基本都没有形成全国性的乡村改变。梁漱溟对此感叹："乡村运动而乡村不动"。[①] 总体而言，这些运动为中国共产党后来开展乡村建设和土地革命提供了一些有益经验，但也暴露了中国农业农村发展的积弊和局限。面对重重压迫，此时中国农业农村发展的方向又在哪里？ 1921 年，中国共产党成立，党的一大纲领提出要把工人、农民和士兵组织起来，确定党的根本政治目的是实行社会革命，并在 1922 年的二大宣言中指出："中国三万万的农民，乃是革命运动中的最大要素。"这决定了中国共产党领导和建设时期的乡村建设以"土地革命"为主线，并从建党伊始便注意到农民的重要性。

中国共产党在大革命时期开展的乡村建设实验以"土地革命"为主线，有效地服务农民、发动农民、组织农民，回应农民的主要诉求。

首先在服务农民方面，乡村生产面貌得到历史性履新。中国共产党领导农民进行了打土豪、分田地、斗地主、减租减息、耕者有其田等一系列的土地革命斗争，废除了封建地主土地所有制，使农民获得了基本的生产资料，摆脱了封建剥削和压迫。这是中国历史上第一次彻底改变了农村的生产关系，解放了广大农民的生产力。

其次，在发动农民方面，中国共产党在革命根据地开展了大生产运动，树立了南泥湾模范，推广了合作社、互助组、水利工程等措施，提高了农业生产水平和效率。同时中国共产党还号召农民来参加红军和游击队，开展长期的革命战争，稳住根据地，养军备战，抵抗国民党的"围剿"和日本帝国主义的侵略。

另外在组织农民层面，中国共产党在革命根据地建立了以农会为基础的工农民主政权，实行"一切权力归农会"的原则。1927 年 3 月，湖南、湖北、江西、河南四省农民代表举行联席会议，成立了全国第一个苏维埃政府。1931 年 11 月，《中华苏维埃共和国宪法大纲》颁布，强调了工农在政权中的地位。在这一历程中成立的中华苏维埃共和国是中国历史上第一个全国性的工农民主政权，后来演变为农村人民代表会议制度。

---

① 蔡应坤 . 先锋的理论与妥协的实践——梁漱溟如何走上乡村建设道路述论 [J]. 中国农史，2024，43(4): 113-124.

最后在乡村建设理论思想上，中国共产党在土地革命时期逐渐形成了新民主主义革命时期的农政思想。早在新民主主义革命时期，毛泽东就在《国民革命与农民运动》中指出："农民问题乃国民革命的中心问题，农民不起来参加并拥护国民革命，国民革命不会成功；农民运动不赶速地做起来，农民问题不会解决；农民问题不在现在的革命运动中得到相当的解决，农民不会拥护这个革命。"刘少奇在《关于修改党章的报告》中强调："我们党是中国工人阶级的先进的有组织的部队，是它的阶级组织的最高形式。它代表中国民族与中国人民的利益。它在现阶段为实现中国的新民主主义制度而奋斗。"随后，1947年《中国土地法大纲》出台，规定了土地改革的具体方针和措施。这些理论思想为指导土地革命和乡村建设提供了法律依据。

三、南京国民政府时期中国乡村的凋敝与振兴

历经乡贤把脉到农政初启，我国的乡村之变开启曙光熹微的图景，但在取得乡村建设成绩的同时，不容忽视的是南京国民政府成立至全面抗战十年间，中国农村治理也存在严重问题，集中表现在农民面临严重的赋税贫困，同时中国农村连年灾害，农村抵御自然风险能力弱，灾情严重，损失惨重，广大农村贫民面临着生存困境。

首先是这一时期中国农村的赋税贫困问题。南京国民政府为了维持军费开支和中央集权，不断增加对地方的财政压力，导致地方政府为了完成上级的赋税任务，不惜加重对农民的剥削和压榨。据统计，20世纪30年代到20世纪40年代，靠国家税收供给的军政等各类人员要比清代和民国初年增加数十倍乃至更多，而这些赋税负担很大程度上以各种方式转嫁到农民身上，在农民收入没有取得增长的情况下，农民实际承担的负担远高于清代晚期与民国初期。同时，随着公共事业建设兴起，成本负担迅速增加。[1] 除了正规的赋税外，还有各种非法的苛捐杂税、公款、捐款、借款等，使得农民负担更加沉重。有些地方甚至出现了"卖儿养父""卖女还债"的悲惨现象。

---

① 翁有为. 从20世纪三四十年代乡村的生存与出路看社会转型问题 [J]. 史学月刊，2013，397(11): 15-17.

其次是中国农村的自然灾害问题。由于气候变化、战争破坏、土地退化等因素，中国农村在这一时期遭受了多次严重的旱灾、水灾、虫灾、鼠灾等。这也是农村治理凋敝的重要原因之一。据估计，1937 年至 1945 年间，中国有 1.8 亿亩耕地受到旱灾影响，有 1.2 亿亩耕地受到水灾影响，有 1.4 亿亩耕地受到虫灾影响。[①] 除了自然灾害外，农村治理凋敝的背后还有其他三方面的原因。其一是战争的影响。南京国民政府成立后不久就遭到了日本的侵略，全面抗战爆发。战争给中国带来了巨大的损失，不仅造成了人员伤亡，还破坏了基础设施，影响了农业生产。日本军队还采取了"三光政策"，即烧光、杀光、抢光，对中国农村进行了残酷的掠夺和屠杀，使得许多地区出现了饥荒和瘟疫。其二是社会制度的不完善。南京国民政府虽然提出了"以民为本"的口号，然而国民政府对农村实行了高额的赋税和苛捐杂税。彼时，国民政府还没有建立有效的防灾救灾机制，对于农村灾情缺乏及时的关注和救助，甚至有时候还加重了农民的负担。其三是农业技术的落后。南京国民政府时期的中国农业还处于传统的小农经济阶段，缺乏现代化的技术和设备。农民主要依靠人力和牲畜进行耕作，使用简陋的工具，没有有效的灌溉和施肥系统。这些因素限制了农业生产的效率和质量，也增强了农业生产对自然条件的依赖性。

面对农村灾害的严峻挑战，南京国民政府及其地方政府不甘坐视，积极采取了多种措施，力图减轻灾害对农民的伤害，恢复农村的生机。首先加强了灾害的预警和监测，及时发布灾情信息。例如，在 20 世纪 30 年代，南京国民政府创立了黄河水利委员会，旨在结束分散治理，为黄河治理带来新思路。该委员会引入西方水利科技，通过测量、水文分析和地形测绘等方法，科学精确地治理黄河。黄河水利委员会扩大了治理范围，关注整个黄河流域，并实施治标和治本的策略，不仅采取紧急措施来应对洪水等直接威胁，还注重长期治理，如水土保持和水资源规划。此外，它积极推动国际合作和科学研究，与德国合作进行治导黄河试验。[②] 其次，实施了粮食储备和救济制度，保障了灾

---

① 曹峻. 试论民国时期的灾荒 [J]. 民国档案，2000(3): 54-57，111.
② 胡中升. 国民政府黄河水利委员会研究 [D]. 南京：南京大学，2014.

区农民的基本生活需要，减轻了饥荒和疾病的影响。例如，在1936年发生的河南大旱中，国民政府动用了中央和地方的粮食储备，向灾区运送了大量的救济粮，并设立了救济站和医疗站，为灾民提供了食物和医疗。再次，南京国民政府还开展了农业技术推广和改良，培育了抗旱抗涝抗虫的优良品种，提高了农业生产效率和稳定性。如在20世纪30年代初期成立了农业试验所、农业推广所等机构，并派遣农业专家到各地进行指导和培训，推广了一些新的耕作方法和作物品种。最后，支持了农村合作社和互助组织的发展，促进了农民的组织化和自我管理，增强了农村社会的凝聚力和抗压力。在20世纪30年代中期，国民政府通过《合作社法》等法规，鼓励和扶持各地建立农业、信用、消费、运输等各类合作社，并设立了合作社监督委员会等机构进行指导和监督。此外还加大了对农村基础设施的投入，改善了农村的水利、交通、卫生等条件，提升了农村的抗灾能力和生活水平；在20世纪30年代后期实施了"国民经济建设运动"，其中包括一系列的水利工程、公路工程、卫生工程等项目，在全国范围内改善了农村的基础设施。

但整体而言，从鸦片战争以来的百年历程来看，这段时期的中国始终是一个半殖民地半封建的畸形社会。乡村人口占比超过90%，这段时期追求的百年现代化发展未能动员起占国民绝大多数的农民，这段时期的中国依旧呈现小农经济的特征，乡土中国的景象未呈现根本变化，只出现了多方面的初启熹微图景。

第二节　焕然一新：社会主义新农村的起步

1949年，新中国成立，自此开启了我国由农业国转变为工业国的新征程。我国乡村图景自此发生了深刻的变化，从封建剥削的黑暗逐步走向社会主义建设的光明之路，开启了迈向现代化农业的探索，乡民从文盲贫困的状态迈步走入文化卫生的普及，乡村产业发展由农业单一的结构走向了工农业并举的发展。这些变化是我国历史上前所未有的，也是世界上罕见的。

新中国成立后，百废待兴，工业化起步面临国外封锁，需自力更生。早在中华人民共和国成立之前，毛泽东就把工业化作为新民主主义国家的一个重要标志，曾言"革命靠了农民的援助才取得了胜利，国家工业化又要靠农民的援助才能成功"。为此，中央政府制定了一系列政策和措施，以调动农民的积极性，促进农业生产和农村建设，中国乡村之变走上焕然一新的道路。

一、生产关系与经济制度的焕然一新

中华人民共和国成立后，中国农村发生了翻天覆地的变化。农民实现了农业社会主义改造，改变了生产资料和生产方式，团结在一起走上了社会主义建设的新路。1950 年，我国颁布了《中华人民共和国土地改革法》，1952 年基本完成了土地改革，打破了封建剥削制度。但土地改革没有解决小农经济的落后性、分散性和低效性。于是，合作化运动在中国乡村畅然开展。

"耕者有其田"的土地改革完成后，中共中央和人民政府又实施了一系列提高农民收入的政策，如发展城乡物资交流、缩小农产品价格剪刀差等。[①] 例如，新中国成立初期受战争影响，农村道路运输不便，"谷贱伤农"现象时有发生，1951 年人民政府将发展城乡交流列为财经工作的第一项工作要点。同时为了打开销路，鼓励恢复和发展农村集市、庙会，开展农民购销服务部。

案例 2-1　新中国成立初期的城乡物资交流活动

农业土特产具备"分布广、品种杂、数量多、体积大"的特点，为此活跃城乡交流，最重要的是疏通渠道，从打开农村土特产品的销路入手。1950 年以来，我国各地开展了如下措施改善城乡物资交流活动。

第一，发展运输。恢复运输公司，通过公司使所有的零担土产集中装卸。同时充分运用"落后"工具，单靠汽车无法适应城乡交流的需要。解除互相封锁，取消某些乡镇不适当的市场管理方法。

第二，有计划、有准备地召开县、省、大区三级土产交流会和物

---

① 常明明.20 世纪 50 年代前期农户收入研究 [J]. 中国农史, 2014, 33(3): 75-85.

资交流展览会，广泛吸收本地区以及全国有关地区的各行业贸易部门、合作社、私商代表以及各类土产生产者代表参加，相互沟通需求，恢复和建立彼此的商业联系。例如，1951年3月，中共中央即发出指示，要求各大行政区，各省（市）、各专区，各县和各区乡，在两个月以内召开一次土产会议。

第三，组织群众性短物资交流，利用集市、庙会、骡马大会、药材大会等传统初级市场，进行物物交换。

第四，国营贸易公司主导，农村供销合作社为辅，积极参加城乡物资交流工作。国营贸易公司担负起主要的大宗的农副土产品的采购与主要的工业品的供应，供销合作社又以适当的价格，收购农民的农副土特产品，还采取了订立"预购合同""结合合同"等形式，帮助收购农民的农副土特产品。

第五，制定合理政策鼓励和组织私商下乡收购土特产。此外需要照顾少数民族地区，如西南地区的物资交流大会为少数民族的贝母、麝香、虫草等土特产找到了销路。

资料来源：杨基龙.陈云与建国初期的城乡物资交流[C]//中央文献研究室陈云研究组，中国管理科学研究院.陈云和他的事业——陈云生平与思想研讨会论文集（下）.北京：中央文献出版社，1995：8.

1955年下半年，农业合作化运动正值高潮，在毛泽东的倡议下，中共中央政治局着手制定研究《一九五六年到一九六七年全国农业发展纲要》（以下简称《纲要》），这是新中国第一个农业发展纲要，也是我国历史上第一个中长期的农业规划，《纲要》指出："社会主义工业是我国国民经济的领导力量。但是，发展农业在我国社会主义建设中占有极重大的地位。"其内容涵盖了农业生产、畜牧业、林业、水利、土地利用、耕地开垦、国营农场等农业发展多方面，提出了具体的指标和措施，为各地区指明了发展方向和路径。同时还关注了农村商业、信贷、交通、邮电、广播等基础设施建设，以及科学、文化、教育、卫生等公共服务建设，为提高农民物质文化生活水平创造了条件。

1956年我国基本完成了农业社会主义改造，在农村建立了社会主义公有制。1958 年，中共中央政治局通过了《中共中央关于在农村建立人民公社问题的决议》，在全国推行了人民公社化，试图通过进一步改变农村生产关系和组织形式，促进农业生产的跃进和农村社会主义建设的全面发展。人民公社既继承了"大跃进"的精神和动力，也承载了"大跃进"遗留的矛盾和困境。人民公社化运动激发了亿万农民的主动性和创造性，如集中力量推动了农业技术革新和水利工程建设，但是，人民公社化运动中也暴露出诸多严重缺陷，如盲目追求规模效益而忽视实际条件，片面强调公有制而否定个人利益，过分集中权力而压制民主自治，搞平均主义而破坏正常秩序等。这些缺陷和错误导致了人民公社体制的失灵和危机，给农业生产和农村社会带来了巨大的损失和灾难。

　　为了纠正人民公社化运动中的错误和弊端，党中央在 1962 年以后进行了一系列的调整和改革。其中最重要的一项措施就是确立了"三级所有，队为基础"的人民公社体制。"三级所有"是指农村生产资料分别属于人民公社、生产大队和生产队；"队为基础"就是以生产队为基本单位进行核算，即以生产队为基本单位从事农业生产，并且对农业生产收益进行分配。以上乡村的生产关系与生产力变革使得农民从个体经营走向集体经营，从自给自足走向市场交换，从分散无序走向统一规划，为提高生产力和实现工业化提供了基础。

二、生产条件与乡民面貌的焕然一新

　　制度之外，乡村生产条件也实现了焕然转变。为了增加粮食产量和保障粮食安全，国家投入大量资金和物资，在全国范围内开展水利建设运动。"要把黄河的事情办好""一定要把淮河修好""一定要根治海河"，国家开展大规模水利建设，建成了红旗渠、十三陵水库等一大批防洪灌溉工程设施。[①] 同时，为了提高农业科技水平和生产效率，国家初步建立起农业科研、教育、推广三大体系，以填补农业机械化空白，中国农机工业从零起步。

　　依托于新中国农村社会保障制度的初步建立，乡民面貌焕然一新，

---

① 新中国 60 年：基础产业和基础设施建设取得辉煌成就 [EB/OL].（2009-09-15）[2023-05-01]. http://www.gov.cn/gzdt/2009-09/15/content_1417876.htm.

乡民生活更有保障和底气。中华人民共和国成立后，我国农村社会保障制度在摸索中前行，由城乡一体的家庭养老向城乡分割的城市社会养老、农村家庭养老转变，再向城乡隔离的社会养老推进，进而探索城乡统筹的社会养老保险制度。在这一过程中，我国农村社会保障体系逐步形成了"五保"制度、农村合作医疗制度以及基础教育制度三大支柱。乡民教育程度上升，1949 年至 1965 年的 10 多年间，共有近 1 亿青壮年文盲脱盲，文盲率迅速降至 38.10%。[①] 我国成为世界上扫盲运动最成功的国家之一。医疗层面，截至 1977 年年底，我国约有"赤脚医生"160 万，卫生员约 350 万，接生员 70 多万，农村合作医疗农村人口覆盖率达 90%，满足了农村大部分人的基本卫生需求，并得到了国际社会的重视，被世界卫生组织、世界银行誉为"发展中国家解决卫生经费的唯一范例"。

以农村卫生员的培训为例，20 世纪 60 年代中期后，我国不断推进农村合作医疗的发展，并推进农村卫生领域的重点工作，如 1965 年 9 月，中共中央批转了卫生部党委《关于把卫生工作重点放到农村的报告》，根据这一报告，1966 年全国范围内开始进行大规模的农村卫生员培训。报告还对农村卫生人员的性质、任务、培训方式作出了规定和要求。同时，1968—1979 年千万城镇知识青年下乡，参与农村生产和建设，也促进了城乡之间的文化交流和思想启发。

案例 2-2　1965 年《关于把卫生工作重点放到农村的报告》（节选）

争取在五到十年内，为生产队和生产大队培养质量较好的不脱产的卫生人员，为公社卫生机构一般配备四五名质量较好的医生。

不脱产卫生人员，在生产队是卫生员，在生产大队一般是半农半医。生产队卫生员一般要求三会：会针灸，会治常见的小伤小病，会做一些预防和急救工作。生产大队半农半医一般要求能处理最常见疾病的诊断、治疗和预防，并指导卫生员的工作。每个生产大队，可选

---

① 从新中国成立之初 80% 的文盲率，到如今 94.2% 的九年义务教育巩固率 教育优先 筑基发展（大数据观察·辉煌 70 年）[EB/OL].(2019-10-25). https://baijiahao.baidu.com/s?id=1648367748596949142&wfr=spider&for=pc.

择一二名女卫生员，学会新法接生，或者另设接生员。

不脱产卫生人员的培训，应按照精讲多练，又教又带的原则，采取多种方式进行，并不断巩固提高。可以由下乡医疗队和当地卫生机构培训，也可采取在农业中学办卫生班等其他形式。生产大队半农半医可采取农闲训练、农忙归队、学了就做、做了再学的办法，连训两三年结业。

对所有卫生人员的选拔和培训，都必须注重政治思想条件，抓紧政治思想教育。

资料来源：中共中央批转卫生部党委《关于把卫生工作重点放到农村的报告》（中发〔65〕586号）[Z]// 卫生部基层卫生与妇幼保健司. 农村卫生文件汇编（内部资料）：29-30；李德成. 合作医疗与赤脚医生研究（1955—1983年）[D]. 杭州：浙江大学，2007: 169.

三、农业农村经济的焕新发展

农业农村经济逐步实现焕新发展，以工补农的经济农村积累为建立完整的国民经济与工业体系提供了基础。1953年11月政务院发布《中央人民政府政务院关于实行粮食的计划收购和计划供应的命令》，农产品统购统销制度建立，这一制度使国家能够控制农产品价格和供应，在特殊时期保证了城市居民的粮食供应和工业原料的需求，也为农民提供了稳定的收入来源。

但新中国成立之初至改革开放前，我国农业农村发展的核心问题仍然存在：农村温饱问题长期无法解决。农产品统购统销制度的刚性执行，导致了农民种植粮食等国家指定作物的强制性和单一性，限制了农民根据市场需求调整种植结构和增加收入的自主性和多样性。同时，人民公社制度下的集体所有制和平均主义分配方式，削弱了农民对土地和劳动的归属感和积极性，降低了生产效率和质量。因此，在1978年十一届三中全会上，党中央提出了以实现四个现代化为目标，以改革开放为手段，以解放思想、实事求是为指导思想，以调动广大人民群众积极性为出发点和落脚点的历史性方针。在此基础上，我国开始了以家庭联产承包责任制为核心内容的农村经济体制改革，从而逐步实现农村生产关系与生产力之间的适应性变革，深入、切实地探索温饱问题的解决，探索"告别饥饿"的时代命题。乡村之变至此开始挣脱桎梏。

第三节　挣脱桎梏：告别饥饿的时代探索

人民公社体制作为我国农村在社会主义初级阶段的一种特殊的生产组织形式，虽然在兴修大型农业工程中发挥了重要的组织动员作用，为我国农业生产和农村社会主义建设作出了贡献。但是，历史经验证明，人民公社体制也存在着许多不适应生产力发展的弊端和矛盾，如过分集中、平均主义、权责不清等，导致了农业增长缓慢甚至停滞不前，农民生活水平低下，农村经济和社会发展滞后。1949 年，我国粮食产量仅为 2 263.6 亿斤，1962 年稳定在 3 000 亿斤以上，1978 年改革开放之初超过 6 000 亿斤。[①]

1978 年春夏之交，安徽省发生特大旱灾，秋种难以为继。省内的凤阳县小岗村是一个典型的"三靠村"，即吃粮靠返销，生产靠贷款，生活靠救济。面对旱情和饥饿，小岗村 18 户村民在一份"秘密契约"上按下鲜红的手印，决定分田到户，实行家庭联产承包责任制。这一勇敢的举动，打破了"一大二公"的人民公社体制，解放了农村生产力，使小岗村迎来了丰收和富裕。1979 年秋收之时，小岗村全队的粮食总产量达到 6.6 万千克，基本相当于 1955 年到 1970 年的粮食总和。小岗村的故事很快传遍全国，引起了党中央的高度重视。

1979 年 1 月，《人民日报》头版刊登了安徽省小岗村、肥西县等地方的农村改革情况和经验报道。邓小平在 1980 年 5 月 31 日关于农村政策问题的谈话中指出："农村政策放宽以后，一些适宜搞包产到户的地方搞了包产到户，效果很好，变化很快。安徽肥西县绝大多数生产队搞了包产到户，增产幅度很大。'凤阳花鼓'中唱的那个凤阳县，绝大多数生产队搞了大包干，也是一年翻身，改变面貌。有的同志担心，这样搞会不会影响集体经济。我看这种担心是不必要的。我们总

---

① 农业农村部种植业管理司 . 新中国成立 70 年来我国粮食生产情况 [EB/OL]. (2019-09-17). http://www.moa.gov.cn/ztzl/70zncj/201909/t20190917_6328044.htm.

的方向是发展集体经济。实行包产到户的地方，经济的主体现在也还是生产队。"1982年1月1日，中共中央一号文件转批《全国农村工作会议纪要》，对迅速推开的农业农村改革进行了总结。1983年初，中共中央再发一号文件，充分肯定了农民对农业生产责任制的创新实践，要求全面推行家庭承包责任制。从此，"三级所有，队为基础"的人民公社体制被"家庭联产承包责任制"所取代，中国农村改革进入了一个新的历史阶段，新的图景铺开，中国乡村之变开始探索解除桎梏，叩问"告别饥饿"的时代命题。

一、农村经营体制改革与创新

乡村生产的变迁在这一时期体现在解除了经营体制与统销桎梏，建立以家庭承包经营为基础、统分结合的双层经营体制。以家庭联产承包为主的方针充分激发了农民的生产积极性和创造力，使农业生产实现了历史性的跨越。据统计，1978年至1984年，全国粮食总产量从304.8亿千克增加到407.3亿千克，年均增长率达到5.2%，是1952年至1978年年均增长率（2.7%）的近两倍。[①]并且随着整体农业生产效率的提高，广大农民拥有了富余劳动力和资金以开展多样化的经营，中国乡村之变具备了商品化、社会化、专业化的趋势。

案例2-3　浙江省吴兴县（今湖州吴兴区）出现五业兴旺景象

吴兴县位于浙江省杭嘉湖平原，因其肥沃的土地、温和的气候、充沛的雨量以及多样化的农业产业而闻名。然而，在一段时期内，由于片面强调粮食生产，多种经营受损，粮食产量未能显著提高。吴兴县积极纠正了以往的农业策略，充分考虑当地的自然规律和经济规律，为农村经济的振兴铺平了道路。

1978年，吴兴县的多种经营收入达到1.4亿元，占农业总收入的53.5%，全县粮食总产量比1977年增长17.6%，社员平均收入达163.5元。1979年，农、林、牧、副、渔各业有了新的发展，全县63.4万多亩早稻平均亩产达到840斤，比1978年增长174斤；春粮和早稻两季

---

① 陈锡文，陈宗瑞.中国农业发展报告[M].北京：中国农业出版社，1986：1-2.

的总产量共增加 1.2 亿万斤，占全地区 10 个县总增产量的 1/3。蚕茧结束了连年减产的局面，1979 年春、夏和早秋三季共增产茧子 1.6 万多担。淡水鱼、湖羊、生猪等也样样增产。

吴兴县出现农、林、牧、副、渔五业俱兴景象，是这个县纠正过去那种"抓农业就是抓粮食"的片面想法，按照当地的自然规律和经济规律办事的结果。主要措施如下。

多种经营恢复与发展：吴兴县通过因地制宜的方法，重视多种经营，包括桑园、鱼塘、蚕茧、湖羊、淡水鱼等产业。县委废除束缚农民的政策，鼓励社员多元经营，提高了农民多种经营的积极性。

合理资源调度：在农忙季节，县政府通过合理安排劳动力，使粮食生产和多种经营不再相互竞争，而是有序进行。这有助于充分利用劳动力，提高生产效率。

政策调动积极性：吴兴县废除了束缚农民的土地政策，支持湖羊和桑叶生产，并采取了一系列激励措施，如提高投肥工分、分配精饲料等，鼓励农民多元经营。此外，政府还鼓励农民合理利用自留地发展桑树种植，解决了集体养蚕桑叶不足的问题。

资料来源：沈世纬，虞云达.既抓粮食生产，又抓多种经营：吴兴县出现五业兴旺景象 [N].人民日报，1979-10-12（2）.

此外，农产品统购统销制度的废除和农产品价格的逐渐放开，调整了工农产品的价格比例。此举使得整个农村发展变迁在资源配置上，从以计划为主走向以市场为主的转变。[①] 计划经济时期，国家对农产品实施了严格的统购统销制度，强制农民向国家交售一定数量和比例的粮食和其他农产品，并按照国家规定的价格收购和销售。这一制度虽然保障了城市居民的粮食需求和国家的财政收入，但也压抑了农产品价格和农民收入，造成了城乡之间、工业品和农产品之间的巨大差距。1984 年，我国农业生产在连续 5 年丰收的基础上持续增进，但也迎来了农民"卖粮难"的问题。为了改变这一局面，1985 年 1 月 1 日，中

---

① 郑有贵.1978—2012 年中国农村发展变迁及其原因 [J].中国农史，2016，35(4)：115-123.

共中央、国务院颁布了一号文件《关于进一步活跃农村经济的十项政策》，取消了对除粮食外其他农产品的统购统销制度，并逐步放开了粮食价格。1992 年底，粮票和油票在全国范围内取消，粮油商品敞开供应，统购统销制度正式退出历史舞台。

乡镇企业异军突起，劳动力市场逐步恢复与发展。随着家庭承包经营体制的建立和农产品价格的放开，农民不仅解决了温饱问题，还有了一定的富余资金和劳动力。为了进一步增加收入和就业机会，许多农民开始投资或参与乡镇企业的生产经营。

乡镇企业的前身是 20 世纪 60 年代开始称为的"社队企业"。党的十一届三中全会之后，中共中央认为"社队企业要有一个大发展"，国家鼓励农村发展种养业、加工业、运输业和其他服务业[①]。1984 年，乡镇企业发展迎来了历史上的一个重要分水岭，当年的中央一号文件《中共中央关于一九八四年农村工作的通知》规定允许农民个体或者联合经商办企业；3 月，中共中央、国务院转批农牧渔业部《关于开创社队企业新局面的报告》，社队企业正式更名为乡镇企业。自此各类乡镇企业，尤其在珠江三角洲和长江三角洲地区取得了迅速发展，涌现出诸如苏南模式等崭新面貌。所谓苏南模式，一般理解为苏锡常地区通过发展乡镇企业进行非农化发展的方式，农民依靠自己的力量发展乡镇企业，并且其所有制结构以集体经济为主；乡镇、社区政府主导乡镇企业的发展。[②]

乡镇企业的发展得益于国家的政策扶持和市场需求的拉动，并且反过来推动了农村市场化和工业化的进程。到 1988 年，我国乡镇企业个数达 1 888 万个，从业人数达 9 546 万人，总收入达 4 232 亿元，"七五"计划的 4 年间乡镇企业数平均每年增长 52.8%，从业人数平均每年增长 20.8%，总收入平均每年增长 58.4%。[③]20 世纪 90 年代中后

① 高鸣，芦千文. 中国农村集体经济：70 年发展历程与启示 [J]. 中国农村经济，2019(10): 19-39.

② 洪银兴，陈宝敏. "苏南模式"的新发展——兼与"温州模式"比较 [J]. 宏观经济研究，2001(7): 29-34，52.

③ 国家统计局. 新中国 50 年系列分析报告之六：乡镇企业异军突起 [EB/OL]. (1999-09-18)https://www.stats.gov.cn/zt_18555/ztfx/xzg50nxlfxbg/202303/t20230301_1920444.html.

期，乡镇企业发展受到国内外市场环境新变化的影响，开始进行结构调整和体制创新。在发展过程中，产权不清、政企不分等问题也显现出来。1994年，农业部发布《乡镇企业产权制度改革意见》，提出现阶段乡镇企业产权制度改革的五种形式：股份合作制、租赁经营制、承包经营制、联营制和股份制。经过改革，一些乡镇企业实现了贸工农一体化经营，亦有发展外向型经济，同时更加追求规模化和高科技化，改革后的乡镇企业的吸纳就业能力逐渐回升。总体而言，乡镇企业的发展不仅给农民提供了更多就业机会和增收的希望，也促进了这一时期农业经济结构的转变。乡镇企业是我国农业农村现代化的重要支撑力量，也是改革开放的生动写照。

二、"农民工"：乡民面貌中的"新面孔"

这一时期乡民面貌的变迁主要显示在农村劳动力迈入转移就业之路。改革开放以来，大量农村劳动力的转移是乡村变迁图景中的显著特征。大量的农村劳动力从农业部门转移到非农部门，从农村流向城市，形成了规模庞大、结构复杂、流动频繁的农民工群体。农民工流动并不是改革开放后才出现的新现象。早在20世纪50年代至20世纪60年代初期，随着城市化和工业化的推进，我国便出现了一批从农村到城市打工的"临时工"。但由于当时实行的户籍制度和计划经济体制的限制，这些"临时工"很难在城市定居和落户，也没有享受到城市居民的福利待遇和社会保障，因此这一群体数量相对较少，流动规律多呈短期或季节性。

1978年改革开放后，随着家庭联产承包责任制的实施和非公有制经济的发展，农村劳动力过剩问题日益突出。国家开始放松对农民进城打工的限制，并鼓励他们到乡镇企业、个体户、合作社等非公有制经济部门就业。这些部门由于不受计划经济体制的约束，具有较强的灵活性和竞争力，在吸纳农村剩余劳动力方面发挥了重要作用。这种流动模式也被称为"就地转移"或"近距离流动"。[1] 与此同时，国家

---

① 宋金平，王恩儒.中国农业剩余劳动力转移的模式与发展趋势 [J].中国人口科学，2001(6): 46-50.

也逐步放宽了农民在城市定居和落户的条件，为他们提供了更多的选择和机会。例如，1984 年国务院颁布了《关于农民进入集镇落户问题的通知》①，规定了农民在城市落户的三种途径，包括在集镇务工、经商、办服务业。这些政策的变化促进了农民向城市的长期或永久性流动，也为中国城市化进程提供了强大的人口动力。

1984 年以后，随着城市改革的深入和沿海地区对外开放政策的实施，一些沿海城市和经济特区开始出现劳动力短缺现象。为了吸引外来投资和促进经济发展，这些地区对外来务工人员采取了较为宽松和优惠的政策措施。越来越多的农村劳动力向沿海城市和经济特区流动，寻求更高的收入和更好的发展空间，"远距离流动"或"跨区域流动"的模式涌现。纵观整个 20 世纪 80 年代，外出就业农民工数量 80 年代初期只有 200 万人左右，到 1989 年已达到 3 000 万人。②

1993 年以后，随着国家对农民工流动的进一步放开和支持，农民工流动规模不断扩大，流动方向也更加多元化。一方面，沿海城市和经济特区仍然是农民工流动的主要目的地，尤其是京津冀地区、江浙沪地区和珠三角地区等经济发达地区。另一方面，中部和西部地区也开始吸引农民工流入，尤其是随着西部大开发战略的实施和中西部地区基础设施建设、资源开发、工业转移等项目的开展，这些地区对农民工的需求也日益增加。此外，一些农民工也开始向东北地区、港澳台地区甚至国外流动，寻求新的就业机会，"多向流动"或"全方位流动"成为农村劳动力转移的新模式。

2005 年以后，"稳定流动"或"定居型流动"的模式进一步出现。随着第一代农民工逐渐老龄化和返乡退休，新生代农民工成为农民工群体的主体力量。所谓"新生代农民工"，主要指 20 世纪 80 年代和90 年代出生的农民工。③ 与第一代农民工相比，新生代农民工对就业

---

① 欧阳慧. 改革开放三十年我国农村劳动力转移政策演变路径 [J]. 经济研究参考, 2010(23): 14-17.

② 国务院发展研究中心课题组. 农民工市民化进程的总体态势与战略取向 [J]. 改革, 2011(5): 5-29.

③ 刘传江. 新生代农民工的特点、挑战与市民化 [J]. 人口研究, 2010, 34(2): 34-39, 55-56.

环境、收入水平、社会保障、职业发展等方面有更高的期待和要求。[①]
另外，由于我国经济结构调整和产业升级的需要，市场对农民工的素
质和技能也提出了更高的要求。随着城镇化进程的加快和户籍制度改
革的深化，越来越多的农民工选择在城市长期定居或落户，并带领家
庭成员开启城市生活。农民从土地和乡村中解放出来，深刻融入国家
工业化、城市化的历史进程。

三、农产品市场体系初步建立

在这一时期，农产品市场体系初步建立，实现了小农户与大市场
桎梏的解除。这是推进我国农业经济结构的战略性调整，包括农产品
流通体制的改革、有形市场的建设和农产品市场主体的培育以及农产
品市场信息网络建设等措施。[②] 党的十四大明确提出中国经济体制改
革的目标之一是建立和完善社会主义市场经济体制。党的十五大提出，
农村深化改革，推进农业生产向商品化、产业化、现代化转变。为了
适应市场经济的要求，国家对农村经营体制进行了完善和调整，如实
行土地承包权流转、建立土地承包经营权证、推行"三权分置"等措
施，保障了农民的土地权益和经营自主性，同时也加强了农产品流通
体系的建设和规范。如建立农产品批发市场、发展专业合作社、推广
绿色食品和有机食品等措施，使小农户与大市场桎梏逐渐解除，农民
的销售渠道和增收空间在改革过程中不断拓宽。

综上，改革开放初期历经的农村改革是我国农村历史发展中的一
个重要转折点，这一时期农民摆脱了人民公社制度的束缚，恢复了生
产积极性和创造力，有效地解决了温饱问题，为后续的乡镇企业发展
和农村经济多元化奠定了基础，新型的乡民身份在农村劳动力流动中
出现。然而，这一时期也面临着一些挑战和困境，如粮食供需矛盾的
结构性转变，农业剩余的合理利用和分配问题，城乡、工农之间的不
平衡和不协调问题等。这些问题需要在进一步深化改革和扩大开放的

---

① 　王春光. 新生代农民工城市融入进程及问题的社会学分析 [J]. 青年探索，
2010(3): 5-15.

② 　叶兴庆. 积极推进农产品市场体系建设 [J]. 中国农村经济，2000(8)：29-35.

过程中，寻求更加科学和有效的解决途径。

第四节　砥砺图强："三农"问题的迫切探索

在工业化和城镇化的发展历程中，国家、乡村和农民关系问题是头等大事。回顾过去，我国农业农村经历了从新民主主义革命时期的土地改革，到社会主义建设时期的人民公社化，再到改革开放时期的家庭联产承包责任制和农村改革发展的历史进程，取得了举世瞩目的成就。但是，随着社会主义市场经济的发展和城乡二元结构的演变，农业农村面临着一系列新的问题和挑战，如农业生产能力不足、农民收入增长缓慢、农村基础设施落后、农村社会保障缺失、农村文化教育滞后等问题不断出现在我国乡村变迁的图景之中。

一、农业税的取消与"新农村"建设的开始

2005 年末开始，我国酝酿着中国乡村变迁历史中富有历史性意义的一刻。2006 年 1 月 1 日，我国正式全面取消了农业税，结束了 2 600 多年的征收历史。自春秋时期鲁国实行"初税亩"以来，农业税作为国家统治的基础，一直是中国历史上最重要的税种之一。农业税不仅没有起征点和免征额，而且按照粮食作物的常年产量计算，不考虑农民的实际所得和成本。农业税的实行是我国特定政治、经济背景下的产物，主要原因之一是 20 世纪 50 年代以来农业税在国家财政中占据重要地位。但是单设农业税形成了农业与其他产业的区隔，有损税收的公平和中性原则。同时，20 世纪 80 年代之后农业税收占据国家税收的比重已经显著降低。[①] 这种不公平的税制严重压制了农民的生产积极性和生活水平，造成了城乡差距和贫富悬殊的加剧。

农业税的取消，是对农民最大的惠民政策，也是对中国社会主义市场经济体制最深刻的改革。为了解决农民负担问题，党中央从 2000 年开始在安徽省率先启动了农村税费改革试点，并在全国逐步推广。

---

① 张元红. 论中国农业税制改革 [J]. 中国农村经济，1997(12)：4-11.

2005 年 12 月 29 日，十届全国人大常委会第十九次会议通过了废止《中华人民共和国农业税条例》的决定，宣告了延续了 2 600 多年的"皇粮国税"正式退出历史舞台。这一重大改革标志着国家与农民关系实现了由取到予的历史性转变。

2005 年，党的十六届五中全会提出了建设社会主义新农村的战略任务。从工业化、城市化和农村建设的三者关系上，以工业和城市发展支持农村发展，由城乡分离走向城乡一体，是新农村建设区别于以往乡村建设的根本不同。[①]2006—2011 年，我国乡村发展变迁迈入新农村建设时期的乡村图景，在砥砺图强中对"三农"问题进行迫切探索。这一时期，我国乡村建设以科学发展观为指导，以建设社会主义新农村为重大战略任务，以解决好"三农"问题为重中之重，出台了一系列"反哺农村"的政策措施，旨在解决城乡二元结构造成的农村发展滞后、农民生活困顿、农业生产效率低下等问题，促进城乡协调发展、农民全面富裕、农业综合效益提高，构建起"以工代农，以城带乡"的城乡发展新格局。

二、农业科技创新水平突飞猛进

首先，细探农田，我们看到这一时期的乡村生产发展的新面貌出现在加快推进农业科技进步和现代化建设中。

改革开放之后的 20 年，中国农业科技发展已经取得长足进步，为新农村建设、农业现代化建设进程提供了坚实基础。例如籼型杂交水稻新品种在 1976—1998 年推广面积达到了 30 亿亩，"六五"以来的中低产田治理和区域农业开发的科技攻关发明实用技术 500 多项，获得经济效益 200 多亿元，但同时我国农业农村发展也经受加入世界贸易组织的挑战，亟须改革体制迎接新的农业科技革命。[②]

2005 年中央一号文件《中共中央 国务院关于进一步加强农村工作提高农业综合生产能力若干政策的意见》对深化农业科技体制改革，

---

① 徐勇 . 国家整合与社会主义新农村建设 [J]. 社会主义研究，2006(1)：3-8.
② 卢良恕，刘志澄，信乃诠 . 建设农业科技创新体系 加快农业现代化进程 [J]. 求是，2000(8)：54-55.

加强国家农业科技创新体系提出了新的要求。2007 年，《国家农业科技创新体系建设方案》提出了构建以国家重点实验室、国家工程技术研究中心、国家农业科技园区为核心，以国家农业科学院、高等院校、地方科研机构为主体，以企业为主导，以农民为基础的国家农业科技创新体系的总体目标和主要任务。

这一时期，国家加大对农业科技创新和推广的投入与支持，实施了一批重大科技工程和项目，如转基因生物新品种培育、超级稻、超级玉米、超级小麦等科技攻关项目，提高了农业生产的技术水平和效率。其中，我国的超级稻高产理论研究与新品种选育居于国际领先地位。2005 年起，国家设立超级稻推广项目，袁隆平院士团队于 2005 年和 2011 年分别突破了百亩连片单产每亩 800 千克的第二期目标，以及单产每亩 900 千克的第三期目标。

同时，国家加强对农业基础设施建设的投入和保障，实施了一批重大工程和项目，如高标准农田建设、节水灌溉工程、畜禽粪污资源化利用工程等，改善了乡村生产的整体面貌。

通过科技进步和基础设施建设，伴随着耕作制度的改革，我国粮食等主要农产品生产能力显著提升，粮食连续 7 年保持在 1.1 万亿斤以上。到 2012 年，我国已经基本形成一个以政府农业技术推广机构为主体，以农业企业和农民自办服务组织为补充的多层次、多功能的农业技术推广体系。

三、乡民生活和乡风文明的提升与变迁

总体来看，乡民生活更加富裕，农民增收和社会保障体系建设加快推进。这一时期，国家出台了一系列惠及农民的政策和措施，其中最具有里程碑意义的就是取消了延续 2 600 多年的农业税。

此外，处于工业化中期阶段，国家还实行了一系列农业补贴制度和政策，本时期农业政策转型主要体现在作为基础性措施的价格支持、作为重要方式的农民直接补贴。[①] 如实施最低收购价制度，提高补贴标

---

① 程国强，朱满德 . 中国工业化中期阶段的农业补贴制度与政策选择 [J]. 管理世界，2012(1)：9-20.

准，扩大直接补贴范围等，有效地减轻了农民的经济负担、增加了农民的经济收入。我国农民人均可支配收入持续增长（图 2-1）。

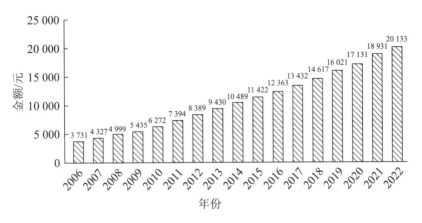

图 2-1　2006—2022 年我国农村居民人均可支配收入

资料来源：国家统计局.国家数据 [EB/OL].[2023-06-16].https://data.stats.gov.cn/adv.htm?m=advquery&cn=C01.

同时，这一时期农村社会保障体系建设的步伐逐步加快，如实施了新型农村合作医疗制度、新型农村社会养老保险制度、农村最低生活保障制度等，农民的基本生活和医疗需求得到了更好的保障。例如，在新型农村合作医疗制度下，参合农民每年只需缴纳 10 元个人费用，就可以享受到基本医疗服务和住院报销。

乡风面貌渐趋文明，农村文化和教育事业发展如火如荼，乡土本色分化多元。在新农村建设的大潮中，乡风文明的涵养和农村文化教育取得的发展成为本时期乡村图景变迁中清朗一线。这一时期，农村文化教育事业的投入和支持不断增加，实施了一批重大工程和项目，如文化惠民工程、广播电视村村通工程、新型农村学校标准化建设工程等，为农民提供了丰富多彩的文化生活和教育资源。

以农民职业技能教育为例，2003 年农业部等部门启动实施了"农村劳动力转移培训阳光工程"[①]，2005 年后对于阳光工程的扶持力度进

① 张竺鹏.我国农村劳动力转移培训的发展现状与实施对策 [J].职教论坛，2005(28): 29-33.

一步加大，农民外出务工的就业能力显著增强。截止到 2006 年 4 月，"农村劳动力转移培训阳光工程"在 28 个省（区、市）和新疆生产建设兵团、黑龙江垦区的 1 700 个县（市、区、旗、团场）实施，共培训农村劳动力 530 万人，转移就业 460 万人，接受过培训就业的农民，人均月收入达到 800 多元，比未接受培训的新转移就业人员普遍高出 200 元左右，比在家务农收入高出 400 多元。①

同时，上述农民在城乡之间的务工大规模流动，也带来了乡村习俗图景的变迁，与泥土分不开、不流动性、"熟人社会"等"乡土本色"逐渐冲淡②，农民在上述过程中不仅学习了农业以外的技术知识，同时在务工过程中增强了社会交往能力，融入城市文明。而另一方面，新农村建设时期也加强了对农村精神文明建设的引导和规范，如开展创建文明村镇活动，培育农村新风尚，提高农民的道德素质和文明程度，新农村的新风尚逐渐建立。这些变化使农民对传统的乡土生活方式和价值观念产生了一定程度的异化与疏离，也影响了农村的社会结构和关系。

乡村村容更加整洁，农村人居环境整治和美丽乡村建设营造乡村碧水蓝天。农民的家园不再是脏、乱、差的代名词，一部分已然成为清洁美丽的诗意之地。农村饮水安全、垃圾污水治理、美丽乡村示范等工程，让乡村拥有了碧水蓝天，让村民享受了健康舒适。同时，这一时期国家还加强对农村规划建设的引导和管理，如 2008 年开始施行《中华人民共和国城乡规划法》，正式将乡村规划和村庄规划纳入城乡规划，成为一种法定规划类型，与此同时，乡村建设也正在突破农村建设"千村一面"的问题，塑造乡村原有乡土品格。③

总体而言，新农村建设时期，是乡村之变的砥砺图强时期。在这一时期，我国农村生产发展迎来了科技创新和基础设施建设的双重红利，农民生活水平享受了惠农政策和社会保障的双重保障，农村文化

---

① "农村劳动力转移培训阳光工程"两年取得五大成果 [EB/OL].(2006-04-29) [2023-05-02]. http://www.gov.cn/govweb/jrzg/2006-04/29/content_271066.htm.

② 费孝通.乡土中国 [M]. 北京：商务印书馆，2005: 1-19.

③ 鲍梓婷，周剑云.当代乡村景观衰退的现象、动因及应对策略 [J]. 城市规划，2014, 38(10): 75-83.

教育事业展现了文明涵养和乡土多样的双重风貌，农村人居环境呈现了整洁美丽和与自然融合的双重特色。"三农"问题得到了迫切探索和有效解决，乡村图景焕发出新的活力和魅力。

第五节　恢宏历史：绝对贫困的全面消除

让贫困地区和贫困人口尽快脱贫，打赢脱贫攻坚战，是步入全面小康社会之前乡村发展的必经之路、必补短板。随着"以工促农，以城带乡"新农村建设长效机制的建立和强农惠农政策的落实，特别是针对贫困地区的扶贫开发，到2012年底，我国乡村中的贫困地区和贫困人口已大幅减少，但仍然大规模存在。据统计[1]，截至2012年，全国还有9 899万贫困人口，贫困地区特别是集中连片特殊困难地区发展相对滞后。2011年12月，国家又确定了14个连片特困地区，扶贫开发任务仍十分艰巨。

与此同时，党的十八大召开，中国特色社会主义进入新时代。面对新形势新任务，党中央坚持把解决好"三农"问题作为全党工作重中之重，带领广大农民群众，向农业强、农村美、农民富聚焦发力，全面推进农业农村现代化，实现了乡村图景的历史性变迁。具体而言，在2012年至2020年，乡村图景的变迁主要表现在以下几个方面：一是保障粮食与重要农产品的稳产保供，确保了国家粮食安全，呈现出了国家层面富足的乡村生产图景；二是以消除绝对贫困作为底线任务，全面打赢了脱贫攻坚战，施行了精准扶贫，完成了全面小康的标志性工程，积贫积弱的贫困乡村生活图景大幕已落；三是全面深化农村改革，健全了城乡发展一体化机制，加快形成新型工农城乡关系，呈现出了协调的乡村经济图景；四是实施乡村振兴战略，缩小了城乡差距，呈现出了美丽的乡村生态图景、文明的乡村文化图景、有效的乡村治理图景、富裕的乡村发展图景。2017年，党的十九大提出实施乡村振兴战略，为乡村社会的长远发展指明了方向。

① 中央政府门户网站，2013. 2012年以来全国农村扶贫对象总规模降至9 899万人[EB/OL].(2013-02-26).https://www.gov.cn/jrzg/2013-02/26/content_2340481.htm.

一、保障粮食安全作为首要使命

作为一个具有 14 亿人口的大国，粮食问题涉及国家命脉。进入新时代，我国依然坚持把保障粮食安全作为首要任务，确保饭碗永远端在自己手里。2015 年，党的十八届五中全会通过的《中共中央关于制定国民经济和社会发展第十三个五年规划的建议》中首次提出了"实施藏粮于地、藏粮于技"的国家粮食安全新战略。藏粮于地，就是要坚持最严格的耕地保护制度，坚守 18 亿亩耕地红线，实行耕地轮作休耕制度，提高耕地质量和生产能力。藏粮于技，就是要加快农业科技创新，提高农业科技进步贡献率，培育优良品种，推广高效技术，提升粮食单产和品质。其核心在于巩固提升粮食生产的综合能力，关注重点由年度产量转变为提升粮食产能，以更好、更高质量地守护国家粮食安全。

案例 2-4　中国杂交稻——跨越半个世纪的禾下乘凉梦

2023 年是中国攻克杂交水稻难关 50 周年。半个世纪以来，中国水稻育种经历了从"三系法"到"两系法"再到"一系法"的演进，并在全球范围内取得杰出的成就。

1963 年，中国杂交水稻的育种之路开启。经过多年的努力，1973 年，袁隆平提出"三系法"，并取得突破性进展，正式宣告了中国籼型杂交水稻"三系"配套的成功。此后，杂交水稻以前所未有的速度迅速推广，中国成为世界上第一个成功进行水稻杂种优势产业化利用的国家。

在此过程中，水稻育种技术经历了多个重要阶段，包括从突破700 千克到 1 251.5 千克的高亩产纪录。尤其是"两系法"杂交水稻的理论与应用突破，使中国在杂交水稻技术方面走在了世界前列。进入21 世纪，基因工程技术的崛起重新引发了人们对"一系法"的关注。中国水稻研究所的科学家在 2018 年成功应用基因编辑技术，实现了杂交水稻"一系法"的突破。

中国的杂交水稻育种是一个庞大的系统工程，涉及科研、推广、管理等多个领域。中国拥有全球最庞大的水稻科研团队，其研究院士在农业科研中占有重要地位。杂交水稻的成功研发与推广帮助中国充分利用不到全球 9% 的耕地来解决近 1/5 世界人口的粮食问题，回答了

20 世纪 90 年代美国学者莱斯特·布朗"谁来养活中国"的疑问，中国也成为世界第一大粮食生产国和第三大粮食出口国。

资料来源：李丽颖. 中国杂交稻——半个世纪的禾下追梦 [EB/OL]. （2023-10-27）.https://www.farmer.com.cn/2023/10/27/99939368.html.

　　此外，在这一时期，国家不断加大对农业生产的支持和保护力度，实施了一系列重大工程和项目，为农业发展提供了强有力的保障。比如，粮食丰产增效工程，通过推广高产优质品种、高效节水灌溉、智能化农机装备等技术措施，提升了粮食生产的水平和效率。优质高效农业建设工程，通过发展设施农业、标准化生产、绿色防控等模式方法，提高了农产品的质量和安全性。农业绿色发展工程，通过实施退耕还林还草、生态补偿、循环农业等制度，提升了农业生态的功能和效益。同时，国家也加强了对农业市场的调控和服务，实施了一系列重大政策和措施，为农业稳定发展创造了良好的环境。比如，完善最低收购价政策，保障了粮食种植者的收益和积极性，起到了稳定粮食市场价格、增加农民种粮收入、巩固国家调控的物质基础等作用。[1] 建立国家粮食储备制度，保障了粮食供应的稳定和安全。推进农产品标准化和品牌化，保障了农产品的竞争力和价值。

　　因此，从粮食层面来看，这一时期实现了国家层面富足的乡村生产图景，2004 年到 2015 年，我国粮食产量实现了十二连增。2015 年全国粮食产量达到 62 143.5 万吨 [2]，可谓呈现出农丰粮茂仓实的富足图景。

二、绝对贫困彻底退场

　　改革开放以来，我国的减贫工作以消除绝对贫困为目标，经历了由农村改革推动减贫到工业化、城镇化和开发式扶贫，再到补全面建

---

[1]　贺伟. 我国粮食最低收购价政策的现状、问题及完善对策 [J]. 宏观经济研究，2010(10): 32-36，43.

[2]　国家统计局. 国家统计局关于 2015 年粮食产量的公告 [EB/OL].(2015-12-08)[2023-09-26]. http://www.stats.gov.cn/sj/zxfb/202302/t20230203_1898979.html.

成小康短板推动减贫的三个阶段。[①] 在这一时期，消除绝对贫困成为全国上下的共同使命，打赢脱贫攻坚战成为乡村变迁最具有标志性的图景。2015 年 11 月，中共中央、国务院公布了《中共中央 国务院关于打赢脱贫攻坚战的决定》，提出了实施精准扶贫方略，加快贫困人口精准脱贫的重大部署。这一方略要求对贫困人口进行精确识别、精确帮扶，对扶贫工作做到精确管理，实现扶贫对象、措施到户、项目安排、资金使用、因村派人、脱贫成效"六个精准"，并明确了在 2020 年前实现农村贫困人口全部脱贫、贫困县全部摘帽、解决区域性整体贫困这一既具有挑战性又具有操作性的战略目标。

为了实现这一目标，国家实施了产业扶贫、易地扶贫搬迁、教育扶贫、健康扶贫、生态扶贫五大专项行动，增强了贫困地区和群众的发展能力；同时建立健全了扶贫开发标准、监测评估、考核问责等制度体系，提高了脱贫攻坚的科学性和有效性。经过多年的不懈努力，到 2020 年底，中国如期完成新时代脱贫攻坚目标任务，现行标准下 9 899 万农村贫困人口全部脱贫，832 个贫困县全部摘帽，12.8 万个贫困村全部出列，区域性整体贫困得到解决，完成消除绝对贫困的艰巨任务。[②] 贫困问题是当今世界面临的严峻挑战之一，精准扶贫期间，我国脱贫攻坚成就震撼世界，赢得了国际社会的广泛认可和高度评价。联合国秘书长古特雷斯表示，精准扶贫方略是帮助贫困人口、实现 2030 年可持续发展议程设定的宏伟目标的唯一途径，中国扶贫经验为其他发展中国家提供了有益借鉴。

三、融合协调的振兴图景逐渐成型

这一时期的城乡关系呈现出更为融合协调发展的图景。我国城乡关系发展经历了从"城乡二元"到"城乡统筹"，再到"城乡一体化"，最后到"城乡融合"的循序渐进历程。[③] 具体而言，第一个阶段

---

① 叶兴庆，殷浩栋 . 从消除绝对贫困到缓解相对贫困：中国减贫历程与 2020 年后的减贫战略 [J]. 改革，2019(12): 5-15.

② 《人类减贫的中国实践》白皮书 [EB/OL].(2021-04-06) [2023-05-07]. http://www.gov.cn/zhengce/2021-04/06/content_5597952.htm.

③ 金三林，曹丹丘，林晓莉 . 从城乡二元到城乡融合——新中国成立 70 年来城乡关系的演进及启示 [J]. 经济纵横，2019(8): 13-19.

即城乡二元阶段主要是在计划经济体制下形成的。在这一阶段，城市和农村之间存在着严重的制度性隔离和差别，形成了两个相对独立、相互隔离的社会经济领域。这种二元结构导致了城乡之间的资源配置失衡、要素流动受阻、公共服务不均等，制约了我国经济社会的协调发展。第二个阶段即步入改革开放以来的城乡统筹阶段，我国在此阶段逐步打破了城乡二元体制的束缚，推进了农村改革和新型城镇化建设，促进了城乡之间的要素流动和交换，缩小了城乡之间的差距。这种统筹模式更突出了以人为本的理念，更加注重保障农民权益和提高农民生活水平。第三个阶段是城乡一体化阶段，这一阶段主要是在党的十九大提出的习近平新时代中国特色社会主义思想指导下形成的。在此阶段，我国提出了以人为核心的新型城镇化战略，旨在实现城乡居民的共同富裕和共同发展。为此，我国加快推进农业转移人口市民化，深化户籍制度改革，扩大公共服务覆盖面，提高城乡居民收入水平。同时，我国促进城乡之间的要素配置更加合理、公共服务更加均等、产业发展更加融合，增强城乡发展的协调性和可持续性。一体化模式更加强调以人民为中心的发展思想，注重保障和改善民生，为全面建成小康社会提供了有力支撑。第四个阶段是目前的城乡融合阶段，这一阶段主要是在全面建设社会主义现代化国家的进程中渐趋探索形成。这一阶段，我国加强了对农村改革的统筹和推进，实施了一批重大工程和项目，如深化集体林权制度改革、深化农村土地制度改革试点、深化农村金融体制改革等，这些都激发了农村发展的内生动力。同时，国家加强对城乡一体化发展的引导和促进，实施了一批重大工程和项目，如推进农村公共服务均等化、推进农业农村现代化、推进农民工市民化等，缩小了城乡差距。

最后，实施乡村振兴战略勾画了乡村变迁的未来图景。2017 年，针对中国特色社会主义进入新时代的全新时代定位，党的十九大提出实施乡村振兴战略，为新时代农业农村发展指明了方向。乡村振兴战略的实施，既有顶层设计，也有基层实践。为了贯彻落实乡村振兴战略，中共中央、国务院制定了《中共中央　国务院关于实施乡村振兴战略的意见》等一系列规划和方案，明确了乡村振兴战略的目标任务、重点领域、重大举措等，为各地各部门提供了遵循和指引。在实践层面，农业供给侧结构性改革、推进农业绿色发展、推进农业高质量发展等措施铺陈而开，提升了农业的竞争力和可持续性发展；推进新型农业经营主体培育、推进农民专业合作社发展、推进农村土地"三权分置"等措施的实施，增强了这一时期农业的组织化和规模化；推进美丽乡村建设、推进乡风文明建设、推进乡村治理现代化等措施，改善了农村的人居环境和社会风貌。通过实施乡村振兴战略，我国乡村发展全面升级、农村全面进步、农民全面发展，勾画出未来我国乡村变迁的兴盛图景。

第六节　全面振兴：新时代的新乡村、新农人

全面小康社会的建成标志着"第一个百年奋斗目标"的完成，社会主要矛盾相应地转化为人民日益增长的美好生活需要和不平衡不充分的发展之间的矛盾，尤其是城乡发展不平衡和乡村发展不充分，成为经济社会发展最为突出的矛盾。为此，党中央提出了全面推进乡村振兴的重大战略。

一、勾画全面乡村振兴的全新图景

全面乡村振兴战略的目标是实现农业农村现代化，其重点是解决好"三农"问题，即农业、农村、农民问题。其目的是促进共同富裕，使城乡居民共享发展成果；主题是高质量发展，提升农业生产效率和质量，提高农村生活水平和质量。改革创新是全面推进乡村振兴战略的动力，人民群众始终是战略布局的中心。为了实现这一战略，党中央提出了推动乡村产业、人才、文化、生态、组织振兴的具体举措，并提出了 2035 年基本实现农业农村现代化，2050 年实现乡村全面振兴目标，亦即全面实现农业强、农村美、农民富的远大发展目标。

身处全面乡村振兴的新阶段，产业兴旺、生态宜居、乡风文明、治理有效、生活富裕，20 个字描绘了全面乡村振兴的新乡村的振奋图景。

产业兴旺是全面乡村振兴力图实现的经济图景，是乡村振兴的必要经济基础。这意味着我们需要深入实施重要农产品保障战略，稳定

粮食播种面积和产量，加强种业和农机装备等核心技术攻关，推进农业结构调整和品牌建设，提升农产品质量和竞争力等。同时，大力发展特色优势产业和乡村特色产业园区，培育一批农业产业化龙头企业和家庭农场、农民合作社等新型经营主体。另外，推进产业兴旺，党和国家在这一时期将重点加快推进数字农业和智慧农村建设，以促进农业生产方式绿色转型。支持农民就地就近就业创业，以拓宽农民的增收渠道。

生态宜居是全面乡村振兴力图实现的自然图景，是乡村振兴的自然条件。推进生态宜居意味着乡村振兴要坚持绿色发展理念，在具体措施上包括落实"长牙齿"的耕地保护硬措施，以严守18亿亩耕地红线，还包括开展农村人居环境整治提升行动等，推进垃圾污水治理、"厕所革命"等工作，以加强生态保护修复和绿化美化工作。

乡风文明是全面乡村振兴的精神图景，是乡村振兴的精神支撑，主要包括：坚定文化自信，弘扬中华优秀传统文化，实施乡村文化振兴行动计划，加强乡村公共文化服务体系建设。

治理有效是乡村振兴的重要保障，通过提升乡村治理能力和水平，确保农村社会既充满活力又保持和谐稳定，为乡村振兴和共同富裕提供坚实的基础。在改革开放的推动下，乡村社会从封闭走向开放，产业和社会结构日趋复杂，农民的需求和生活方式也在变化。面对这些挑战，党的十九届四中全会提出了党委领导、政府负责、多方参与的社会治理体系，旨在通过多元主体协同共治，推动乡村实现共建共治共享，形成良好的社会环境，助力乡村振兴。

生活富裕是乡村振兴的根本目的，也是全面乡村振兴最终追求的建设图景。生活富裕主要指需坚持以人民为中心的发展思想，全面落实乡村振兴促进共同富裕行动方案。

案例 2-5　湘潭市农村人居环境整治与美丽乡村建设

湘潭市的农村乡村景象在过去几年发生了巨大的变化，这一变化的背后是持续推进农村人居环境整治和美丽乡村建设的成功实践，这一案例突出了政府引导和村民参与的重要性，同时也展示了农村发展中的多元化和可持续性的重要性。

垃圾处理付费制度的推行：湘潭市引入了垃圾处理付费制度，以解决农村垃圾管理的问题。根据这一制度，村民需每年支付一定费用，以覆盖垃圾处理和维护成本。这一做法在湘潭市获得了巨大成功，使农村的卫生状况得到改善，环境更加清洁。垃圾处理费用的确定是通过村民大会商议的，确保了费用的公平性和透明度。

公益"积分制"：公益"积分制"的推行意在鼓励村民积极参与农村人居环境整治。村民通过参与公共事务，如卫生打扫和道路清理，获得积分，这些积分可以用于兑换日用品和获得其他福利，如学习机会和绿色医疗通道。这一制度激发了村民的积极性，使他们从旁观者变成了积极参与者。

美丽屋场建设：湘潭市通过美丽屋场建设，将村庄打造成了"美丽经济"的典范。这一做法注重对原有文化和资源的保护，通过政府主导、村庄申报、以奖代投的方式，让村民积极参与建设。这些美丽屋场成为吸引游客和提高村民收入的重要资源。

资料来源：蒋睿，张军."整治"变"自治"，绘就湘潭乡村画卷[N].湖南日报，2023-10-29（1）.

全国上下实行乡村振兴的案例不胜枚举，例如陕西省安康市的平利县，该县在 2011 年被列入秦巴连片特困地区重点县，面临着贫困面大、返贫人口多的脱贫难度。近年来，平利县突出"三产"共融、"三雁"共舞、"三新"共育、"三生"共赢和"三联"共建，一体谋划、全面推动乡村"五大振兴"，初步探索出了一条乡村振兴引领共同富裕的追梦之路。2020 年，平利县实现脱贫摘帽。同年 4 月，习近平总书记来到平利县，走访锦屏社区、茶园等地考察当地乡村振兴情况。①

为保证乡村振兴战略的实施，2021 年 4 月 29 日，十三届全国人大常委会第二十八次会议通过了《中华人民共和国乡村振兴促进法》，

① 习近平在陕西省平利县考察脱贫攻坚情况 [EB/OL].(2020-04-21) [2023-05-08]. http://www.gov.cn/xinwen/2020-04/21/content_5504775.htm.

标志着乡村振兴已经进入了法治化轨道。

目前乡村振兴战略已经实现了良好开局，乡村振兴的"四梁八柱"制度框架和政策体系基本形成。然而，乡村振兴是一项长期的历史性任务，仍然任重道远。2023 年发布的 21 世纪以来第 20 个指导"三农"工作的中央一号文件《中共中央　国务院关于做好 2023 年全面推进乡村振兴重点工作的意见》指出，全面建设社会主义现代化国家，最艰巨最繁重的任务仍然在农村。世界百年未有之大变局加速演进，我国发展进入战略机遇和风险挑战并存、不确定难预料因素增多的时期，守好"三农"基本盘至关重要、不容有失。

二、"新农人"：全面乡村振兴中的新面貌

值得关注的是，在这一时期，乡民面貌的变迁主要体现在"新农人"身份认同的建立。

所谓"新农人"，是一群有着现代化思想和能力，投身于现代农业和乡村建设的新型农业人。他们不拘泥于传统农民的身份，而是根据自己的兴趣和专长，选择适合自己的农业领域和角色。其大体可以分为两类：一类为投资型农业经营者，另一类为享受型的城市消费者。[①]在前一个群体中，有些"新农人"是从城市回到家乡的创业者，他们利用互联网和电商平台，开发了特色农产品或乡村旅游项目，带动了当地农民增收致富；有些"新农人"是在城市工作生活的白领，他们通过土地流转或合作社入股等方式，参与到现代农业生产中，实现了城乡双重收益；有些"新农人"是受过高等教育的大学生，他们运用专业知识和技术，从事农业科研、咨询、培训等服务，为提升农业水平贡献了智慧；有些"新农人"是农产品的品牌推广者，他们利用"短视频"平台等媒体讲好中国乡村故事、传播好乡村文化，塑造了品牌效应；也有一些"新农人"成为新乡村文化的传播者，他们通过创作文艺作品、保护非物质文化遗产等方式，参与到乡村振兴过程中的乡村文化建设中，丰富了乡村的精神生活。

---

① 农业部农村经济体制与经营管理司课题组 . 农业供给侧结构性改革背景下的新农人发展调查 [J]. 中国农村经济，2016(4): 2-11.

"新农人"的代表之一，安徽庐江古圩村人姜涛，年少时他北漂打拼，在服装市场闯出一片天。后来市场外迁生意难做，他毅然回乡创业，投身绿色生态农业。2018 年起，姜涛与兄弟合伙承包了当地 2 000 多亩田，并与安徽农业大学合作建设了产学研基地。他采用稻虾（蟹）共作、蟹黄稻、鲈鱼稻、甲鱼稻、黄鳝稻等多种模式，在高效节水、减少污染、提高收益中寻找平衡。2021 年，姜涛和安徽农业大学合作的 1 700 多亩产学研基地中，水稻亩产量为 750 千克以上，螃蟹基地产值 1 000 多万元。除此之外，姜涛还利用互联网平台进行品牌推广和销售，并带动周边农户共同致富。①

三、面向"陌新社会"：乡村振兴过程中乡村振兴共同体建设的新方向

乡村振兴的过程中，乡村共同体的建设成为推动乡村发展的重要方向。在改革开放 40 多年的发展历程中，中国的城镇化率急速上升，城市人口大幅增加，农村劳动力转移到城市成为常态。这一进程使乡村发生了巨大的变化，传统的"熟人社会"逐渐被"陌新社会"所替代。

这一背景下，乡村"空心化"的问题愈发凸显，老年人和妇女儿童成为留守的主要人员，但随着外出务工、农村人力要素转移、乡村旅游等新兴产业的崛起，传统的乡村社会结构正发生深刻变革。城市"虹吸效应"使得城镇化不可逆转，而乡村不再只是农业人口的聚集地，而是各行各业人才的融合地。

乡村休闲化与康养产业的兴起也为乡村振兴提供了新的动力。乡村旅游、休闲康养等业态逐渐成为乡村经济的新亮点，使得乡村"空心化"问题越发凸显。然而，与传统的农业劳动相比，新一代农人更倾向于城市的生活方式，缺乏对农业的兴趣和从业经验。

因此，乡村社区共同体的建设成为新的方向。这一共同体应该以多元居民主体为基础，整合一、二、三、四、五、六产业，构建一个

---

① 姜涛：返乡创业的"新农人"[EB/OL].（2022-01-29）[2023-05-09]. http://www. cettic.gov.cn/c/2022-01-29/340628.shtml.

经济性、社会化、心理支持与影响、社会控制和社会参与等多功能的社区。同时，乡村社区共同体需要重构治理方式，将传统的村"两委"治理模式转变为更加注重社区服务的社区居委会。

这一新型社区应该以人为本，关注居民需求，形成有利于新老村民共同发展的社区氛围。在推进乡村社区共同体的建设过程中，应科学有序地考虑乡村的地域特点，因地制宜，整合资源，实现内外均衡。通过这一新的社区模式，可以更好地促进乡村振兴，为乡村提供全方位、多层次的支持，推动乡村更加健康、可持续地发展。

具体而言，建设"陌新社会"下的乡村社区共同体是新时代农村发展的重要战略方向，旨在构建管理有序、服务完善、文明祥和的乡村社区共同体。这一构想的核心在于通过社区建设，让居民逐步形成共同的价值观念和行为规范，实现共建共享、休戚与共的文化共同体。在这一过程中，社区文化的培育成为最佳途径，因为文化是社会的灵魂，而社区文化能够培养社区居民的自我教育和自我管理能力。

首先，新型农村社区建设要搭建邻里交往空间，打造精神文化家园，以及重塑乡村社区共同体。这意味着新村民和老村民需要在社区共同体中共同生活。通过解决各村村务问题，推动社区从"陌生社会"向"半熟人、熟人社会"转变，有助于现代社区建设向更高层次、更深领域迈进。在这一过程中，完善治理理念、建立超越传统村庄基层治理的新社区治理机制成为当务之急。

其次，新型社区的建设也需要创造新的职业岗位，提供更大的发展空间。通过搭建建乡平台，畅通回引渠道，引导、服务、保护好人才、资金、技术下乡，激发村民参与乡村建设的主动性。社区基础的统一规范、社区美好乡村共同体的建设以及优化社工队伍结构都是推动新型农村社区建设的关键。

再次，新型农村社区的基层治理也需要成为示范地。取消原村"两委"，成立社区党支部，建立健全社区成员代表大会、社区委员会和社区监督委员会，吸引各方主体参与进来。通过这样的方式，可以最大限度地覆盖老、中、青、幼等群体，促进邻里间互识互知、互比互赞、互敬互助、互信互促，以邻里"小家"的温馨促社区"大家"

的和谐。

最后，在新型社区中，实现幸福成为一项重要目标。社区建设需要更加突出家园属性，强调邻里交往中心、公共文化空间、美好生活链圈建设。这包括：强化数字赋能，建构社区整体智治和智慧生活，延续历史文化记忆，提升公共服务，重塑社区生活圈活力。同时，推进项目创新，打破邻里互助壁垒，建设"爱彼邻"移动智慧平台，以方便、快捷的菜单导航功能，实现供需双方资源信息快速匹配，拓展乡村社会治理参与面。

新型农村社区是共同富裕在乡村振兴中的载体，通过规划引领、社会协同、党建引领等多重手段，可以为农民提供更好的公共服务，改变农村面貌，实现乡村的全面现代化。这是一项综合性的工程，需要全社会的参与和支持，同时也需要法律法规的规范和完善。

第七节　本章小结

从民国时期到现在，中国的乡村社会经历了从动荡衰败到稳定发展，再到全面振兴的历史性转变。这一过程中，乡村经济、生活、文化、治理等各方面都发生了翻天覆地的变化，农民的主体地位和能动作用不断提升，乡民的精神风貌不断改善，为中国式现代化建设和乡村振兴战略长久发展提供了重要基础和久远保障。

民国时期的乡村社会处于动荡和衰败之中，面临着外部冲击和内部矛盾的双重挑战。乡村经济低效落后，粮食产量长期停滞不前，农民收入水平低迷。乡村生活贫困困顿，基础设施匮乏，教育卫生水平低下，疾病灾害频发。乡村文化保守封闭，传统礼教束缚人心，封建迷信横行无忌，妇女地位极其低下。乡村治理混乱无序，地方势力横行霸道，南京国民政府管辖不力，农民运动遭到残酷镇压。乡民风貌消沉颓废，对现代化缺乏认同和参与。

新中国成立后至改革开放前，这一时期的乡村社会经历了深刻的社会主义改造和建设。乡村经济实行集体化，粮食产量虽然有所增长，但波动较大。乡村生活虽有所改善，但仍然落后于城市。乡村治理实行"政社合一"的人民公社制度，国家政权直接延伸到村庄内部，农民自治空间被压缩。

改革开放以后到 2020 年，我国乡村社会迎来了历史性的变革和发展，国家与乡村之间开始走向双向互动和协调发展。这一时期可以分为三个阶段：第一个阶段是 1978—2005 年，这是乡村社会变革和发展的起步阶段。在这一阶段，乡村经济实行土地承包到户制度，粮食产量稳步增长，农民收入水平显著提高。乡村生活实现了翻天覆地的变化。第二个阶段是 2006—2011 年，这是乡村社会变革和发展的深化阶段，乡村生产实行土地流转制度，粮食产量持续增长，农民人均收入快速提高。乡村治理实行"建章立制"的村民自治制度，农民参与乡村事务的主体性和能动性更加激发。第三个阶段是 2012—2020 年，这一阶段乡村经济实行土地确权制度，粮食产量创历史新高，农民收入水平突破万元大关。乡村治理实行"多元共治"的村民自治制度，国家政权与乡村社会自治之间更加协调和平衡。

2021 年后，乡村社会进入全面振兴的新时代，乡土社会从"熟人社会"迈向"陌新社会"。在这一背景下，我国实行农村土地农民集体所有、家庭承包经营的农村基本经营制度，从根本上保证广大农民平等享有基本生产资料。乡村治理实行法治民主的村民自治制度，并且伴随着全面乡村振兴战略的深入推进，中国乡村社会呈现出产业兴旺、生态宜居、乡风文明、治理有效、生活富裕的新图景。

第三章
乡村生产

乡村生产，是乡村生活的基点，也是乡村振兴的关键。伴随着农业农村的现代化进程，乡村生产的形态日益多样，其内容也不断丰富。针对乡村生产的不同领域，与产权改革相对应的是各类新型经营主体的生成，为各产业领域的内部整合、产业链的延伸及各产业的深度融合提供了制度与组织基础；以物流、电商为突出代表的新基建与新业态则使乡村生产进一步对接广大的市场，促使乡村生产模式的更迭与生产力的提升。乡村生产的变革方向也深刻地影响着乡村的社会结构，乡村产业的不断发展正促成农村居民的回流，从而进一步构成乡村产业发展的基础。

乡村生产形态的演进，也推动着一个所谓的"陌新社会"的生成：农业生产主体间在结合乡缘与契约的双重形式上形成利益联结，在充分纳入来自村外的各类要素的基础上，促进了乡村社会人口结构与经济格局的变化，新农人、新要素、新主体的进入，使乡村不再局限于既往简单的"熟人社会"的运行模式，塑造了一个更为包容、开放的经济社会生态，从而进一步地推动着农业与乡村社会的发展。

第一节　农耕：农林牧渔产权制度变革、生产组织形态

第一产业的发展，构成了中国乡村的底色。乡村的生活、文化及

社会组织方式，均与农林牧渔的生产紧密相连，第一产业的变革与发展因之也深刻地影响着中国乡村的整体面貌。如表 3-1 所示，2010 年至 2021 年，农林牧渔业总产值翻了一番，达到 147 013.4 亿元。农林牧渔业的深入发展，为乡村发展奠定了产业基础，也构成了乡村变革的重要动力。

表 3-1　2010—2021 年农林牧渔业总产值（按当年价格计算）/ 亿元

年份	农林牧渔业总产值	农业产值	林业产值	牧业产值	渔业产值	农林牧渔专业及辅助性活动产值
2010	67 763.1	35 909.1	2 575.0	20 461.1	6 263.4	2 554.6
2011	78 837.0	40 339.6	3 092.4	25 194.2	7 337.4	2 873.4
2012	86 342.2	44 845.7	3 407.0	26 491.2	8 403.9	3 194.3
2013	93 173.7	48 943.9	3 847.4	27 572.4	9 254.5	3 555.5
2014	97 822.5	51 851.1	4 190.0	27 963.4	9 877.5	3 940.5
2015	101 893.5	54 205.3	4 358.4	28 649.3	10 339.1	4 341.3
2016	106 478.7	55 659.9	4 635.9	30 461.2	10 892.9	4 828.9
2017	109 331.7	58 059.8	4 980.6	29 361.2	11 577.1	5 353.1
2018	113 579.5	61 452.6	5 432.6	28 697.4	12 131.5	5 865.4
2019	123 967.9	66 066.5	5 775.7	33 064.3	12 572.4	6 489.0
2020	137 782.2	71 748.2	5 961.6	40 266.7	12 775.9	7 029.8
2021	147 013.4	78 339.5	6 507.7	39 910.8	14 507.3	7 748.1

资料来源：国家统计局农村社会经济调查司 . 中国农村统计年鉴 2022[M].
北京：中国统计出版社，2022.

第一产业的发展与变革既表现为农林牧渔总产值的不断提升，同时也表现为第一产业的发展质量提升。可以明确地看到，农业农村的现代化，深刻地影响着国家的现代化进程；第一产业的现代化发展，则构成了振兴乡村的产业支撑。《中共中央 国务院关于实施乡村振兴战略的意见》提出，要以农业供给侧结构性改革为主线，加快构建现代农业产业体系、生产体系、经营体系，提高农业创新力、竞争力和全要素生产率；夯实农业生产能力基础，加快发展现代农作物、畜禽、水产、林木种业。伴随着产权制度的变革、生产技术的创新，中国乡村农林牧渔产业也逐渐形成了新的样态。

一、农业适度规模经营

乡村中国的历史，在某种程度上就是农耕种植的发展史与变革史。习近平总书记指出，"我国农耕文明源远流长、博大精深，是中华优秀传统文化的根"。在现代中国，农业生产组织形式的调整也见证了中国现代化的历程。伴随着中国对社会主义现代化道路的探索以及城乡、工农关系的变化，农业生产组织形式经历了农业生产集体化、家庭联产承包责任制、农业适度规模经营等阶段，演化出了包括家庭农场、专业大户、农民专业合作社、涉农企业、农业专业化社会化服务组织等在内的各种新型农业经营主体。事实上，农业适度规模经营不仅针对种植业生产，也同样囊括了农林牧渔等第一产业类别的生产经营行为。

（一）农业适度规模经营的历史探索：多种新型经营主体共同发展的探索结果

农业适度规模经营的探索，经历了一系列的转变，从强调大规模现代农业的建设，转向家庭农场与农民合作社相联动、小农户及各类经营主体与现代农业接轨的适度规模经营体系建设。1987 年，《把农村改革引向深入》首次明确提出要采取不同形式推进农业适度规模经营，成为"农业适度规模经营"这一政策概念的起点。[①]2009 年，《农业部关于推进农业经营体制机制创新的意见》再一次提出要从土地流转制度入手，为"发展多种形式适度规模经营"提供制度性保障。而在 2011 年农业部发布的《全国农业和农村经济发展第十二个五年规划》中，明确提出要"发展多种形式适度规模经营"，"支持专业种养大户、家庭农（牧）场、农民专业合作社、农业产业化龙头企业等经营主体，发展多种形式的适度规模经营"。2014 年中共中央办公

---

① 何奇峰.适度规模经营中的劳动力因素——基于中部地区三个水稻种植户的案例研究 [J]. 中国农业大学学报（社会科学版），2021,38(6)：17-30.

厅、国务院办公厅《关于引导农村土地经营权有序流转 发展农业适度规模经营的意见》的发布，也说明土地经营权有序流转与农业适度规模经营被视为高度关联的一套政策举措，其意图即在于通过土地较大规模的统一流转，为规模化的农业经营提供基础。而 2015 年出台的"十三五"规划纲要则明确了新型农业经营主体在现代农业建设中的引领地位，自此，适度规模经营与新型经营主体培育得到了高度捆绑。

在这一政策演变过程中，国家改变了将政策重点集中于大规模农业生产主体的农业产业化路线，而逐步明确要通过打造新型经营主体来引领农业生产经营与社会化服务，促进小农户和现代农业发展有机衔接，充分兼顾新兴农业经营主体与小农户的共同发展。[①] 所谓新型经营主体，即"建立于家庭承包经营基础之上，适应市场经济和农业生产力发展要求，从事专业化、集约化生产经营，组织化、社会化程度较高的现代农业生产经营组织形式"[②]，其专业化、集约化、规模化的特征使其能够更好地对接市场，推进农业生产力的发展。而中国乡村将进入全面推进乡村振兴、加快农业农村现代化的阶段，"突出抓好家庭农场和农民合作社两类经营主体，鼓励发展多种形式适度规模经营"被视为推进现代农业经营体系建设的关键。这一方向也伴随着政策的推进，在现实中呈现出多元主体高度联动的特殊生产组织形态，并体现了将小农户及各类经营主体与现代市场体系进行接轨的优越性。

这种积极拥抱和扶持新型经营主体的政策努力与农村社会逐步开放、既有农业生产格局发生转变有着非常紧密的关系，而将家庭农场、专业大户、农民合作社与农业企业多种在规模、形态、性质上各异的农业生产主体结合在一个广大的农业生产体系之中的尝试，则是对于农村社区向所谓"陌新社会"转变的一种呼应：新型经营主体通过强化包括技术、人才、资金在内的外来要素和农村内生禀赋的结合，有利于进一步将既有的农业发展机遇充分转化为经济社

---

①　钟真.改革开放以来中国新型农业经营主体：成长、演化与走向 [J]. 中国人民大学学报，2018，32(4)：43-55.

②　陈晓华.大力培育新型农业经营主体——在中国农业经济学会年会上的致辞 [J]. 农业经济问题，2014，35(1)：4-7.

会收益（表 3-2）。

表 3-2　新型经营主体的经营环节、主体定位和经济功能 [①]

类型	家庭农场	专业大户	农民合作社	农业企业
环节	种养生产环节		产前产后经营环节与产中服务环节	
定义	以家庭经营为基础，融合科技、信息、农业机械、金融等现代生产因素和现代经营理念，实行专业化生产、社会化协作和规模化经营的新型微观经济组织	面向市场，充分利用农业社会化服务而推进专业化、规模化生产的经营主体	同类农产品的生产经营者或同类农业生产经营服务的提供者、利用者自愿联合、民主管理的互助性经济组织	采用现代企业经营方式，进行专业分工协作，从事商业性农业生产及其相关活动，并实行独立经营、自负盈亏的经济组织
功能	面向市场的农业生产基本单位		带动散户、组织大户对接企业，链接市场	侧重于农产品加工和市场营销等环节，并提供产前、产中、产后各类农业生产性服务

　　总的来看，农业适度规模经营的提出以农业产业化与非粮化趋势为市场背景，以农地三权分置与延包的产权设计为基础，并以家庭农场等新兴农业经营主体与农业专业化、社会化服务组织结合为主要形态。农业适度规模经营所构成的农业发展道路，本质上突破了既往小农生产和规模化经营二元对立的传统思路，强调了在"三农"的特定发展阶段，针对不同的农业类别和生产环节，应该由不同形态的经营主体来推进生产。

（二）农业适度规模经营的基本背景：农业产业化与农业产品多样化趋势

　　农业适度规模经营的农业发展目标，以农业产业化与农业产品多样化为市场背景。农业经营的收益并不直接与规模呈正向线性关系。

① 武舜臣，胡凌啸，储怡菲.新型农业经营主体的分类与扶持策略——基于文献梳理和"分主体扶持"政策的思考 [J].西部论坛，2019，29(6)：53-59.

伴随着农业产业化程度不断提升、农业产品类目不断丰富、生产分工分业不断深化，市场主体追求效益最大化的规律促使各经营主体根据农业生产的具体特性来对生产活动进行调整。一个清晰的趋势是，专业大户、家庭农场迅速兴起，农民合作社快速发展，农业产业化龙头企业不断壮大，农业社会化服务组织作用开始凸显，形成了一个有层次的新型农业经营主体体系，并将农民充分地纳入现代农业的发展之中。

需要明确的是，在城镇化与现代化的进程中，大量农业人口向城市与非农部门转移的现实，也构成了农业适度规模经营的根基，导致包括家庭农场在内的经营主体的经营方式与经营规模需要在特定的约束条件下进行调整[1][2]；而在资本下乡过程中对利润的追求，也创造了大量规模各异的经营主体[3][4]，影响着农业经营的规模化程度。总的来看，村民非农化、农民老龄化、农地流转集约化、农业生产规模化构成了农业适度规模经营的整体背景。这些趋势也共同塑造着农村社会向所谓"陌新社会"的转型：伴随着村民非农化、农民老龄化、农业现代化、城乡发展一体化的多重进程，农业生产领域的机会结构发生新的调整，吸引着专业化的农业生产主体和新农人充分利用农地三权分置的产权设计，积极地进入有待填充和发展的农业领域。

（三）农业适度规模经营的制度基础：农地三权分置与土地产权延包

农业种植业的发展，始终与土地制度的安排高度相关。农地所有权、承包权、经营权的三权分置是农业适度规模经营得以推进的前

---

① 陈义媛.资本主义式家庭农场的兴起与农业经营主体分化的再思考——以水稻生产为例 [J]. 开放时代，2013(4)：137-156.

② 毕雪昊，周佳宁，邹伟.家庭劳动力约束下经营规模对农户种植结构选择的影响 [J]. 中国土地科学，2020，34(12)：68-77.

③ 贺雪峰.论农地经营的规模——以安徽繁昌调研为基础的讨论 [J]. 南京农业大学学报（社会科学版），2011，11(2)：6-14.

④ 仝志辉，温铁军.资本和部门下乡与小农户经济的组织化道路——兼对专业合作社道路提出质疑 [J]. 开放时代，2009(4)：5-26.

提。[1] 农地的三权分置允许经营主体根据需要相对灵活地流转农地的经营权[2]，从而构建出利于争取利润的生产要素组合。而土地产权的确权和延包则对产权关系进行了巩固和维护，从而使农业生产更为长期地在土地上进行可持续的投入。[3]

以最为典型的家庭农场为例，大量家庭农场为原生型的本地农业经营主体，往往通过亲友、村民之间的农业用地流转，来扩充农业生产的规模，使其充分地参与到农业市场的竞争之中。[4] 如图 3-1 所示，2021 年在全国家庭农场经营的耕地中，仅 26% 的耕地为家庭承包经营耕地，其余近 3/4 的耕地均来自流转。而对于大规模农业企业而言，通过集中土地流转形成大面积的种植基地，以实现特定作物的规模效应，构成了农业适度规模经营的前置条件。伴随着土地流转市场日益成熟，也逐渐形成了一个围绕农村土地三权分置产权安排，以"农户—中介服务组织—大户"为主要形态的土地流转模式[5]，其中村集体往往在这一过程中承担着重要的作用，为新型经营主体的引入和适度规模经营的开展提供了重要基础。[6]

（四）农业适度规模经营的基本形态：经营主体与社会化服务结合

总的来看，伴随着国家与经营主体在农业现代化、产业化、市场化道路上的不断探索，已经逐步形成了以生产性的经营主体与农业社会化服务相结合，龙头企业、种植大户与家庭农场并存的具有层次、频繁互动的农业规模经营体系。

---

① 赵鲲，刘磊. 关于完善农村土地承包经营制度发展农业适度规模经营的认识与思考 [J]. 中国农村经济，2016(4)：12-16，69.
② 北京天则经济研究所《中国土地问题》课题组. 土地流转与农业现代化 [J]. 管理世界，2010(7)：66-85，97.
③ 仇焕广，刘乐，李登旺，等. 经营规模、地权稳定性与土地生产率——基于全国 4 省地块层面调查数据的实证分析 [J]. 中国农村经济，2017(6)：30-43.
④ 何秀荣. 关于我国农业经营规模的思考 [J]. 农业经济问题，2016，37(9)：4-15.
⑤ 黄祖辉，王朋. 农村土地流转：现状、问题及对策——兼论土地流转对现代农业发展的影响 [J]. 浙江大学学报（人文社会科学版），2008(2)：38-47.
⑥ 陈晓华. 大力培育新型农业经营主体——在中国农业经济学会年会上的致辞 [J]. 农业经济问题，2014，35(1)：4-7.

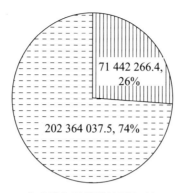

71 442 266.4,
26%

202 364 037.5, 74%

▥ 家庭承包经营耕地面积/亩
☐ 流转经营耕地面积/亩

图 3-1　2021 年全国家庭农场经营耕地来源结构

资料来源：农业农村部农村合作经济指导司 . 中国农村合作经济统计年报
（2021 年）[M]. 北京：中国农业出版社，2022.

　　从农业适度规模经营的追求上来看，效率和收入构成了确定土地
适度规模经营的两个综合指标 [1][2]，也影响着经营主体的生产规划与经
营模式；从农业适度规模经营的组织形态上来看，专业化是一个突出
的趋势，专业型经营主体和农业社会化服务的发展使各种经营主体能
够在其专精的作物品类、生产环节中充分发挥比较优势，使整个农业
生产链条更加有机地结合与互动，从而提高整体的农业生产水平。[3]

　　所谓适度规模经营，亦即针对土地资源、作物特性、运作规模等
要素来进行调整，争取在市场竞争中最大化农业产品的利润与效益。
伴随着农业领域生产力的提升以及农产品市场上的需求变更，农业产
业化过程中产生的利润增长点愈发多样，并主要集中于经济作物之

---

① 　郭庆海 . 土地适度规模经营尺度：效率抑或收入 [J]. 农业经济问题，2014，
35(7)：4-10.

② 　钱克明，彭廷军 . 我国农户粮食生产适度规模的经济学分析 [J]. 农业经济问
题，2014，35(3)：4-7，110.

③ 　钟真 . 改革开放以来中国新型农业经营主体：成长、演化与走向 [J]. 中国人
民大学学报，2018，32(4)：43-55.

上 [1][2]，从而带来了农业生产多样化的趋势，不同类型的作物以及产业化程度也要求着不同规模的经营模式，例如面向市场的粮食生产往往需要相对大规模的生产以摊平粮食生产成本、实现规模效益 [3]，而对于不进入市场、农户自给自足的粮食生产，则仅需要小农户运营即可 [4]；农业经营各环节的特性，也决定了对应环节承载主体规模的不同，例如种植业生产环节往往以家庭经营方式为主，这是因为家庭作为经营单位，成员利益高度一致，能够对生产充分负责。[5] 但同时其规模也受到一定局限。而农资采购、农产品销售以及生产性环节，则往往交托社会化服务组织和专业合作社，承担特定的产业环节，从而兑现农产品的价值。[6] 于是，部分农产品的种植呈现出"再小农化"的特性 [7][8]，而另外一些农产品的种植则有赖于规模化、集约化的现代化运营模式和成规模农业经营主体。

如表 3-3 所示，2021 年，全国共有 104.1 万个农业社会化服务组织，其中包括 55.2 万个农业服务专业化组织、32.4 万个农民合作社。大量农林牧渔社会化服务组织的生成为农业生产的变革提供了重要载体，同时也会对农村地区的组织形态产生深刻的影响。

---

① 匡远配，刘洋. 农地流转过程中的"非农化"、"非粮化"辨析 [J]. 农村经济，2018(4): 1-6.
② 孔祥斌. 耕地"非粮化"问题、成因及对策 [J]. 中国土地，2020(11): 17-19.
③ 蔡瑞林，陈万明，朱雪春. 成本收益：耕地流转非粮化的内因与破解关键 [J]. 农村经济，2015(7): 44-49.
④ 钟甫宁，陆五一，徐志刚. 农村劳动力外出务工不利于粮食生产吗？——对农户要素替代与种植结构调整行为及约束条件的解析 [J]. 中国农村经济，2016(7): 36-47.
⑤ 陈晓华. 大力培育新型农业经营主体——在中国农业经济学会年会上的致辞 [J]. 农业经济问题，2014，35(1): 4-7.
⑥ 程民选. 粮食生产组织化程度的提高：市场内生与政府引导——基于安徽调研实例的分析 [J]. 当代经济研究，2015(1): 36-41，97.
⑦ 贺雪峰，印子. "小农经济"与农业现代化的路径选择——兼评农业现代化激进主义 [J]. 政治经济学评论，2015，6(2): 45-65.
⑧ 朱战辉. 新时期农业经营方式的再小农化 [J]. 西北农林科技大学学报 (社会科学版)，2018，18(5): 32-39.

表 3-3　2020—2021 年各类农业社会化服务组织数量 / 个

年份及 增长率	农民 合作社	农村集体 经济组织	服务型 企业	农业服务 专业户	其他服 务组织	合计
2020 年	312 965	63 591	36 080	458 832	83 479	954 947
2021 年	324 135	70 687	39 628	551 539	54 767	1 040 756
增长率 /%	3.6	11.2	9.8	20.2	-34.4	9.0

资料来源：农业农村部农村合作经济指导司 . 中国农村合作经济统计年报
（2021 年）[M]. 北京：中国农业出版社，2022.

二、林权变更与林业生产

如何充分开发、利用和维护林业资源，是林业生产需要回答的重
要问题。林业生产的复杂性在某种程度上远高于一般意义上的种植业：
林业生产既要考虑经济价值转换问题，还要设计生态保护问题；林木
生长周期远比一般农作物长，采伐变现不但受到林木自身的限制，还
受到政策的限制。[1] 为了充分释放林业生产的潜在活力，我国自 2003
年开启新一轮农村集体林权制度改革，借鉴耕地产权设置，推行"分
山到户"的产权设置，希望借此推进林业产权市场化和林业生产产业
化，增加集体林地的产出。林权的变更深刻地影响到了林业生产的组
织形态。[2]

（一）林权改革的探索结果

改革开放以来，国家对林权山权进行调整，在林业"三定"工作
中逐步稳定山权林权、划定社员自留山以及确定林业生产责任制，但
由于各省林业生产状况存在区别，因此集体林地承包到户的份额也各
有差异。2003 年，《中共中央　国务院关于加快林业发展的决定》确定
福建、江西为新林改的试点，冀图在"还山于民"的过程中明晰所有
权、放活经营权，形成规范有序的林木所有权和林地使用权的流转机

① 　贾治邦 . 中国农村经营制度的又一重大变革——对集体林权制度改革的几点认
识 [J]. 求是，2007(17): 27-29.
② 　朱冬亮 . 村庄社区产权实践与重构：关于集体林权纠纷的一个分析框架 [J]. 中
国社会科学，2013(11): 85-103，204.

制。经过 5 年施行，中共中央国务院出台的《中共中央 国务院关于全面推进集体林权制度改革的意见》将此项改革进一步在全国范围内普遍推开，以期实现对林权的整体性调整，借此充分发挥出林业生产的积极性，推动林业的深入发展。①

（二）林业生产的组织形态

与普通的种植业不同，木材种植的组织形态往往需要社群化的共同运作（图 3-2）。在林权改革的背景下，典型的经营方式即包括多个家庭、家族联合营林，或由单人或多人联合承包林地，雇用闲余劳动力进行树木栽种、雇用伐木工人进行木材砍伐等工作。②

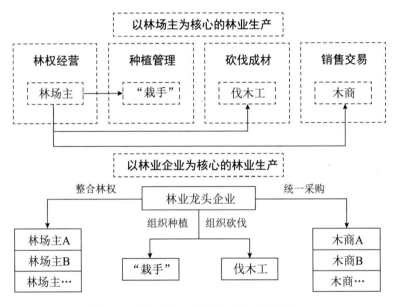

图 3-2　林业龙头企业的林业生产组织模式

当然，伴随着林权变更与林业的现代化发展，林农还充分地围绕林业种植拓展了各种延伸性的业态，包括中草药种植、林下作物种植、

---

① 贺东航，朱冬亮 . 关于集体林权制度改革若干重大问题的思考 [J]. 经济社会体制比较，2009(2): 21-28.
② 周恩宇，刘梅 . 以"林"为"生"——一项西南山地人工营林系统的历史人类学研究 [J]. 中国农业大学学报（社会科学版），2022，39(3): 167-181.

食用菌种植等，丰富了林业生产的内容。相对应地，这些延伸环节对劳动力及资金的要求各自有别，因此往往与林木种植的组织形态存在差别。例如包括中草药种植在内的林下经营项目，投资小、见效快，且对劳动力的需求相对较小，因此往往成为家庭经营的重点领域。[①]

而伴随着乡村振兴战略的推进，林业生产的组织形态又发生了新的变化，具体来看，伴随着新型经营主体的兴起和龙头企业在林业生产中发挥出越来越强的作用，林业生产往往呈现出大型林业企业在携资本下乡的过程中流转林农林地、吸收林农就业的组织形态。

以云南宣威"公司＋基地＋农户"的林业生产方式为例，林业龙头企业的强化与发展深刻地改变了当地林业生产的组织模式和发展方向。在与市场的充分对接中，为了使公司、农户在短期与长期内均获得相应的收益，龙头企业通过建设各类林业生产基地，向林农进行发包，发展包括核桃在内的木本油料林产业和丰产林以强化林业生产的经济效益。通过生产基地的建设，林业企业实现了对林地资源的整合以及对林农的充分组织，从而为企业的规模化生产与品牌建设提供了基础，进而充分地助益于产业链整体价值的提升。由于林业龙头企业在技术引入、服务提供上具有不断改进的内在驱动力，其对林地资源、林农队伍的整合事实上实现了当地林业生产的提效升级，改变了过去林农生产难以形成集约态势的情况。

案例 3-1　云南宣威市"公司＋基地＋农户"的林业生产方式

在林业生产领域，投资周期与回报周期较长，往往需要由成规模的企业来运营林业经济。云南宣威市即鼓励支持林业龙头企业和专业合作社等新型经营主体充分发挥林业生产规模效应，推动林业产业化建设，带动林农充分就业提升收入的一个典型。

自 2012 年以来，宣威市依托重点工程建设，积极推进林业产业结构调整，走"龙头带动、大户示范、产业联动"发展之路，大力发展以核桃为主的木本油料林产业建设和速生丰产林建设。

---

① 陈珂，魏彪，王海丽，等 . 辽宁集体林产权主体改革后林农投资行为的调查研究 [J]. 林业经济问题，2008(3)：246-249.

在核桃产业发展上，宣威市根据"林业建设产业化，产业发展生态化"的总体要求，坚持样板示范带动，以示范基地建设促进规模化种植，推动全市核桃产业快速发展，在 2017 年即形成了 45 万亩，年产量 6 500 吨，产值 1.1 亿元，产生惠及 28 万户、100 余万人的带动效应。

对林下经济开发商，宣威市按照"扶大、扶强、扶优"的原则，充分利用国家贴息贷款、林权抵押贷款等优惠政策，引导优质企业带领林农大力发展林下经济；宣威大力发展林业专业合作社、家庭林场等新型林业产业经营主体，鼓励林地承包经营权向林业专业合作社、家庭林场、林业企业流转，推进林业规模化、集约化和专业化经营，采用"公司＋基地＋农户"的模式，构建了产加销立体化的经营模式，实现了林业经济效益的快速增长与充分释放。

资料来源：宣威林业产业惠及百万农民 [EB/OL]．（2017-08-04）. http://www.moa.gov.cn/xw/qg/201708/t20170804_5769169.htm.

三、渔业转型与渔业生产

伴随着水产品市场的进一步扩充，渔业现代化势在必行。过往的传统渔业格局下，渔业产业链条较短，除劳动力密集的捕捞与养殖业相对发达以外，优质产品少、水产品加工能力弱，产品附加值低，既难以满足市场需求，同时渔业发展的增加值也因此受限[①]；此外，粗放的作业方式与过高的捕捞强度也导致渔业资源开发的不可持续性。因此，在乡村振兴的背景下，传统渔业向现代渔业的转型对于渔业村庄而言是一个极为重要的课题。

（一）渔业捕捞的制度

为了保持海洋资源的可持续利用，我国通过各类制度性规定，对渔业行业的准入与生产规模进行了政策性控制。一方面是控制准入门槛，通过发放捕捞许可证、渔业船舶登记证等形式提高准入门槛，确保捕鱼作业接受管控；另一方面则是控制生产规模，通过设置禁渔区

---

① 毛丹，孙烨．传统渔业产权制度改造：进展与意外——舟山市螺门社区调查 [J]．学海，2018(2)：121-133.

域和休渔时段以及管理渔具来控制生产规模，避免开发强度过高。[①]

为了促进渔业生产效率的提升，国家通过改革渔业产权、调整渔业生产的组织形式来强化对渔民的激励。改革开放以后，渔业领域改变了过往公社中生产队的组织形式，而开始推行"以统为主，统分结合"的渔船经营制度，但对渔业生产的刺激不强。在某种程度上，这是因为以个人、家庭为中心经营的渔业产权反而在一定程度上瓦解了过往以大型捕捞船为基本单元的合作形式。[②]

（二）渔业捕捞的生产现状与组织形态

渔业现代化是我国渔业发展的基本取向，涉及产业结构转型与融合发展、可持续发展与资源养护、渔业设施装备技术升级、渔政执法监管强化等多个方面。农业农村部制定的《"十四五"全国渔业发展规划》即明确提出，要力争到 2035 年基本实现渔业现代化，强调在夯实渔业生产基础的同时，提高加工水平、培育多元业态，提高渔业生产的组织化程度和渔业科技的普及程度。

渔业，尤其是海洋捕捞业，由于准入门槛高、投资规模大、生产风险高，因此需要大规模的投入。为了有效应对这些挑战，捕捞作业通常依赖渔业专业合作社或大型渔业集团组织的捕捞队伍，进行集群式的捕捞和生产。在乡村振兴与渔业发展的背景下，培育成规模的捕捞队伍和养殖企业，推进渔业相关产业人才和新型服务组织的建设，成为渔业发展的要点。[③]

四、牧业发展与牧业生产

在农区推行土地家庭承包的情况下，"牲畜私有、草场承包"的"草畜双承包"产权制度成为主导牧业发展的基本要素。而在城镇化的推进过程中，牧民的生活方式也发生了重要的转变。牧业的产权安排

①　韩杨.1949 年以来中国海洋渔业资源治理与政策调整 [J].中国农村经济，2018(9)：14-28.

②　毛丹，孙烨.传统渔业产权制度改造：进展与意外——舟山市螺门社区调查 [J].学海，2018(2)：121-133.

③　林鸢飞.产业结构演化视域下现代海洋渔业全产业链升级路径研究：基于"百亿渔县"温岭的实践探索 [J].山西农经，2023(9)：120-122.

与牧民的生活形态变迁共同影响着牧业生产的组织形式。

（一）草场产权变革与生产形态变化

在中华人民共和国成立以后，草场和牲畜的产权归属大致经历过公地公管、牲畜公有，草场公有、牲畜私有，草场承包、牲畜私有三个阶段。而草场承包、牲畜私有的产权安排虽然在短期内推动了牧业的增长，然而由于这种产权安排总的来看与牧业生产本身的特性存在一定的冲突，所以在某种程度上反而阻滞了牧业的进一步发展。总的来看，伴随着"草畜双承包"的推进，家庭成为畜牧业的主要单位，而家庭间合作迅速衰竭，集体性的生产遭到瓦解。[①] 在这种产权设置下，牧业在某程度上演化为竞争性牧业，草场的生产功能与其他功能相剥离，而逐渐仅呈现出生产要素的面向。[②] 且草场所有权与承包经营权之间缺乏充分有效的互动，造成了草场"重利用，轻保护"的情况[③]，也造成了牧民对自然灾害进行抵御的能力进一步下降[④]，并不利于牧业的可持续发展。

而为了扭转这一局面，政府及经营主体又重新开始对草场资源进行整合，通过建设合作牧场、股份制牧场等形式，改变既往小片草场、分户经营的经营模式。在稳固既有草场承包权益的基础上，政府和有能力的经营主体开始推进对草场的整合[⑤]，利用契约关系将牧民重新整合为一个相对统一的生产单元，以此统筹大片草场的生产，以期实现对草原生态环境的保护及可持续利用，并使牧业在合作中不断发展。

---

① 周立，董小瑜. "三牧"问题的制度逻辑：中国草场管理与产权制度变迁研究 [J]. 中国农业大学学报（社会科学版），2013，30(2)：94-107.

② 周立，姜智强. 竞争性牧业、草原生态与牧民生计维系 [J]. 中国农业大学学报（社会科学版），2011，28(2)：130-138.

③ 祁应军. 不同草场产权的界定与实施：基于产权交易成本视角的对比分析 [J]. 中国农村经济，2021(11)：55-71.

④ 张倩. 牧民应对气候变化的社会脆弱性：以内蒙古荒漠草原的一个嘎查为例 [J]. 社会学研究，2011，26(6)：171-195，245.

⑤ 刘建利. 牧业经营方式的转变：从草场承包到草场整合 [J]. 经济社会体制比较，2008(6)：112-116.

（二）牧民生产生活形态变迁：在游牧与定居之间

牧区城镇化的政策延续了中国长期形成的草原生态治理政策、牧区经济社会发展政策的定居化特点，深刻地影响了牧民的生产生活形态。[①] 牧区城镇化一方面能够以人口集聚为基础推动产业结构转型，使牧业中富余的劳动力转移向其他产业，从而进一步提高居民收入；另一方面也为牧业发展提供了另一种新的模式，使牧民能够在游牧与定居之间兼顾生产与生活，使本土性知识能够始终在牧业生产中延续。[②③] 在牧区城镇化的背景下，牧民在牧区与城镇间往返流动，成为牧业发展与草原治理的新路径。[④] 牧民社区的变革本质上也呼应着农村整体向所谓"陌新社会"转变的变革方向：在定居与游牧之间，牧民社区继承了既往开放包容的传统，充分地接纳了新要素、新牧人、新技术的引入，为牧民社区生活形态的变化提供了基础。

第二节　延伸：产业链延伸

农业产业链的延伸与拓展有利于降低主体间交易成本、形成规模经济、增加产品附加值，从而使产业在发展过程中有更强的动能。总的来看，产业链延伸有助于促进产业链各环节参与主体分享产业链发展的增值部分，从而给农业企业、务农农户带来积极的经济回报。[⑤]

在全面推进乡村振兴的背景下，构建农业全产业链，引导产业有序梯度发展，是乡村中国实现产业振兴的必由之路。《中共中央 国务院关于全面推进乡村振兴加快农业农村现代化的意见》即明确提出，

---

① 罗意 . "游牧——定居"连续统：一种游牧社会变迁的人类学研究范式 [J]. 青海民族研究，2014，25(1)：37-41.

② 李志刚 . 牧民定居与小城镇建设：甘肃阿克塞哈萨克族自治县的案例研究 [J]. 社会，2004(12)：10-12.

③ 陈祥军 . 知识与生态：本土知识价值的再认识——以哈萨克游牧知识为例 [J]. 开放时代，2012(7)：127-139.

④ 包智明，石腾飞 . 牧区城镇化与草原生态治理 [J]. 中国社会科学，2020(3)：146-162，207.

⑤ 张国庆，张东玲 . 普惠金融、农业产业链延伸与贫困减缓：基于耦合协调发展视角的实证检验 [J]. 青岛大学学报（自然科学版），2022，35(4)：119-125.

打造农业全产业链是让农民更多分享产业增值收益、构建现代乡村产业体系的重要抓手。产业链的发展与延伸意味着乡村将持续吸纳和整合包括资金、人才、技术等在内的各种生产要素，在分工程度加深的同时强化产业链不同环节的互动与联系，从而形成全产业链共同发展、共同受益的基本格局。

产业链延伸过程中的环节互动也进一步促生所谓"陌新社会"的生成，伴随着对既有的相对割裂的生产形态的调整，产业链环节之间的需求在新的生产组织形态中得到更好的互通，从而使生产环节之间的联结日益紧密。

一、农业产业链延伸的形态与机制

以"农工商、产供销一体化"为目标[①]的农业产业链延伸，是农业适度规模经营的内在追求[②]，其关键即在于推进产业链各环节专业化分工的同时，强化对各个环节的充分整合，以期实现农业产业能级的增强和效益的放大。在长期的实践中，中国农村产业已经逐渐着力于摆脱重生产而轻加工的粗放式发展模式，强化对产业链各环节的整合。

从农业产业链延伸的形态来看，我国农业产业链的延伸形态正越发多样化，既存在对同一产品类目各环节的纵向一体化整合，也存在着形成通用性服务、提供农业产业基础配套的横向整合形态。包括"合作社＋农户"[③]"公司＋农户"[④]"行业协会＋公司＋合作社＋专业农户"[⑤]等各类新型经营组织的联合形式，形成了龙头企业带动型、中介组织联动型与专业市场带动型的产业链整合形态[⑥]，并对应着"链条式"

---

① 梁伟军.我国现代农业发展的路径分析：一个产业融合理论的解释框架[J].求实，2010(3)：69-73.

② 孙江超.论农村产业融合发展模式及着力点[J].农业经济，2020(6)：33-35.

③ 张晓山.农民专业合作社的发展趋势探析[J].管理世界，2009(5)：89-96.

④ 高阔，甘筱青."公司＋农户"模式：一个文献综述(1986—2011)[J].经济问题探索，2012(2)：109-115.

⑤ 郭红东，蒋文华."行业协会＋公司＋合作社＋专业农户"订单模式的实践与启示[J].中国农村经济，2007(4)：48-52.

⑥ 郭晓鸣，廖祖君，付娆.龙头企业带动型、中介组织联动型和合作社一体化三种农业产业化模式的比较——基于制度经济学视角的分析[J].中国农村经济，2007(4)：40-47.

"链族式""链网式"的产业链整合与拓展模式，如图 3-3 所示。具体来看，"链条式"的整合形态以产品为中心，沟通产前投入品、生产主体、流通、仓储、加工、经销等各主体；"链族式"整合拓展为多条产品链，用通用式和协同式的农资购买、产品加工、运输与销售服务链条同时服务于多产品链，实现对多条产品链的充分整合；"链网式"的产业链整合形态则兼具纵向整合与横向整合的形态，由于涉及大量主体参与，往往需要有核心企业乃至政府部门提供相对应的合作平台，将涵盖生产、流通加工与销售各环节的服务链整合形成一个综合性的平台，构成农业发展的基础配套，从而服务于产业链内各主体对产业链的充分参与。[①] 从相对宏观的角度来看，产业链整合与拓展的发展需要依托于"核心企业＋平台服务＋中小企业集群＋农户"的复杂形态，从而形成在纵向上以产品为核心进行产业链拓展，在横向上以通用性服务为核心进行产业链整合的产业链发展形态，以此实现对组织、信息、服务的紧密整合。

从农业产业链延伸的机制来看，农业产业链正经历由分离走向整合，由纵向整合走向混合整合的变革。在过往，依靠龙头企业推动农业产业化经营，吸收农户形成基本生产单元，是带动构建生产、加工、销售的立体化产业体系的重要整合模式。但是，这种纵向整合模式并未形成足够紧密的利益联结机制，使农业产业链在整合过程中面临双重阻滞：一方面，公司对农业生产过程的控制能力有限，难以实现产业化、规模化生产所指向的标准化生产；另一方面，由于农户经常仅以基本生产单元的角色参与到产业链之中，因此其分享产业链协同效应的程度也相对有限。[②] 总的来看，农业产业延伸的阻塞点实际在于缺乏一个中介机制充分组织农户，并形成与经济实体直接产生经济联系的实体组织。而伴随着农民合作社、农业社会化服务组织等各类新型经营主体的发展与兴起，"合作社＋经济实体＋农户"的产业链混合

① 寇光涛，卢凤君. 我国粮食产业链增值的路径模式研究?——基于产业链的演化发展角度 [J]. 农业经济问题，2016，37(8)：25-32，110.

② 廖祖君，郭晓鸣. 中国农业经营组织体系演变的逻辑与方向：一个产业链整合的分析框架 [J]. 中国农村经济，2015(2)：13-21.

图 3-3 链条式、链族式、链网式产业链整合模式

一体化整合模式能够将承担各生产环节的经营主体充分整合在一起。产业链拓展延伸的关键不仅在于产业链内部的环节拓展，更在于负责

不同环节的主体议价能力和资源整合能力的提升——农民专业合作社对产业链的参与起到改变农民在生产环节中弱势地位的重要作用①，也为各种新型经营主体组织农业生产、服务农业生产提供了一个对接实体，从而确保了各环节之间的主体根据需求产生合作，同时对于那些希望纵向整合各生产环节的大型企业而言，这一现状在某种程度上也降低了农业生产环节中必然存在的监督成本和协调产业链条时必然产生的交易成本。

二、农业产业链延伸的主体

在农业产业链延伸的过程中，不同主体所承担的角色有所不同，其发挥的作用亦有不同。

产业链的纵向整合要求资本要素、人才队伍和技术资源的积累，因此往往有赖于集约型的农民专业合作社乃至大型龙头企业。②只有在成规模的经营主体与市场对接的过程中，才能对产业链整合方向形成充分认知，根据市场需求和主体经营状况对产业链上的部分环节乃至全部环节进行充分的连接，使其服务于生产经营。而对于家庭农场一类的小规模经营主体而言，其在一定程度上缺乏推进产业链纵向一体化的能力，往往更多以参与者的姿态组成产业链的一环。

产业链的横向整合指向通用性的农业基础设施与配套服务提供，因此有赖于农业社会化服务组织和政府性农业配套服务平台的建设。由于对于农业产业而言，在机械使用、物流仓储、销售包装等层面上存在共通性，因此存在横向整合的需求。对应这种产业链延伸的需求，市场在运行过程中逐渐生成了包括农业社会化服务组织在内的经营主体，其成为横向整合产业链的重要主体。而政府在这一整合过程中，主要通过布局产业发展方向、强化金融配套与科技支持、搭建农村综合性信息化服务平台以及培育从事生产性服务业的各类经营主体等形

①　刘永悦，郭翔宇.农产品供应链中农民专业合作社垂直协调合作：主体结构、合作关系及驱动因素[J].农业经济与管理，2016(6)：43-50.

②　唱晓阳，姜会明.我国农业产业链的发展要素及升级途径[J].学术论坛，2016，39(1)：80-83.

式，强化不同生产环节之间的联系深度①，以此形成产业链各环节充分互动的经营格局。以湖北省为例，其在蜜橘等特色产品的产业链建设中，通过生产组织机制设计、财政资金政策奖补、农业发展方向引导等手段，推动了农业产业链的充分延伸。可以清晰地看到，在社会主义市场体系之下，政府行为作为市场活动的外生变量，并不直接干预经营主体的生产经营，而是通过服务性平台的打造和指引性政策的引导，来强化涉农主体推动产业链整合的动力。例如，政府对形成规模效应、品牌效应的龙头企业进行奖补，有利于激发涉农企业合理扩大生产规模、充分强化与农户的利益联结机制，从而使产业链得到整体性的扩充和深度的连接，并使更多元的主体参与到产业链的整合过程中且使其充分受益。

案例 3-2　湖北省发挥政府主推作用，打造特色产品全产业链建设

2020 年，湖北启动建设三峡蜜橘产业集群，按照柑橘全产业链开发、全价值链提升的思路，优化产业布局、做强精深加工、加大科技赋能、创新金融服务，搭建多主体参与、多利益联结、多模式创新的现代农业全产业链发展平台，有力推动柑橘产业规模化、集群化发展。湖北三峡蜜橘产业集群以宜昌市为主要区域，涉及宜昌市和恩施土家族苗族自治州的 7 个县（市、区）。截至 2022 年底，集群内共培育农业产业化国家重点龙头企业两家，认定中国驰名商标 7 个，鲜果年储藏能力达 30 万吨以上，产后处理率超 80%，综合产值达 420 亿元。

政府积极完善联农带农机制。探索发展订单农业、股份合作、分红奖励等方式建立多种利益联结机制，推动企业与农户形成紧密的利益共同体。湖北土老憨调味食品股份有限公司按照"一股份三合作"的模式，吸收湖北宜都蜜柑专业合作社联合社参股 138 万元、宜都市红花套柑橘专业合作社参股 365 万元，柑农间接成为企业股东。企业按照保底订单通过联合社收购柑农鲜果，同时年底柑农可对精深加工产品取得的增值收益进行分红。当加工企业进一步发展上市后，柑农

① 李碧珍，陈椿萍. 农业产业链供应链现代化发展瓶颈及其突破方略——以福州市为例 [J]. 福建农林大学学报（哲学社会科学版），2023，26(4)：36-42.

成为企业股民，还可分享股市红利。

政府鼓励企业提升精深加工水平，充分利用柑橘非标果和丰收年价格过低时的大量柑橘鲜果，推出柑橘精油、柑橘发酵系列调味品、NFC（非浓缩还原）柑橘汁、脐橙粽等近百种精深加工产品，实现"从花到果、从皮到渣"的零废弃综合利用。其中橘醋饮料的开发，大幅度提升了橘醋原浆的周转率，有效提高了加工副产物皮渣的附加值。

资料来源：湖北聚力建设柑橘产业集群 打造柑橘全产业链 [EB/OL].（2023-06-20）.http://www.xccys.moa.gov.cn/tscy/202306/t20230620_6430659.htm.

第三节　融合：一二三产业融合

农业的现代化在形式上即呈现为农业与非农产业的融合，事实上，产业链拓展不仅包括农业生产部门内部的充分互动，还包括不同经济部门之间的联动。通过产业链的衔接与拓展，使农业生产充分对接市场需求，以此实现农业及相关产业的长期可持续发展，并使其充分地惠及乡村的发展，使农户从中充分地受益。《中共中央 国务院关于实施乡村振兴战略的意见》即提出，要"构建农村一二三产业融合发展体系"，推进生产、流通上的现代化，推动以农业农村为中心的多元业态建设，实现农村农业农民长期受益的基本目标。

多种产业形态的融合也呼应着所谓"陌新社会"的生成。伴随着产业的融合，城乡之间、工农服产业之间有了更为密切的交流，从而不断地将新的知识、技术、组织形态带向农村，不断促进农村社区与外界的充分交流，在农业生产突破环节单一的产业形态局限的同时，使农村社会最终突破既往相对封闭的状态，更为积极地拥抱社会经济的整体变革。

一、产业融合的空间尺度：以县域为主体展开的产业融合

在乡村中国，县域经济社会的特殊性决定了它是开展乡村振兴的重要单元，更是推进一二产业融合的基本单位。县域作为城乡融合、工农商互动的基本场域，沟通着市场需求与农业生产，并以相对完备

的产业链基础和丰富的产业形态，围绕着农业农村推动了产业融合基本格局的形成。县域经济的相对完备性使县域成为整合三产、延长产业链、提升产业附加值的基本空间。《中共中央 国务院关于全面推进乡村振兴加快农业农村现代化的意见》即明确提出，打造农业全产业链要把产业链主体留在县城，立足县域布局特色农产品产地初加工和精深加工，围绕县域建设现代农业产业园、农业产业强镇和优势特色产业集群。

县域之所以能够构成推进农业产业融合的重要场域，首先是因为农业自身的特殊性决定农产品在生产、运输等各环节中受到一定的空间范围限制，而县域即农业产品与服务在城乡之间充分流动的基本空间单位；其次是因为县域经济既是促成产业集聚、形成相对完备业态的基本经济发展单元，也是调动各类政策资源惠及产业融合的基本行政单元。

县域经济的相对完备性，使其实现了各类城乡要素在城乡间的有机互动，推动了县域内资金、人才、技术以及产业的聚合[1]，县域二三产业的溢出与带动作用在城乡融合、一二三产业融合的过程中，强化了对于农业的引领作用。[2][3]

二、产业融合的各个主体：农户、合作社、企业与政府

以农业农村为中心的产业融合有别于简单的"资本下乡"模式，其核心在于不同类型主体在产业融合过程中充分参与各个产业环节，共享产业融合的发展效益。[4]包括专业大户、家庭农场、农业产业化龙头企业、农民合作社、农业社会化服务组织在内的各类新型经营主体构成了产业融合的主要参与者。

① 刘洋，颜华. 县域金融集聚、农业机械化与农民收入增长——基于河南省县域面板数据的经验分析 [J]. 农业技术经济，2021(12)：60-75.

② 马秀峰，倪学志. 县域城镇化新动能：生态农业工业化 [J]. 山东农业大学学报（社会科学版），2021，23(4)：40-46.

③ 斯丽娟，曹昊煜. 县域经济推动高质量乡村振兴：历史演进、双重逻辑与实现路径 [J]. 武汉大学学报（哲学社会科学版），2022，75(5)：165-174.

④ 赵霞，韩一军，姜楠. 农村三产融合：内涵界定、现实意义及驱动因素分析 [J]. 农业经济问题，2017，38(4)：49-57，111.

以农业农村为中心的产业融合始终以农业生产为根基，因而专业大户及家庭农场作为农业生产的基本单位，是产业融合的根基。对于小农户、专业大户及家庭农场而言，由于规模相对受限，其对产业链的整合能力有限，而主要通过农业生产等业务进入产业融合的产业互动之中。除此之外，专业大户及家庭农场等经营主体为了扩充利润增长点，也会利用农业产业内部整合（例如稻虾共养等种养产业融合形态）或者农业与农村三产相融合（例如发展休闲农业和农家乐等）在小范围内促进产业融合。

深化农产品加工程度、增加农产品附加值是产业融合的重要环节，这也决定了农产品加工企业和农业产业化龙头企业在产业融合过程中具有突出的引领作用，加工企业的发展和对产业链的统合促进了技术和资金要素的集聚，在实现规模效应的过程中提升了生产效率；对利益联结机制的搭建增强了产业链主体间的合作稳固性，也为产业链增值效益的合理分配提供了合作基础，充分地增强了产业链应对市场风险的能力。[1]

而为了推动以农户为中心的专业大户、家庭农场与企业进行充分的联结，确保农户、专业大户和家庭农场在与企业合作过程中有充分的议价权，从而享受产业融合的发展实利，合作社在其中起到非常重要的作用。以合作社为中介的合作式利益联结模式有利于整合小农户、专业大户以及家庭农场等小规模的新型经营主体，从而形成一个新的主体来和农业产业化龙头企业进行对接，并在这个过程中降低相关的沟通成本。[2]合作社在这个过程中通过市场主体行为，起到了中介、桥梁、纽带作用，而其之所以能够使稳定的紧密利益联结模式得以确立，关键其实主要在于组建合作社的农村精英往往在村庄中具有较丰富的社会资本，能够对农户和经营主体进行充分的协调与调动，而这些精英也同时熟悉市场的运作模式，能够在与农业企业的合作中保护和争

---

① 白丽，陈曦，张孝义．农产品加工企业引领三产融合发展的路径研究[J]．社会科学战线，2020(4)：253-257.
② 钟真，涂圣伟，张照新．紧密型农业产业化利益联结机制的构建[J]．改革，2021(4)：107-120.

取小规模经营主体应得的权益。①② 以陕西礼泉县袁家村的产业融合模式为例，以特定产品为着力点的农民专业合作社为农村产业融合提供了分工化、专业化的前提，而农民专业合作社的组建与发展则为产业融合提供了组织基础；将农民专业合作社聚合形成相应的协会组织后，各合作社在强化以农产品和农村文化为中心的一二三产融合过程中，通过发挥自身专业优势，组织该专业领域下的农户进行合理的布局和经济决策，从而降低村庄在文旅发展中的同质化竞争，强化了村民间的"内生式合作"。合作社的发展推动了结合"在地秩序"而形成的经营模式的制度化进程，充分地将各种农户纳入不同类别的专业合作社，并借助旅游公司的搭建形成不同专业合作社之间的互动，最终促成了村庄层面上的一二三产业融合。

案例 3-3　陕西礼泉县袁家村——以农民合作社为着力点的产业融合模式

袁家村位于陕西省咸阳市礼泉县。2007—2011 年，袁家村在已有的油、豆腐、酸奶、辣子、醪糟、粉条、醋、面粉八大作坊基础上各自成立了农民合作社，例如酸奶合作社、面粉合作社等，形成了袁家村乡村旅游的作坊街，并以此开发了农家乐街、康庄老街和小吃街等共 4 条街区，构建了袁家村乡村旅游业的基本雏形。2011 年原有八大作坊退股让利，吸收更多的原住民、外来商户和打工者参与到合作社，2015 年袁家村根据街区特点在小吃街的基础上成立了小吃街合作社，并推进旅游街区建设。到 2019 年，袁家村村民人均纯收入超过 10 万元，旅游总收入超 10 亿元，袁家村荣获"中国十大美丽乡村"称号和国家 AAAA 级旅游景区认证。

袁家村在农民合作社基础上还组建了由合作社参与者主导的相关协会组织，参与到袁家村发展决策和内部管理运营中来。2007 年，袁家村在发展乡村旅游初期就开办了由袁家村村民委员会主要控股的陕西关中印象旅游有限公司，对袁家村旅游事宜进行管理。另外，在袁

---

① 孔祥智 . 合作社是三产融合的核心主体 [J]. 中国农民合作社，2018(5)：38.

② 郭江华，李练军，李其营 . 农村"三产"融合紧密型利益联结：主要模式与机制构建 [J]. 安徽农业大学学报（社会科学版），2023，32(1)：48-52，67.

家村农民合作社和乡村旅游的基础上，袁家村拓展了上游产业，主要表现为袁家村合作社和旅游中所有的产品原材料均由袁家村相关农业基地或加工工厂提供，形成了袁家村从原材料、加工到销售和服务的整个产业链。因此，在农民合作社基础上，袁家村实现了"一产促三产，三产带二产"的农村产业融合局面。

资料来源：王长征，冉曦，冉光和.农民合作社推进农村产业融合的机制研究——基于生产传统与现代市场的共生视角 [J].农业经济问题，2022(10): 60-71.

政府同样是产业融合中的重要主体，其主要职能即表现在为各经营主体之间形成利益联结、共同推动产业融合的"三农"事业提供综合性的政策支持。具体来说，这些政策即包括培育新业态，布局农业与二产、三产的结合，通过打造特色农业产业园来推进各产业融合；构建农村产业融合发展的公共服务体系，如强化供销社、农村综合性信息服务平台、法律援助与产权交易平台、农业人才培训平台等；推动建立紧密型利益联结机制，丰富包括订单协作、股份合作、产销联动等各类利益联结机制，形成产业融合的组织形态基础。[1] 此外，政府作为资本下乡的引导者，同样也是在资本下乡背景下保护农民主体性的监督者，其通过建立严格的资本准入机制、强化村社组织机制、推动形成利益联结机制，形成资本与农业农村之间的有机互动，实现为民谋利的产业融合根本目标。[2]

三、产业融合的基本形态

产业融合发展，基础在一产，关键在二产，亮点在三产。[3] 以农业为导向的产业融合存在多种路径，但核心思路皆是以农业为基础，借

---

[1]　国家发展改革委宏观院和农经司课题组.推进我国农村一二三产业融合发展问题研究 [J].经济研究参考，2016(4): 3-28.

[2]　王海娟，夏柱智.资本下乡与以农民为主体的乡村振兴模式 [J].思想战线，2022, 48(2): 146-154.

[3]　高杨，房宁.创新机制推进产业交叉融合互动发展：农业部农产品加工局负责人就《全国农产品加工业与农村一二三产业融合发展规划（2016—2020 年）》答记者问 [N].农民日报，2016-11-26（1）.

助二三产的带动与整合作用，丰富产业链环节，增加农业相关产业附加值。就具体的融合路径而言，其一是延伸农业产业链，通过推动初精加工、提升品牌打造、强化产品开发，借助食品工业等二产部门的优势来丰富产业链环节，以此增加产品附加值；其二是提升农业价值链，一方面是围绕农业生产本身打造具有影响力的农业产品，另一方面则是以农业为中心，发挥三产的带动作用，推动农业与休闲旅游、文化康养等形式进行结合，形成新型的农业业态。① 总的来看，以农业农村为中心的产业融合包含了农村产业内部整合型融合、农村产业链延伸融合、农业功能拓展融合、信息技术全面融合、优势产业空间集聚融合的农村网络式产业融合形态。②

案例3-4   云南腾冲产业融合助力乡村振兴

云南腾冲立足资源禀赋，科学规划推动农村产业融合发展，有力助推乡村振兴。

腾冲市丰富的水资源、良好的生态环境和气候环境，为发展中药材产业和培育高品质肉牛奠定了坚实基础。随着中药材和肉牛产业的新型经营主体不断在腾冲集聚，腾冲形成了现代农业发展高地。腾冲市根据云南省高原特色现代农业发展规划，结合当地农业资源禀赋、特色产业发展现状、三产融合程度以及带动农民增收能力等，规划建设以中药材及肉牛为主导产业的现代农业产业园。

腾冲市因地制宜，按照"一园、两翼、整片"的思路规划布局现代农业产业园，促进一二三产融合发展。其中，"一园"为腾冲市现代农业产业园，代表以整个腾冲为产业园范围；"两翼"代表腾药产业园和伴手礼加工园区；"整片"代表在全市扶持肉牛养殖基地及企业。在固东、中和、芒棒、界头、蒲川5个乡镇建设了现代化屠宰场，形成生产、加工、物流、研发、示范、服务等功能板块。产业园规划与园区内村庄建设等相关规划统筹谋划、有机衔接、同步推进，形成了园

---

① 黄振华. 县域、县城与乡村振兴 [J]. 理论与改革，2022(4)：156-165，168.
② 李莉，景普秋. 农村网络式产业融合动力机制研究——基于城乡互动的视角 [J]. 农业经济问题，2019(8)：129-138.

村一体、产村融合的格局。

此外，腾冲市还把中药材种植基地打造成花海景区、农耕体验园；把肉牛养殖基地打造成生态牧场，举办"牛王"争霸赛等吸引游客，实现一产与三产联动；依托腾药产业园及伴手礼加工园区，开发具有腾冲特色的康养产品及肉牛深加工旅游伴手礼，实现二产与三产联动；带动当地及周边居民通过发展小加工、小手工、小农场、小林场等涉旅"十小企业"，让居民积极参与到中药材及肉牛产业开发、建设和宣传中，形成生产、生活、生态"融合发展"的精品药旅、游牧环线。

资料来源：腾冲：推动产业融合 助力乡村振兴 [EB/OL]．（2021-11-04）．http://www.moa.gov.cn/xw/qg/202111/t20211104_6381216.htm.

就一二三产融合而言，以第一产业的生产经营为核心所展开的产业融合形态是十分典型的，其中二产主要涉及农产品加工，而三产则主要面向产品销售和农文旅营建——云南腾冲即依托地方特色产品打造一二三产融合的典型案例，在充分利用当地要素禀赋的基础上，云南腾冲针对特色产品强化加工链建设，并以此为基础形成文旅项目，以此吸引游客。

总体上，从做法来看，以农业为基础的产业融合围绕着农业生产的产前、产中与产后不同环节开展，其中"一产＋二产"的融合发展模式，主要表现为生产环节向后延伸，由农产品加工企业介入，形成初精加工产品向市场输送；而"一产＋三产"融合发展的具体表现则更为多样，在产前阶段的产业融合主要涉及生产性的支持服务[1]，即包括农业保险、金融等，而在产中则涉及包括农机租赁等生产性服务的提供，在进一步拓展农业相关产业业态的努力上，三产也发挥着重要作用，包括观光采摘、餐饮度假的业态被引入产中及产后阶段，使农产品的价值不再局限于食用本身，而形成了更多的价值增长点[2]。

---

[1]　李艳琦.农村三产融合、生产性服务业集聚与农业产业链供应链现代化 [J]. 中国流通经济，2023，37(3)：48-60.

[2]　白丽，陈曦，张孝义.农产品加工企业引领三产融合发展的路径研究 [J]. 社会科学战线，2020(4)：253-257.

第四节　合作：专业合作社

在广大农村，如何通过合理有效的组织，使农业农民充分参与到市场之中，以此将农业农村资源转化为收入，从而惠及农民，是一个重要的问题。农民专业合作社，即"在农村家庭承包经营基础上，农产品的生产经营者或者农业生产经营服务的提供者、利用者，自愿联合、民主管理的互助性经济组织"，是一种以农民为主体，以农业生产、销售、加工、运输及农村各类资源开发为主要业务的市场主体。而出于农民专业合作社的组织特性，它同时也构成了一种联系农民、塑造团结的合作与治理主体，深刻地影响着农业生产与乡村生活。

值得指出的是，农民专业合作社既包括村庄原生的专业合作社，也包括外生于本村的专业合作社，当然也包含容纳了多个村庄不同人员组成的专业合作社。农业专业合作社作为一个专业性的生产平台，通过将不同的资源、知识、经验、人员汇集在一起，有助于所谓"陌新社会"的生成，形成知识和技术的创新与传播网络，促进在农业生产领域的专精化、高效化发展。

一、专业合作社形成的制度背景及其合作模式

现行农村基本经营制度被归结为"统分结合的双层经营体制"，而农民专业合作社的发展亦即构成了统合分散的小农户的力量，在如今农村居民就业非农化、居住城镇化的情况下，有着对现有资源进行重新整合的重要作用。

把农民专业合作社放在我国农业现代化历史的进程之中来看，则会意识到如今的农民专业合作社在一定程度上构成了对集体化时期农业生产合作社的批判继承，并转而积极地面向社会主义市场经济的市场背景，以自愿合作的形式整合农户及涉农主体，以合作社的形式共同进入市场竞争之中。回顾历史，伴随着家庭联产承包责任制改革对释放农业生产力的作用呈现边际下降的趋势，如何在"分"的基础上促进"统"，在家庭承包经营的基础上利用各种组织形态进行资源整合，成为农业现代化的重要议题。十七届三中全会提出要"推进农业

经营体制机制创新，加快农业经营方式转变"，利用农民专业合作社等规模经营主体作为统合资源、提升效率、发挥规模效益的重要主体。① 此后在各类涉农文件中，农民专业合作社的地位与作用都被给予了足够的重视，被视为提高农民组织化水平的重要载体。② 此外，农民专业合作社的发展对于普通农户的带动作用，也被视为通过产业发展带动农民增收的重要组织形式。③2016—2021 年全国农民专业合作社数量变化趋势如图 3-4 所示。

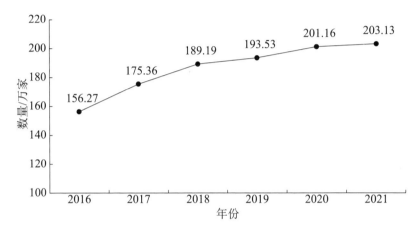

图 3-4　2016—2021 年全国农民专业合作社数量变化趋势

资料来源：农业农村部农村合作经济指导司 . 中国农村合作经济统计年报（2021 年）[M]. 北京：中国农业出版社，2022.

　　自《中华人民共和国农民专业合作社法》（以下简称《农民专业合作社法》）于 2007 年实施以来，农民专业合作社迅速壮大发展。而伴随着农民专业合作社自身的发展，也出现了一些独特的组织形态，其突出特点即农村精英往往构成农民专业合作社的创办者与实际控制者。

①　张照新，赵海 . 新型农业经营主体的困境摆脱及其体制机制创新 [J]. 改革，2013(2)：78-87.
②　孔祥智，刘同山 . 论我国农村基本经营制度：历史、挑战与选择 [J]. 政治经济学评论，2013，4(4)：78-133.
③　刘俊文 . 农民专业合作社对贫困农户收入及其稳定性的影响——以山东、贵州两省为例 [J]. 中国农村经济，2017(2)：44-55.

事实上，大户领办和控制的合作社在一些地区成为合作社的主要形式，同时，合作社开始成为整合农户、对接农业产业化企业的中介组织，发挥着重要的协调作用。此外，在很多地区，还出现了以村干部主导组建专业合作社的组织形态。[①] 而伴随着《农民专业合作社法》的调整，农业龙头进入合作社甚至领办合作社也成为合法的行为，在这种情况下，如何确保农业合作社的发展成果充分为合作社参与者尤其是普通农户分享，使资本和发展成果从属于社员，构成了一个重要的问题。[②] 与这一背景相对应的，则是村庄党建力量在农民专业合作社发挥的作用愈发增强。在某种程度上，党支部领办型合作社的发展在近年来变得愈发引人瞩目。党支部对合作社的规划、分配、协调和监管环节起着重要的作用，构成了资本下乡背景下稳定合作社发展不偏离其助农益农本质的重要力量，而党支部领办型合作社也形成了将农村农业农民纳入现代化进程的重要载体。[③]

案例 3-5　辽宁省义县党支部领办合作社，推动农户增收

义县存仁花卉种植专业合作社位于辽宁省锦州市义县七里河镇七里河村，由村党支部牵头领办，合作社因地制宜引入花卉种植，形成地区优势特色产业，业务范围涵盖花卉种植、销售、技术培训等，采用"村党支部＋合作社＋村民＋贫困户"模式，带领七里河村农户脱贫致富，合作社年均实现创收 140 万元以上。2016 年底，全村原有的 178 户建档立卡贫困户全部脱贫，农户参与花卉种植年均收入超过 2 万元，促进了集体经济发展。

义县七里河村地处丘陵地带，自然气候干旱，人多地少，农户大多以种植玉米为生，贫困户 178 户，村集体没有收入。结合村情，2014 年上任的村党支部书记毕存仁探索七里河村的经济发展道路，查

---

①　张晓山.农民专业合作社的发展趋势探析 [J].管理世界，2009(5)：89-96.

②　张晓山.理想与现实的碰撞：《农民专业合作社法》修订引发的思考 [J].求索，2017(8)：16-24.

③　刘燕舞.党支部领办型合作社发展研究——以山东省招远市西沟村为例 [J].西北农林科技大学学报 (社会科学版)，2020，20(3)：76-82.

资料、跑市场、访实情，综合村里土壤、自然气候条件，在村委会上提出建大棚尝试种植扶郎花的建议，然后召开村民代表大会进行讨论。为打破村民担心花卉销路的顾虑，村党支部当年就牵头成立了花卉种植专业合作社，以合作社带动村民，拓宽思路，发展花卉种植产业。

党支部领办合作社充分发挥了党支部在村庄中的组织力量，调动了党员的先进模范作用。合作社建花卉大棚需要资金，确定了入股资金为每股 2 万元。村支书、村委会主任带头入股 6 万元，其余党员共入股 10 万元，在村党支部和全体党员的引领带动下，有 20 多户村民自愿出资入社，第一批共筹集资金 50 多万元。经过 3 个月苦干，合作社当年 10 月建成 8 栋高标准花卉种植大棚，栽植扶郎花苗 12 万株，11 月产花，当年受益，年底每股分红 1 000 元。这让村民们看到了希望，他们积极出资，2015 年底出资村民增加到 103 户。花卉种植大棚前期出资结束后，村党支部成员和党员又让出部分股份给贫困户和村民，起到了带头示范作用。

资料来源：全国农民合作社典型案例（2021）-党支部领办农民合作社[EB/OL].（2022-01-25）. http://www.hzjjs.moa.gov.cn/nchzjj/202201/t20220125_6387586.htm.

作为一种"自愿联合、民主管理的互助性经济组织"，农民专业合作社参与主体的多元性、分层性决定了农民专业合作社组织、经营与合作模式的多样性，并具体表现为在经营目标、组建方式、资金来源、决策主体、收益分配等层面的差异。根据部分案例研究的总结，包括农民自愿组合、专业大户牵头、能人牵头、党支部领办乃至企业引领等合作形式，都是非常主流的组织形态。专业合作社合作模式的不同维度见表 3-4。

表 3-4 专业合作社合作模式的不同维度

建立方式	入股形式	决策主体	盈余分配	
农民自愿组合	资金	决策主体	合作社发起人	按股分配
专业大户牵头	土地			
能人牵头	技术	社员大会	按特定规则（例如针对生产的绩效考核）进行分配	
党支部领办				
企业引领	……	……		

总的来看，农民专业合作社作为重要的新型经营主体，在农业产业链整合与价值链提升中都起着重要的作用。具体来看，农民合作社的特殊法人地位使其成为集中农业普惠性金融资源、各类支持性政策资源的一个基本载体，其作为一个市场主体则构成了主动推进优化生产经营内容的重要力量。[①]

二、专业合作社的乡村治理功能

除了在经济上发挥整合作用、实现规模效益以外，合作社组织的成立与发展还为乡村社会增添了新的利益主体，在一定程度上影响着乡村治理结构的发展。

新型合作社的出现在一定程度上有利于促进农村社会管理体制的创新。新型合作社通过经济活动使农民的个体利益经由制度化渠道得到整合并由此演化为组织利益，以此统合乡村社会，从而改变过往由政府和"类政府"（村党委与村委会等）等体制性色彩极强的组织所主导的一元治理结构，走向多元主体协同下的新型治理结构。[②] 此外，由于合作社具有社会组织的社会性、民间性和相对独立性，它也因此具有摆脱体制失灵的潜能：一方面它不完全独立于体制，也与体制少有激烈的对抗；另一方面它又能借助体制来吸收体制内的公益资源。[③] 因此，合作社作为促成乡村多元共治格局的推手的前途理应是光明的。

大量村建合作社的出现使得我国新型农民合作社的发展产生了明显的社区化趋势，村"两委"班子成员和合作社负责人交叉任职的现象非常普遍，这就导致合作社成为村"两委"的附属组织，无法为村庄治理的多元化趋势提供新的推力。

新型农民合作社的发展对农村治理结构的影响的实质是利益要素

---

① 安徽财经大学、中华合作时报社联合专题调研组. 农民专业合作社发展研究报告 [J]. 中国合作经济，2018(1)：20-26.

② 赵泉民. 合作社组织嵌入与乡村社会治理结构转型 [J]. 社会科学，2015(3)：59-71.

③ 王名，蔡志鸿，王春婷. 社会共治：多元主体共同治理的实践探索与制度创新 [J]. 中国行政管理，2014(12)：16-19.

的重组与利益关系的调整，也因此面临着众多的困难。处于利益密集型农村使合作社更有可能在新出现的大量利益中"分一杯羹"[1]，而只有当合作社组织能充分地扮演"权利拓展型参与者"的角色，并与作为"权力垄断型参与者"的村"两委"通过磨合构建稳定的分利秩序时，才能对村庄的治理模式产生积极稳定的影响。[2]

三、专业合作社的困境与前景：双重委托困境与资本下乡背景

从最本质的层面出发，农民合作社的设置之政策宗旨即在于维护和扩大农民的现实利益。但农民专业合作社在发展迅猛的同时也出现了一系列非预期的后果，呈现出所谓"名实分离"的现象[3]，具体表现为合作社成员的"所有者与惠顾者"在形式上同一[4]，但在实际运作中出现扭曲——事实上，真正能够实现盈余以惠顾额返还为主且大部分惠顾者都拥有合作社事务决策权的合作社是相对少数的，大部分的合作社或者以盈利为主要目的而公司化，或者强调对社员提供服务而公共品化，最终都偏离了农民专业合作社的形式规定。[5]农民合作社在某种程度上降低了市场交易成本，使农户与现代农业的衔接得以更为顺畅地进行，但同时也存在所谓的"大农吃小农""精英俘获"等现象，影响着农民组织化程度的进一步提升，也不利于合作社充分地发挥其农民自我户主、扩大农户经济权益、为农户所利用的组织属性。[6]在另

---

① 贺雪峰.论利益密集型农村地区的治理——以河南周口市郊农村调研为讨论基础[J].政治学研究，2011(6)：47-56.
② 赵晓峰，刘成良.利益分化与精英参与：转型期新型农民合作社与村两委关系研究[J].人文杂志,2013(9): 113-120.
③ 熊万胜.合作社：作为制度化进程的意外后果[J].社会学研究，2009，24(5)：83-109，244.
④ 国鲁来.合作社制度及专业协会实践的制度经济学分析[J].中国农村观察，2001(4)：36-48.
⑤ 邓衡山，徐志刚，应瑞瑶，等.真正的农民专业合作社为何在中国难寻？——一个框架性解释与经验事实[J].中国农村观察，2016(4)：72-83，96-97.
⑥ 温铁军.农民专业合作社发展的困境与出路[J].湖南农业大学学报(社会科学版)，2013，14(4)：4-6.

外一个层面上，由于部分农民专业合作社呈现出少数人控制的特征[①]，核心社员与经营者之间、中小社员与核心社员之间存在双重委托 - 代理问题，三个主体的核心关切不同，导致了合作社在形式上有统合的意涵，但在实际中对于农户的服务作用却相对有限。[②]

但需要看到的是，农民专业合作社作为一个内生于乡村中国的互助性利益共同体，其高度嵌入乡土社会之中的特性，及其以亲缘和地缘关系为基础而形成的"特殊信任"，使其成为将松散的农户整合起来的重要依赖。[③] 事实上，农民专业合作社不仅构成了一个特殊的市场主体，使松散的农户以组织化的形式参与到市场竞争之中[④]，它同时还构成了一个重要的衔接平台与中介组织，使其在农业产业化过程中联系了小农户与大农户乃至大企业[⑤]，从而呈现出独特的益贫性和带动性。[⑥⑦] 由于合作社在提供生产性服务、经营性服务和金融性服务在内的现代农业服务领域有着较为重要的作用，且构成整合农户的重要单位，因而能够作为将小农户与现代农业发展有机衔接的理想载体。[⑧⑨]

---

① 黄胜忠，徐旭初. 成员异质性与农民专业合作社的组织结构分析 [J]. 南京农业大学学报 (社会科学版)，2008(3)：1-7，43.

② 马彦丽，孟彩英. 我国农民专业合作社的双重委托—代理关系——兼论存在的问题及改进思路 [J]. 农业经济问题，2008(5)：55-60，111.

③ 黄岩，陈泽华. 信任、规范与网络：农民专业合作社的社会资本测量——以江西 S 县隆信渔业合作社为例 [J]. 江汉论坛，2011(8)：9-14.

④ 黄祖辉，梁巧. 小农户参与大市场的集体行动——以浙江省箬横西瓜合作社为例的分析 [J]. 农业经济问题，2007(9)：66-71.

⑤ 徐旭初，吴彬. 异化抑或创新？——对中国农民合作社特殊性的理论思考 [J]. 中国农村经济，2017(12)：2-17.

⑥ 赵晓峰，邢成举. 农民合作社与精准扶贫协同发展机制构建：理论逻辑与实践路径 [J]. 农业经济问题，2016，37(4)：23-29，110.

⑦ 叶敬忠，豆书龙，张明皓. 小农户和现代农业发展：如何有机衔接 ?[J]. 中国农村经济，2018(11)：64-79.

⑧ 徐旭初，吴彬. 合作社是小农户和现代农业发展有机衔接的理想载体吗 ?[J]. 中国农村经济，2018(11)：80-95.

⑨ 陈航英. 小农户与现代农业发展有机衔接——基于组织化的小农户与具有社会基础的现代农业 [J]. 南京农业大学学报 (社会科学版)，2019，19(2)：10-19，155.

第五节　物流与电商

在农业农村现代化的道路上，物流发展与电商崛起几乎可以说是相伴相随的两个重要现象。完善的农村物流是深化城乡融合、促进乡村振兴、提高农民收入的重要保障。[①] 物流体系的建设深刻地影响到包括农产品在内的各类产品、服务在城乡之间的流动，深刻地决定着农业农村对于市场的参与程度，也影响着农村在经济社会上的发展利益；而电商业态的发展则形成了拓宽市场面向，强化信息在供给端与消费端之间的流动，从而为农业产业的融合发展提供重要的抓手。

作为沟通城乡与地区之间的媒介，物流与基建的发展使所谓"陌新社会"的生成成为可能，要素之间广泛且频繁的互通流动将促进农村社会的进一步开放，从而在社会转型过程中充分利用其间产生的经济机会，在乡村生产的深入发展中推动农业农村的现代化。

一、农村地区的物流现状

农村物流承担着使农产品在流动中增值、强化城乡间产品服务流通的重要功能，是连通农村生产与消费、发展农村新产业新业态和延伸农业产业链的重要纽带。[②] 从这个意义上说，农村物流的发展情况反映着城乡之间要素与产品流动的顺畅程度。长久以来，由于农村的经济密度远低于城市，且农业产品本身有着供应主体分散、运输需求多样的特性[③]，农产品物流成本高、专业化程度不够，对农产品流通效率促进有限。[④] 在一定程度上，这些结果根源于农村物流企业规模化程度低、农

---

① 袁诚，李佶冬，魏易. 农村物流建设与农户增收效应 [J]. 世界经济，2023，46(4)：111-139.

② 黎红梅，周冲. 全面推进乡村振兴背景下农村高效物流体系构建分析 [J]. 理论探讨，2021(3)：139-144.

③ 黄祖辉，刘东英. 我国农产品物流体系建设与制度分析 [J]. 农业经济问题，2005(4)：49-53，80.

④ 欧阳小迅，黄福华. 我国农产品流通效率的度量及其决定因素：2000—2009[J]. 农业技术经济，2011(2)：76-84.

村物流发展政策不够完善、物流专业人才缺乏等问题[1]，也来自农村物流分散性、差异性、多样性、层级性与低附加值性的基本特点。[2]

而农业农村自身的产业发展以及城乡之间互动更为紧密的趋势，也对物流的发展提出了要求。特别是伴随着电子商务的发展，农村作为各类产品的输送地和农副产品的输出地，其对物流的需求也在不断提升，这也促使我国加紧了对农村物流体系的综合性建设。在"十四五"规划中，强化城乡流通体系建设成为重要的工作内容，其中健全县乡村三级物流配送体系的要求，就是为了响应乡村日益增长的商品服务流通提速扩面的需求。2022年中央一号文件《中共中央 国务院关于做好2022年全面推进乡村振兴重点工作的意见》也明确提出，要加快农村物流快递网点布局，实施"快递进村"工程，鼓励发展"多站合一"的乡镇客货邮综合服务站、"一点多能"的村级寄递物流综合服务点，推进县乡村物流共同配送，促进农村客货邮融合发展。支持大型流通企业以县城和中心镇为重点下沉供应链。加快实施"互联网＋"农产品出村进城工程，推动建立长期稳定的产销对接关系。推动冷链物流服务网络向农村延伸，整县推进农产品产地仓储保鲜冷链物流设施建设，促进合作联营、成网配套。

农村物流的发展目标，一方面是惠及农村居民，使商品与服务更为快捷地以快递物流等形式实现流通，从而使农村居民的生活更加便利；另一方面则是惠及农业生产，通过物流效率的提升和成本的降低来促进要素的流通，为将农业与市场对接提供基础。其推进路径则在于对农业生产资料物流、农产品物流、农村日用消费品物流等领域的疏通和强化。概括而言，农村物流的发展，是畅通农产品上行"最初一公里"和消费品下行"最后一公里"的抓手[3]，使农村能够和现代市场与新业态充分对接，使农村农业的丰富资源真正地兑现为发展收益。

① 朱世友. 农村电商发展对物流业的影响及农村物流体系构建 [J]. 价格月刊, 2016(3): 75-78.

② "农村现代物流研究中心"课题组，贺登才，查迎新，等. 中国农村物流发展报告 (2013)[J]. 中国合作经济，2013(9): 8-30.

③ 劳动经济学会就业促进专业委员会课题组，欧阳俊. 2021 年快递下乡进村报告 [J]. 中国经济报告，2021(6): 85-98.

因此，农村物流的发展应是全方位的发展：以云南洱源县为例，对电子商务人才的培育在本质上是为了借助电商平台与电商人才对市场信息的处理和对需求的响应，结合并调用农村物流资源实现农产品上行"最初一公里"，使农业农村充分对接电子商务发展格局下的庞大市场；而物流中转站、服务点的建设则形成了消费品下行的物流网，使来自其他地区的产品充分地深入农村。

案例 3-6　云南洱源县电商、物流协同发展　共同助力乡村振兴

近年来，云南洱源县聚焦农业大县向农业强县转型之路，大力推进电子商务进农村综合示范工作。

为了促进电子商务的可持续高质量发展，云南洱源制订农村电子商务人才培训计划，组织编写农村电子商务人才培训系列教程，多方联动，全面推进电子商务人才培训工作。截至 2021 年 11 月，全县累计完成培训 5 486 人次。同时，制定人才引进机制，促进优质创新团队和项目落户；建立电商创新创业导师团，定期举办电子商务创新创业活动，探索实训式电商人才培养模式；构建与发达地区电商龙头企业人才联动培养机制，探索常态化、创新性人才培养方式；探索建立政府部门、行业服务中心、高校、研究咨询机构之间的电商人才流动机制，建设电商人才合理流动保障体系。

为了惠及农民日常生产生活、加强物流对电商业态的支持，云南洱源依托国家级电子商务进农村综合示范项目，建成"1+9"电子商务公共服务站、县级电商物流双创中心、县级农村电商物流服务中心及县域电子商务公共服务信息化平台，建成农村产品分级包装及快检中心、村级电子商务公共服务点、农村产品质量安全追溯平台。依托县、乡、村三级农村电子商务公共服务站点资源，授权设立 9 个乡镇农村电商物流中转站、90 个村级农村电商物流服务点，引入韵达、中通、圆通、百世汇通 4 家物流快递服务企业和菜鸟物流，牵头组织"四通一达"成立快递物流共配公司，加快实现快递物流覆盖到村。

资料来源：洱源：电商助农按下乡村振兴"快进键"[EB/OL].（2021-12-31）. http://www.moa.gov.cn/xw/qg/202112/t20211230_6386053.htm.

就农产品物流而言，生产者和消费者基本融为一体，物流服务个体规模小但整体规模庞大、农业经营具有时间和空间上的分割性等内生特点在短期内仍然不会发生明显的变化。[①] 农产品物流发展存在的基础设施薄弱、物流成本高、物流主体发展不完善、供应链不连续、信息化程度低的各种问题[②]，伴随着国家政策的持续推进，正在得到显著的改善。以农产品物流中的冷链物流为例，农产品保存期限上的特殊性以及市场对于新鲜食品的需要正不断提高对冷链物流的需求，在国家政策的集中推动与强劲的市场需求下[③]，生产商、物流商、经营商已经开始联手打造冷链物流链，快速地推进了冷链物流的发展[④]，有益于农村产品向广大市场输送，从而深化农业产业化的程度。

就农村日用品物流而言，交通运输与邮政快递的深度融合，使农村快递的末端配送得到了更好的保障。[⑤]"快递下乡"的国家工程强化了市场可达性，由此促进了农村家庭享受型消费，有助于农村居民消费升级[⑥]，改善了农村的消费环境，使其能够充分享受线上经济发展带来的福祉。

二、电商发展给乡村带来的影响

互联网与电子商务的高度发展为我国的农业发展与农业现代化道路开启了一条独具特色的道路。农村基础设施的广泛覆盖和深入建设

---

① 王新利. 论我国农村物流体系的特点与内涵 [J]. 农业现代化研究，2003(4): 308-312.

② 陈超，李斌. 城镇化背景下我国农产品物流发展现状和问题及对策 [J]. 农业现代化研究，2013, 34(3): 328-332.

③ 张喜才. 中国农产品冷链物流经济特性、困境及对策研究 [J]. 现代经济探讨，2019(12): 100-105.

④ 丁俊发. 农产品物流与冷链物流的价值取向 [J]. 中国流通经济，2010, 24(1): 26-28.

⑤ 黄新宇. 乡村振兴背景下农村客货邮融合发展研究——基于湖南省的实践探索 [J]. 价格理论与实践，2022(3): 46-50.

⑥ 王奇，谢凯，秦芳，等. 市场可达性与农村家庭消费——来自"快递下乡"工程的证据 [J]. 中国农村经济，2022(12): 106-123.

以及全国范围内线上经济与线下经济的高度融合使农村产业具备了互联网化的技术条件，并在近年的发展中逐步成为一种重要的农业产业化形态。伴随着"互联网＋"战略的推行与深化以及 2018 年中央一号文件所提出的"数字乡村战略"的实践，电商发展给乡村产业与乡村生活都带来了非常独特且深刻的影响。

电子商务在农村的发展壮大有两条交织互动的路径：其一是以农民返乡创业或就地创业为形式的内生型发展路径，其二则是以大企业、大资本下乡为形态的外生型传播路径。两条路径在中国农村均有所表现，并呈现出互相影响的复杂关系。

草根创业、作坊式生产、同业集聚与内部协同是内生型农村电商发展路径的基本特点。[①] 但由于电商平台进入门槛相对较低的特点，往往会在村庄电商同业集聚的过程中形成同质化高、同品类竞争激烈的问题[②]，同时由于电商发展过程中仍然需要有相对专业的人员从事包括店铺管理、客服沟通、物流协调等各类专业性的工作，而农村地区相对来说在这些方面的人力资源支撑有限，因此往往使自发型农村电商的发展受到明显的局限。

电商下乡在很大程度上意味着来自城市的新兴业态乃至资本进入城市之中，是城乡产业融合的典型案例。而由于电商与传统的农业经营模式不同，独特的互联网经济使得农村电商产业链中产品供应、快递物流、店铺运营等环节紧密地围绕着市场需求而展开，从事电商运营的农户因而能够充分地对接市场需求，进一步扩充产品价值。[③] 短视频、直播电商等新业态的兴起也使"互联网＋农业"的产业融合形态门槛进一步降低，农村农业农民得以共享相应的流量红利，借助互联网平台相对直接地面对潜在客户与市场，从而增强产品价值的兑现能

---

① 　郭承龙.农村电子商务模式探析——基于淘宝村的调研 [J].经济体制改革，2015(5)：110-115.

② 　王胜，丁忠兵.农产品电商生态系统——一个理论分析框架 [J].中国农村观察，2015(4)：39-48，70，96.

③ 　周浪.另一种"资本下乡"——电商资本嵌入乡村社会的过程与机制 [J].中国农村经济，2020(12)：35-55.

力。① 电商下乡对本地农村的产业融合具有积极的正向意义，能够在提升农村产业融合程度的同时，进一步提升农业劳动生产率、促进农业技术创新、改善融资环境②、增加农民收入③，使得以农业为基础的产业融合形成一个持续产生正向反馈的价值闭环，从而充分地惠及农村农民以及涉农经营主体。此外，由于外生型电商依赖于在地的农户的生产，因此往往会在电商项目落地的过程中深刻地嵌入农村的生产过程与关系网络之中，从而实现以大带小的格局，以此弥合两个主体之间悬殊的差距。④ 但同时值得注意的是，由于小农户在直接面对大企业、大平台时往往缺少机制性的保护，无从充分分享电子商务发展带来的实利，从而演化为一种不平等的交易⑤，并有可能在实质上造成外来资本以政府补贴和奖励为支点掠夺当地资源和利益的恶劣影响⑥，因而应该引起充分的重视。

无论如何，农村电商的发展构成了推进农业转型和农业农村现代化的一个重要推力。⑦ 总的来看，农村电商目前虽然仍处于高速发展期，但除了产业人才储备不足之外，包括物流仓储在内的农业基础设施建设与包括金融支持、市场营销等方面的专业化服务的供给都仍存在结构性的问题。⑧ 为了充分释放农业电商为农业农村农民带来的活力，

① 李晓夏，赵秀凤 . 直播助农：乡村振兴和网络扶贫融合发展的农村电商新模式 [J]. 商业经济研究，2020(19)：131-134.
② 孙哲远，刘艳 . 电商下乡对农村三产融合的影响——基于电商示范县设立的准自然实验 [J]. 中国流通经济，2022，36(11)：49-59.
③ 唐跃桓，杨其静，李秋芸，等 . 电子商务发展与农民增收——基于电子商务进农村综合示范政策的考察 [J]. 中国农村经济，2020(6)：75-94.
④ 万倩雯，卫田，刘杰 . 弥合社会资本鸿沟：构建企业社会创业家与金字塔底层个体间的合作关系——基于 LZ 农村电商项目的单案例研究 [J]. 管理世界，2019，35(5)：179-196.
⑤ 黄宗智 . 小农户与大商业资本的不平等交易：中国现代农业的特色 [J]. 开放时代，2012(3)：88-99.
⑥ 曾亿武，宋逸香，林夏珍，等 . 中国数字乡村建设若干问题刍议 [J]. 中国农村经济，2021(4)：21-35.
⑦ 王艳华 . "互联网＋农业"开启中国农业升级新模式 [J]. 人民论坛，2015(23)：104-106.
⑧ 李丽，李勇坚 . 中国农村电子商务发展：现状与趋势 [J]. 经济研究参考，2017(10)：52-60.

需要深化政府引导、政企协作的发展模式，其中政府需要进一步强化包括电子商务公共服务中心、仓储物流配送中心、电商服务站在内的农村电子商务公共服务体系 [1][2]，从而形成政府搭台、农民唱戏的格局，引导社会资本有序地带动农村电商的发展，充分地惠及农民。

第六节　外出务工与返乡就业

改革开放以来，伴随着农业部门生产力的解放，规模日益扩大的劳动力从农业领域向工商领域转移，形成了一支庞大的"农民工"队伍，为中国产业结构的变更与经济的持续发展提供了长期有力的支撑。"打工阶级"是中国现代化历程的新兴主体，既是改革的产物，同时也构成了中国社会变迁的推动者乃至创造者。[3]

务工者从乡村流向城市，从本乡流向外地，在这一过程中产生了丰富的流动形态，也深刻地影响着中国经济社会的总体进程。对于来自乡村社会的打工者而言，外出打工的意义在于在城乡的推拉往返之间维持家庭的发展。在城乡间往复流动的农民工队伍，在某种程度上也构成了桥接农村社区与外部世界的载体。在另一个维度上，大规模的双向人口流动也促使农村社区向一种所谓"陌新社会"的社会形态发生转变，伴随着返乡创业者重新嵌入农村社区、新农人进入农村社区，新的邻里关系正在形成，在这种所谓的"陌新社会"中，户籍与户口性质不再构成拒斥性因素。

一、农村人口流动与刘易斯拐点

总的来看，中国人口从农村向城市流动的总体趋势并未发生直接的扭转，且人口的乡城流动依旧是中国推进现代化与城镇化的重要动

---

① 杜永红. 乡村振兴战略背景下网络扶贫与电子商务进农村研究 [J]. 求实，2019(3)：97-108，112.
② 殷浩栋，霍鹏，汪三贵. 农业农村数字化转型：现实表征、影响机理与推进策略 [J]. 改革，2020(12)：48-56.
③ 潘毅，卢晖临，严海蓉，等. 农民工：未完成的无产阶级化 [J]. 开放时代，2009(6)：5-35.

力与基础，但同时，流动人口中从城市返回农村，从大城市返回乡镇县城，也成为一个不容忽视的重要现象。伴随着城乡关系的改变和中国经济发展阶段的前进，城乡间、地区间的人口流动模式已经从"民工潮"发展为"民工荒"，又出现某种"返乡潮"[①]的宏观形态，依赖于农业转移人口规模带来的廉价劳动力优势正在逐渐减弱，农村为城市和经济发展提供的剩余劳动力已经逐渐进入增长平台期，人口结构和人口流动方式的转变意味着中国的刘易斯拐点正在到来。[②]劳动力回流正成为一个突出的现象[③]，但这些返乡的农民工在主动回迁的过程中进入县域的产业队伍之中，正在构成一股支持中西部地区城镇化和经济发展的重要力量[④]，也为中国的国内产业转移与产业结构转型提供了强大的支撑，同时向中国的城镇化模式提出了新的要求。[⑤]2000 年、2010 年、2020 年中国城乡人口迁移模式及其变化见表 3-5。

表 3-5　2000 年、2010 年、2020 年中国城乡人口迁移模式及其变化

年份	总流动人口 / 万人	流向城镇人口 / 万人	乡城流动人口 / 万人	城城流动人口 / 万人	占总流动人口比重 /%		占城镇流入人口比重 /%	
					乡城	城城	乡城	城城
2000	10 901.06	7 957.77	5 690.35	2 267.42	52.20	20.80	71.51	28.49
2010	22 142.67	18 688.41	13 994.17	4 694.25	63.20	21.20	74.88	25.12
2020	37 581.68	33 116.97	24 900.00	8 216.97	66.26	21.86	75.19	24.81

资料来源：王桂新 . 中国人口流动与城镇化新动向的考察——基于第七次人口普查公布数据的初步解读 [J]. 人口与经济，2021(5): 36-55.

当然，农村人口的外流也对农村社会产生了重要的影响，引起了

---

① 侯东民，王德文，白南生，等 . 从"民工荒"到"返乡潮"：中国的刘易斯拐点到来了吗 ?[J]. 人口研究，2009, 33(2): 32-47.

② 蔡昉 . 人口转变、人口红利与刘易斯转折点 [J]. 经济研究，2010, 45(4): 4-13.

③ 吴瑞君，薛琪薪 . 中国人口迁移变化背景下农民工回流返乡就业研究 [J]. 学术界，2020(5): 135-144.

④ 罗小龙，曹姝君，顾宗倪 . 回流城镇化：中部地区城镇化开启新路径 [J]. 地理科学，2020, 40(5): 685-690.

⑤ 李海波，陈政，欧沙 . 县域城镇化与人口回流耦合关系研究——基于湖南省88 个县（市）数据的分析 [J]. 经济地理，2019, 39(11): 25-32.

农村的"空心化"乃至自然消亡，并深刻地影响着农业农村的发展。以农业生产为例，农村人口的外流在一定程度上造成了农业生产的高龄化与女性化，甚至因此影响了粮食种植结构[1]；以农村生活为例，青年人口的迁出对农村的婚姻生态产生了巨大的影响，大龄未婚农村外流青年择偶难等问题日益突出。[2]

二、户籍改革、城镇化背景下的农村人口流动

进入改革开放时期，城乡二元的体制开始出现松动，但没有发生根本性的改变。城乡之间的部分制度性壁垒开始得到消除（例如，在1984年中央一号文件中，便允许农民自理口粮进入小城镇落户），城乡间的人口流动开始变得普遍，农业、农村人口向工业部门、城市城镇的转移，在很大程度上构成了中国经济发展的重要支撑；与此同时，包括公共服务供给以及土地制度在内的大量制度仍然与城乡户籍高度捆绑[3]，农民在城市城镇落户存在制度性阻碍[4]，户口作为中介强化了社会分层[5][6]，导致构成劳动力重要组成部分的农民工在城市内部的"新二元结构"[7]下无法充分享受市场和城市发展所带来的收益。总的来看，城乡二元关系在人口流动层面上的松动为中国的经济发展充分地释放了人口红利[8]，但户籍管理制度改革的滞后，在很大程度上造成了农民工的

[1]　杨进，钟甫宁，陈志钢，等.农村劳动力价格、人口结构变化对粮食种植结构的影响[J].管理世界，2016(1)：78-87.
[2]　石人炳.青年人口迁出对农村婚姻的影响[J].人口学刊，2006(1)：32-36.
[3]　刘守英.中国城乡二元土地制度的特征、问题与改革[J].国际经济评论，2014(3)：4，9-25.
[4]　刘传江，程建林.双重"户籍墙"对农民工市民化的影响[J].经济学家，2009(10)：66-72.
[5]　余佳，丁金宏.中国户籍制度的政策效应、改革取向与步骤选择[J].华东师范大学学报(哲学社会科学版)，2010，42(4)：65-70，74.
[6]　陆益龙.户口还起作用吗——户籍制度与社会分层和流动[J].中国社会科学，2008(1)：149-162，207-208.
[7]　陆铭.玻璃幕墙下的劳动力流动——制度约束、社会互动与滞后的城市化[J].南方经济，2011(6)：23-37.
[8]　潘毅，卢晖临，严海蓉，等.农民工：未完成的无产阶级化[J].开放时代，2009(6)：5-35.

"半城镇化"和"非市民化"等问题。[1] 在城乡二元的制度框架下，农村户口居民逐渐演化出半工半耕的生计模式[2]，其家庭得以在城乡之间撑开[3]——微观个体在宏观政策的约束条件下的家庭决策与生计模式，最终造就了当前中国户籍人口城镇化率与常住人口城镇化率不同步的结果。[4]2010—2021年全国乡村人口和乡村就业人员情况见表3-6。

表3-6　2010—2021年全国乡村人口和乡村就业人员情况

年份	乡村人口		乡村就业人员数（年末）/万人	第一产业就业人员数（年末）/万人
	人口数/万人	占总人口比重/%		
2010	67 113	50.1	41 418	27 931
2011	64 989	48.2	40 193	26 472
2012	63 747	46.9	38 967	25 535
2013	62 224	45.5	37 774	23 838
2014	60 908	443	36 646	22 372
2015	59 024	42.7	35 404	21 418
2016	57 308	41.2	34 194	20 908
2017	55 668	39.8	32 850	20 295
2018	54 108	38.5	31 490	19 515
2019	52 582	37.3	30 198	18 652
2020	50 992	36.1	28 793	17 715
2021	49 835	35.3	27 879	17 072

资料来源：国家统计局农村社会经济调查司.中国农村统计年鉴2022[M].北京：中国统计出版社，2022.

① 陈映芳."农民工"：制度安排与身份认同[J].社会学研究，2005(3)：119-132，244.
② 夏柱智，贺雪峰.半工半耕与中国渐进城镇化模式[J].中国社会科学，2017(12)：117-137，207-208.
③ 白美妃.撑开在城乡之间的家——基础设施、时空经验与县域城乡关系再认识[J].社会学研究，2021，36(6)：45-67，227.
④ 李子联.人口城镇化滞后于土地城镇化之谜——来自中国省际面板数据的解释[J].中国人口·资源与环境，2013，23(11)：94-101.

　　总的来看，伴随着改革开放以来大规模的城乡人口流动以及政府间关系的调整，城镇化在总体上经历了工业城镇化、土地城镇化和人口城镇化的三个阶段[①]，伴随着刘易斯拐点的到来，国家的经济社会发展要求进一步深入推进城镇化以期创造第二波人口红利[②]，因而人口城镇化阶段的关键不仅在于农民"进城"，更在于使农民工完成向市民角色的转变[③]，使农民真正从国家工业化和城镇化的过程中分享收益[④]，这也要求进一步打破围绕着户籍管理制度生成的制度性障碍。

　　中国户籍制度的改革实践逐渐放宽了对人口机械迁移的直接控制，乃至从默许农民离开农村转变为鼓励劳动者外出就业，促进劳动力向城市流动[⑤]，但同时依旧保留着城乡户籍的二元体系，部分社会福利与权益仍然与户口类型相挂钩。一些针对农民工"进城落户"之意愿的研究即反映，农民工转移户口、落户城市的意愿不强，一方面是由于城市落户存在较高的门槛[⑥]以及制度合法性压力[⑦]，农民工往往受到城市部门的制度性排斥，另一方面则是因为农村户口与土地权益高度联系，而在既有城乡户籍二元体系下，由于对应的土地权益制度的改革进度滞后，退出农村户口往往就意味着放弃了对土地所持有的长期的权益，因此多数农民工往往因为对承包地、宅基地乃至对村集体经济收益的权利而不愿转为城市户口。[⑧⑨] 城镇化模式的变革在某种程度上

①　周飞舟，吴柳财，左雯敏，等 . 从工业城镇化、土地城镇化到人口城镇化：中国特色城镇化道路的社会学考察 [J]. 社会发展研究，2018，5(1)：42-64，243.

②　蔡昉 . 城市化与农民工的贡献——后危机时期中国经济增长潜力的思考 [J]. 中国人口科学，2010(1)：2-10，111.

③　国务院发展研究中心课题组，侯云春，韩俊，等 . 农民工市民化进程的总体态势与战略取向 [J]. 改革，2011(5)：5-29.

④　刘爱玉 . 城市化过程中的农民工市民化问题 [J]. 中国行政管理，2012(1)：112-118.

⑤　蔡昉 . 户籍制度改革与城乡社会福利制度统筹 [J]. 经济学动态，2010(12)：4-10.

⑥　侯亚杰 . 户口迁移与户籍人口城镇化 [J]. 人口研究，2017，41(4)：82-96.

⑦　蔡禾，王进 . "农民工"永久迁移意愿研究 [J]. 社会学研究，2007(6)：86-113，243.

⑧　张翼 . 农民工"进城落户"意愿与中国近期城镇化道路的选择 [J]. 中国人口科学，2011(2)：14-26，111.

⑨　黄帅金 . 土地对农民工城市落户意愿的影响——基于 2017 年全国流动人口动态监测调查数据的再考察 [J]. 安徽农业大学学报 (社会科学版)，2020，29(6)：81-89.

导致农民工落户定居城市的意愿不进反退 ①②，户籍制度的改革并未带来农民工落户数量的快速提升。

三、农民工的离乡动力与返乡原因

尽管伴随着农民工队伍内部的代际变更，农民工离乡外出务工的形态存在一定的变化，如所谓新生代农民工往往更加追求融入城市生活，关注就业的环境与待遇，但无论如何，外出务工的基本动力在最根本上都是为了增加经济收入，以此支撑个人或者家庭的基本生活。③④⑤⑥

农民工大量跨区域流动的格局下，是农民工的往返式迁徙，而非简单地向发达城市地区的单向流动。他们的生活在城乡之间开展，并伴随着家庭生命周期的推演以及农业农村的深入发展，其移动方向反而可能逐渐向农村靠近，以至于最后回到县域、回到农村。因而，与"民工潮"呼应的，是"返乡潮"与"创业潮"，民工返乡就业和回乡创业成为外出务工的一种派生现象，对于县域经济的发展有着重要的意义。⑦农民工家庭在家乡与发达地区之间的往返为其回乡立足创业提供了足够的资金、阅历乃至人脉 ⑧，这在某种程度上也构成了使发达地

① 唐宗力. 农民进城务工的新趋势与落户意愿的新变化——来自安徽农村地区的调查 [J]. 中国人口科学，2015(5)：113-125，128.

② 苏红键. 中国流动人口城市落户意愿及其影响因素研究 [J]. 中国人口科学，2020(6)：66-77，127.

③ 盛来运. 中国农村劳动力外出的影响因素分析 [J]. 中国农村观察，2007(3)：2-15，80.

④ 邓大才. 农民打工：动机与行为逻辑——劳动力社会化的动机—行为分析框架 [J]. 社会科学战线，2008(9)：83-93.

⑤ 杨竹，陈鹏. 转型期农民工外出就业动机及代际差异——来自珠三角、长三角及中西部地区农民工的实证调查分析 [J]. 农村经济，2009(9)：15-19.

⑥ 许传新. 农民工的进城方式与职业流动——两代农民工的比较分析 [J]. 青年研究，2010(3)：1-12，94.

⑦ 王西玉，崔传义，赵阳. 打工与回乡：就业转变和农村发展——关于部分进城民工回乡创业的研究 [J]. 管理世界，2003(7)：99-109，155.

⑧ 汪三贵，刘湘琳，史识洁，等. 人力资本和社会资本对返乡农民工创业的影响 [J]. 农业技术经济，2010(12)：4-10.

区的经济发展以外来人员回迁的形式反哺劳动力流出地的形态，且对于拓展农村就业、发展县域经济和新型城镇化有着积极的意义。

农民工的打工决策和返乡意愿与其在家庭中承担的家庭角色及伦理有着重要的关系，也和其个人的人力资本有着深刻的联系。于前者而言，农民工的打工与返乡决策在本质上都是以家庭为单位进行考量的结果[①]，返乡创业本质上是一种在满足家庭养老与抚育需求的过程中调整经济行动的结果，实质上拉近了劳动和生活之间的关系；于后者而言，是否有意愿回乡创业、是否有能力创业、是否能够创业成功在一定程度上都取决于农民工的人力资本，且人力资本的多少并不直接与创业意愿和行为呈线性的正向关系，在城乡的推拉与家庭的牵扯之中，往往是那些中年和具备中等教育水平的农民工更具有返乡创业的意愿。[②③]

四、县域成为承接人口回流、返乡创业的舞台

县域作为城乡融合的基本空间，对于乡村生产有着重要的意义，成为农民返乡后落脚创业与就业的核心空间。针对经济社会发展主要矛盾的变化以及城镇化发展的阶段变更，在进入 21 世纪以后，党和国家对城乡关系的调整经历了从"城乡统筹"到"城乡一体化"再到"城乡融合"的路线变化。尽管针对不同城镇化阶段，城乡关系的调整路线存在一些细微的区分，但总的来说均服务于生产生活水平的综合提升，且其重点落在尽可能缩小城乡在社会经济发展水平上的差距。

人口城镇化的城市化阶段，即对应着城乡融合的城乡关系模式。党的十九大作出的重大决策部署，要求建立健全城乡融合发展体制机制和政策体系。党的十九大报告提出，要实施乡村振兴战略，并建立

① 王绍琛，周飞舟. 打工家庭与城镇化——一项内蒙古赤峰市的实地研究 [J]. 学术研究，2016(1)：69-76，177.

② 夏怡然. 农民工定居地选择意愿及其影响因素分析——基于温州的调查 [J]. 中国农村经济，2010(3)：35-44.

③ 陈文超，陈雯，江立华. 农民工返乡创业的影响因素分析 [J]. 中国人口科学，2014(2)：96-105，128.

健全城乡融合发展体制机制和政策体系；党的二十大报告延续了这一思路，指出要"坚持农业农村优先发展，坚持城乡融合发展，畅通城乡要素流动"，"推进以人为核心的新型城镇化，加快农业转移人口市民化。以城市群、都市圈为依托构建大中小城市协调发展格局，推进以县城为重要载体的城镇化建设"。

尽管在政策话语的层面上，"城乡融合"这一概念所指涉的内涵并不十分明晰；在具体执行的层面上，"城乡融合"的外延又极为丰富；但总的来看，城乡融合主要关注推进城乡之间资源要素的双向流动，合理地发挥城乡各自的比较优势，在就业收益、公共服务供给、基础设施等多个领域逐步缩小城乡发展差距，实现城乡之间在生产、生活上有差异而少差距，乃至实现所谓"城乡等值化"[①]，以期实现城乡之间的有机互动，形成城乡分工与融合加强的"城乡中国"模式。[②]

正是在这样的背景下，推进以县城为重要载体的城镇化建设，以县域为基本单位实现城乡融合，成为当前阶段新型城镇化的主基调。[③]在城镇化的历程中，县域的重要性伴随着政府间关系的调整以及工业形态的转变而进一步提升，县域不仅是社会治理的单元，同样也构成了地方工业发展与"经营城市"的基本单元。[④]作为城乡的连接体，县域构成了一种独特的社会空间，其作为一个相对独立的经济共同体与社会治理共同体的角色使其成为包含了"一个城乡连续统的社会体系"[⑤]，从而使其为延续乡村中国的基本底色、承接外出农民工的回流提供了完备的要素。

---

① 何仁伟. 城乡融合与乡村振兴：理论探讨、机理阐释与实现路径 [J]. 地理研究，2018，37(11)：2127-2140.

② 杨进，钟甫宁，陈志钢，等. 农村劳动力价格、人口结构变化对粮食种植结构的影响 [J]. 管理世界，2016(1)：78-87.

③ 刘建娥，凌巍. 中国县域城镇化再抉择——社会性流动的重大转向与系统性构建 [J]. 社会学研究，2023，38(3)：23-44，226-227.

④ 狄金华. 县域发展与县域社会学的研究——社会学的田野研究单位选择及其转换 [J]. 中国社会科学评价，2020(1)：47-58，158.

⑤ 王春光. 县域社会学研究的学科价值和现实意义 [J]. 中国社会科学评价，2020(1)：36-46，157-158.

第七节　本章小结

总的来看，在乡村振兴的基本背景下，乡村生产的制度背景、组织形态和生产内容都发生了重要的改变，从而深刻地改变了乡村的社会经济生态，为"三农"的现代化提供了重要的基础。

在全面推进乡村振兴的战略部署下，农林牧渔等各领域发生的制度性变革延续了以农业适度规模经营为基本线索的农业改革与发展经验，并针对不同领域各自的生产特点进行了针对性的调整，从而借助产权、组织形态的变革来推进农业生产力的提高。其中，农民专业合作社与农业企业在农业发展中所起到的组织性力量构成了现阶段聚合农业生产资源、提升农业发展水平的关键要素。

农林牧渔等大农业生产内部环节分工的进一步细化，以及政府、企业、合作社、农民对农业生产的多元化参与，构成了产业链延伸与融合的基本前提。在"农工商、产供销一体化"的农业产业链延伸模式下，包括物流在内的新基建与包括电商在内的新业态进一步推动了产业链拓展，提升了农业附加值。而在农村地区开展的一二三产融合，则进一步丰富了农村的经济形态，使乡村围绕农业生产进一步拓展了发展的新方式。

乡村生产的长远发展，进一步构成了中国在现代化道路上城乡关系调整的重要推力。伴随着乡村生产的深入发展和对农民权益的充分保障，县域正在构成承接人口回流、返乡创业的舞台，这一基本事实将深刻地重构乡村生产的社会与经济基础；而伴随着城市经济对于乡村的反哺，新的业态、发展模式的引入也将进一步促成乡村生产的深刻变革。

在某种意义上，乡村生产的变革是乡村从"熟人社会"向所谓"陌新社会"转向的重要动因。农业农村的发展内在地要求着组织形式的调整、生产环节的专业化、产业之间的融合与沟通、各类要素的充分流动，因而也就不断地要求着农村社区走向开放。乡村生产的变革，推动着大量新的外界的要素进入农村社区，同时也使大量的原生于农业农村的要素走向其他部门与地域。从这个角度来看，乡村生产的变革恰恰反映了"三农"问题永远不是孤立地被限定在农村中的问题，而始终需要置于城乡关系变革的框架下加以考虑。

第四章
乡村生活

2022 年 12 月底，习近平总书记在中央农村工作会议上指出，全面推进乡村振兴是新时代建设农业强国的重要任务，产业、人才、文化、生态、组织这"五个振兴"，涉及乡村生活的方方面面，也关系着全面建设社会主义现代化国家新征程上，农业强国建设任务的实现。本章将从乡村生活的变革入手，基于对小农生活到小康生活的历程梳理和图景描摹，围绕人口流动、城乡发展、医疗和教育、村庄建设等方面，从当下现实、存在的问题和未来发展的角度描摹我国乡村生活的基本轮廓，并在此基础上形成对乡村生活未来生活蓝图的设想。

第一节　小农生活："两亩地一头牛"

一、生产与生活

"小农"在概念上仍然存在边界和意涵上的模糊性[①]，但"五亩之宅，树之以桑，五十者可以衣帛矣；鸡豚狗彘之畜，勿失其时，七十者可以食肉矣；百亩之田，勿夺其时，数口之家可以无饥矣"[②] 这样的描摹在一定程度上勾勒出我们对小农生活样态的理解。在生产层面，

---

① 张新光.	"小农"概念辨析——兼论我国现行小农经济的弊端与改革取向 [J].现代财经 (天津财经大学学报)，2011，31(12): 5-15.
② 参见《孟子·梁惠王上》。

小农经济规模小；劳动力主要是家庭成员，分工上以男耕女织、自给自足为最具典型性的模式，生产有余的部分会在市场上进行销售，但售卖商品并不作为最主要的生产目的，市场与其的联系也并不紧密。[①]在长期的历史发展过程中，小农经济也呈现出脆弱与顽强并存的特点[②]，其极易受到自然灾害的侵袭，非常依赖自然气候等条件，农民生活注重对生活的观察、经验的积累与传递，因而在生活心态方面，农民倾向于以"知足常乐，小富即安"作为自身的信条，相应地，其竞争和开拓意识相对缺乏。[③]但同时以家庭为单位的农事活动也更有可能灵活地应对家庭生活可能发生的变动，有学者认为，正因为这样相对传统的生活方式，中国人对自我以及与自我至关重要的人的经验颇为重视。[④]

　　农村的生活方式与特定的生产方式密切相关。在乡村生活中，人们多需要根据季节和时令变化安排农业生产，劳作与休憩构成了其主要生活内容。在朱启臻和鲁可荣看来，生产方式决定着生活方式，以牛拉犁为典型的小农生产方式也在很大程度上决定着农民们的生活习惯。[⑤]处在小农生活中的居民多围绕天时而动，比如天气晴好时加紧耕作，下雨时便休息，"晴耕雨读"构成了传统小农生活的日常图景。[⑥]由于底层家庭小农经济的不稳定性，小农生活在消费方面倾向于不超出生存所需的节俭型的消费模式。在小农生活当中，农时与消闲有着紧密的联系，家族和村社是消闲活动发生的主要范围，农时规定着消闲发生的具体时间[⑦]，在物质尚不丰裕的小农生活中，消闲更多的是人

---

① 阎万英，尹英华．中国农业发展史 [M] 天津：天津科学技术出版社，1992：193-194.

② 雷家宏．中国古代的乡里生活 [M].北京：商务印书馆，2017：81.

③ 邱炳皓．古田镇的创业之路 [M].厦门：鹭江出版社，1993：124.

④ 尚晓元．中国国民的自我抑制型人格——商品经济中的市民心态剖析 [M].昆明：云南人民出版社，1989：106.

⑤ 朱启臻，鲁可荣．中国"三农"问题研究（之二）——乡村旅游与农村社区发展 [M].北京：中国农业大学出版社，2008：230.

⑥ 川北稔．一粒沙糖里的世界史 [M].赵可，译，海口：南海出版公司，2018：128.

⑦ 李长莉．晚清上海社会的变迁：生活与伦理的近代化 [M].天津：天津人民出版社，2002：235.

们为之后的农业生产进行休整，农事活动的主要目的也是以家庭为本位的生产生活需要。

我国社会不同地域之间的环境、生产、文化等要素差异较大，小农及其生活的具体形态也会存在差异，但是乡土社会的总体形态也有其基本特征。费孝通在《乡土中国》中对传统小农生活的描述是从中国人与土地之间的关系开始的，乡下人的生活离不开土地，种地也是最为普通的谋生办法。[1] 以"乡土中国"为标志的传统中国社会表现出"以农为本""以地为生""以村而治""根植于土"的基本特征。[2] 在有关我国近现代农村社会展开的研究中，部分研究以特定地区的农民生活窥见整体小农群体的生产和生活样态。张思在对旧华北农村农耕结合形式的研究中指出，近代华北农村的小农经济以个体经营为基本特征，私有观念在一家一户的经营中得到不同程度的体现，但同时个体经营也在很大程度上依赖村落共同体的生活。[3] 这些基于不同地域小农生活的考察，为我国传统农业社会在不同历史时期的阶段性发展状态增添了更为充实的内容。

二、思想与信念

目前对于"小农思想"的认识以负向居多，小农思想也多被视为农业市场化和产业化进程中的重要障碍，但同时也有研究者认为，对于像中国这样长期以农业经济为主的国家，保留小农经济形式有其现实因由。[4] 在新的时代背景下，在国家全面推进乡村振兴工作的基础上，关于"小农思想"的现实争论和理论思考也将是我国未来农业、农民、农村发展有必要思考的部分。

20 世纪 30 年代，中国乡村改良主义对中国农民所做的概括包含了"愚昧""贫穷""体弱"和"缺乏公共精神"的特征，教育和乡村

---

[1]　费孝通. 乡土中国 [M]. 上海：上海人民出版社，2006：5.

[2]　刘守英，王一鸽. 从乡土中国到城乡中国——中国转型的乡村变迁视角 [J]. 管理世界，2018，34(10): 128-146，232.

[3]　复旦大学历史学系，复旦大学中外现代化进程研究中心. 近代中国的乡村社会 [M]. 上海：上海古籍出版社，2005：39.

[4]　姚洋. 小农生产过时了吗 [N]. 北京日报，2017-03-06(18).

改革实验试图以平民教育的方式改造农民的精神世界，因此赵旭东认为，那一时代的乡村建设者看待"农村"或"农民"的眼光可能带有一种精英式的优越感，其中，农村往往被视为需要被精英改造的地方。[①] 另有研究者从生活方式和生产方式的角度解释人们对农民小生产者的"刻板印象"[②]，这引导着人们从社会结构和时代发展进程的角度去理解小农生活。"两亩地一头牛，老婆孩子热炕头"，这句俗语被视为对小农思想的反映，其主要指的是土地改革初期，一些拥有了自己土地的农民缺乏高远志向，沉湎于当下的幸福生活的思想状态。[③] 这种思想被认为不利于创新精神的培植和发展。事实上，社会改造运动并不只是生产所有制等制度性的变革，其更为重要的目的在于农民的思想改造。王申贺指出，农业改革为中国农村的政治、经济和文化发展带来了深刻的变化，日益渗透到农村生活中的商品经济也给农民的生计方式、文化心理带来了冲击和影响，在这一过程中，农村社会获得了积极的经济发展动力，但与此同时，在告别小农生活的阶段性过程中，农民阶级心态上也产生了不同程度的矛盾和冲突。[④]

当下人们对于乡村生活的美好想象，也在很大程度上根源于与小农生活紧密相连的儒家思想。朱承认为，儒家伦理道德观念根源于古典小农生活，这套观念一方面构成了社会现实生活秩序的价值基础，另一方面也生成了人们对于理想生活的认识。[⑤] 在对现代化问题的讨论中，文化角度的论争较为集中，其中尤以韦伯对新教与资本主义发展之间的关系的分析最为突出，韦伯指出，中国人在精神层面缺乏如资本主义精神那样的特殊心态[⑥]，而占据正统的儒教始终把握着传统主义的思想取向，这让中国社会内部缺乏生出现代经济制度社会的意

① 赵旭东.否定的逻辑：反思中国乡村社会研究 [M].北京：民族出版社，2008：19.
② 吴象.再谈农村改革与发展——农村经济论集之四 [M].北京：经济科学出版社，1997：53-54.
③ 李行健，曹聪孙，云景魁.新词新语词典 [M].北京：语文出版社，1989：217.
④ 王申贺.当代中国社会结构论 [M].北京：中国展望出版社，1991：124.
⑤ 朱承.儒家的如何为好 [M].桂林：广西师范大学出版社，2016：31.
⑥ 韦伯.中国的宗教：宗教与世界 [M].康乐，简惠美，译.桂林：广西师范大学出版社，2004：161-162.

识形态。在 20 世纪 60 年代，韦伯对以儒家思想为底色的东亚国家经济发展的判断受到了东亚经济崛起的现实的挑战。[①] 但是儒家文化中的特定观念的确在农民部分生存信念构成中贡献了文化基础，如忠孝观念和家庭本位的观念让农民通常会更安于安土重迁、延续香火的安定生活。

三、变化与评价

随着社会生活的不断变化，"小农生活"及其所包含的思想和信念也在发生相应的改变，经济学、社会学等不同学科领域的研究者就农村问题展开的研究也为新的历史时期的乡村发展和建设提供了核心关切的指针。贺雪峰在对中国农村经济的讨论中指出，我国农村发展的政策制定必须立足目前我国小农经济的实际，并指出逐渐发展起来的"半工半耕"的生计模式是现在农村人口获得温饱生活水平的重要方式，务农和务工都不可偏废，而且更为重要的是，作为进城不成功的重要退路，农村的土地也给予了农民回归农村生活的重要资产。[②] 在对小农经济的讨论中，农民作为一个群体的特征得到更多关注，尤其是他们在生计方式决策上所具有的特征得到了更多讨论。在农村社会学和经济学等研究领域中，"道义经济"和"理性小农"之间的经典论争由来已久。但两者并不是非此即彼的关系，如高雪莲基于某黔东南侗寨的田野考察指出，该地农民的农业生产经营围绕着家庭本位实践了生计方式的多元化，"目的理性"或"价值理性"都很难准确地解释这一经济特点。[③] 而对于已经融入高度开放的社会化体系中的小农，徐勇等认为难以通过传统小农、商业小农和理性小农的理论加以认识，这就需要以农户为基点，通过对改革开放后小农的动机和行为进行考察，

---

① 王彩波 . 经济起飞与政治发展——东亚新兴工业化国家与地区政治经济发展研究 [M]. 长春 : 吉林教育出版社，1998：233-235.

② 贺雪峰 . 小农立场 [M]. 北京 : 中国政法大学出版社，2013：1-3.

③ 高雪莲 . 生存有道 : 基于"家庭本位"的多元化小农生计结构——来自黔东南 W 侗寨的田野考察 [J]. 西北农林科技大学学报 (社会科学版)，2020，20(5): 85-92.

以达到对"社会化小农"这一特征群体的认识。① 随着社会发展进程的推进，除却对小农生存的基本信念和行为方式的关注，研究者也试图从社会结构和实践改善的角度关注农村和农民发展问题。

20 世纪末，温铁军对"三农"问题进行反思时指出，政策制定者需要借助国家主导的基础建设加快农业人口的非农转移，同时打通城乡之间的二元分立，加快产业和结构调整。② 在工业化进程逐渐加快的过程中，城乡体制也在持续发生改革，其中农民以"能动的主体"嵌入中国式的城乡二元结构当中，农民的生计模式也转变为"以代际分工为基础的半工半耕"，农民生活在其中实现着有序而稳定的城镇化过程，也是在此意义上，夏柱智和贺雪峰在文章中将处于这一城镇化进程中的中国农民视为具有"阶层主体性"群体，该群体能够掌握自身的命运。③

总体而言，关于小农经济的评价，不同研究者持有的观点存在差异。自战国时期形成并实施的重农抑商政策是顺应当时封建社会经济发展需要的政策措施，其也构筑了当时封建统治的重要经济基础，小农经济在历史上发挥的积极作用得到认可，同时也有看法将小农经济视为相对保守、缺乏变化和进步的经济结构，认为其在一定程度上阻碍了生产力水平提升的进程。④

第二节　小康生活：发家致富

一、小康生活

西汉儒家的《礼记·礼运》中对小康社会早有描述，其以天下为

---

① 徐勇，邓大才．社会化小农：解释当今农户的一种视角 [J]．学术月刊，2006(7)：5-13．

② 温铁军．"三农问题"：世纪末的反思 [J]．读书，1999(12)：3-11．

③ 夏柱智，贺雪峰．半工半耕与中国渐进城镇化模式 [J]．中国社会科学，2017(12)：117-137，207-208．

④ 张森，王思萍，陈新岗．精耕细作：中国传统农耕文化 [M]．济南：山东大学出版社，2017：121-124．

家、和睦温馨、讲究礼仪的亲情社会为小康。其后，陆续有近代维新派康有为的小康社会构想、孙中山对"小康"的提法，以及在 20 世纪 40 年代，费孝通提出的中国农村小康经济思想[①]，这都在很大程度上反映了普通民众对"不虞饥寒、差强人意"的美好生活的向往。[②] 不过，赵怀让在对"小康"的理解中强调，"小康"是对一定社会发展阶段的民众生活质量的描述，而非经济、政治和社会等标准，但其同时强调小康的实现与政治、经济、社会等方面的密切关系，此外作者进一步强调了"小康"的中国特色的特征和以渐进性和阶段性为标尺的相对性。[③] 对于全面小康的建设目标来说，数量庞大的农民对农村小康的实现至关重要。[④] 而相比于小农生活，农村小康在物质、文化、政治生活等方面的条件都有极大提升，具体而言包括：农民收入水平提升；改变了传统小农经济以一家一户为基础的封闭经营方式，农业产业化水平提高；农民社会生活保障制度和体系建设更为全面，其回应了原先以小农经济为主的家庭在农业生产中的脆弱性问题；农民的精神生活较为充实，居住环境和健康水平等面向都得到不同程度的改善和提升。

　　"小康"作为我国社会建设目标经历了阶段性的过程。1979 年，邓小平与时任日本首相的大平正芳在会谈中率先借用"小康"概念回应了有关现代化蓝图构思的问题。[⑤]1982 年，在党的十二大上，人民生活达到小康水平第一次被作为我国经济发展的主要奋斗目标。1984 年邓小平首次提出小康生活的具体数量标准：到 20 世纪末，国民生产总值达人均 800 美元。1987 年，党的十三大将实现小康列为第二步战略目标，到 20 世纪末实现小康。[⑥]1991 年 11 月 29 日，十三届八中全会

---

① 费孝通 . 小康经济——敬答吴景超先生对《人性和机器》的批评 [M]// 费孝通 . 费孝通文集：第 5 卷 . 北京：群言出版社，1999：425-439.

② 吕书正 . 中国现代化进程中的小康社会：小康社会在社会主义初级阶段的历史地位研究 [M]. 开封：河南大学出版社，2004：47.

③ 赵怀让 . 改革与发展研究 [M]. 开封：河南大学出版社，1998：98-100.

④ 郝敬恒 . 农村小康问题研究 [M]. 北京：中国统计出版社，1992：96.

⑤ 北京市地方志编纂委员会 . 北京志·农业卷·农村经济综合志 [M]. 北京：北京出版社，2007：389.

⑥ 池泽新，谢元态 . 中外农业政策 [M]. 南昌：江西科学技术出版社，2007：101.

通过的《中共中央关于进一步加强农业和农村工作的决定》明确指出了总目标：在全面发展农村经济的基础上，使广大农民的生活从温饱达到小康水平，逐步实现物质生活比较丰裕，精神生活比较充实，居住环境改善，健康水平提高，公益事业发展，社会治安良好。1998年，十五届三中全会通过了《中共中央关于农业和农村工作若干重大问题的决定》（以下简称《决定》），《决定》中对"推进农村小康建设，加大扶贫攻坚力度"提出了要求，包括全国农村实现小康，尤其加快中西部地区农业和农村经济发展，并提出到2010年，建设有中国特色社会主义的新农村的目标。[①]2012年，党的十八大报告也对建设小康社会作出了从"全面建设小康社会"的过程性目标，到"全面建成小康社会"的战略结果的转变。[②] 在此意义上，小康被视为从温饱到富裕目标之间的过渡阶段，而不同阶段的目标在根本上都指向了"发展社会生产力，不断提高人民物质文化生活水平，促进人的全面发展"[③]，指向了人民生活得到真正改善这一检验党和人民事业成效的标准。

在全面建设社会主义现代化国家的新征程上，小康生活的实践成果也已成为第二个百年奋斗目标的坚实基础。2017年10月，在中国共产党第十九次全国代表大会上，习近平发表了题为《决胜全面建成小康社会 夺取新时代中国特色社会主义伟大胜利》的报告，报告指出，从2020年到2035年，在全面建成小康社会的基础上，下一个十五年的目标是基本实现社会主义现代化，其中城乡区域发展差距和居民生活水平差距显著缩小，基本公共服务均等化基本实现，全体人民共同富裕迈出坚实步伐。[④] 如今，我们仍然在朝向基本实现社会主义现代化的道路上前进，"人民对美好生活的向往"也在经济收入上

---

① 中共中央关于农业和农村工作若干重大问题的决定 [EB/OL].（1998-10-19）. https://www.gmw.cn/01gmrb/1998-10/19/GB/17850^GM1-1905.HTM.

② 程美东. 当代中国社会发展理论研究 [M]. 北京：知识产权出版社，2018：258-259.

③ 习近平. 全面贯彻落实党的十八大精神要突出抓好六个方面工作 [J]. 求是，2013(1): 3-7.

④ 习近平. 决胜全面建成小康社会 夺取新时代中国特色社会主义伟大胜利——在中国共产党第十九次全国代表大会上的报告 [EB/OL].（2017-10-27）. http://www.gov.cn/zhuanti/2017-10/27/content_5234876.htm.

得到了不同程度的体现，从 2017 年至 2021 年全国居民可支配收入（图 4-1）可见，居民可用于自由支配的收入在逐年增加，其中工资性收入仍然是主要的收入来源，财产净收入的比例稍有提升，经营净收入有所下降（表 4-1）。

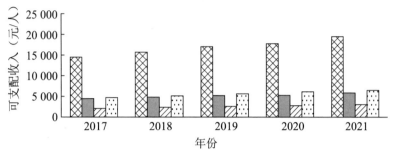

图 4-1　全国居民可支配收入构成

表 4-1　全国居民可支配收入构成占比　　　　　　　%

指标	2017 年	2018 年	2019 年	2020 年	2021 年
一、工资性收入	56.3	56.1	55.9	55.7	55.9
二、经营净收入	17.3	17.2	17.1	16.5	16.8
三、财产净收入	8.1	8.4	8.5	8.7	8.8
四、转移净收入	18.3	18.3	18.5	19.2	18.6

即使遭遇全球性疫情影响，2022 年全国居民人均可支配收入仍实现小幅增长，为 36 883 元，比上年名义增长 5.0%。从城乡角度来看，城镇居民人均可支配收入 49 283 元，增长 3.9%，扣除价格因素，实际增长 1.9%；农村居民人均可支配收入 20 133 元，增长 6.3%，扣除价格因素，实际增长 4.2%。①

---

① 国家统计局.2022 年居民收入和消费支出情况 [EB/OL].（2023-01-17）. http://www.stats.gov.cn/sj/zxfb/202302/t20230203_1901715.html.

二、脱贫致富

2020 年底，我国如期完成全面脱贫攻坚目标任务，现行标准下 9 899 万农村贫困人口全部脱贫，832 个贫困县全部摘帽，12.8 万个贫困村全部出列，551 万农村贫困人口全部实现脱贫，区域性整体贫困得到解决，消除绝对贫困的艰巨任务得以完成。[①]2021 年 2 月，全国脱贫攻坚总结表彰大会在北京人民大会堂举行，其中有 10 人当选全国脱贫攻坚楷模，他们带领当地百姓走出贫穷的动人故事构筑成"彪炳史册的人间奇迹"中的重要章节。[②] 其中，围绕提升百姓经济收入水平的典型案例为特定地区的致富之路积累了探索经验。例如，重庆巫山县竹贤乡下庄村党支部书记毛相林，1997 年他带领当地老百姓在绝壁上开凿出了一条 8 千米长的"绝壁天路"，修路成为当地民众走出大山的重要起点。拔穷根，找出路，结合当地的自然条件，毛相林带领村民探索柑橘、桃、西瓜等水果种植产业发展，同时推动乡村旅游开发，帮助村民人均纯收入提升至 13 785 元。"无论是雪域高原、戈壁沙漠，还是悬崖绝壁、大石山区，脱贫攻坚的阳光照耀到了每一个角落，无数人的命运因此而改变，无数人的梦想因此而实现，无数人的幸福因此而成就"[③]，对于深度贫困区来说，脱贫攻坚不仅是从物质生活的水平上改变落后的面貌，还需要为更为长远的地区发展打下坚实的思想基础，让地方上的老百姓真正感受到对抗贫困而获得命运改变的现实生活与心灵深处的触动。

乡村生活正在发生剧烈的变化，从 2017 年至 2021 年农村居民人均可支配收入年度变化可以看出（图 4-2），农村居民人均可支配收入一直呈现不断增长的态势，并且这一收入数值在 2019 年超过了 15 000 元，总体来看，工资性收入仍是主要的收入类型，其中，在经营净收入部分，农业仍然在第一产业净收入中占据着较大比例（表 4-2）。

---

① 白皮书指出，脱贫攻坚战对中国农村的改变是历史性的、全方位的 [EB/OL].（2021-04-06）. https://baijiahao.baidu.com/s?id=1696284356851062518&wfr=spider&for=pc.
② 习近平 . 在全国脱贫攻坚总结表彰大会上的讲话 [EB/OL].（2021-02-25）. https://www.12371.cn/2021/02/25/ARTI1614258333991721.shtml.
③ 庄严承诺 | 减贫治理的中国样本 [EB/OL].（2021-02-28）. https://m.gmw.cn/baijia/2021/02/28/34648814.html.

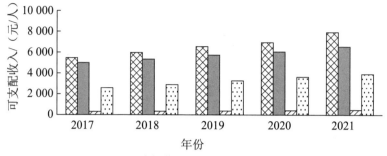

图 4-2　农村居民可支配收入（2017—2021 年）

表 4-2　农村居民可支配收入中各类占比情况（2017—2021 年）　%

指标	2017 年	2018 年	2019 年	2020 年	2021 年
一、工资性收入	40.90	41.00	41.10	40.70	42.00
二、经营净收入	37.40	36.70	36.00	35.50	34.70
三、财产净收入	2.30	2.30	2.40	2.40	2.50
四、转移净收入	19.40	20.00	20.60	21.40	20.80

　　在国家统计局的调查数据中，按照东、中、西部和东北地区进行分组，对我国农村地区居民的人均可支配收入进行了统计，结果显示，四个区域农村居民人均可支配收入都在稳步提升。东部地区农村居民人均可支配收入仍然领先于其他地区，至 2020 年，东部地区农村居民可支配收入达到 2 万元以上（表 4-3）。

表 4-3　农村居民按东、中、西部及东北地区分组的人均可支配收入　元

组别	2017 年	2018 年	2019 年	2020 年	2021 年
东部地区	16 822.1	18 285.7	19 988.6	21 286.0	23 556.1
中部地区	12 805.8	13 954.1	15 290.5	16 213.2	17 857.5
西部地区	10 828.6	11 831.4	13 035.3	14 110.8	15 608.1
东北地区	13 115.8	14 080.4	15 356.7	16 581.5	18 280.4

资料来源：国家统计局.中国统计年鉴2019[M].北京：中国统计出版社，2020：177.

从全国 GDP（国内生产总值）年度变化情况来看（图 4-3），从 2012 年至 2022 年，国内生产总值总体上呈上升态势，第三产业增加值在 2017 年及其后就已突破 40 万亿元，且增长势头较为明显，至 2022 年达到 60 万亿元以上；第二产业增加值 2012 年至 2020 年间基本维持在 20 万亿元至 40 万亿元之间，相较于第三产业增加值，其增长势头相对平缓，但在 2021 年，第二产业增加值达到 40 万亿元以上。相比来看，从 2012 年至 2022 年，第一产业增加值基本处在 10 万亿元以下，第一产业占比 2017 年以后没有超过 8%。这一趋势在全国乡村人口和乡村人口就业情况的统计中也有所反映。

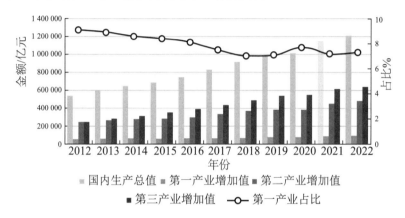

图 4-3　全国 GDP 年度变化情况

资料来源：国家统计局 . 国家数据 [EB/OL].https://data.stats.gov.cn/easyquery.htm?cn=C01；中华人民共和国农业农村部 . 数据 [EB/OL].http://zdscxx.moa.gov.cn:8080/nyb/pc/index.jsp.

随着户籍制度改革和产业结构变化，全国乡村人口数量和从事第一产业的人口数量都有所变化。从国家统计局的统计数据来看，从 1978 年至 2021 年，全国乡村人口占总人口的比例不断下降，在 2011 年下降至 35.3%；此外，第一产业从业者占乡村就业人数的比例，自 1978 年至 1996 年，呈现出逐年小幅下降的趋势；1996 年至 1998 年，该比例基本稳定；1998 年至 2004 年，该比例出现小幅回升，达到 76.2%。2004 年之后，全国第一产业人员所占比重开始逐年小幅下降，在 2015 年该比例为 60.5%。尽管 2015 年至 2021 年，该比例仍有小幅波动，不过乡村就业人口中第一产业人员依然占据半数以上（图 4-4）。

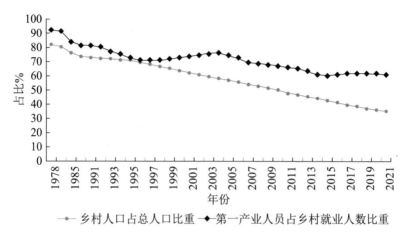

图 4-4　全国乡村人口和乡村就业人员情况

资料来源：《中国统计年鉴》(1979—2022 年)。

黄宗智指出，当下中国农业发展具有两大现代化趋势：一方面是新型小农业革命，大量小农转入"劳动和资本双密集"的高附加值的"新农业"队伍；另一方面，以粮食种植为主的小农也在转入机械化和兼职化的轨道。不过，从整体上而言，我国目前的农业主体仍然为小农户，规模化农业尚需时日。[1] 吴重庆等尽管也认同我国的现实国情和农情决定了小农将长期存在的现实，但同时他们还强调，现代小农户已是专业化的商品生产者，而不同于传统意义上自给自足的兼业小农。[2]

三、消费生活

当下全国乡村社会生活的经济水平都有很大程度的提升，农村基

---

[1]　黄宗智. 资本主义农业还是现代小农经济？——中国克服"三农"问题的发展道路 [J]. 开放时代，2021(3): 6，32-46.

[2]　吴重庆，张慧鹏. 小农与乡村振兴——现代农业产业分工体系中小农户的结构性困境与出路 [J]. 南京农业大学学报 (社会科学版)，2019，19(1): 13-24，163.

础设施建设对农村居民的收入水平产生了积极的影响，一定程度上改善了农村内部不平等的状况①，同时居民的消费生活水平与质量也有不同程度的提高，尤其是以工业互联网、人工智能、大数据等为代表的数字技术的研发和应用，成为我国新时期经济增长的核心动力。在农村地区，"互联网＋"模式正在重塑农业的表征、机制甚至本质，在经由对信息的可得性、流动性和前瞻性的把握的基础上，不断推动农业向服务化方向转变。② 在数字经济下，经由产业关联效应连接起来的农业、服务业、制造业形成农业全产业链，农业互联网也将推动农业全产业链的社会化服务的有效衔接③，这也为农村产业和新业态的发展提供更为广阔的平台。可见，数字技术的飞速进步给予了乡村农民生活品质提升的必要基础，但仍然存在较大的地区性差异。有研究对中国数字经济发展的空间特征进行考察后指出，我国东部地区数字经济发展水平明显高于中部、西部和东北部地区④，而在城镇化加速推进的背景下，全国不同地区农村民众如何借助区域性发展政策的倾斜，让自身更好地融入信息化发展大潮，也成为乡村振兴战略亟须考虑的现实问题。

在"数字中国"的背景下，作为脱贫攻坚工作的重要环节，农村居民对数字化生活的适应和融入状况在学术领域得到了不同程度的关注，有研究者通过对我国中部地区农村居民数字化贫困问题进行的考察发现，数字化物质贫困渐趋弱化，而数字化意识和数字化素养贫困逐渐成为农村居民数字化贫困的主流类型。⑤ 为此，在推动农村信

---

① 张勋，万广华.中国的农村基础设施促进了包容性增长吗？[J].经济研究，2016，51(10): 82-96.

② 张在一，毛学峰."互联网＋"重塑中国农业：表征、机制与本质 [J]. 改革，2020(7): 134-144.

③ 楚明钦.数字经济下农业生产性服务业高质量发展的问题与对策研究 [J]. 理论月刊，2020(8): 64-69.

④ 王军，朱杰，罗茜.中国数字经济发展水平及演变测度 [J]. 数量经济技术经济研究，2021，38(7): 26-42.

⑤ 孙晓宁，甄瑾慧.农村居民数字贫困成因、状态及其关系结构研究——基于山西省晋中市的田野调查 [J]. 中国图书馆学报，2022，48(3): 112-129.

息化基础建设的基础上，让广大的农村群众积极主动地了解和参与当地的数字化建设、创造和利用，从教育资源优化配置的角度改善农村数字化贫困的局面①，才能够为数字中国的全面展开提供必要的内生动力。就消费层面而言，在网络已然延伸至乡村社会生活的情况下，数字化生活也成为农民生活中不可或缺的生活样态。有研究者利用我国 2001 年至 2016 年省级面板数据，构建了带有互联网的城乡二元经济结构模型，并基于联立方程模型就互联网对城乡居民消费差距的影响和作用路径进行了考察，结果显示，2001—2016 年，经由城乡居民生存型消费差距、享受型消费差距、发展型消费差距等多维路径，互联网普及显著缩小了城乡居民的消费差距。② 但正如有研究者所指出的，表现为信息投资、信息设备、信息消费和信息能力差距的"信息鸿沟"，在很大程度上限制了农村群体获得数字福利的机会。③ 与此同时，在互联网普及和数字经济发展大势的推动下，农村地区民众的消费需求及其在产业和生产方面的表达与呈现仍有待进一步发掘。

总体而言，我国乡村居民的消费生活还存在较大的地区性差异，并且助推消费结构优化的具体对策仍然处在内容、体系、方式等方面的探索阶段。

从国家统计数据来看（图 4-5），2017 年至 2021 年，全国农村居民消费人均支出额度呈现逐年上升的趋势。其中，食品烟酒消费部分占消费支出的比例一直在 30% 及以上；居住消费所占消费总支出的比例在 20% 以上；教育文化娱乐方面的消费所占比例基本保持在 10% 左右，2019 年最高为 11.1%，其所占比例低于交通通信方面的费用；2018 年至 2020 年，医疗保健方面的费用占比略超过 10%。

---

① 吴玲，张福磊．精准扶贫背景下农村数字化贫困及其治理 [J]．当代世界社会主义问题，2018，136(2)：28-35．
② 程名望，张家平．新时代背景下互联网发展与城乡居民消费差距 [J]．数量经济技术经济研究，2019，36(7)：22-41．
③ 陈潭，王鹏．信息鸿沟与数字乡村建设的实践症候 [J]．电子政务，2020(12)：2-12．

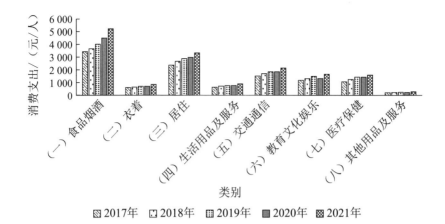

图 4-5 农村居民服务型消费支出各类别情况

资料来源：国家统计局农村社会经济调查司 . 中国农村统计年鉴 2020[M].
北京：中国统计出版社，2021：262.

　　另外，在农村居民主生活用品及服务消费上，农村居民的消费偏好
也在发生变化。家用汽车平均每百户的拥有量从 2017 年的 19.3 辆逐步上
升到 2021 年的 30.2 辆，相比于摩托车拥有量的逐年下降，以清洁能源为
动力的电动助力车受到了越来越多农村居民的欢迎，2021 年平均每百户的
拥有量达到了 80.7 辆。耐用消费品拥有量最高的品类是移动电话，2017
年移动电话拥有量是平均每百户 246.1 部，到 2021 年这一数字增长到
266.6，移动电话在农村居民日常生活中已较为普及，如图 4-6 所示。

四、文化生活

　　在城镇化建设的推动下，乡村公共文化空间的弱化问题受到一定
的关注，农村人口大规模且持续性地向城镇迁移带来基层农村文化
"空心化"和"格式化"，尤其是以老年人和留守儿童为主的农村社
会，乡村文化发展的公共资源也在加速流失。[①] 而回溯不同历史时期我
国农村公共文化建设经验，有研究者将其总结为"农村文化建设现代

---

① 陈波 . 公共文化空间弱化：乡村文化振兴的"软肋"[J]. 人民论坛，2018(21)：
125-127.

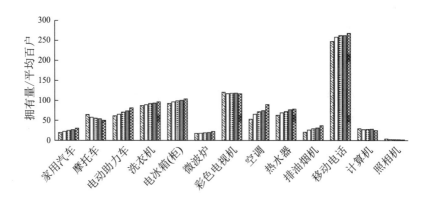

图 4-6　农村居民年末主要耐用消费品拥有量

资料来源：国家统计局农村社会经济调查司. 中国农村统计年鉴 2020[M].
北京：中国统计出版社，2021：264.

化、多元主体的共同参与、化解公共文化建设的主要矛盾、政策引领
改革创新"等主要部分。[1] 2019 年 7 月，中华人民共和国文化和旅游
部会同国家发展改革委联合开展了全国乡村旅游重点村名录遴选工作，
位于陕西省咸阳市礼泉县烟霞镇的袁家村位列其中，在中国社会科学
院发布的 2016 年《中国乡村旅游发展指数报告》中，袁家村也被称为
中国乡村旅游第一村。[2]

案例 4-1　袁家村关中印象体验地

袁家村村主任助理师馨一介绍："袁家村定位是关中民俗，乡村旅
游是突破口，破题是做食品安全，之所以能持续发展，其关键就在于
不断创新"，从而实现了"无中生有"。

① 孙运宏，鲍磊 . 中国农村公共文化建设的政策演进及其逻辑理路 (1949-2022)
[J]. 学海，2023(2): 12-20.
② 乡村旅游创新驱动下的袁家村发展路径 —— 陕西省咸阳市袁家村 [EB/
OL]. （2020-04-23）. https://www.ndrc.gov.cn/xwdt/ztzl/qgxclydxal/mswhytx/202004/
t20200423_1226450.html.

袁家村，一个偏僻的小山村，全村仅 62 户 286 口人。20 世纪 70 年代以前，袁家村是有名的穷村，"地无三尺平，砂石到处见""耕地无牛，点灯没油，干活选不出头"。

2007 年，袁家村开始发展乡村旅游，如今，小山村已成为融汇民俗风情、创意文化、田园乡愁、都市时尚的乡村旅游和休闲度假胜地，探索出了一条乡村振兴的新路径，成为全省乃至全国最受欢迎的乡村旅游目的地。

第一，打造关中民俗。专注乡村美好生活，打造有生活气息、地地道道的内容，从而形成了袁家村特有的春节节庆和一二三产融合的格局。

第二，袁家村通过支部引领、群众参与等形式，集体投资 2 000 多万元，建成了占地 110 亩的康庄老街、唐宝宁寺及 53 户农家乐。村民参与旅游经营，旅游 IP 逐渐形成，具有了品牌价值，农民实现了共同富裕，也推进了乡村振兴。

第三，袁家村在引进产业、培养新业态时反复审核，严格把关，确保新的产业在袁家村获得持久的生命力。同时实施"进城、出省"战略，即在西安、宝鸡、咸阳等城市开设"袁家村城市体验店"，每一家店都是农民合作社的形式，有能力的农民袁家村就带出去，人出不去的把钱带出去；用袁家村总结的经验和思路，在其他省份打造出不同地域文化背景的"袁家村"，目前山西、青海、河南、江苏、海南都有袁家村的"联名款"项目。以此让袁家村模式持续发展下去。

截至 2020 年，袁家村吸纳就业 3 000 多人，带动周边万余农民增收，年接待游客超 600 万人次，年旅游收入近 10 亿，村民人均纯收入超 10 万元，先后被评为国家 AAAA 级旅游景区、"中国十大最有魅力休闲乡村"、"全国乡村旅游示范村"、"全国一村一品示范村"。

资料来源：陕西礼泉袁家村：小小网红村"吃"出休闲农业大品牌 [EB/OL]．(2019-06-01)．https://news.cctv.com/2019/06/01/ARTIl1X 948EG9Vpl6tECUxL5190601.shtml；镜鉴．美丽乡村｜袁家村模式的输出之路，是坦途还是举步维艰？[EB/OL]．(2019-04-25)．https://zhuanlan.zhihu.com/ p/63739175；乡村旅游第一村—袁家村，是怎么炼成的？[EB/OL]．(2021-07-26)． https://new.qq.com/rain/a/20210726A05LGW00.

2023 年 10 月，联合国世界旅游组织全体大会第 25 届会议在乌兹别克斯坦撒马尔罕召开，2023 年，联合国世界旅游组织"最佳旅游乡村"名单在会上公布，我国江西篁岭村、浙江下姜村、甘肃扎尕那村和陕西朱家湾村入选，2022 年，广西大寨村、重庆荆竹村入选，2021 年，浙江余村、安徽西递村入选。至此，中国入选乡村总数达到 8 个，位居世界第一。

在新的历史发展阶段，推动农村公共文化服务的高质量发展转型，农民群众自身作为主体的探索也带来了不同程度的推动力量。近些年来，自媒体平台和短视频等媒介形式兴起，以乡村或乡土为主题的内容生产在互联网上得到了广泛的传播与关注，媒介赋能为乡村文化的网络复兴提供了多元的渠道。在乡土文化寻找新的时代生机的过程中，一些年轻人通过他们特有的方式讲述中国的乡村故事。如被人民日报点赞的网络主播"李子柒"，通过视频的方式将传统文化及其审美意象融于乡村田园生活的衣食住行的还原与再制当中，引发了大批国内外网友的关注，激起了全世界无数观众对中国文化的兴趣。[①] 可见，在新的历史发展阶段，在乡村振兴战略的助推下，我国农村公共文化建设也将获得新的时代发展契机和动力。

与此同时，值得审慎考量的是，在短视频表现的农村生活面貌中，存在部分恶俗化或刻板化乡村生活样态的作品。正如有研究者所指出的，部分短视频制作者在利益的驱使下，制作一些满足城市人审丑需求的低俗化、媚俗化、庸俗化的内容或是借助夸张、低俗的文案营造虚假的农村面貌以博取眼球、获得流量[②]，在农村民众媒介素养尚有待提升的情况下，种种乡村短视频乱象将可能给乡村形象带来负面影响。此外，也有研究在微观层面，从时间分配和身体健康角度考察了短视频使用对农村居民的双向影响，该研究指出，短视频在为农村居民提供就业信息并增加其非农劳动时间的同时，也使得部分农村居民的非

① 年轻一代这样讲述中国故事 [EB/OL].（2021-03-18）. https://baijiahao.baidu.com/s?id=1694516455506609550&wfr=spider&for=pc.

② 刘丽华，冯程. 从"遮蔽"到"在场"：短视频赋能乡村故事传播探究 [J]. 传媒论坛，2022，5(23): 64-67.

正式运动减少，增加了他们患病的概率。^①

进一步来看，在网络深度介入的乡村社会生活中，比如在隔代教养或留守儿童家庭，未成年人常因为缺乏自律和自觉，难以正确地把握电子产品的使用方式，以至于沉迷网络游戏或网络小说等，并在遭遇家长教育后极易产生反抗心理。对此，关于父母干预儿童媒介体验的研究在国内学界也开始得到关注，有研究者通过民族志和问卷调查的方法，考察某乡村的父母的媒介干预，该研究指出，单一的、威权式的媒介干预策略会进一步加剧乡村家庭的亲子矛盾冲突^②，在此意义上，家庭成员关系也会面临着更为隐秘的挑战。

案例 4-2　袁隆平等 6 人获聘"中国农民丰收节推广大使"

2020 年 5 月，中国农民丰收节组织指导委员会正式设立"中国农民丰收节推广大使"，袁隆平、申纪兰、冯巩、海霞、冯骥才、李子柒等 6 人受聘担任首批推广大使。

为进一步发动社会各界广泛参与中国农民丰收节，提升节日影响力、凝聚力、号召力，推进成风化俗，引导带动城乡同庆丰收、共迎小康，中国农民丰收节组织指导委员会决定从相关领域聘请一批杰出代表，参与丰收节民俗、文化、科技、旅游等公益宣传活动，承担在各自领域的公益推广义务。"推广大使"需具有积极向上的公众形象，有较强的社会影响力和号召力，在各自领域取得突出成就。

据悉，"推广大使"采取分批聘任的方式，分为"国家推广大使""民俗推广大使""社会推广大使""乡村推广大使""媒体推广大使""网络推广大使"等不同类别，由中国农民丰收节组织指导委员会颁发聘书。

资料来源：农业农村部新闻办公室．袁隆平等 6 人获聘"中国农民丰收节推广大使"[EB/OL].（2020-05-19）.http://www.moa.gov.cn/xw/zwdt/202005/t20200519_6344621.htm.

---

① 朱秋博，张萌，白军飞．数字之利与数字之弊：短视频对农村居民的影响 [J].西北农林科技大学学报（社会科学版），2023，23(3): 20-33.
② 郑春风．乡村家庭、儿童手机实践与父母媒介干预困境——基于 GH 乡的民族志考察 [J]. 新闻记者，2022(2): 71-82.

但仍然需要肯定的是，在乡村振兴战略下，乡村文化经由网络媒介获得了更大程度的再创作和再创造的空间。农业社会地方性知识与经验在优质的展现农村生活图景的视频中得到浓缩呈现。[1] 现代乡土生活中包含的符号经济在互联网的推动下得到更大程度的开发和利用，"互联网＋农业"模式带动乡土生活元素的商业化重组，探索出了农村生活景象的产业化路径，为更多乡村社会生活的地方性特色开创了新的经济生态样貌。与此同时，以创新品牌的方式将乡村多维度的生活展示在大众面前的"李子柒"已经发展出专业短视频团队，并在大批稳定流量的基础上，该团队推出了相应的品牌食品生产链条，将线上流量与线下产业联系起来，这也为一些地区的特色产业发展带来了新的生机。比如作为广西柳州地方特色美食的螺蛳粉，在柳州市鱼峰区的扶贫产业开发过程中，这一美食经由政府扶持、产业奖补、企业推动、品牌推广等一系列措施，让当地在螺蛳粉各类原料生产方面形成产业的规模化、标准化、产业化和品牌化发展态势，李子柒等网红品牌的螺蛳粉均出自该地的螺蛳粉企业。[2]

总体而言，受到收入水平、受教育程度、人口流动、文化市场成熟度等因素的影响，农村居民文化消费水平仍处在较低的水平，但同样值得期待的是，多主体参与、多内容发展、多方式推进的乡村文化发展体系的建构也将会给乡村文化振兴带来新的生机和活力。

第三节　漂移、留守与回流：流动的乡村

一、"农民工"及其社会融入

农民工群体是我国改革开放政策下的时代产物，也是我国城市化建设的重要支持力量。在有关流动人口的研究中，"农民工"概念得到

---

① 徐俊六. 都市与乡村的异构："李子柒现象"之人类学解读 [J]. 西北民族大学学报 (哲学社会科学版)，2021(1): 59-67.

② 小小螺蛳粉 脱贫大产业 [EB/OL]. (2020-10-29). http://www.moa.gov.cn/xw/qg/202010/t20201029_6355391.htm.

了广泛的运用，但其准确性在具体的研究中会得到进一步的细化和定位。改革开放后，"农民工"这一概念在学术界得到普遍认可，在关于我国社会转型阶段农民工社会经济地位和社会态度的研究中，李培林等指出学界对农民工群体的认识从社会稳定的破坏者转变为经济建设的主力军。[1] 国家统计局的调查以户籍、劳动类型、劳动时间对"农民工"概念进行了界定，即户籍在农村，年内在本地从事非农产业或外出从业半年及以上的劳动者。我国从 2008 年底开始对农民工进行监测调查，其主要内容包括农民工数量、流向、年龄构成、就业类型、收支、居住、社会保障等情况[2]，2021 年 4 月国家统计局发布《2020 年农民工监测调查报告》，报告指出受到疫情影响，2020 年我国农民工总量减少，流动半径进一步缩小（图 4-7）。

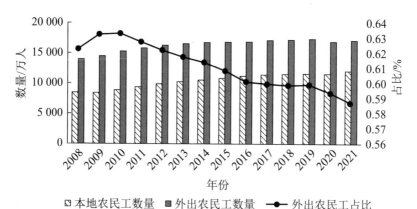

图 4-7　2008—2021 年农民工规模

资料来源：国家统计局住户调查司．中国住户调查年鉴 2022[M]，北京：中国统计出版社，2022.

从 2021 年外出农民工地区分布和构成来看，总体上超过半数的农民工选择省内就业，中部、东部地区省内就业的比例达 43.4%、

① 李培林，李炜．农民工在中国转型中的经济地位和社会态度 [J]．社会学研究，2007(3):1-17，242.

② 2009 年农民工监测调查报告 [EB/OL]．（2010-04-19）．http://iple.cass.cn/ldjjxzt/ldlscdt/201004/t20100419_1949023.shtml.

84.9%，西部地区和东北地区省内就业比例分别为 52.2% 和 71.1%，中部地区跨省流动比例则相对较高，为 56.6%，如表 4-4 所示。

表 4-4　2021 年外出农民工地区分布及构成

按输出地分	规模／万人	跨省流动	省内流动	构成 /%	跨省流动	省内流动
合计	17 172	7 130	10 042	100	41.5	58.5
东部地区	4 636	700	3 936	100	15.1	84.9
中部地区	6 320	3 578	2 742	100	56.6	43.4
西部地区	5 582	2 669	2 913	100	47.8	52.2
东北地区	634	183	451	100	28.9	71.1

资料来源：2020 年农民工监测调查报告 [EB/OL].（2021-04-30）.https://www.stats.gov.cn/sj/zxfb/202302/t20230203_1901074.html.

在农民工从业行业分布构成方面，2020 年，从事第三产业的农民工比例达 51.5%，相较于 2019 年，第一产业农民工的就业比例维持不变，第二产业则下降了 0.5%，如表 4-5 所示。

表 4-5　农民工从业行业分布　　　　　　　　　%

行　　业	2019 年	2020 年	增减
第一产业	0.4	0.4	0.0
第二产业	48.6	48.1	−0.5
其中：制造业	27.4	27.3	−0.1
建筑业	18.7	18.3	−0.4
第三产业	51.0	51.5	0.5
其中：批发和零售业	12.0	12.2	0.2
交通运输仓储邮政业	6.9	6.9	0.0
住宿餐饮业	6.9	6.5	−0.4
居民服务修理和其他服务业	12.3	12.4	0.1
其他	12.9	13.5	0.6

资料来源：2020 年农民工监测调查报告 [EB/OL].（2021-04-30）.https://www.stats.gov.cn/sj/zxfb/202302/t20230203_1901074.html.

在农民工的年龄构成上，2020 年 40 岁及以下农民工占比为 49.4%；50 岁以上农民工比例有所提升，从 2019 年的 24.6% 增长至 26.4%

（表 4-6）。在国家统计局 2017 年对农民工的监测报告中，1980 年及以后出生的新生代农民工比例占据全国农民工总量的 50.5%。[①] 随着青年农民工在我国农民工数量中逐渐占据较大比例，有学者也关注到新时代青年农民工人力资本的现状，研究以北京市第三产业青年农民工为例指出，新时代青年农民工的人力资本状况在资本积累、资本结构、开放动力上都存在相对弱势的缺陷，但同时也有着人力资本投资的内在优势。[②]

表 4-6　农民工年龄构成　　　　　　　%

年龄	2016 年	2017 年	2018 年	2019 年	2020 年
16~20 岁	3.3	2.6	2.4	2.0	1.6
21~30 岁	28.6	27.3	25.2	23.1	21.1
31~40 岁	22.0	22.5	24.5	25.5	26.7
41~50 岁	27.0	26.3	25.5	24.8	24.2
50 岁以上	19.1	21.3	22.4	24.6	26.4

资料来源：2020 年农民工监测调查报告 [EB/OL].（2021-04-30）.https://www.stats.gov.cn/sj/zxfb/202302/t20230203_1901074.html.

在城市化率不断提高的现代化发展大潮中，以农民工群体为代表的社会公正议题得到了较多的关注，其中以农民工的"市民权"问题、农民工的市民化问题、农民工的社会融入问题为焦点。陈映芳试图从"市民权"的角度切入，以解释和"农民工"相关联的制度在中国长期存在的主要原因，该研究指出，城乡二元分割的户籍制度在很大程度上成为各级地方政府进行社会秩序管理的重要工具。[③] 至 21 世纪初期，以上海为例进行的中国城市农民工市民化问题的研究中，王桂新等研究者指出，在户籍制度及其城乡二元体制的限制下，农民工的市民化在中国城市化过程中依然取得了较大的发展，其中经济生活、社会融合和心理认同维度的市民

① 2017 年农民工监测调查报告 [EB/OL].（2018-04-27）. https://www.stats.gov.cn/sj/zxfb/202302/t20230203_1899920.html.
② 赵莉，刘屾续.新时代青年农民工人力资本状况及对策研究——以北京市第三产业青年农民工为例 [J].中国青年社会科学，2020，39(6): 91-100.
③ 陈映芳."农民工"：制度安排与身份认同 [J].社会学研究，2005(3): 119-132, 244.

化程度达到 55% 左右，但是在政治参与方面的比例低于 20%。[①]
相较于社会结构性因素的分析，国家统计局对进城农民工社会融合情况的调查则更加深入农民工生活的具体感受，这部分调查项目的主要内容包括：进城农民工对所在城市的归属感和适应度，进城农民工业余生活的满意度，进城农民工在其所在社区、工会组织的参与程度。《2020 年农民工监测调查报告》指出，相较于 2019 年，进城农民工对所在城市的归属感和适应度不断提升，超过八成的进城农民工对本地生活感到非常适应和比较适应，另外报告还指出，城市规模大小与农民工对所在城市的归属感之间呈负相关，不过在工会等政治参与活动中，农民工的参与程度仍然没有突破 30%。[②]

二、"三留守"人群：从被留下到开辟生活

（一）留守儿童

随着城镇化进程的不断加快，乡村学龄人口向城镇迁移的总体趋势难以改变，其引发的流动儿童和留守儿童问题得到了较大的关注。在对留守儿童进行调查的过程中，研究发现，随迁率与留守率构成了此消彼长的关系。[③]2010 年，党中央、国务院颁布了《国家中长期教育改革和发展规划纲要（2010—2020 年）》，召开了 21 世纪第一次全国教育工作会议，中国教育改革和发展进入新的阶段。也正是在这一年，《2010 年全国教育事业发展统计公报》开始公布全国义务教育阶段在校生中农村留守儿童的人数，同时也对义务教育阶段在校生中进城务工人员随迁子女人数进行了说明。2010—2015 年义务教育阶段在校生中留守儿童人数如图 4-8 所示。

从 2016 年开始，教育部公布的《中国教育概况——2016 年全国教育事业发展情况》不再公布留守儿童数量，但仍然对外公布进城务

① 王桂新，沈建法，刘建波. 中国城市农民工市民化研究——以上海为例 [J]. 人口与发展，2008(1)：3-23.
② 2020 年农民工监测调查报告 [EB/OL].（2021-04-30）. https://www.stats.gov.cn/sj/zxfb/202302/t20230203_1901074.html.
③ 陈鹏. 城镇化发展中的教育问题不可忽视 [EB/OL].（2016-12-27）[2024-03-12]. http://www.xinhuanet.com/politics/2016-12/27/c_129421096.htm.

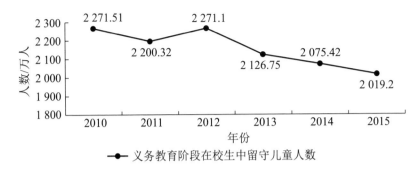

图 4-8　2010—2015 年义务教育阶段在校生中留守儿童人数

工随迁子女数量。图 4-9 对 2010 年至 2022 年全国义务教育阶段在校生中进城务工人员随迁子女数量进行了汇总，2013 年至 2019 年，进城务工人员随迁子女数量总体呈现上升趋势，2020 年至 2022 年，随迁子女数量总体呈现下降趋势。

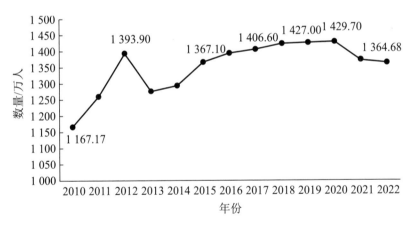

图 4-9　全国义务教育阶段在校生中进城务工人员随迁子女数量

利用国家统计数据和东北师范大学中国农村教育发展研究院在 19 个省份的调查数据的基础上形成的《中国农村教育发展报告 2019》指出，2017 年全国农村留守儿童 [①] 数量 1 550.56 万人，相较于 2016 年减

_____

① 据 2015 年教育部《中国教育监测与评价统计指标体系》，农村留守儿童是指外出务工连续半年以上的农民托留在户籍所在地家乡，由父、母单方或其他亲属监护接受义务教育的适龄儿童少年。

少了 175.73 万人。[①] 需要注意的是，教育部在历年的《全国教育事业发展统计公报》中对农村留守儿童的定义与此上述报告有所不同，即外出务工连续 3 个月以上的农民托留在户籍所在地家乡，由父、母单方或其他亲属监护接受义务教育的适龄儿童少年。

农村留守儿童的生存状况受到多领域研究者的关注，主要研究聚焦在农村留守儿童及其家庭的状况及其背后的社会结构性因素的分析。谭深对中国农村留守儿童的研究述评中指出，农民工"拆分式再生产模式"、农村社会解体、二元分割的教育体制等多种不利的制度结构共同交织出留守儿童边缘化的问题，农村留守儿童和随迁的流动儿童的生存状况关系到此后几十年中国的社会、政治、经济和文化状况。[②]这种紧迫性从人口学、教育学、心理学、社会学等多学科角度对留守儿童问题的关注可见一斑。在更为微观的层次上，一些研究侧重于农村留守儿童心理成长的阶段性问题，主要关注这些心理因素与同辈关系、亲子关系、社会适应等要素之间的关系，而在加入时间线索后，农村留守儿童的生命历程也为考察留守经历和外来工社会融合情况提供了新的认识。[③] 不过，在当前新型城镇化进程下，一些流动家庭的子女教育出现了"城城间流动"的新选择，即"离城不回乡"和"回流不返乡"[④]，"留守"与"流动"不再构成简单的二元关系，在这两者之间出现了多种乡村儿童的生活样态，这也从一个维度反映出我国社会发展的阶段性特征。与此同时，因为城乡户籍制度藩篱依然存在，不少随同父母进入流入地的流动儿童重新回到农村成为"回流儿童"，留守儿童成长过程中的流动决策成为我国城镇化进程又一缩影。

除却心理健康，在儿童的身体健康方面，城乡儿童健康状况仍然

① 邬志辉，秦玉友．中国农村教育发展报告 2019[M]．北京：北京师范大学出版社，2020．

② 谭深．中国农村留守儿童研究述评 [J]．中国社会科学，2011(1)：138-150．

③ 刘志军，徐蕾蕾．留守经历与外来工社会融合——生命历程视角的检视及其启示 [J/OL]．西北人口，2021（6）：85-98[2021-11-09]．http://kns.cnki.net/kcms/detail/62.1019.c.20211018.0857.016.html．

④ 韩嘉玲，余家庆．离城不回乡与回流不返乡——新型城镇化背景下新生代农民工家庭的子女教育抉择 [J]．北京社会科学,2020(6): 4-13．

存在较大差距，农村儿童的健康问题亟须医疗、卫生和保健等部门的关注。国家统计局根据各部门统计数据，对儿童的健康、教育、福利、环境和法律保护等方面进行了综合分析，其中关注了 2010 年和 2019 年的婴儿死亡率和 5 岁以下儿童的死亡率的数值，相比于 2010 年，城乡在 2019 年儿童死亡率上的两个监测数值均有下降，如图 4-10 所示。但监测报告指出，从城乡比值的角度看，婴儿死亡率和 5 岁以下儿童死亡率分别为 1:1.94 和 1:2.29，这表明农村婴儿死亡率和 5 岁以下儿童死亡率明显高于城市。[①]

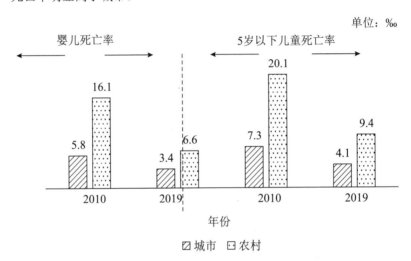

图 4-10　2010 年和 2019 年城乡婴儿死亡率和 5 岁以下儿童死亡率

　　这意味着，乡村地区儿童健康形势依然严峻，对于留守儿童来说，其父母外出务工会在很大程度上影响他们的健康状况，有研究利用中国家庭追踪调查（CFPS）微观数据分析指出，父母外出务工对留守子女健康状况产生负面影响，其中女孩和学龄前儿童受到的负向影响更为明显，但同时父母外出务工对家庭经济状况的改善能够在不同程度上提升留守儿童的健康水平[②]，事实上，农村留守儿童身体健康状况有

①　2019 年《中国儿童发展纲要（2011—2020 年）》统计监测报告 [EB/OL].（2020-12-18）. https://www.stats.gov.cn/sj/zxfb/202302/t20230203_1900946.html.

②　赵晨晓，董志勇 . 父母外出务工与农村留守儿童健康——基于 CFPS 微观证据的考察 [J]. 湖北社会科学，2021(2): 59-65.

其相对复杂性。有研究指出，很多接受隔代教育的留守儿童更容易因为祖辈的溺爱而产生非健康食物的消费行为。[①] 留守儿童身心健康发展与他们所处的学校、家庭和社区生活密切相关，其中相关联的主体及其相互关系也成为国家相对贫困地区脱贫攻坚任务中着重关切的环节。2023 年 12 月，民政部联合 14 个部门印发《农村留守儿童和困境儿童关爱服务质量提升三年行动方案》，方案从精神素养提升、监护提质、精准帮扶、安全防护、固本强基五个方面提出重点任务，其中，农村留守儿童在外务工的父母或其他监护人成为委托照护制度完善首要关注的对象。[②] 作为社会建设兜底性、基础性工作，民政部门聚焦特殊人群，农村留守儿童的养育、教育、发展、权益保护等问题，是建立健全农村留守儿童和妇女、老年人关爱服务体系的重要组成部分，也是关系乡村振兴战略实施的重要内容。

随着互联网的迅速普及，媒介在很多农村孩子的生活中发挥着愈发重要的作用，部分研究关注到智能手机建构的媒介环境对留守儿童生活的影响，其指出留守儿童面临着家庭、教育、互动等方面的原生困境，而这也成为促发他们走入数字世界以寻求情感补偿的内生动力。[③] 作为社会现象和问题的留守儿童话题也在很大程度上折射出劳动力流动的可能考量，如留守儿童所面临的境遇也会随着农民工回流趋势发生一定程度的变化。彭新万等对 2008 年金融危机后中部地区大量农民工回流返乡的情况作出分析指出，包括子女在内的家庭问题是农民工回流的重要因素，其中留守儿童的身心健康状况促使部分家长选择回乡。[④] 而乡村振兴背景下，流出地乡镇地区的经济和教育发展也在

① 刘贝贝，青平，肖述莹，等.食物消费视角下祖辈隔代溺爱对农村留守儿童身体健康的影响——以湖北省为例 [J].中国农村经济，2019(1): 32-46.

② 张雨点.民政部联合 14 部门印发《农村留守儿童和困境儿童关爱服务质量提升三年行动方案》[EB/OL].（2023-12-28）[2024-03-16]. https://www.mca.gov.cn/n152/n166/c1662004999979996907/content.html.

③ 王清华，郑欣.数字代偿：智能手机与留守儿童的情感社会化研究 [J/OL].新闻界：1-12[2021-11-09]. https://doi.org/10.15897/j.cnki.cn51-1046/g2.20211015.003.

④ 彭新万，张凯.中部地区农民工回流趋势与政策选择 [J].江西社会科学，2017，37(6): 230-235.

逐渐生发出引起"回流"的牵引力。可见，关于留守儿童的学术讨论从不同的学科、理论视角呈现出对我国劳动力流动背景下留守儿童问题的阶段性认识，而留守儿童问题的演进在很大程度上折射着国家产业结构、城乡发展、教育公平等各个维度的现实变化。

近年来，国家层面也着力对儿童发展尤其是以留守儿童为典例的困境儿童作出政策要求。2011年12月，《中国儿童发展纲要（2011—2020年）》统计监测报告发布，在儿童福利方面，针对儿童福利和救助的机构数量呈现出稳中有升的态势，2019年4月发布的《关于进一步健全农村留守儿童和困境儿童关爱服务体系的意见》将留守儿童作为儿童群体中的重要群体类别之一进行讨论，对不同部门的职责和任务都做了具体要求，其中教育部门对适龄儿童的控辍保学、教育资助、送教上门、心理教育等方面的工作负有责任，与留守儿童问题密切相关的是农民工流动问题，对此，人力资源社会保障部门需积极落实农民工返乡创业就业等系列政策措施。[①]

（二）留守妇女

对很多农村家庭来说，核心家庭成员的外出务工带来了留守与流动及其影响的多重问题的交织。在农村的社会生活中，留守妇女所处的日常生活状况受到了不少关注。受到传统社会结构、性别分工、受教育水平等因素的影响，留守妇女在婚姻关系、子女教育、家庭地位、赡养照护等方面往往更易面临不同程度的困境。在21世纪初期，农业女性化问题得到了较早的关注，农业和农村发展中的女性贡献及其在地方性的农业生产活动中的表现，让不同学者对女性在家庭劳动分工中的角色和地位有着不同的看法[②]，其中，农村女性突破各方约束寻找非农就业的转化现象得到一定程度的关注。比如一些留守妇女在照顾孩子学习和生活的空余时间，会去工厂从事简单的手工业劳动以获得

---

① 关于进一步健全农村留守儿童和困境儿童关爱服务体系的意见 [EB/OL].（2019-04-30）. https://www.gov.cn/zhengce/zhengceku/2019-10/16/content_5440604.htm.

② 李旻，赵连阁. 农业劳动力"女性化"现象及其对农业生产的影响——基于辽宁省的实证分析 [J]. 中国农村经济，2009(5): 61-69；吴惠芳，饶静. 农业女性化对农业发展的影响 [J]. 农业技术经济，2009(2): 55-61；高小贤. 当代中国农村劳动力转移及农业女性化趋势 [J]. 社会学研究，1994(2): 83-90.

一定的经济收入，这种兼职活动也能够在一定程度上借家庭贡献的可见性改变其在家庭中的地位。总体而言，有关留守妇女的讨论多延续着"问题—对策"取向。

同时需要看到的是，在当前农村社会，不同年龄阶段的女性群体所面临的社会生活也存在差别，阎云翔在《私人生活的变革：一个中国村庄里的爱情、家庭与亲密关系（1949—1999）》中所描绘的图景[1]，在杨华基于豫东马庄的调查对农村女性的私密生活进行的讨论得到了印证，农村年轻女性愈发明显地表达出个体化建构，具体表现为两性隐私、个体家庭生活方式私密化，以及对村庄生活的相对疏离。[2] 其中，这些年轻的农村女性已经不同于她们的女性长辈，在社交生活上，她们可以通过互联网等便捷的媒介形式与外界进行联系，而这些形式对留守妇女的家庭和个体生活也产生了一定的影响。结合生命历程理论和社交赋权实践，经由深度访谈和田野观察对留守妇女的社交媒体赋权实践与她们的个体和家庭因素之间的关系进行了讨论，石义彬等指出，留守妇女在不同的阶段，会处于不同的留守方式当中，她们的工作和家庭角色分工等情境性因素会对其社交媒体赋权实践进行塑造，同时留守妇女的主观能动性也在她们面对结构性困境时发挥着积极的作用。[3] 在当下的农村社会生活中，越来越多的留守妇女成为能够发挥主体性和能动性的乡村社会的建设者，她们的智慧与行动在家庭生活、村庄事务、产业发展等方面都得到积极的展现与回应。

在性别平等和妇女发展方面，国务院新闻办公室于 2015 年 9 月发布《中国性别平等与妇女发展》白皮书，这一年也是联合国第四次世界妇女大会在京召开 20 周年。白皮书从妇女与经济、教育、健康、决策管理、环境，以及性别平等与妇女发展的机制和法治保障，妇女

---

① 阎云翔.私人生活的变革：一个中国村庄里的爱情、家庭与亲密关系（1949—1999）[M].龚小夏，译.上海：上海书店出版社，2009.
② 杨华.私密生活的兴起与农村年轻女性的个体化构建——以豫东马庄调查为例[J].中国青年研究，2018(7)：82-89，39.
③ 石义彬，邱立.弱者的力量：生命历程视域下留守妇女的社交媒体赋权[J].新闻与传播评论，2021，74(5)：13-27.

发展的国际交流合作方面进行介绍。[①] 自 2008 年以来，国家每年出版《中国妇女儿童状况统计资料》，呈现了经济、人口、健康、教育、就业、社会保障、社会服务、社会参与、技术、体育、法律保护和环境等方面的数据，这也成为对我国妇女和儿童群体发展状况进行年度总结的重要统计工作，其为更为远景的妇女儿童工作提供了必要的经验与指导。2020 年，国家统计局社会科技和文化产业统计司发布《中国社会中的女人和男人——事实和数据（2019）》，中国社会中的女性生活情景在该报告中得以呈现，如在社会保障方面，2018 年全国参加城镇职工基本养老保险、城镇职工基本医疗保险等各类保险的女性人数都有大幅增加，但女性参与在比例上低于男性，且女性参与工伤保险的比例最低为 39%，此外，在社会参与方面，社会组织中女性成员占比较低，社会组织成员中女性比例为 21.9%，基金会成员中女性占比为 17.1%，民办非企业中女性占比为 43.2%；在法律援助方面，获得法律援助的女性比例低于男性。[②] 在农村的社会生活中，留守妇女所面临的需要法律援助的案件并不少见，以"十二五"期间的河南省法律援助机构的数据为例，该机构就农村留守妇女、留守老人、留守儿童这三类人群展开的法律援助案件共计 3.9 万件，三者分别占比为 62%、25%、13%[③]，这也在很大程度上说明留守妇女以法律武器维护自身权益的意识在不断提升。党的十八大以来，以习近平同志为核心的党中央高度重视妇女事业和妇女工作[④]，尤其是保障妇女合法权益的法律体系不断得到健全和完善。从 2015 年反家庭暴力法出台，刑法修正

① 中国性别平等与妇女发展 [EB/OL].（2015-09-22）. http://www.gov.cn/zhengce/2015-09/22/content_2936783.htm.

② 隋福毅.《中国社会中的女人和男人——事实和数据（2019）》发布 我国社会组织中女性占比较低 [EB/OL].（2020-08-25）. http://www.gongyishibao.com/html/yanjiubaogao/2020/08/15411.html.

③ 法援将特别的爱给特别的他们 [EB/OL].（2016-10-13）[2024-03-16]. https://www.moj.gov.cn/pub/sfbgw/jgsz/jgszzsdw/zsdwflyzzx/flyzzxzt/ztdsjzofyzyth/dsjzoflyzythzxsd/201909/t20190902_449409.html.

④ 非凡十年丨我国妇女事业高质量发展迈出新步伐 [EB/OL].（2022-08-29）[2024-03-16]. http://politics.people.com.cn/n1/2022/0829/c1001-32513986.html.

案（九）加大对收买妇女、儿童犯罪的惩治力度，2020 年民法典出台，全方位保障妇女的人格权、财产权益和婚姻家庭权益等。2022 年 10 月，妇女权益保障法修订并表决通过，妇女权益得到进一步完善和加强。而在农村留守妇女方面，2021 年，乡村振兴促进法、军人地位和权益保障法、法律援助法等法律出台，其中，农村留守儿童和妇女等特殊群体的利益得到明确的法律保障。①2021 年 9 月，国务院印发《中国妇女发展纲要（2021—2030 年）》，该纲要明确提出至 2030 年，我国男女平等的基本国策得到更为深入的贯彻落实，其中妇女在健康服务、教育、经济权益、政治权利、社会保障等社会生活的多维度上都享有平等的权利与机会，纲要尤其强调要提升妇女的"获得感、幸福感、安全感"。②

在各地乡村振兴的具体举措中，留守妇女群体的力量得到了有分量的关注与动员。2018 年，全国妇联下发的《全国妇联关于开展"乡村振兴巾帼行动"的实施意见》指出，妇女是推动农业农村现代化的重要力量，是乡村振兴的享有者、受益者，更是推动者、建设者。③各地政府结合政策利好动员留守妇女、返乡妇女加入创业队伍，如位于云南省彝良县洛泽河镇龙潭社区的大苗寨，被列入昭通市第一批脱贫致富示范区先导工程。在对苗寨进行全方位改造过程中，本土人才被挑选出来充分参与工程运营管理，这让乡村女性获得了成为村庄管理者的机会，建民宿、开餐厅、加入合作社，学技术、学管理、学经营，云中苗寨也逐渐探索出了"党支部＋村集体经济＋农民＋乡村 CEO"的模式。④在乡村振兴的背景下，乡村社会中的女性力量主动参与农村

---

① 王春霞. 新时代妇女事业成就综述之妇女与法律——用法治力量护佑妇女对美好生活的向往 [EB/OL].（2023-10-24）[2024-03-16]. https://www.women.org.cn/art/2023/10/24/art_22_174197.html.

② 国务院印发《中国妇女发展纲要（2021—2030 年）》和《中国儿童发展纲要（2021—2030年）》[EB/OL].（2021-09-27）. http://www.gov.cn/xinwen/2021/09/27/content_5639545.htm.

③ 全国妇联部署开展"乡村振兴巾帼行动"[EB/OL].（2018-02-15）. https://www.gov.cn/xinwen/2018-02/15/content_5267036.htm.

④ 乌蒙山上，一位乡村妇女和云中苗寨的逆袭 [EB/OL].（2023-06-27）. https://www.thepaper.cn/newsDetail_forward_23637406?commTag=true.

社会关系的重构，乡村振兴战略实施进程中，女性参与乡村建设的积极性不只局限于社会层面的政策支持和大势推动，事实上，女性自身的主动意识和积极愿景在其中也发挥着不可忽视的作用。中国新就业形态研究中心、四川蒙顶山合作社发展培训学院联合发布的《女性参与乡村振兴策略和路径研究》研究报告指出，一方面，各级政府和乡村现代化建设的持续投入，不断加强的城乡融合趋势，以及互联网发展和数字技术的深入应用，都为女性群体参与乡村振兴发展提供了多样化的渠道。另一方面，多数女性将推动家乡发展、切实服务地方生活作为投入乡村创业的初心。半数以上的女性将自我价值的实现作为她们干事创业的重要原因。[1]

（三）留守老人

农村劳动力迁移对留守老人产生了多方面的影响。在乡村的社会生活中，"养儿防老"的观念仍然占据着非常重要的位置，但是在青壮年劳动力外流的情况下，留守老人的日常生活缺乏必要的照料，农业生活活动也难以获得必要的帮助，在地方性的养老体系或留守老人帮扶体系尚不完善的情况下，留守老人往往更易面临经济或精神生活上的难处。

此外，随着城市化进程的不断加快，在农村留守老人的照料结构上也存在更为细致的差异，尤其是很多农村妇女走出家庭转向非农产业，女性留守老人需要承担家庭照料责任，或男性留守老人须进行自我照料。[2]近年来，部分学者通过实证研究对农村留守老人的生存状况进行了讨论，其中尤以留守老人养老保障方面的决策和选择为焦点。如李亚雄等以陕西省凤翔县 Z 村为个案、以"脱嵌"与"嵌入"概念对农村留守老人的养老模式进行了分析，具体而言，越来越多的农村家庭养老供给主体从留守老人的生活场域脱嵌出来，但另一方面，宗族和邻里网络以及政府嵌入构成居家型养老模式。[3]对于人口老龄化间

① 张成刚，陈文娟. 政府·妇联·女性：共同激发乡村振兴中的她力量 [N/OL]. 中国妇女报，2024-04-02[2024-04-02]. https://epaper.cnwomen.com.cn/html/2024-04/02/nw.D110000zgfnb_20240402_2-5.htm.

② 贺聪志，叶敬忠. 农村劳动力外出务工对留守老人生活照料的影响研究 [J]. 农业经济问题，2010，31(3): 46-53，111.

③ 李亚雄，安连朋. 脱嵌与嵌入：农村留守老人养老从家庭养老到互助养老的嬗变——以陕西省凤翔县 Z 村为个案 [J]. 理论月刊，2021(9): 104-112.

题越发严重的中国社会来说，养老模式的地方创见将为基层养老保障体系建设提供启发。

国家在农村养老保障的制度和体系建设上也经历了长期的探索过程。2021年10月13日，在重阳节即将到来之时，习近平总书记对老龄工作作出重要指示，应贯彻落实积极应对人口老龄化国家战略，在经济社会发展全过程中融入积极老龄观、健康老龄化理念，在制度创新、政策供给、财政投入上加大力度，健全完善老龄工作体系，强化基层力量配备，加快健全社会保障体系、养老服务体系、健康支撑体系。[①] 而在2020年10月18日，《老年健康蓝皮书：中国健康老龄化研究与施策（2020）》发布，该报告提出"健康老龄化"理念，强调老年健康寿命和生命质量，且在实证研究板块对全国不同地区的健康老龄化典型案例做了专项呈现和经验总结。[②] 面对日益严峻的社会老龄化问题，我国各有关部门和研究机构也在以各种方式加入对老年人群体整体状况的调查和研究中来。从2000年开始，经全国老龄工作委员会领导、全国老龄工作委员会办公室主办、国家统计局批准的"中国城乡老年人生活状况抽样调查"每5年开展一次[③]，该调查致力于了解我国城乡老年人的基本生活状况，主要关注健康医疗、照料护理、经济状况、宜居环境、社会参与、精神生活等多个维度[④]，这也被视为我国一项重要的国情调查。

2019年8月，国家统计局在新中国成立70周年经济社会发展成就系列报告之十三中指出，在新中国成立初期，农村养老问题仍是国

---

① 习近平.贯彻落实积极应对人口老龄化国家战略 让老年人共享改革发展成果安享幸福晚年 [EB/OL].（2021-10-13）. https://baijiahao.baidu.com/s?id=1713508005538919880&wfr=spider&for=pc.

② 《老年健康蓝皮书：中国健康老龄化研究与施策（2020）》发布会在京举行 [EB/OL].（2020-10-28）. https://jiankang.cctv.com/2020/10/28/ARTIL2HVL6hoecpM2MOs8PRD201028.shtml.

③ 第五次中国城乡老年人生活状况抽样调查 [EB/OL].（2021-07-30）. https://www.cncaprc.gov.cn/wddcjj/192455.jhtml.

④ 《老龄蓝皮书：中国城乡老年人生活状况调查报告（2018）》在京发布 [EB/OL].（2018-05-15）. https://baijiahao.baidu.com/s?id=1600518191208432831&wfr=spider&for=pc.

家政策的空白地带。20 世纪 50—60 年代，"五保户"等保障机制初步建立。2009 年，国务院发布关于开展新型农村社会养老保险试点的指导意见，指出基金筹集的构成包括个人缴费、集体补助、政府补贴。党的十八大以来，农村养老服务能力和保障水平得到进一步提高。最初，全国城乡居民基本养老保险基础养老金最低标准为人均 55 元，到2015 年这一标准提高到 70 元[①]，至 2019 年这一标准提高至每人每月 88元。针对全国整体的老龄化问题，以及农村地区青壮年劳动力大量外流带来的更为严峻的"养老难"问题，以居家养老为基础、社区服务为依托、机构养老为补充的养老服务体系逐步建立起来，其致力于满足老年人基本生活需求，提升老年人生活质量。[②] 我国城乡居民人均预期寿命从新中国成立初期的 35 岁提高到 2018 年的 77 岁，这一数据也在一定程度上反映了我国养老保障体系建设的显著成果。

为加强农村留守老人关爱服务及其体系建设，部分地区性的政策方案为农村留守老人社会保障体系建构提供了经验借鉴。2018 年，江苏淮安市出台《加强农村留守老人关爱服务工作实施方案》，该方案对符合要求的农村籍老年人的整体状况进行监测，其监测项目主要包括老人数量、经济来源、健康状况、生活照料等基本情况，工作人员会定期对留守老人的风险等级展开评估和更新，以实现农村留守老人的精准识别、定位和帮扶。[③]

三、家乡建设者：返乡创业

（一）回乡生活：从外出务工到返乡创业

从外出务工到返乡创业，越来越多的农民工选择回到自己的家乡就业和创业。中山大学社会科学调查中心长期从事劳动力调查工作，

---

① 国家统计局新闻发言人就 2015 年前三季度国民经济运行情况答记者问（图）[EB/OL].（2015-10-19）. https://www.stats.gov.cn/sj/sjjd/202302/t20230202_1896957.html.
② 农村经济持续发展 乡村振兴迈出大步——新中国成立 70 周年经济社会发展成就系列报告之十三 [EB/OL].（2019-08-07）. https://www.gov.cn/xinwen/2019-08/07/content_5419492.htm.
③ 江苏淮安：将农村留守老人整体状况纳入监测 精准建档到人 [EB/OL].（2018-08-10）. http://www.gov.cn/xinwen/2018/08/10/content_5312912.htm.

张静宜等利用"2014、2016年中国劳动力动态调查"（CLDS）两期的个体调查问卷，对劳动力从外出务工到返乡创业再到创业过程的动态经历进行考察，研究指出，较小比例的返乡创业者能够识别出创业机会，而这种识别机会的能力又是提升创业发展质量的关键。[①] 其中，大学生返乡就业被作为乡村振兴人才要素吸纳的重点范例推至舆论前台[②]，这也意味着，在国家政策支持下，一批具有带头示范和引领作用的返乡创业者，可能为返乡创业者真正"落地"提供必要的帮助和扶持。而这种带动和示范效应，在研究者对西部农民工返乡创业的就业效应的考察中也得到印证。[③]

此外，农民工的回乡原因也受到多方面因素的影响。随着返乡农民工规模的不断扩大，有研究对返乡农民工群体进行了整体的刻画，其中在农民工返乡原因上，研究者从被动和主动层面进行分析，前者主要包括：伴随着城市产业升级，传统低端制造业淘汰，农民工就业压力增大，并且受到国际政治环境和全球疫情等不确定因素的影响，企业本身也在压缩用工规模。此外，第一代农民工因身体和技能状况缺乏优势而主动返乡。在拉力方面，国家在乡村发展上的政策支持农民工返乡就业创业，在家庭追求的偏好上也在发生变化，对情感支持的需求让一些农民工选择返回家乡，而更为重要的是，外出务工与在家务工的经济收入之间的差距逐渐缩小，并且已有的乡村创业成功典型也给这些返乡农民工以激励。[④] 返乡农民工创业发展乡村经济，为乡村建设带来新的经济动能，这也为乡村文化建设与村人精神世界的营建提供了必要的物质基础。

总体看来，乡村振兴和精准扶贫等激励政策对乡村社会发展有着

① 张静宜，李睿，陈传波. 先前经验、政策支持与返乡创业机会识别 [J/OL]. 调研世界，2021（9）: 32-38[2021-11-04]. https://doi.org/10.13778/j.cnki.11-3705/c.2021.09.005.
② 侯翠梅，苏杭. 大学生返乡创业的现状与路径研究 [J]. 人民论坛，2023，763(12): 95-97.
③ 王轶. 西部农民工返乡创业的就业效应 [J]. 中南民族大学学报 (人文社会科学版)，2023，43(6): 111-120，185.
④ 曹宗平. 乡村振兴背景下农民工返乡问题的多维审视 [J]. 中州学刊，2021(8): 41-47.

极大的推动作用，而无论是出于什么原因，返乡的外出务工者都将会成为乡村社会重拾发展动力的重要资源。但就目前的情况来看，返乡劳动者在创业能力、创业机会把握等方面仍然存在相对弱势，亟须更为专业、具体、切实的乡村创业帮扶投入其间。早在"十一五"期间，农业部便提出将多渠道、多层次和多形式加强农民教育和培训，使大量的农村劳动力成为具有科技文化素质和职业技能水平的新型农民，在我国发展相对薄弱的西部地区建设中，围绕脱贫攻坚和乡村振兴有效衔接这一系统工程，尤其强调建立农村发展的长效机制，包括从产业脱贫到产业振兴、以农民就业培训为主转向着力提升新型农民能力素质，以及农业绿色发展和农村人居环境整治。①

（二）重建乡村：返乡创业的典例

安徽临泉县高塘镇龙信诚农作物种植专业合作社负责人贾全龙，在北京新发地农产品批发市场打拼 18 年，2016 年返乡创业，2017 年利用家乡地理和气候上的优势开始小范围种植由广东省普宁市农业科学研究所选育的"西瓜红"红薯品种，产品上市后得到广泛好评。但在品种推广初期，由于当地百姓在种植习惯上已有惯性，贾全龙获得的回应稀少，2018 年他将种植面积扩大为 200 亩，每亩 6 000 元左右的良好收益激发了家乡老百姓的种植热情，并且从 2019 年开始，贾全龙积极培育"西瓜红"脱毒苗，给予种植农户充分的技术指引。② 其以实际的产业与经济效益带动当地农民投入乡村农业生产体系多元化、规模化和技术化的创新和开发，同时在乡村建设中，不同领域的专业人士可以作为"新乡贤"进入地方性的社会组织和活动中，全国人大代表、浙江省长兴县煤山镇新川村的党总支书记张天任对此还专门提出了"关于鼓励支持新乡贤在乡村治理过程中充分发挥作用的建议"③，让有能力、有志向为乡村建设做贡献的群体真正参与乡村治理

① 张云梅.牵住产业发展这个牛鼻子 [EB/OL].（2021-11-02）. http://www.moa.gov.cn/xw/qg/202111/t20211101_6381013.htm.
② 小红薯 大产业 [EB/OL].（2021-11-02）. http://www.moa.gov.cn/xw/qg/202111/t20211102_6381061.htm.
③ 朱海洋.更好发挥新乡贤在乡村治理中的作用 [EB/OL].（2020-05-25）. http://www.moa.gov.cn/ztzl/2020lhjj/lhdt_24799/202005/t20200525_6345067.htm.

和建设。

在我国东部地区，部分农村已经在农业科技化和产业化方面发力，以优化农业的整体结构。嘉兴南湖区湘家荡农业数字化工厂，水果彩椒种植在灌溉、防虫、光照等方面都采用相对绿色的生产方式，全市的农业标准化生产比例也达到了 60% 以上。另外，为满足乡村农业发展对一线员工和管理者的需求，嘉兴市在多个地方积极推进农业创业和人才计划，崇福镇通过降低租金等各种优惠政策吸引创业大学生及团队进驻农创园，平湖市以"乡村振兴规划师"项目培养基层人才，至 2020 年，嘉兴农业农村领域新增农业创业者和新农民达 207 人。[1]

此外，城市地区的农村开发利用创新创业活动为农村创业者提供了交流的平台。2021 年 9 月，在由上海市农业农村委员会、上海市妇女联合会主办，上海农业展览馆、上海市农业广博电视学校承办，以及其他农业相关行业协办的第五届上海市农村创业创新大赛暨第五届全国农村创业创新项目创意大赛中，涌现出很多现代农业创业者的代表。如青浦区"蘑幻森林"林下生态食用菌农旅项目，该项目将农业、林业、文化和旅游有机结合，实现了林下经济的立体开发和利用，周边的失地农民也借助这一项目实现了再就业和收入提升。[2]

第四节　城乡同框：城乡统筹

一、城乡一体化建设

城乡一体化建设关涉户籍制度、土地政策、行政管理体制等多方因素及其运作，但同时也需要城乡民众在观念、行为习惯、居住偏好、生活方式等方面作出彼此的调整与融合。从实际情况来看，厉以宁以

---

[1]　走发展新路 加快农业农村现代化（中国农民丰收节特别报道）（人民日报 9 月 24 日 第 10 版 ）[EB/OL].（2021-09-24). http://www.moa.gov.cn/ztzl/ymksn/rmrbbd/202109/t20210927_6378350.htm.

[2]　优质项目和创新人才为乡村振兴注入"源头活水"[EB/OL].(2021-09-07). http://www.moa.gov.cn/xw/qg/202109/t20210907_6375900.htm.

自身经历为线索指出，农民角色群体整体转型过程可能与城镇化建设并不同步，据此强调推进城乡一体化的现实必要性，尤其是在维护社会稳定、推动城市经济改革与发展、农村享有改革开放成果方面。[①] 此外，在我国脱贫攻坚建设任务实施期间，我国经由精准扶贫和扶贫开发等方式实现了全面脱贫任务，较为完善的农村反贫困体系也得以建立。从更为长远的角度来看，城乡一体化建设将是一个长期的、具有历史阶段性特征的过程。

2020 年 2 月，国家发展和改革委员会副主任兼国家统计局局长、党组织书记宁吉喆在对中国经济运行的亮点进行总结时指出，城乡区域发展的协调性不断增强，城乡融合发展机制得到不断完善，在 2019 年末，城镇常住人口为 84 843 万人，城镇化率为 60.60%，同时区域发展格局得到确立与完善。[②]2021 年 5 月，国家统计局发布第七次全国人口普查结果，全国人口中居住在乡村的人口为 5 亿多人，占总人口的 36.11%，相较于 2010 年，乡村人口减少 164 361 984 人。

2021 年 9 月，《中国的全面小康》白皮书新闻发布会上，宁吉喆进一步指出，尽管城乡之间的贫富差距仍然存在，但是整体上在城乡、地区和不同群体层面，居民的收入差距有缩小的趋势。[③]2021 年发布的《中共中央 国务院关于支持浙江高质量发展建设共同富裕示范区的意见》提出，实现共同富裕的一个重要途径和目标就是要"缩小城乡区域发展差距，实现公共服务优质共享"。浙江海盐名为"基本公共服务均等化推进城乡一体化发展"的案例，也是入围首批 18 个全国农村公共服务的典型案例。2015 年初，海盐县成为浙江省基本公共服务均等化改革试点，其也是全省唯一的改革试点县。2017 年，海盐县制定并发布了《海盐县基本公共服务清单》，这也是浙江省第一份县域

---

① 厉以宁 . 走向城乡一体化：建国 60 年城乡体制的变革 [J]. 北京大学学报（哲学社会科学版），2009，46(6): 5-19.

② 《求是》发表宁吉喆署名文章：中国经济运行呈现十大亮点 [EB/OL].（2020-02-03）. http://www.hnloudi.gov.cn/ldtjj/tjgz/tjyw/202002/2d4ae816da794ef48e3c6365eec93d76.shtml.

③ 《中国的全面小康》白皮书新闻发布会答记者问 [EB/OL].（2021-09-29）. https://www.stats.gov.cn/sj/zxfb/202302/t20230203_1901232.html.

范围内的公共服务清单，其主要包括的项目有公共教育、就业创业、社会保险、医疗卫生、社会服务、住房保障、文化体育、残障服务等近 120 个项目，并且每个项目中具体的服务对象、服务标准、负责人等内容也得到了明确规范。[①] 海盐在浙江省城乡均衡发展方面所取得的成绩在民众生活中得到了切实的体现。海盐城乡居民收入比为 1.70:1，2018 年，当地农民人均收入为 24 853 元，各方面的公共服务需求都能够在农村得到满足。以当地的农村公共服务为例，海盐县人民医院和县中医院组成的"医共体"整合人力物力财力，将其他镇街的基层医疗卫生机构并入人民医院，原先的街道社区卫生服务中心得以成为人民医院等大型医院的分院，这一举措让县城名医能够下沉到基层分院提升诊疗服务水平，同时分院的年轻医生也能够借此机会上派至总院进行业务交流和学习。[②]

城乡一体化发展的浙江经验为全国其他地区提供范例。2003 年，时任浙江省委书记的习近平同志在浙江工作时亲自谋划、亲自部署、亲自推动"千村示范、万村整治"工程。即使是整体经济发展水平相对较高的浙江地区，农村地区的建设和发展仍然较为滞后。2004 年，习近平同志在召开全省统筹城乡发展推进城乡一体化工作座谈会时指出，要"逐渐缩小城乡差别，使城乡居民共同富裕、共享现代文明"，同时他也强调"嘉兴完全有条件成为全省乃至全国统筹城乡发展的典范"。随后，嘉兴率先制定出台城乡一体化发展规划纲要，着力推进城乡空间布局、基础设施建设、产业发展、劳动就业与社会保障、社会发展、生态环境建设与保护"六个一体化"。2008 年，嘉兴市委又以 1 号文件出台《嘉兴市打造城乡一体化先行地行动纲领》，以土地使用制度改革为核心的"十改联动"得以深入实施，切实将统筹城乡发展落在老百姓日常生活的点点滴滴当中。

---

① 【首批全国农村公共服务典型案例】浙江海盐：以基本公共服务均等化推进城乡一体化发展 [EB/OL]．(2020-03-16)．http://www.shsys.moa.gov.cn/ncggfw/202003/t20200313_6338930.htm.

② 朱海洋，范冰洁．"咱跟城里一个样"——走进浙江省海盐县看基本公共服务均等化 [EB/OL]．(2020-04-01)．http://www.farmer.com.cn/2020/04/01/99850686.html.

案例 4-3　浙江省嘉兴市城乡统筹　共同富裕

1. 文化生活

在嘉兴的乡村，文化礼堂是所有村的标配，这里不仅能举办各类文化活动，还能免费看书、上网、健身，村里的图书馆跟城里的图书馆全部联网，全市范围内实行通借通还。

2. 医疗卫生

嘉兴人人手一张市民卡，凭着这张卡，村民可以享受和城市居民一样的医疗保险，还可以领取养老金、坐公交、缴水电费等。嘉兴在全市范围内取消了农业户口与非农业户口。从此，所有嘉兴人有了一个统一的身份：嘉兴市市民。

3. 城乡流动

制度保障给城乡之间的流动提供了新的生机。通过户籍制度改革，让人的流动更加活跃，让公共服务更加趋于均等。浙江省嘉兴市发改委主任章剑说："我们鼓励农民进城打工成为城市市民，人的自由流动非常重要。当然我们也鼓励有实力的企业家到农村去发展创业，工商资本进入农业，推动农业产业化、市场化。"

在嘉兴平湖、海宁、桐乡等多个地方的乡村，城乡一体化的程度普遍很高，这是红船起航地嘉兴走城乡融合之路的累累硕果：率先探索土地使用制度改革，全国第一个实现村村通公交，全国第一个推行城乡居民社会养老保险制度，全国率先尝试城市图书馆开到村民家门口，全国率先实现所有的便民服务向镇村延伸……在 2020 年中国城乡统筹百佳县市榜单中，嘉兴五县（市）两区全部上榜前 40 名，在城乡一体化发展的道路上，嘉兴的每一把挥向破除城乡二元结构壁垒的利斧，都是为了让城乡共富共兴共享共进！

资料来源：焦点访谈 | 嘉兴：城乡统筹 共同富裕 [EB/OL].（2021-08-15）. https://news.cctv.com/2021/08/15/ARTITSFfUArahkmbS4dLjxT3210815.shtml; 应丽斋，裘建锋，孔越.嘉兴：迈向城乡大融合 [EB/OL].（2020-11-12）[2024-03-21].https://www.thepaper.cn/newsDetail_forward_9969005.

嘉兴作为城乡一体化建设的先行地，在产业发展上打破思维桎梏，将工业理念引入农业，让农业也拥有如工业经济开发区一样的产业化经济开发区，政策、服务、资金、人才、管理等资源得以集约，嘉兴农业也因此吸引了众多农业投资者的目光，美国、加拿大、澳大利亚等多国专家在此会聚，前沿农业科技应用也在此地得以落地生根，比如创立第一个打破种源壁垒、和发达国家同步商用的种苗繁育基地；首家全面应用荷兰飞利浦等先进技术的 3D 未来蔬菜工厂。[①] 对嘉兴来说，它将自身融入长三角一体化发展大局，其自身有着较为明显的区位优势，而对全国其他地区的城乡一体化发展来说，如何深入探索和充分发掘自身的区位发展优势，也成为每个地区结合自身特点着力思考和实践的关键问题。

二、城乡二元的长期困境

我国在社会主义建设时期，跟随苏联社会主义模式，建立了统购统销、户籍管理等一系列社会管理制度，其在很大程度上加剧了社会结构性矛盾，城乡对立的状况越发明显，改革开放后的经验教训让人们对城市和农村以社会分工为标志的区分有了更为清晰的认知。[②] 以取消农业税为节点对中国城乡二元结构发展阶段进行的分界，贺雪峰指出，城乡关系形成了剥削型城乡关系和如今的保护型城乡关系，并指出中国在完成基本现代化后，城乡在政策上的刻意区分才会不成为必要。[③] 蔡禾梳理了新中国成立以来城乡发展经历的主要阶段：计划性二元结构关系、市场性二元结构关系、城镇"反哺"农村城乡、乡村振兴城乡融合的发展阶段，其中城乡统筹虽然在一定程度上缩小了城乡发展上的不平等，但它仍然被视为以城镇为中心的发展，而当下的乡村振兴和融合发展，对乡村内生性的发展动力提出了更高的发展要求。[④]

① 应丽斋，裘建锋，孔越 . 嘉兴：迈向城乡大融合 [EB/OL].（2020-11-12）[2024-03-21]. https://www.thepaper.cn/newsDetail_forward_9969005.

② 刘豪兴 . 农村社会学 [M].2 版 . 北京：中国人民大学出版社，2008：455.

③ 贺雪峰 . 城乡关系变动与乡村振兴的阶段 [J]. 贵州社会科学，2021(8): 133-138.

④ 蔡禾 . 新中国城乡关系发展与当下面临的问题 [J]. 社会学评论，2021，9(1): 18-28.

当下，城乡二元制度不断消解的整体趋势在一定程度上成为一种共识，城市体系与乡镇体系之间的收入差距确有现实的两极分化，不过其中也存在利用城市群核心城市带动城镇化发展的特色城市化案例[①]，这也为我国现阶段打破城乡二元分立、统筹城乡发展提供了现实的地区经验。在城乡统筹发展的建设举措中，城乡基本公共服务是受到较多重视的基础性内容，其中包括的主要指标有医疗卫生、基础设施和基本公共教育，有利用《中国统计年鉴2014》和《2013中国省市经济发展年鉴》数据进行分析的研究指出，当时我国城乡基本公共服务水平尚不均等[②]，这也在具体的地区城乡一体化发展中得到一定程度的验证。作为国际化大都市，上海在经济、政治、文化和生态等社会生活的各个方面都有绝对的优势，但是在区域内部，其城乡发展仍然存在较大差距。2013年，上海城市居民家庭人均可支配收入43 851元，农村为19 208元，城乡收入比在2013年达到2.28:1，而这个数字在11年前则是2.13:1，并且在社会养老保障方面，城镇职工养老保险企业离退休人员与城镇居民社会养老保障、新型农村社会养老保险存在较大差距，在中心城区和郊县农村地区的城镇发展上，后者在产业基础、社会服务资源、财政力量等方面都处于较为弱势的地位。[③]我国较大的地区差异性为城乡基本公共服务均等化建设带来了很大的困难，在近来关于我国城乡基本公共服务均等化区域差异的讨论中，杨晓军对2003年至2018年我国城乡基本公共服务均等化的演变趋势进行了考察，指出全国整体的城乡基本公共服务均等化水平呈现出相对平稳的态势，但全国层面的基本公共服务均等化问题仍较为突出。[④]

① 肖文韬. 乡村的变迁逻辑、发展困境与振兴之路 [J]. 中南民族大学学报 (人文社会科学版)，2020，40(5): 128-132.

② 孔凡文，张小飞，刘娇. 我国城乡基本公共服务均等化水平评价分析 [J]. 调研世界，2015(7): 9-12.

③ 上海积极推进城乡一体化发展 [EB/OL]. (2014-09-02). http://www.moa.gov.cn/xw/qg/201409/t20140902_4044162.htm.

④ 杨晓军，陈浩. 中国城乡基本公共服务均等化的区域差异及收敛性 [J]. 数量经济技术经济研究，2020，37(12): 127-145.

第五节　医疗与教育：村医与村小

一、乡村医生队伍的演变

（一）"赤脚医生"

　　毛泽东的医疗卫生思想和实践在新中国成立到改革开放之前的时期内，一直发挥着重要的作用。[1]1965 年 1 月 27 日，中共中央转批卫生部党组《关于组织巡回医疗队下农村问题的报告》，报告指出，巡回医疗队下农村配合社会主义教育运动进行防病治病工作，不仅能够帮助提高农村医疗技术质量，培养农村卫生人员，以服务于农业生产，而且也为农村文教卫生事业的发展创设良好的条件。[2]1965 年 6 月 26 日，卫生部部长钱信忠提及全国医务人员分布情况，在卫生技术人员数量和医疗经费方面，农村所占比例低于 30%，也是在这次会议上，毛泽东作出重要的"六二六"指示，应该"把医疗卫生工作的重点放到农村去！"新中国成立初期，农村地区处在缺医少药的境地。20 世纪 50—70 年代，在农村卫生机构渐渐确立的过程中，"赤脚医生"在发挥着重要的作用。[3]1968 年，毛泽东作出批示，"典型宜多，综合宜少"，试图用典型来推动全国合作医疗的普及工作。1968 年夏，《从江镇公社"赤脚医生"的成长看医学教育革命的方向》一文在《文汇报》刊载，当时由城市医务工作者组成了几支巡回医疗队去上海郊区江镇人民公社，这些队员在防病治疗的过程中从公社的青年农民中训练了一批医务人员，这些公社医务人员经常赤脚背着药箱，与公社社员一同劳动，有医务需要时就会为当地人看诊，这也成为"赤脚医生"最

---

[1]　李玲，江宇. 毛泽东医疗卫生思想和实践及其现实意义 [J]. 现代哲学，2015(5): 39-43，106.

[2]　中共中央文献研究室. 建国以来重要文献选编：第 20 册 [M]. 北京：中国文献出版社，2011: 47.

[3]　农村经济持续发展 乡村振兴迈出大步——新中国成立 70 周年经济社会发展成就系列报告之十三 [EB/OL].（2019-08-07）. https://www.gov.cn/xinwen/2019-08/07/content_5419492.htm.

初的形象。[①] 同年 9 月 14 日，《人民日报》转载该文章，"赤脚医生"得以广为人知。[②] 在"文化大革命"期间，1972 年 12 月创刊的《赤脚医生杂志》还发行了若干期，人民卫生出版社出版《"赤脚医生"培训教材》，同时《赤脚医生手册》也有大量发行。张奎力在对赤脚医生的研究中指出，我国人民公社时期农村地区出现的这些"半农半医"身份的赤脚医生，其主要掌握了一些简单医疗卫生常识和技能，且他们与当时的合作医疗制度是互相补充和辅助的关系，同时其也是合作医疗制度的实际落实者。[③] 这些"赤脚医生"大多接受过或长或短的医疗培训，在村卫生室工作或拥有个人诊所，因为就生活在当地，所以如果农民遇到不舒服就会找这些"赤脚医生"，在一些"赤脚医生"工作的初期，他们的医术水平可能很难得到村民的认可，但是随着他们为当地人解决了越来越多的疾困，地方老百姓也越来越信任他们。同时，他们也利用各种机会去公社卫生院向来自城市的农村巡回医疗队的医生学习。这些人民公社不脱产的基层卫生人员即使并非我国卫生队伍当中的"正规军"，但在以"以农村为重点"的卫生工作方针中，他们也是主要的工作承担者。[④]1974 年 6 月 26 日，国家发行一套共四枚以"赤脚医生"命名的邮票。[⑤]

（二）乡村医生

乡村医疗经历了从"赤脚医生"到乡村医生的阶段性过程，这一过程伴随着人民公社制度解体后，国家基层医疗卫生体制改革的整体形势。1985 年，国家取消"赤脚医生"的称呼，"赤脚医生"也开始向乡村医生转变，但是这一身份的转变让乡村医生与经济利益之间产生了更多的关联，这一关联也影响着乡村医生与村民之间的关系形态，并对作为农村基层医疗卫生服务体系中的一部分的乡村医生队伍建设

① 刘士勤.读报手册 [M].北京：北京语言学院，1981：161.
② 王绍光.学习机制与适应能力：中国农村合作医疗体制变迁的启示 [J].中国社会科学，2008(6): 111-133，207.
③ 张奎力.赤脚医生与社区医患关系——以社会资本理论为分析范式 [J].社会主义研究，2014(6): 119-127.
④ 田柳.江阴历史文化丛属：江阴杏林春秋 [M].上海：上海古籍出版社，2011：160.
⑤ 石帆.中国邮票集锦：1878—1981[M].北京：外文出版社，1983：87.

提出了不同的要求。

近年来，国家在社会医疗卫生保障方面逐渐推进体系化建设。改革开放以来，农村医疗卫生服务网络构建起来，其以县级医院为龙头、乡镇卫生院作为枢纽、村卫生室作为基础。2018年，全国乡镇卫生院3.6万个，床位133万张，卫生人员139万人；村卫生室62.2万个，人员达144万人，其中，执业（助理）医师38.1万人，注册护士15.3万人，乡村医生和卫生员90.7万人。①2018年基层医疗卫生机构人员数量见表4-7。

表4-7　2018年基层医疗卫生机构人员数量　　人

机构分类	合计	卫生技术			
		小计	执业（助理）医师	执业医师	注册护士
基层医疗卫生机构	3 964 744	2 682 983	1 305 108	882 282	852 377
社区卫生服务中心（站）	582 852	499 296	209 392	170 523	189 207
社区卫生服务中心	462 487	392 368	160 948	130 638	144 432
社区卫生服务站	120 365	106 928	48 444	39 885	44 775
卫生院	1 405 640	1 193 290	484 354	284 859	363 521
街道卫生院	14 316	12 165	5 329	3 463	3 795
乡镇卫生院	1 391 324	1 181 125	479 025	281 396	359 726
中心卫生院	602 003	515 636	206 281	129 107	162 853
乡卫生院	789 321	665 489	272 744	152 289	196 873
村卫生室	1 100 979	193 881	169 117	51 771	24 764
门诊部	290 824	237 579	116 640	100 814	93 079
综合门诊部	128 868	108 096	51 339	46 271	41 360

① 农村经济持续发展 乡村振兴迈出大步——新中国成立70周年经济社会发展成就系列报告之十三 [EB/OL].（2019-08-07）. https://www.gov.cn/xinwen/2019-08/07/content_5419492.htm.

机构分类	合计	卫生技术			
		小计	执业（助理）医师	执业医师	注册护士
中医门诊部	34 588	26 568	15 417	14 261	5 828
中西医结合门诊部	5 697	4 912	2 422	2 173	
民族医门诊部	183	139	86	72	36
专科门诊部	121 488	97 864	47 376	38 037	44 110
诊所、卫生所、医务室、护理站	584 449	558 937	325 605	274 315	181 806
诊所	494 234	474 587	278 885	236 389	154 996
卫生所、医务室	87 891	83 397	46 629	37 845	26 146
护理站	2 324	953	91	81	664

资料来源：张学高. 中国卫生健康统计年鉴 [M]. 北京：中国协和医科大学出版社，2019：26-29.

2021 年，脱贫攻坚任务普查公报呈现了乡村医疗卫生设施和服务建设稳步推进的相关内容。有 99.8% 的行政村其所在乡镇有卫生院，乡镇卫生院服务能力达标的行政村比例达 98.9%；行政村中设置有卫生室或联合设置卫生室的行政村比例为 96.3%，行政村卫生室服务达标比例为 95.3%，行政村和行政村所属乡镇均有执业（助理）医师。[①]此外，在贫困户动态监测方面，国家贫困县建档立卡户 1 482.2 万，人口达到 5 307.4 万。这些建档立卡贫困人口享受了包括产业帮扶、就业帮扶、健康帮扶、教育帮扶、危房改造、易地扶贫搬迁、社会保障、残疾人帮扶等多项帮扶政策在内的政策利好，其中在健康帮扶方面，占全部建档立卡户 99.6% 的贫困人口享受过健康帮扶政策。[②]

乡村医生是切切实实地行走在中国大地上的医务工作者。中央电

[①] 国家脱贫攻坚普查公报（第四号）——国家贫困县基础设施和基本公共服务情况 [EB/OL].（2021-02-25）. https://www.stats.gov.cn/sj/zxfb/202302/t20230203_1900999.html.

[②] 国家脱贫攻坚普查公报（第三号）——国家贫困县建档立卡户享受帮扶政策情况 [EB/OL].（2021-02-25）. https://www.stats.gov.cn/sj/zxfb/202302/t20230203_1901000.html.

视台大型公益活动"寻找最美乡村医生"从 2014 年开始举办，该活动旨在从整个医生群体中发掘出医术高超、医德高尚的优秀医生典型。①西藏昌都牧区的洛松江村是一名乡村医生，从 15 岁起，他常年行走在充满艰辛和坎坷的巡诊送药之路上。洛松江村从卫校毕业后进入边坝县尼木乡成为一名医生，他也是该乡建乡以来的第一位乡村医生，后在 1996 年他从尼木乡调至沙丁乡卫生院，并在沙丁乡工作了 20 多年。沙丁乡的公共交通并不发达，很多自然村都还没有公路，洛松江村大部分的时间只能通过骑马和步行来给当地百姓看病和送药。1996 年的某个大雪天，洛松江村在去给一位患有黄疸型肝炎的牧民治病的时候不慎摔下了马背，造成髌骨骨折，虽然自己的身体仍然没有恢复，但是他仍然担心患者们对就医的需求。②

二、乡村教育

（一）整体面貌与乡村实验

乡村教育是乡村振兴战略的重要支点。③在城乡二元体制下，乡村教育在教育资源、教学质量、教师队伍、课程内容等多方面的教育要素上都处在相对弱势的地位。2016 年末，东北师范大学中国农村教育发展研究院发布的《中国农村教育发展报告 2016》关注了当时农村义务教育包含乡村小规模学校、乡镇寄宿制学校和县城大规模学校的基本格局；相较于《中国农村教育发展报告 2013—2014》中 65.7% 的农村教师都希望到城市任教的比例，2016 年乡村教师职业吸引力有了较大幅度的提升。④2019 年年初，《中国农村教育发展报告 2019》发

---

① 2018 寻找最美医生 [EB/OL]. http://tv.cctv.com/special/2018zmys/index.shtml.

② 《热线 12》20180312 暖春行动·为"最美乡村医生"洛松江村圆梦 [EB/OL].（2018-03-12）. http://tv.cctv.com/2018/03/12/VIDEnE6FgG8Ga3cQKCK51rio180312.shtml；林敏，赵艳豪."最美乡村医生"洛松江村：用爱挽救生命守护团结 [EB/OL].（2017-09-24）. https://www.sohu.com/a/194174600_266317.

③ 蒋昌忠. 以高质量教育赋能乡村振兴 [EB/OL].（2021-08-30）. http://www.moe.gov.cn/jyb_xwfb/moe_2082/2021/2021_zl31/202108/t20210830_555859.html.

④ 宋伟涛. 超六成农村教师希望到城市任教 [EB/OL].（2015-01-27）. https://china.huanqiu.com/article/9CaKrnJH9ts.

布，该报告显示，在教师队伍建设方面，乡村教师队伍整体向好发展。2017 年，全国各地共招聘特岗教师 7.7 万人，分布于 1 万多所农村学校，乡村小学和初中的生师比均低于国家标准。2017 年，全国小学专科及以上学历的教师比例达 95.26%，其中农村达到 93.8%；全国初中本科及以上学历教师比例是 84.63%，其中农村该比例为 81.10%。相较于 2016 年，城乡差距有一定程度的缩小。在教师工资方面，按照县城、镇、乡、村屯层次划分，中学一级的教师每月实发工资为 3 248.3、4 344.2、4 097.0、4 155.2 元，高级教师每月实际发放工资为 3 461.9、4 317.9、4 289.2、4 511.1 元。2017 年，乡村教师生活补助第一次实现了集中连片特困地区的全面覆盖，各地人均补助标准达到 322 元。[①] 虽然乡村教育相较于城市教育的薄弱状况在一定时期内仍然难以得到彻底的改变，但是我国乡村教育在整体面貌上呈现逐渐改善的状态。

　　一些乡村学校在环境建设、课程开发等方面积极利用地方资源，打造出具有地方和学校特色的课程内容，同时在教师队伍培养模式上利用优势资源进行教师队伍建设。北京十一学校九渡河小学位于北京怀柔西南部九渡河镇境内。1998 年，原黄坎乡中心小学和黄花城乡中心小学合并成为北京市怀柔区九渡河镇中心小学。2019 年初，怀柔区联合北京海淀区优势教育资源，和北京市十一学校实施一体化办学并更名为"北京十一学校九渡河小学"。北京市十一学校的教育理念是"围绕学生成长，立德树人，让学习真实发生，培养学生终身学习的能力"，其着力建设一所具有"农"味、富有"乡"气、拥有"学"劲、真有"做"派的农村现代学校，同时让学生拥有乡土情怀、国家根脉、世界眼光。[②] 学校的校训是"脚下有根、胸中有志、眼里有光、人生有为"，这一精神集中体现在该校的课程体系的建设和开发方面。在地方课程开发上，北京十一学校九渡河小学招募当地拥有一技之长的

① 《中国农村教育发展报告 2019》：乡村教师队伍建设成效明显 [EB/OL].（2019-01-13）. https://www.gov.cn/xinwen/2019-01/13/content_5357587.htm.
② 北京市怀柔区九渡河小学 [EB/OL].（2024-03-06）. http://www.bjhr.gov.cn/zjhr/bxsh/jykj/jyxx/202104/t20210428_2376229.html.

手工艺人进入学校为学生们授课，让这些当地人成为"乡村教育合伙人"，这是作为北京名校的十一学校其课程团队力主在九渡河小学进行开发和建设本土化课程的重要举措，他们试图"把一个平淡无奇的农村中心校改建成辐射周边的乡村样板校"。手工艺者与课程教师在一堂课中共同合作、相互配合，比如在由豆腐制作非遗传承人杨坤全与科班出身的音乐教师郓伟男共同授课的"豆腐课"上，郓老师主要承担课程指南设计和主讲任务，手工艺人杨坤全则是技术指导，负责整个课程中的技术支持环节。豆腐课程不仅包含手工劳动，还有数学、语文等多学科的知识内容，综合学科训练的课程开发意识让主讲老师和技术指导教师交流授课体验，不断优化和完善特色劳动课程。学校还开设了多类工坊课程，这些课程会教学生们制作手工皂、口红等，制成的成品会作为商品出售，不同的学生也会根据各自所长在依托工坊成立的公司下担任一定的职务，帮助商品交易的顺利完成。让孩子们感受并解决真实社会生活中的实际问题，这是学校开办此类课程的重要目的。[1]

（二）课程内容与教师队伍

南方周末中国企业社会责任研究中心采用田野调查和问卷调查相结合的模式，走访 200 多个地市、1 100 余个县域，历时 4 年完成了《中国乡村教育观察报告（2020—2021）》。该报告指出，乡村学校在课程呈现出去乡村化和城市化倾向，具体而言包括课程体系残缺、乡村课程体系的师资支持力弱、课程稳定性和延续性差等特点。[2] 长期以来，在以城市为导向的教育改革和发展形势下，乡村教育的课程内容一直缺乏自身的话语权，如何利用乡土自身的资源进行课程开发，培育乡村学生对家乡的热爱与认同感，成为乡村学校自主开发课程探索的目标之一。

在国家政策层面上，2015 年《教育部 共青团中央 全国少工委关

---

[1] 小学生上课做豆腐卖豆腐，这所山区小学还引来了北京城里娃 [EB/OL].（2021-03-28）. https://xw.qq.com/cmsid/20210328A030KH00.

[2] 南方周末中国企业社会责任研究中心 . 中国乡村教育观察报告（2020—2021）[EB/OL].（2021-08-12）. http://www.infzm.com/contents/211538.

于加强中小学劳动教育的意见》指出，在全面建成小康社会的关键阶段，切实加强劳动教育，培养学生劳动兴趣、磨炼学生意志品质、激发学生的创造力、促进学生身心健康和全面发展，对于推进教育现代化、实现"两个一百年"奋斗目标和中华民族伟大复兴的中国梦具有重要的现实意义。[1]2020 年 3 月，《中共中央 国务院关于全面加强新时代大中小学劳动教育的意见》印发，强调"以体力劳动为主，注意手脑并用"。[2] 在此形势下，具有农耕文化传统和劳动惯习的乡村学校，在开发劳动教育课程上有着得天独厚的优势[3]，但在实际的课程开发和教学中又面临着诸如文化困惑、制度缺位、评价失位和以师资条件质量低下和课程资源开发乏力为内容的条件空位的危机。[4] 尽管困难重重，仍有部分乡村学校在挖掘和融合地方劳动教育资源的基础上，开发出符合学生成长和发展需要的课程体系。比如 M 小学结合当地的农业生产的地域性特点开发出"节气厨房"课程，该课程以立春、春分、清明、夏至和冬至这五大节气为主线，带领学生了解各个节气的饮食习惯，学习简单的烹饪技巧，锻炼学生的家务劳动能力。[5] 同时，新时代的劳动教育探索也拓展和延伸了"劳"的意涵，广东省揭阳市蓝田中学强调"劳"要结合信息化、数字化和人工智能时代的科技成果，将劳动教育与各学科的特点结合，发挥潮汕文化"耕读传家"的传统。[6] 此外，从观念革新的角度来说，人工智能时代的劳动教育发展，需要实现对片面技术理性的反思，寻求合规律的生存性活动和生活目的的

---

① 教育部 共青团中央 全国少工委关于加强中小学劳动教育的意见 [EB/OL].（2015-07-24）. http://www.moe.gov.cn/srcsite/A06/s3325/201507/t20150731_197068.html.

② 《大中小学劳动教育指导纲要（试行）》印发：把劳动教育落到实处 [EB/OL].（2020-07-16）. http://www.moe.gov.cn/jyb_xwfb/s5147/202007/t20200716_473075.html.

③ 任卓，秦玉友. 乡村学校劳动教育课程开发：深层困境与路径选择 [J]. 河北师范大学学报 (教育科学版)，2023，25(3): 116-121.

④ 徐海娇. 劳动教育的价值危机及其出路探析 [J]. 国家教育行政学院学报，2018，250(10): 22-28.

⑤ 刘佳，王玥玮. 学校劳动教育课程建设的"乡村思路" [J]. 中国教育学刊，2021(6): 71-75.

⑥ 永亮. 激活与渗透：新时代劳动教育的行动应答 [J]. 人民教育，2020(Z1): 34-36.

统一，使人之为人真正得以实现 ①，这也将帮助人们重新建立对"劳动""职业"等概念的认识。

值得注意的是，近年来乡村教育的硬件设备水平得到了显著提升，尤其是基于大数据网络搭建的智慧教育平台在部分地区得到广泛运用。《中国农村教育发展报告 2019》指出，乡村小学在体育运动场（馆）面积、体育器械、音乐器械等功能器材上的标准化建设达标率在 83% ～ 88% 之间，乡村普通初中办学条件达标率在 89% ～ 93% 之间。② 但是对于一些教育资源并不发达的地区而言，教育信息化在某种程度上成为补足教育均衡发展短板的一种选择。安徽省金寨县汤家汇镇瓦屋基村列宁小学地处大别山腹地，这里曾是首批国家级贫困县所在地。在优质教育资源难以到达山区的情况下，金寨县在 2019 年底实现了小学三年级至高中三年级平板电脑设备全覆盖。安徽蚌埠市固镇县任桥镇杨罗小学是一所乡村小规模学校，虽然在读的学生只有 90 人，但是 9 名教师依然难以开好国家规定的课程，为缓解教师结构性缺编带来的问题，智慧课堂系统进校园成为应对之策。安徽在线课堂给 4 000 多个农村教学点开设了涉及 8 个学科的 70 万节课，越来越多像杨罗小学这样的学校成为《安徽省智慧学校建设总体规划（2018—2022 年）》具体落实的受益学校。③ 但从根本上而言，教育是一项人与人心灵的交流、互动与相互影响的事业，教师仍然是教育技术难以替代的教育主体之一。

2015 年 6 月，国务院办公厅印发《乡村教师支持计划（2015—2020 年）》，该计划旨在解决当时乡村教师队伍建设领域存在的突出问题，将优质人才引入乡村，稳定教师队伍，提升教师队伍质量，以更

---

① 徐海娇 . 意义生活的完整性：人工智能时代劳动教育何以必要与何以可为 [J]. 国家教育行政学院学报，2019(11): 88-95.

② 邬志辉，秦玉友 . 中国农村教育发展报告 2019[M]. 北京：北京师范大学出版社，2020.

③ 乡村到城市 开齐到开好——安徽以智慧教育为突破口推进教育优质均衡 [EB/OL]. （2021-11-10）. http://www.moe.gov.cn/jyb_xwfb/moe_2082/2021/2021_zl31/202111/t20211110_578824.html.

好地促进教育公平和城乡一体化建设。① 但是乡村教师队伍建设中存在的"下不去、留不住、教不好"的问题依然严峻。② "乡村振兴最终要靠人才，而人才的培养要靠教育"。③ 为了应对乡村教师队伍建设难题，2019年3月28日，教育部办公厅印发《教育部办公厅关于开展中西部乡村中小学首席教师岗位计划试点工作的通知》，决定在安徽、河南、陕西、甘肃4省实施乡村中小学首席教师岗位计划，为中西部乡村地区培养一批基础教育领军人才。④ 此外，一些地区为解决乡村小规模学校音体美等学科缺乏专业教师等问题制订了相应的方案。宁夏回族自治区印发《宁夏回族自治区乡村小规模学校教师走教支持计划试点工作方案》，该方案对走教计划的目标、原则、具体内容和要求，以及相应的保障措施进行了明确规定，尤其是加强走教的过程化管理。⑤ 此外，在国家印发的有关乡村教师支持计划的指引下，各地探索出了一些典型做法，比如：北京房山区着力实施乡村教师生活补助政策；河北保定市徐水区着力加强乡村教师队伍建设；吉林落实"国培计划"，推动乡村教师专业发展；山东完善制度顶层设计，增强公费师范生政策吸引力；河南大力实施"特岗计划"；湖北武穴市统筹教师管理服务职能，教师由"学校人"变为"系统人"；湖南实施农村基层教育人才津贴；贵州实施乡村教师荣誉表彰制度；云南怒江积极完善农村教师专业发展保障制度；西藏建立完善乡村教师荣誉制度；新疆多措

---

① 国务院办公厅关于印发乡村教师支持计划（2015—2020年）的通知 [EB/OL].（2015-06-01）. http://www.moe.gov.cn/jyb_xxgk/moe_1777/moe_1778/201506/t20150612_190354.html.

② 南方周末中国企业社会责任研究中心. 中国乡村教育观察报告（2020—2021）[EB/OL].（2021-08-12）. http://www.infzm.com/contents/211538.

③ 钟焦平. 乡村振兴必先振兴乡村教育 [BE/OL].（2019-03-11）. http://www.moe.gov.cn/jyb_xwfb/s5148/201903/t20190311_372928.html.

④ 刘肖，庞珂. "首席教师"激活乡村教育——河南试点乡村中小学首席教师岗位计划纪实 [BE/OL].（2021-04-25）. http://www.moe.gov.cn/jyb_xwfb/s5147/202104/t20210425_528065.html.

⑤ 宁夏探索实施乡村小规模学校教师走教支持计划 [EB/OL].（2021-11-11）. http://www.moe.gov.cn/jyb_xwfb/s6192/s222/moe_1762/202111/t20211111_579035.html.

并举补充乡村教师。[①]

案例 4-4 河北省献县实施特岗教师"暖心"工程

一、政策支持，加大投入，解除特岗教师的后顾之忧

一是加强投资建成教师周转房，解决住房与生活问题。二是下发文件，对特岗教师尤其是异地特岗教师给予政策上的支持和照顾，使他们能够安心工作、扎根献县。三是保障特岗教师工资待遇和其他社会福利待遇。四是对服务期满考核结果为合格以上等次且愿意继续在献县任教的特岗教师，县政府积极安排相关单位为其落实人事、编制、工资、保险及住房公积金等相应待遇，从制度上解除了特岗教师服务期满后重新择业的忧虑。

二、求真务实，用心服务，当好特岗教师的"娘家人"

一是积极帮助特岗教师解决婚姻等生活问题。联合社会各界人士举办青年交友联谊会，解决他们的婚姻生活问题。二是为特岗教师举办汉服集体婚礼，增强了教师队伍的向心力。

三、多措并举，政策倾斜，确保特岗教师扎下根

一是城区学校选聘教师时，服务期满的非献县籍特岗教师笔试成绩加 5 分。二是服务期满后，夫妻均为非献县籍特岗教师的可调 1 人到县城学校任教。三是招聘县域内合同制教师时，特岗教师配偶是外县的，若符合招聘条件，可破格参加招聘考试。四是非献县籍特岗教师因婚姻、生活问题申请在乡镇之间调动的（乐寿镇除外），核实后办理调动手续。五是积极鼓励特岗教师配偶来献县工作，特岗教师配偶为外县市在编工作人员的，经本人申请，按规定办理调动和入编手续，就近安排夫妻双方工作。

四、注重培养，扶传帮带，帮助特岗教师尽快成长

注重对特岗教师的培养，无论是在国家、省、市组织的各级培训，还是县组织的活动，尽可能地安排特岗教师去参加，给他们充分的锻

① 教育部办公厅关于公布全国乡村教师队伍建设优秀工作案例的通知 [EB/OL].（2017-06-08）. http://www.moe.gov.cn/srcsite/A10/s3735/201706/t20170615_307027.html.

炼机会。在日常工作中，学校里也会安排有经验的老师对他们进行传帮带，使他们快速地成长。

五、加强党建，倾听诉求，关心特岗教师的政治发展

特岗教师是教育的特殊群体，为更好倾听他们的意见和诉求，献县教体局特意推荐 3 名特岗教师作为教体系统的政协委员。同时，为提高特岗教师的工作积极性，树立先进榜样，加强在特岗教师中的党建工作，近年共新发展特岗教师党员 37 名，提高了这一群体的战斗力。

资料来源：教育部教师工作司关于公布农村义务教育阶段学校教师特设岗位计划实施工作典型案例的通知 [EB/OL].（2020-09-04）. http://www.moe.gov.cn/s78/A10/tongzhi/202009/t20200921_489327.html.

河北献县义务教育阶段学校教师特设岗位计划着力在教师安居、成家和事业上下功夫，让特岗教师真的在乡村中安居乐业、成家立业，让乡村教师"下得去、留得住、教得好"的局面成为实现乡村教育新面貌的重要支点。

（三）职业教育

乡村振兴战略的实施关键在人才。2021 年 2 月 25 日，全国脱贫攻坚总结表彰大会在京召开。对于脱贫攻坚任务来说，教育在其中发挥着阻断贫困代际传递的基础性、先导性和全局性的作用。[①] 乡村振兴需要留得住人，更需要通过教育不断培育能够带动乡村发展的人才。

现代农业生产以机械化生产与农业科技为主要导向，这对持有传统农业生产经验的农民来说构成了较大的冲击，但同时也为农业产业化发展带来了人才需求的契机。以农村职业教育带动农村产业人才的培养和发展，这一思路仍然更多地集中在乡村农业和教育之内，对于城乡之间职业教育的联动发展，另有研究以推进中国特色新型工业化、信息化、城镇化和农业现代化的"四化同步"发展过程为基础背景指出，农村职业教育发展的转型升级方向应着力关注农民的职业化培养，

① 杜玉波. 巩固教育脱贫攻坚成果要与乡村振兴有效衔接 [EB/OL].（2021-03-02）. http://www.moe.gov.cn/jyb_xwfb/s5148/202103/t20210302_516433.html.

职业教育培训在其中发挥着积极作用，此外，新型职业农民、农村劳动力转移、农民工市民化这一系列的教育需求，都需要城乡一体化的社区教育在其中发挥作用。①

2011 年，教育部等九个部门就关于加快发展面向农村的职业教育发布了政策意见，该意见强调了职业教育的农村面向对县域经济社会发展的重要性，同时就现代农业发展能力提升方面，其强调应着力培养农村实用人才带头人和农村生产经营型人才，鼓励农业职业教育集团发展，形成农业领域完整的产教研体系。②2021 年 4 月，教育部等十部门联合发布通知，即贯彻落实全国职业教育大会精神，宣传和展示职业教育"长入经济、汇入生活、渗入人心、融入文化、进入议程"的改革发展成果，将 5 月 22 日至 28 日定为职业教育活动周，活动周主题为"技能：让生活更美好"。活动通知强调职业院校和相关行业企业以开展特色服务活动的方式将技术送到农业生产活动领域。③这也成为职业教育的培养成果真正走入实际的社会发展的一种重要宣传方式，让农业生产者真正感受到农业职业教育的现实生产力和创造力，让农业人才在服务社会生产的过程中获得专业认同感、价值感和信念感。

第六节　美丽村庄

一、宜居乡村

党的二十大报告提出，建设宜居宜业和美乡村是农业强国的应有之义。从美丽乡村到宜居宜业和美乡村，进一步丰富和拓展了乡村建设内涵和目标，强调乡村建设既要见物也要见人，既要塑形也要铸魂，既要抓物质文明也要抓精神文明，以实现乡村由表及里、形神兼备的

---

① 陈春霞，石伟平 . "四化同步"战略下农村职业教育发展的适应性反思：症结与转型 [J]. 现代教育管理，2018(7): 79-83.

② 教育部等九部门关于加快发展面向农村的职业教育的意见 [EB/OL]. （2011-10-25）. http://www.moe.gov.cn/srcsite/A07/s7055/201110/t20111025_171559.html.

③ 教育部等十部门关于做好 2021 年职业教育活动周相关工作的通知 [EB/OL].（2021-04-15）. http://www.moe.gov.cn/srcsite/A07/s7055/202104/t20210416_526751.html.

全面提升。从国家全面推进乡村振兴工作的相关政策文件中，上述变化也得到了切实的贯彻。2014 年，国务院办公厅发布《国务院办公厅关于改善农村人居环境的指导意见》[①]，其关注的焦点包括农村危房改造、村庄环境治理，以及宜居乡村建设。2018 年 2 月，中共中央办公厅、国务院办公厅印发《农村人居环境整治三年行动方案》，其重点任务主要集中在农村生活垃圾、厕所粪污、生活污水治理，以及村容村貌、村庄规划管理和建设与管护机制方面，同时强调发挥村民的主体作用，在基层组织、制度建设和文明健康意识方面激发村民的主动性。[②] 针对该政策中关于环境治理付费制度的建议，部分地区依据当地条件进行了制度探索。2019 年，湖南湘潭县开始实施农村生活垃圾处理村民付费制度，试图解决农村生活垃圾治理缺少资金支持、群众参与程度不高等问题，2021 年 11 月，湘潭县的付费制度已在全村推行，村民付费率达到 98%，其也成为国家发展改革委推广的第三批国家新型城镇化综合试点地区经验的案例之一。[③]2021 年全国脱贫攻坚的全面胜利将我国农村建设引向了乡村振兴的新阶段。在乡村振兴战略实施的过程中，全国各地都涌现出不同特色且卓有成效的乡村振兴典型案例。有"陇上小江南"之称的甘肃康县是美丽乡村建设的典型代表，这座小城在生态环境、道路交通和文明风貌等方面的营建中，都取得了突出的成绩，并形成了具有自身特色的"康县模式"。[④]

案例 4-5　湖南湘潭推进乡村生活垃圾处理付费制度

　　走进湘潭市湘潭县易俗河镇梅林桥村，流水潺潺，绿树拂岸，山水间点缀着美丽庭院，空气中飘散着青草芬芳。村党总支书记刘铁光

① 国务院办公厅关于改善农村人居环境的指导意见 [EB/OL].（2014-05-29）. http://www.gov.cn/zhengce/content/2014/05/29/content_8835.htm.
② 中共中央办公厅 国务院办公厅印发《农村人居环境整治三年行动方案》[EB/OL].（2018-02-05）. http://www.gov.cn/zhengce/2018/02/05/content_5264056.htm.
③ 【人民日报】覆盖所有行政村 村民付费率达 98%[EB/OL].（2021-11-25）. http://www.shsys.moa.gov.cn/gzdt/202111/t20211125_6383050.htm.
④ "康县模式"下的小康生活 [EB/OL].（2021-08-05）. http://www.moa.gov.cn/xw/qg/202108/t20210805_6373574.htm.

说："这几年，我们实行生活垃圾处理付费制度，引导村民主动参与农村人居环境改善，村里的面貌大变样，旅游发展更红火。"

"垃圾围村"一直是农村人居环境整治工作中的老大难问题。为有效破解这一难题，湘潭市在全省率先全面推广"居民付费，政府奖补""一付一补"式农村生活垃圾处理付费机制，以村民支付服务费方式处理生活垃圾，各县市区（园区）及乡镇对农村生活垃圾处理所需经费给予适当奖补，引导村民主动参与农村人居环境整治。目前，全市 755 个行政村实现付费机制全覆盖，截至 2021 年 9 月底，全市付费总额 2 956.828 1 万元。这项工作成功入选国家第三批新型城镇化综合试点地区经验，获得全国推介。

一、坚持齐抓共管，形成工作合力

2021 年 11 月上旬，湘潭市推进新型城镇化工作领导小组办公室发布表彰通报，2021 年全市农村生活垃圾分类示范乡镇名单出炉，乌石镇等 7 个乡镇上榜。考评组介绍，示范乡镇经验和做法将在各县（市）区进行总结推广，不断提高农村生活垃圾治理质量和水平。

将付费工作纳入绩效考核并予以通报，这足以看出湘潭市对农村生活垃圾治理工作的重视程度。湘潭市率先出台并不断完善付费制行动方案，明了了"三个步骤、五大任务、四项保障"，并坚持主要领导亲自抓，进一步压实"市领导包县、县领导包乡、乡领导包村、村干部包片"四级责任。

同时，湘潭市还利用"村村响"、宣传栏、分片包户入户思想动员等方式开展政策宣传，"谁污染谁付费、谁受益谁负担"的共识逐渐深入人心。

二、坚持因地制宜，创新付费模式

湘乡市泉塘镇泉塘村村民老贺家的小院花木葱茏、整洁美丽，邻居们常来串门。老贺告诉我们，每个月出 5 元钱，就有保洁员定期上门收集垃圾，服务非常好，环境变好了，居民们也省心。

湘潭市在加强督导、考核的基础上，充分考虑各乡镇、村的差异性，把付费制度实施的主动权交给各村。各村因地制宜实行公开聘用保洁员或保洁团队上门收垃圾，建立投工投劳机制，组织志愿者队伍义务开展环境卫生整治等方式，让村民享受"送上门的物业服务"，探索出了按户、按人头或按单栋房屋等多种付费方式。此外，湘潭市还建立"四统一、两公开"机制，对付费收支情况定期公示，保证资金监管透明化；县乡对推进有力、群众支持的行政村定向奖补。

三、坚持以点带面，建设宜居乡村

在湘潭县乌石镇乌石峰村的环境卫生分户评比公示栏中可以看到，村里每月会对每家每户的卫生状况、生活垃圾分类情况等进行考核，并将付费制与垃圾分类、红黑榜评选等挂钩，其中红榜可享受付费折扣。湘潭市目前落实垃圾分类的行政村达99%。同时，湘潭市各村通过金融手段推进PPP（政府和社会资本合作）模式，吸引各类社会资本投入农村人居环境整治资金达15亿元，给各村带来了8万～10万元的现金流。此外，湘潭市还将付费制纳入村规民约，纳入"五好五差"乡镇、村庄评选内容，目前全市县级以上文明乡镇、文明村分别达到55%、66%。

资料来源：新华网.湖南省湘潭县推行乡村生活垃圾处理付费制度[EB/OL].（2021-11-19）.https://www.news.cn/politics/2021/11/19/c_1128078129.htm.

此外，随着近年来乡村生态环境建设取得一定成效，一些以创设、呈现和体验乡村生活为初衷的电视综艺节目成为新的收视热点，在很大程度上，此类节目关注并回应了现代都市生活中的人们对田园生活的想象和向往。近年来，以乡土生活体验为主题的综艺节目纷纷涌现，如《向往的生活》《漂亮的房子》《青春旅社》等一批具有代表性的乡土体验类节目，展现了现代乡村生活的魅力，为乡村文化的审美元素、自然风貌与乡村民众的生活趣味提供了艺术化的展现平台。正如有研究所指出的，这些就乡村生活展开的体验型节目是对当下在人际关系、工作压力和生活空间上存在问题的都市生活的回应，同时其中部分节目以更具指导性和功能性的设计，激发了观众对乡村及其生活的审美热情[1]，当下乡村生活更为多元的生活图景也得以通过镜头真实地展现出来。

---

[1] 陈接峰，胡虹.新乡村体验类节目内容生产的三种模式[J].中国电视，2019(11)：63-67.

二、科技兴村

部分地区在农业科技发展方面推进产业科技创业中心建设，试图让科技与产业之间的融合发展成为推动农业科技成果转化的重要渠道。张华泉将我国 71 年农业科技扶贫变迁历程和演化进路总结为"开篇探索—制度突破—职能拓展—机制耦合—内涵发展—生态集成"，并指出我们正经历科技扶贫服务体系的建设与完善阶段[①]，在这一阶段，科技扶贫的供给主体具有更强的主动性和积极性，国家对此的支持也朝更具专业性、集约化等方向发展。农业农村部批复建设了全国首家、华东地区唯一一家国家级现代农业产业科创中心——南京国家农创中心，其重点在产业技术孵化和产业化，且以全域性开放共享创新平台为建设目标。该平台在载体平台、科研平台、机制体制、创新生态方面加强建设力度，试图成为农业产业技术创新与应用的"农业硅谷"[②]，全国其他省份也在科技助力乡村振兴战略方面作出合作部署，例如 2021 年 11 月，安徽农业大学和省农业农村厅、省乡村振兴局达成合作，聚焦核心技术攻关、智慧农业建设、人才培养，着力打造具有农业知识，对农村和农民有感情的"三农"队伍。[③]

案例 4-6　科技小院助力绿色发展和农业振兴

2015 年习近平总书记到古生村考察时，嘱咐当地干部群众一定要把洱海保护好。

2009 年，时任中国农业大学资源与环境学院院长的张福锁带着团队师生走出校园，把课堂和实验室搬到河北曲周的田间地头，和农民同吃、同住、同劳动，零距离、零时差、零门槛、零费用地解决生产实践问题。当地的农民说："你们把科技带到我们农家小院，不如就叫

---

① 张华泉.我国 71 年农村科技扶贫变迁历程及演化进路研究 [J]. 科技进步与对策，2020，37(15): 18-27.
② 周蓉蓉.建设农业硅谷　推动成果转化（人民日报 12 月 2 日第 12 版）[EB/OL].（2021-12-02）. http://www.moa.gov.cn/ztzl/ymksn/rmrbbd/202112/t20211202_6383593.htm.
③ 科技赋能助推乡村全面振兴 [EB/OL].（2021-11-29）. http://www.moa.gov.cn/xw/qg/202111/t20211129_6383177.htm.

'科技小院'！"

2022 年，中国工程院院士、科技小院创始人张福锁在云南大理洱海边的白族村落里，建起了一座全新的科技小院，目标是协同实现洱海保护与农民增收，用绿色发展引领乡村振兴。小院通过"多学科交叉、多院校联合、多主体融合"，联合了云南农业大学、云南大学、大理大学等，并与大理州农业农村局、生态环境局等政府部门，以及云南农垦集团和顺丰洱海科技有限公司等当地企业合作，共同培养爱农兴农的新型人才，助推洱海流域农业绿色发展。2022 年，科技小院在洱海实现了水稻增产 30%、氮磷排放降低 40% 以上的成绩，蚕豆、草莓、土豆、油菜也都实现了绿色高值种植。

2023 年，科技小院已走过 15 个年头，中国农业大学已经在全国 24 个省区市的 91 个县市区旗，建立了 139 个科技小院，从 1.0 版的精准帮扶模式，发展至 2.0 版的产业扶贫模式，再升级为 3.0 版的乡村振兴模式。据不完全统计，15 年来，科技小院先后引进创新了 284 项农业绿色生产技术，推广应用技术的面积累计 5.66 亿亩，增收节支累计达 700 多亿元。

资料来源：总书记回信的科技小院是什么？一起去瞧瞧→[EB/OL].（2023-05-05）. https://news.cau.edu.cn/mtndnew/e26be2ce2901464ab87d4162761166b9.htm.

高校教师和学生投身乡村振兴的大舞台，让课堂知识和乡村实践紧密结合，让科研成果落地生根、开花结果，这也带动社会各界力量参与到科技助农、科技兴农的队伍中去，为农业现代化提供坚实的人才支撑。除却国家提供平台建设的政策和资金支持，地方科技力量也通过各种方式进入农村生产和产业发展的"现场"，帮助农村老百姓解决实际困难。重庆沙坪坝区科协主动为乡村产业发展助力，作为中梁山的特有品种，酒罐萝卜以其个大、多汁、味甜、无渣爽口等特点受到市场的欢迎，但地方上长期的无序种植不仅降低了商品率，也让酒罐萝卜的品质存在下降的趋势。为此，2018 年，沙坪坝区科协对接西南大学园艺园林学院宋洪元院长及其团队，就酒罐萝卜的生长环境、品种情况等方面展开研究，并最终确定改造提纯的优化方案。该方案让酒罐萝卜的商品率提升了 20%，这也为地方农户的年收入带来了同等甚至更高幅度的提升。[①] 农业生产的现实需要让科技不只存在于实验室中，其真正扎根于百姓生产生活需要的价值创造，为农民生活带去实实在在的改善。

三、金融入村

随着金融科技不断渗入乡村生活，农村金融给农民生活的多个方面带来了不同程度的改变，如打造农业全产业链、农业"互联网＋"、农产品物流体系等。对此，全国各地结合地方性的产业优势，着力推进适合当地农业发展的金融服务体系探索和建设。如山东淄博着力打造便捷普惠的"云金融"，其也成为农业农村部批准的国家农村改革试验区。[②] 在农村电商经济大力发展的当下，农村优质农产品有了更为优质和便捷的渠道进行推广和销售。2020 年，国内首个"区块链村"在安徽砀山良梨镇良梨村落地，试图建立起以涉农为主体的生产经营信用体系，构建全产业链数字经济的"砀山模式"。区块链技术的运用，让农村电商的交易、物流等数据在存储和取用上都有据可循、公开透明，这为银行等金融机构的资金服务提供了必要的过程性信息。[③]2023 年，中国人民银行、金融监管总局、中国证监会、财政部、农业农村部联合发布《中国人民银行 国家金融监督管理总局 证监会 财政部 农业农村部关于金融支持全面推进乡村振兴 加快建设农业强国的指导意见》，对做好粮食和重要农产品稳产保供金融服务、强化巩固拓展脱贫攻坚成果金融支持、加强农业强国金融供给等方面提出了具体要求。[④] 政策支持、科技助力、主体参与，农村金融在乡村生产和

①　沙坪坝科技助力精准服务乡村振兴 [EB/OL].（2021-11-03）. http://www.moa.gov.cn/xw/qg/202111/t20211130_6383271.htm.

②　江敦涛. 以数字化 助力推进乡村振兴（人民日报 12 月 2 日第 11 版）[EB/OL].（2021-12-02）. http://www.moa.gov.cn/ztzl/ymksn/rmrbbd/202112/t20211202_6383585.htm.

③　马成涛. 农村电商 助力乡村振兴 [EB/OL].（2021-05-25）. http://www.moa.gov.cn/xw/qg/202105/t20210525_6368355.htm.

④　吴秋余. 加大金融支农力度 全面推进乡村振兴 [EB/OL].（2023-06-17）. https://www.gov.cn/zhengce/202306/content_6886932.htm.

社会生活中得到更为深入的应用，其也为农村经济增长带来了更为深远与长足的动力。

案例 4-7 农发行长沙县支行"投贷联动"创新模式助力乡村振兴

2023年，农发行长沙县支行充分发挥农业政策性金融成本低、期限长、效率高等特点，积极探索创新投融资模式，成功开创出一条以"基金＋"投贷联动新路径，谱写金融活水助力地方经济高质量发展"1+1>2"的新篇章。

投贷联动力补短板，增产增效争创先机。2016年3月，该行以中国农发重点建设基金股权投资方式，为长沙湘丰智能装备股份有限公司"互联网＋"智能茶叶装备及产业服务基地建设项目投入资本金4070万元，以较低融资成本解决了项目资本金缺口问题，该项目于2018年12月顺利建成投产。2020年6月，该行又投放1000万元农业小企业贷款助力该企业扩大生产经营及原材料采购。通过"基金＋贷款"投贷联动方式，解决了企业资金短缺的难题，为增产增效赢得先机。

主动融资融智融力，推动银企合作共赢。为加快项目落地，该行成立金融服务小组，为企业提供政策解读和咨询服务，帮助企业制订发展规划和融资方案，挖掘项目收入增长点，规划统筹企业综合收益。

充分发挥平台优势，支持企业科技创新。在技术支持方面，该行利用其庞大的合作伙伴网络，为企业创造与行业内先进企业和科研机构对接机会，助其解决技术难题，提高产品质量和技术水平。

2023年9月，该行支持的"互联网＋"智能茶叶装备及产业服务基地建设项目入选中国人民银行2023年度《中国普惠金融典型案例》。

资料来源：农发行长沙县支行"投贷联动"创新模式入选2023年度中国普惠金融典型案例[EB/OL].（2023-10-13）. https://new.qq.com/rain/a/20231013A08D2L00.

农村金融在农村产业发展方面对农村社会生活产生了重要的影响，

但值得注意的是，在数字普惠金融普遍推进的当下，其中的区域和阶段性发展差异依然存在。李夏伟利用 1978—2019 省级面板数据，就城乡金融不平衡发展对我国城乡居民收入水平和收入差距的影响效应进行了考察，研究指出，农村金融发展能够显著缩小城乡收入差距，但整体金融发展对提高农村居民收入并无显著影响。[①] 可见，金融的整体发展也需要农业经营主体的主动参与和应用。阮荣平等基于全国 1 394 个新型农业经营主体调查数据，就信息获取和信息需求二者间的匹配度分析了我国现阶段新型农业经营主体信息化发展状况和存在的问题，该研究指出，这些新型农业经营主体信息获取的意识仍有待加强，获取信息来源的主体较为单一，信息供需存在脱节的问题。[②] 这意味着，与农业发展密切相关的金融供给类服务也受到农业生产主体信息化发展能力的影响，金融科技与乡村社会现实和农民日常生活的连接仍然是一个逐渐深入和展现的过程，数字金融是加剧了乡村低收入家庭经济的脆弱性，还是为缩小城乡差距提供了助力，也取决于乡村金融参与建设者的思考与行动。

第七节　现实与梦想

一、厚植人才沃土，重塑活力乡村

对于乡村治理来说，乡村民众的主体参与有着积极的作用。2017 年 12 月 28 日，习近平总书记在中央农村工作会议上强调："要培育富有地方特色和时代精神的新乡贤文化，发挥其在乡村治理中的积极作用。"2019 年 6 月 5 日，中央农办、农业农村部首次发布全国乡村治理典型案例，这些案例在不同层面开展工作，以解决乡村治理中的难

---

① 李夏伟 . 我国城乡金融不平衡发展对城乡收入差距的影响——基于 1978—2019 年省级面板数据的分析 [J]. 世界经济文汇，2023，274(3): 99-120.

② 阮荣平，周佩，郑风田 ."互联网 +"背景下的新型农业经营主体信息化发展状况及对策建议——基于全国 1394 个新型农业经营主体调查数据 [J]. 管理世界，2017(7): 50-64.

题，为基层治理体系的构建、完善和创新提供示范和引领作用。^①其中，在保障民生服务、提升治理能力方面，辽宁省抚顺市新宾县的"三向培养"强化治理人才支撑进入了第三批全国乡村治理典型案例的名录。"三向培养"指的是将致富能手培养成党员，将党员培养成致富能手，将党员致富能手培养成村干部，该方案旨在为乡村提供人才储备，提升乡村干部的综合素质，这也构成乡村治理人才支持的重要举措。在培养对象中，农村青壮年劳动力和党员成为主要的关注群体，但由于他们多数人常年在外务工，针对这群人的培养活动难以展开，对此，新宾县以"雁归巢"行动为牵引，建立全县的外出务工人员数据库，通过晓之以理、动之以情的多种方式，引导和鼓励这批人返乡创业。^②可以预见的是，这些成功"回流"至家乡的外出务工者将成为未来乡村治理中的主力军，这与国家对发挥凝聚乡村社会人心的"新乡贤"力量的倡导相呼应。

在对"新乡贤"的讨论中，特定地方的人才流入机制是在政府主导、社会协同的助推下形成的合力。^③2018年3月8日，习近平总书记在参加十三届全国人大一次会议山东代表团审议时指出："要推动乡村人才振兴，把人力资本开发放在首要位置，强化乡村振兴人才支撑，加快培育新型农业经营主体，让愿意留在乡村、建设家乡的人留得安心，让愿意上山下乡、回报乡村的人更有信心，激励各类人才在农村广阔天地大施所能、大展才华、大显身手，打造一支强大的乡村振兴人才队伍，在乡村形成人才、土地、资金、产业汇聚的良性循环。"^④对地方性的人才引进、培养和发展等机制的讨论，能够为乡村人才培

---

① 中央农办、农业农村部首次发布全国乡村治理典型案例 [EB/OL].(2019-06-05). http://www.moa.gov.cn/xw/zwdt/201906/t20190605_6316264.htm.

② 杨术玲.新宾满族自治县："雁归巢"行动引回金凤凰 [EB/OL].（2020-10-13）[2024-03-21]. http://www.rmlt.com.cn/2020/1013/595753.shtml.

③ 钱再见，汪家焰."人才下乡"：新乡贤助力乡村振兴的人才流入机制研究——基于江苏省 L 市 G 区的调研分析 [J]. 中国行政管理，2019(2): 92-97.

④ 汪晓东，李翔，刘书文.谱写农业农村改革发展新的华彩乐章——习近平总书记关于"三农"工作重要论述综述 [EB/OL].（2021-09-23）. http://www.moa.gov.cn/ztzl/ymksn/rmrbbd/202109/t20210927_6378308.htm.

养机制建设提供经验借鉴。

　　乡村社会发展的核心动力在于人才，人才能够帮助解决农村社会生活中存在的阶段性和关键性问题，但对于脱贫攻坚成果的保障和经营，地区贫困状况的动态监测机制则显得更为重要。在国家脱贫攻坚的指导意见下，消费扶贫成为以国家为重要推动力的农村经济发展策略，这一策略在带动扶贫产品销售方面发挥着建设性的积极作用，但同时在对小农户生产的消费扶贫的微观组织过程的考察中，贺聪志和叶敬忠也发现，小农户生产与现代城市消费之间存在很大的"不连续性"，其反映出食物文化在全球性与地方性之间的张力，也突显了城乡之间在现代消费与小农生产之间的割裂。[①] 对于扶贫这项长期任务来说，类似城市消费与乡村生产供给之间不匹配这样的城乡一体化进程中的问题仍会长期存在，而要应对这样的问题，人的主动性与适应性才是至为关键的要素，正如习近平总书记所提出的"扶贫先扶志，扶贫必扶智"。这意味着，从脱贫攻坚到乡村振兴，乡村社会发展的核心不只是为农村增加经济收入，还应在农民创造性地提升自身适应性和能动性方面作出有意识的引导和培育。

二、着力生态保护，共建宜居乡村

　　目前，农村农民的总体经济状况已经得到很大的改善，在中国特色社会主义进入新时代的发展阶段，社会主要矛盾已转化为人民日益增长的美好生活需要和不平衡不充分的发展之间的矛盾。21 世纪初期，有学者便指出，今天农民的主要问题在于怎样在现代社会提高生存质量的问题，而非生存问题[②]，而这个问题也随着逐渐加快的城市化进程和乡村社会发展的新气象而变得愈加重要。习近平总书记指出："实施乡村振兴战略，一个重要任务就是推行绿色发展方式和生活方式，让生态美起来、环境靓起来，再现山清水秀、天蓝地绿、村美人和的美

---

① 贺聪志，叶敬忠.小农户生产的现代性消费遭遇——基于"巢状市场小农扶贫试验"的观察与思考 [J]. 开放时代，2020(6): 6, 45-60.

② 贺雪峰.乡村的前途：新农村建设与中国道路 [M]. 济南：山东人民出版社，2007：37.

丽画卷。"①

乡村生态环境建设是与乡村社会的生活紧密联系的生态治理工作。在乡村的社会生态环境中，公共空间建设逐渐考量其与地方乡村民众生活环境之间的融合程度。而事实上，在一些以乡村旅游为乡村生态经济开发重要取向的地区，生态环境问题也逐渐受到重视。此外，在日益重视生态环境保护的背景下，生产企业被视为需要对环境保护和污染物排放作出回应的主体，而金融企业在金融资源配置上也被认为有必要考虑相应的环保内容，由此，绿色低碳金融服务对城乡融合发展有着重要作用，但目前该领域的融资工具、法律法规等方面都尚不完善②，乡村的生态振兴依然任重道远。

近年来，国家对以国有林场为代表的国家生态安全基层单位进行生态保护和治理工作，其中不乏塞罕坝精神、原山精神、洋林精神等国有林场艰苦奋斗，为国家生态建设提供宝贵经验的鲜活事迹。③2021年8月23日，习近平总书记到塞罕坝机械林场考察时强调："塞罕坝精神是中国共产党精神谱系的组成部分。全党全国人民要发扬这种精神，把绿色经济和生态文明发展好。"河北省最北部的围场满族蒙古族自治县境内，属于内蒙古高原与华北平原的过渡地带，"塞罕坝"是蒙古语美丽的高原的意思，是我国最大的人工林场，但最初的塞罕坝，地处偏远，气候高寒，平均海拔 1 500 多米，年均气温零下 1.4 ℃，有很大比例的草原、荒漠和沙丘，土地沙化问题严重，因此当地也有"飞鸟无栖树，黄沙遮天日"之称。20 世纪 60 年代初，塞罕坝机械化林场建立，包含 360 多人的建设队伍集结起来奔赴林场，其中包含了

---

① 汪晓东，李翔，刘书文 . 谱写农业农村改革发展新的华彩乐章——习近平总书记关于"三农"工作重要论述综述 [EB/OL]. （2021-09-23）. http://www.moa.gov.cn/ztzl/ymksn/rmrbbd/202109/t20210927_6378308.htm.

② 左正龙 . 绿色低碳金融服务乡村振兴的机理、困境及路径选择——基于城乡融合发展视角 [EB/OL]. （2021-11-30）.[2021-12-03]. http://kns.cnki.net/kcms/detail/13.1356.F.20211129.1422.003.html.

③ 陈文汇，黄炜 . 实施乡村振兴，国有林场大有可为（光明日报 11 月 13 日第 9 版）[EB/OL].（2021-11-13）. http://www.moa.gov.cn/ztzl/ymksn/gmrbbd/202111/t20211115_6382145.htm.

来自我国 24 个省区市、19 所大中专院校的 140 多位大中专毕业生和周边地区的工人。当时我国正处在"三年困难"时期，塞罕坝的自然气候和生产生活的条件都极其恶劣，但这些塞罕坝创业者以坚强的意志克服了种种困难，以"先治坡、后治窝，先生产、后生活"的拓荒思想，坚持开展了大规模机械化造林和人工造林活动，塞罕坝生态林场的建设有赖于科技培育、法律制度、生态旅游和生态文化力量的持续推动。[①] 从荒漠到塞北的"绿色明珠"，"牢记使命、艰苦创业、绿色发展"的塞罕坝精神[②] 依然延续在一代代林区创业者的行动与信念当中，塞罕坝人用实际行动诠释了"绿水青山就是金山银山"的理念，而这也成为乡村社会生态振兴的思想指针。

近年来，在习近平生态文明思想的指引下，我国的自然生态保护修复工作也在大力推进。2021 年 10 月，自然资源部国土空间生态修复司发布了《中国生态修复典型案例集》，生态与发展共赢的"中国方案"展现着生态保护的中国实践，而塞罕坝机械林场治沙止漠筑牢绿色生态屏障案例便位列其中。除此之外，我国东、中、西部不同地区，涉及自然、农业、城市等多种生态类型的特色保护修复措施，也在生态、经济和社会效益之间取得了显著的成效。[③]

案例 4-8　寻乌县废弃矿山综合治理

20 世纪 70 年代末以来，寻乌稀土开发生产为国家建设和创汇作出重大贡献，但由于生产工艺落后和不重视生态环保，遗留下废弃稀土矿山 14 平方千米，造成植被破坏、水土流失、河道淤积、耕地淹没、水体污染、土壤酸化等生态破坏，昔日的绿水青山变成了"南方沙漠"。

江西省寻乌县深刻理解并积极践行"山水林田湖草是生命共同体"理念，改变了过去条块分割、单一碎片化治理的传统模式，实行以小

---

① 　河北省绿化委员会办公室 . 绿色河北 [M]. 石家庄：河北科学技术出版社，2008：165-168.

② 　求是网 ."塞罕坝精神"知多少 [EB/OL].（2021-08-25）.http://www.qstheory.cn/zhuanqu/2021/08/25/c_1127792273.htm.

③ 　18 个，《中国生态修复典型案例集》发布 [EB/OL].（2021-10-28）. https://www.thepaper.cn/newsDetail_forward_15111796.

流域为单元的分区治理，先控制危害、后合理利用，梯次推进。其主要措施包括：一是坚持规划先行，编制生态修复详细规划和实施方法；二是打破行业壁垒，成立统一调度推进的山水林田湖草项目办公室；三是加强中央专项奖补资金、其他生态治理资金和企业投资等资金整合；四是推进"三同治"模式，即山上山下、地上地下、流域上下同治；五是统一水质、水土流失控制、植被覆盖率、土壤养分及理化性质考核标准。

　　经过治理和提升两个阶段的实施，寻乌县实现了从"废弃矿山"到"绿水青山"再到"金山银山"绿色蝶变；在实践中创新总结了"山上山下、地上地下、流域上下"的"三同治"治理新模式；在治理修复实践中坚持走生态产业化治理道路，探索了"生态＋园区""生态＋光伏""生态＋农业""生态＋文旅"等生态产品价值实现的四条路径，实现了生态效益与经济效益、社会效益的融合发展，促进了人与自然和谐共生，已成为南方废弃稀土矿山治理修复的典型示范。

　　资料来源：中国生态修复典型案例（17）| 寻乌县废弃矿山综合治理 [EB/OL].（2021-10-21）. https://mp.weixin.qq.com/s?__biz=MzA4MDU2MjQzMg==&mid=2654075889&idx=2&sn=d88ac6290e45a5cc89eba3f2a8feed50&scene.

　　绿水青山就是金山银山，尊重自然、顺应自然、保护自然，绿色发展、循环发展、低碳发展等基本理念，是习近平生态文明思想基本理念，是我们实践地球生命共同体和人类命运共同体理念的重要思想基石。

三、传承乡土文化，留住美丽乡愁

　　在乡村振兴战略的背景下，乡土文化价值得到了重新审视的契机。作为特定空间，乡土的物质生产、社会生活和精神生活这三重价值得到"活化"，这为修复和养护中华文化根基，以及满足人民日益增长的文化需求提供了深厚的文化积淀。[1] 在此过程中，"新乡贤"作为引

------

① 萧放. 重返乡土：中国乡土价值的再认识 [J]. 西北民族研究，2023(3): 83-93.

领乡村文化振兴的关键人群得到进一步的强调，他们被视为凝聚和生成乡村社会内部组织的中坚力量，研究者着力重申对"新乡贤"的赋能和价值再造，强化其文化功能[①]，同时乡贤文化实践的内部问题也在研究中得到了正视。[②] 可见，当代乡村建设并非仅仅聚焦于经济建设，乡村社会的文化建设和文化价值认同的重建，也是乡村社会治理的关键环节。

在乡村文化振兴实践中，全国各个地方充分挖掘地方文化特色，借助多样化的融媒体宣传平台，着力营建和打造代表地方特色的文化符号。河南省洛阳市汝阳县打造乡村文化合作社，发挥基层文化阵地的自我成长能力。例如宣传与产业融合，让农民接受手机摄影、抖音视频制作等知识培训，将农村生活融入视频、摄影等作品中，网络流量带来一定的销售收入。而经由网络平台意外走红的黔东南州台江县台盘村"六月六"节庆期间的"村BA"对决，也让人们看到了乡村生活质朴与欢乐的精神风貌。[③] 在乡村文化品牌建设上，各地结合新农村建设思路和当地民众的文化需求打造了多样化的文化活动。汝阳县形成了层级式的联动机制，即县文化馆为总社、乡镇为分社、村级为合作社，这一机制联合开设戏曲、书法等多门类特色活动，服务更广泛的社会文明实践需要。[④] 类似的新农村建设中的乡风文明活动也在浙江省嘉兴市嘉善县天凝镇洪溪村得到充分的开展，当地的文化"金名片"有"洪溪篮球""辣妈宝贝"，它们为村民提供了参与健康向上的文体活动的平台，其也有利于村民养成健康文明的生活习惯，而多样的文艺队伍也为向外展示乡村地区的文化风采提供了载体。[⑤]

---

① 赵秀玲.乡村文化振兴与新乡贤再造 [J].河北学刊，2023，43(4): 167-175.

② 季中扬，胡燕.当代乡村建设中乡贤文化自觉与践行路径 [J].江苏社会科学，2016，285(2): 171-176.

③ "村BA"：美好生活值得"被看见"[EB/OL].（2022-08-21）.https://www.guizhou.gov.cn/home/gzyw/202208/t20220821_76137905.html.

④ 吴会菊，吴祎珂.河南汝阳：打造特色文化品牌 助力乡村文化振兴 [EB/OL].（2021-11-29）.http://www.moa.gov.cn/xw/qg/202111/t20211129_6383185.htm.

⑤ 全国乡村振兴优秀案例公布 [EB/OL].（2020-09-09）.http://www.farmer.com.cn/2020/09/07/wap_99859097.html.

第八节　本章小结

习近平总书记指出："必须以满足人民日益增长的美好生活需要为出发点和落脚点，把发展成果不断转化为生活品质，不断增强人民群众的获得感、幸福感、安全感。"^①[①] 从解决温饱问题到实现全面小康，人民群众不仅对物质文化生活提出了更高要求，而且在公平、正义、民主、法治、安全、环境等方面，人民群众的要求也日益增长。在改革开放大潮下，从乡村到城市的人口流动让中国社会出现前所未有的生机与希望，但也带来了流出地和流入地不同的社会问题。在加快推进城乡融合发展的进程中，无论是城市对外来者的包容与吸纳，还是乡村生活本身的突破与变革，可见的是，城乡一体化、"新市民"、"返乡创业"等趋势的出现，都在不同程度上回应着中国式现代化在乡村发展、建设和治理任务上的要求。"民族要复兴，乡村必振兴"，当今世界正经历百年未有之大变局，中华民族伟大复兴正处于关键阶段，在此背景下，乡村社会发展也仍将面临更为复杂且严峻的形势，如何在准确把握新发展阶段、深入贯彻新发展理念、加快构建新发展格局的基础上，全面推进乡村振兴，加快农业农村现代化，也是每一位身处于中国特色社会主义现代化国家建设事业中的建设者需要思考和实践的命题。

---

① 习近平在参加江苏代表团审议时强调：牢牢把握高质量发展这个首要任务 [EB/OL].（2023-03-05）. https://www.gov.cn/xinwen/2023-03/05/content_5744877.htm.

第五章
乡村文化

在乡村振兴的过程中，文化建设也是非常重要的一环。与城市相比，乡村因其地理环境、经济发展模式、人口居住方式等原因形成了独具特色的文化样态；随着工业化的发展和城市化进程的加快，当下中国的乡村文化也与传统乡村的情况大不一样，出现"陌新社会"。这种变化既来自文化自身前进的动力，也离不开城市文化及城乡之间的人口流动所带来的影响。因文化本身贵在多样，乡村文化受到地域、民风等方面的影响颇多，故本章主要采用案例分析的形式介绍当代中国乡村中较有代表性的文化现象与其精神内涵，各地文化并无优劣之分。具体而言，我们将从构成乡村的单位（宗族与家庭）、乡村交流的媒介（语言与文字）、乡村生活的方式（物质与精神）、乡村文化的未来（契机与挑战）等方面展开。

第一节　构成乡村的单位：宗族与家庭

中国的行政区划管理方式大致为省（自治区、直辖市、特别行政区）—市（州、旗）—县（区）—乡（镇）—村。那么，一个村落之内的管理体系是如何构成的呢？在传统中国的诸多村落之中，宗族是构成村落的基本单位，"宗族作为中国传统社会的基本单元，尤其是在宋、明以后，具有相当全面的社会功能，构成整个社会结构的基础"。① 虽然宗族在中国的地域分布并不均衡（南方地区的影响力相对更强，尤其是东南沿海一带），当代宗族在乡村中的势力也在减弱，但其形成的文化观念依然深刻地影响着中国当代的乡村文化。我们的说明，也基本限定在当前受宗族影响较大的东南地区乡村。

一、宗族

（一）什么是宗族

冯尔康等在梳理对宗族的不同定义时，提出宗族在不同时代的活动内容和表现形式有所不同，因此宗族的定义也应该是一个动态变化的过程。在先秦时代宗法制较为典型，宗族是"由父系血缘关系的各个家庭，在祖先崇拜及宗法观念的规范下组成的社会群体"，这个概念在汉代到清代之间也基本适用，但宗法的具体内容发生了颇多改变，宗族也可以被称为家族。② 到了现代，冯尔康采用了吴景超的定义，即"我们把宗族定义为具有相同姓氏的人们的群体。在中国，姓氏相同的人通常住在同一个村子里，并有一个共同的宗祠，作为宗族的社会和宗教活动中心"。③ 当代的诸多"宗亲会"也是根据相同姓氏来确定宗亲身份的，其名称也往往以"某氏宗亲会"来突出姓氏要求。从"血缘关系"作为宗族存在的必要条件，到"同姓"作为判定宗族的依据而淡化血缘关系，这一改变与宗亲观念、婚姻关系、女性地位的变化等因素有不可分割的关系。这种宗族组织本身的变化，也会影响到宗族文化的变化。

（二）宗族的演变

从上述定义可以大致看出，古代中国的宗族更多强调父子血缘、身份等级，而当代宗族更多强调个人身份、社会组织，两者已经有很大差异。古代（尤其是指先秦时期）宗族向当代宗族演变，冯尔康、阎爱民将其归纳为五个不同的时期：第一是先秦的宗子贵族宗族制，只有天子、诸侯、卿、大夫、士等贵族阶级的宗族才具有一定的社会

---

① 周大鸣，等.当代华南的宗族与社会[M].哈尔滨：黑龙江人民出版社，2003：1.
② 冯尔康，等.中国宗族史[M].上海：上海人民出版社，2009：17.
③ 吴景超.唐人街：共生与同化[M].筑生，译.天津：天津人民出版社，1991：223.

地位，强调其贵族属性；第二是中古时期的士族宗族制，士族以家庭为单位拥有一定特权，同时拥有政府给予的特权保障；第三是宋元时期的官僚宗族制，官僚只有本身及家庭的特权，而其宗族没有法定特权，宗族已经从"特权时代"进入"无特权时代"；第四是明清的绅衿宗族制，特权进一步缩小，这些宗族为弥补损失的特权，谋求社会权益而举办诸多公益事业；第五是近代以来的平民宗族制与宗亲会制，等级制消失，宗族随之进入平民制时代。到了 20 世纪后半叶，台湾、香港等地区及海外华人社会的宗族演变为宗亲会，不再强调家族血缘关系，而以同姓为结合对象，以个人身份自愿入会，使宗族真正成为近代民间团体。[①]

可见，宗族逐渐从强调特权到强调平等、从社会上层走入民间、从强调血缘关系到强调个人身份。在传统中国尤其是宋、元以后，宗族在乡村之中发挥着十分重要的作用。但到了当代，宗族的情况与古代相比发生了很大的变化。若想用较短的篇幅进行概括也绝非易事，钱杭提道："中国农村宗族并没有一个统一的结构，也没有统一的功能"[②]，"不同的文化传统、历史机缘和经济环境，也会使不同区域内的宗族，出现不同的结构特征和功能特征"。[③]"宗族"这个概念对于北方、西南大多数乡村来说，是一个相对陌生的词汇；同时，随着现代化的推进、城乡人口流动的加剧、城市化的加剧，乡村的规模较前已经缩小，这也不可避免地导致宗族的社会影响力逐渐降低。当前，虽然有诸多宗族出现"复兴"的迹象，但很多是出于行政力量或经济利益的推动，未必是出自宗族发展的内生性动力。李建民、董磊明通过对珠三角地区改革开放以后的乡村经济情况的调查，发现改革开放后当地普遍存在"哥哥种地、弟弟进厂"的经济分工，而家族内部便形成了"穷哥哥、富弟弟"的局面，进一步形塑了"不对等格局"，人

---

① 冯尔康，阎爱民 . 宗族史话 [M]. 北京：社会科学文献出版社，2012: 2-3.
② 钱杭 . 关于当代中国农村宗族研究的几个问题 [M]// 钱杭 . 宗族的传统建构与现代转型 . 上海：上海人民出版社，2011: 237.
③ 钱杭 . 关于当代中国农村宗族研究的几个问题 [M]// 钱杭 . 宗族的传统建构与现代转型 . 上海：上海人民出版社，2011: 238.

情交换等手段强化了阶层地位。这就使得宗族内部的关系更加破裂，导致当地宗族出现"外强—中干"的特殊形态结构。[①] 可见，随着社会政治经济的变化，宗族的内生性动力相较于之前已经减弱，其在社会生活中的影响力也有了一定变化。

（三）宗族的政治功能

传统中国的乡村往往不受法律直接管理，一般依靠村规民约治理，因宗族的存在，许多村规民约也是族规家法，由宗族制定来管理本宗事务，宗族在传统中国乡村治理中起着十分重要的作用。当代中国实施"依法治国"，乡村也要受到国家法律的统一管理，村主任、村委会等也由国家相应的选举制度选出，这在一定程度上限制了传统宗族功能。国法成为超越于宗族的上位概念，村委也需在法律的范畴内处理本村问题，而不能只依靠族规家法。在这种情况下，宗族还能发挥一定政治功能吗？

钱杭认为，当代中国的乡村中，宗族依然发挥着一定的政治功能。乡村是一个相对传统、稳定的区域，在这个宗族势力较大的区域，宗族观念已经成为被当地社会所认可的一种社会关系观念，重建起来的宗族在组织上正在努力寻找合适的形式，以衔接现实社会生活秩序，而非截然对立。尤其是在与基层政权的关系上，宗族组织谋求与其合作与协调。甚至许多基层政权领导人也直接参与宗族之中，担任重要职务。[②] 但部分宗族势力过大，也会使得民众对"宗族"的认同超越对"国家"的认同，影响依法治国的实现，这还需要时间的磨合与制度的规范。岳成浩、吴培豪通过实地调研位于安徽省的 A 村选举，分析得出其选举过程往往成为宗族之间的利益争夺[③]，这有可能会损伤国家法律的权威，不利于公平行政。但宗族的存在也的确满足了村民的部分现实需求，岳成浩、吴培豪将其概括为"集体利益表达与实现的良好

---

① 李建民，董磊明．经济分化与宗族的"外强—中干"——以珠三角地区为研究对象 [J]．中国农业大学学报（社会科学版），2019，36(3)：91-102.

② 钱杭．关于当代中国农村宗族研究的几个问题 [M]// 钱杭．宗族的传统建构与现代转型．上海：上海人民出版社，2011：239.

③ 岳成浩，吴培豪．重构抑或消亡：乡村振兴背景下宗族功能再定位研究 [J]．西北大学学报（哲学社会科学版），2019，49(3)：52-57.

途径"，如其文中的 A 村，吴氏宗族在修筑水泥路、向村委会表达利益诉求等方面都发挥了重要的协商调和功能。[①] 这也从一个侧面证明了当代中国的乡村中，宗族依然发挥着一定的政治功能，我们也需要努力寻求宗族与当前中国政治体制之间的协调与适应。

（四）宗族的经济功能

当代中国乡村中的宗族是否会对乡村经济发展产生影响？答案自然是肯定的。郭云南、姚洋以大姓宗族当选村内行政职务为例，提出这会对村级生产性投资和村庄收入分配具有一定影响，选举产生的大姓村主任会增加村级的生产性投资，却对农户可支配收入的基尼系数影响不大。大姓当选对投资的促进作用主要体现在姓氏结构多样化的村庄中。[②] 可见，宗族在当代乡村中依然发挥着重要的影响，其中既有积极的一面，也不乏消极的可能。尤其是其没有明显改善基尼系数，也给中国共同富裕的实现带来了一定的困难。岳成浩、吴培豪指出，吴氏宗族中长期保持的信任品质对每一个成员都发挥着约束与道德自律作用，使得其筑路的过程中并未出现机会主义者和搭便车现象。同时，A 村还形成了一种互助式经济模式，这种经济模式对于家庭经济条件不好或劳动力缺乏的成员具有补助作用。[③] 杨晓曦则提出，一些宗族内部集资建立了新的宗族资产，形成规模经济，一定程度上可以促进乡村的经济发展。[④] 甚至，宗族文化的存在还会影响企业的并购决策。袁媛等人的研究表明：地区宗族文化越浓厚，企业越愿意进行并购决策，宗族关系网络是形成上述影响的内在机制。[⑤]

---

① 岳成浩，吴培豪.重构抑或消亡：乡村振兴背景下宗族功能再定位研究 [J]. 西北大学学报（哲学社会科学版），2019，49(3): 52-57.

② 郭云南，姚洋.大姓当选：生产性投资还是收入分配 [J]. 金融研究，2014，11: 191-206.

③ 岳成浩，吴培豪.重构抑或消亡：乡村振兴背景下宗族功能再定位研究 [J]. 西北大学学报（哲学社会科学版），2019，49(3): 52-57.

④ 杨晓曦.宗族视角下的乡村治理现代化——以河南省 × 村为例 [J]. 郑州大学学报（哲学社会科学版），2015，48(3): 28-31.

⑤ 袁媛，王一晟，刘彬.宗族文化是否影响企业并购决策？——来自上市家族企业的证据 [J]. 外国经济与管理，2022，44(5): 136-152.

综上所述，政府适当运用行政权力对宗族活动加以规范，使其积极方面更好地为社会主义经济建设服务，改良其消极方面以适应新中国的发展，这或是一种较为理想化的解决方案。

需要补充说明的是，王沪宁认为"家族"是构成乡村的基本单位，"家族文化是中国社会生活的重要组成部分，对于认识中国社会的过去、现在和将来均具有不可低估的意义"。[①]"家族"的涵盖面更为广泛，如其书中的案例，也包含了中国北部的辽宁、甘肃、陕西等省份的乡村，这些案例可以让我们对中国的乡村结构有更加全面的了解。宗族的影响力已经超越了中国国土的范畴，甚至影响到海外华人聚居的社会。如在美国，当一个地区的同姓华人人数相当多时，通常他们会组成社团，并设立总部，以行使宗祠的职能。如果同族成员太少，还可以与其他宗族联合，组成一个联族。而几个宗族若想联合，则必须从他们宗族的历史中找出某种血缘关系和其他重要关系。这些宗族组织，可以参与到解决同姓成员间的纠纷、救助本族的穷苦人和无依无靠的人等事务中。[②]潘淑贞、王红选取福建南安籍旅菲戴氏家族作为研究对象，发现这个家族在海外所建立的企业借助宗族关系，利用海外宗族网络关系，使得产品走进家族圈，而后逐步进入全球市场。可见，在其企业经营的过程中，宗族发挥了不可替代的作用。[③]

二、家庭

上面我们分析了构成乡村组织形态的重要力量——宗族，但毕竟宗族的存在受制于区域，许多区域的乡村并没有影响力强大的宗族；且当代中国宗族的影响力也在减弱，宗族的功能出现变化。我们要想分析乡村的组织形态，不可忽视的便是最小的社会细胞——家庭。钱杭认为"宗族与家庭的关系是极为密切的。在一定的条件下，宗族与

---

①　王沪宁.当代中国村落家族文化 [M].上海：上海人民出版社，1991：10.

②　吴景超，唐人街：共生与同化 [M].筑生，译.天津：天津人民出版社，1991：224-227.

③　潘淑贞，王红.家族企业的宗族集群化经营机理 [J].湖北民族学院学报（哲学社会科学版），2019，37(4)：138-145.

家庭在结构上体现为整体与组成整体的各部分之间的关系……满足或大体满足了上述三条件并以某种规模聚居在一起构成生活共同体的家庭，在适当的外在氛围内就有可能形成宗族。"[①] 同时他也提到，现代宗族之所以出现转型，除了外在制度环境的强制约束以外，从根本上说是由家庭结构的演变引起的。[②] 费孝通在《乡土中国》中分析道，中国的乡土社会与西方的团体社会不同，是一种"差序格局"，中国更多是以父子关系为纽带而纵向发展，西方社会的家庭则更多是以两性关系为核心而横向发展。[③] 这都提示我们，家庭结构在乡村社会中起着十分重要的作用。

（一）家庭的构成：从"大家族"向"小家庭"转变

根据《中国统计年鉴2021》，我们可以了解到2020年前后的中国乡村家庭情况。表2-11"分地区户数、人口数、性别比和户规模（乡村）"显示，在户数上，当前中国有186 650 198户乡村家庭，其中拥有家庭户口的为183 772 719户，占比超过98%，仅有2 877 479户为集体户，其中河北、山东、河南、湖南、广东、四川等地的户数较多，均超过1 000万户。在人口上，约5亿人口生活在乡村之中，性别比达到了107.91，31个省级行政区的乡村均出现了男多女少的情况，北京、上海等地尤其严重。平均每户家庭的人口数为2.7人，户规模数超过3人的省份有西藏（4.03）、海南（3.26）、青海（3.24）、新疆（3.19）、云南（3.18）、广东（3.12），不到2人的仅有上海市（1.97）。[④] 整体而言，西部地区乡村的户人口数相对高于东部地区的乡村，但基本都在每户3人左右，这与计划生育政策的落实、乡村人口向城市涌入、高等教育普及、家庭形态变化等有一定关系。根据第1～7次人口普查结果，家庭户规模从1953年的4.33人降低到2020

---

① 钱杭. 农村家庭的结构变动与当代宗族的转型 [M]// 钱杭. 宗族的传统建构与现代转型. 上海：上海人民出版社，2011: 264.
② 钱杭. 农村家庭的结构变动与当代宗族的转型 [M]// 钱杭. 宗族的传统建构与现代转型. 上海：上海人民出版社，2011: 264.
③ 费孝通. 乡土中国 [M]. 北京：中华书局，2019: 24-33.
④ 中国统计年鉴 2021：表 2-11[EB/OL].[2023-04-17]. https://www.stats.gov.cn/sj/ndsj/2021/indexch.htm.

年的 2.62 人，如表 5-1 所示。^① 可见中国古代那种"大家族"式的家庭形态已经向"三口之家"的小家庭形态发展。2020 年城镇的户规模数为 2.49 人，^② 城乡间的户规模数差距也在缩小。

表 5-1　七次人口普查所显示的乡村家庭情况

家庭情况	1953 年	1964 年	1982 年	1990 年	2000 年	2010 年	2020 年
总人口 /万人	58 260	69 458	100 818	113 368	126 583	133 972	141 178
乡村人口 /万人	50 534	56 748	79 736	83 397	80 739	67 415	50 979
乡村人口占比 /%	86.7	81.7	79.1	73.6	63.8	50.3	36.1
家庭户规模 /（人 / 户）	4.33	4.43	4.41	3.96	3.44	3.1	2.62

资料来源：中国统计年鉴 2021：表 2-7[EB/OL].[2023-04-17].https://www.stats.gov.cn/sj/ndsj/2021/indexch.htm.

（二）家庭的经济：传统农业与外出打工成为主要经济形态

传统中国的乡村家庭，其经济形态一般为男耕女织、自给自足的小农经济，男女双方分工明确，以农业和手工业作为经济生活的主要形态，这种经济形式与乡村生活的相对封闭性、农业种植的相对固定性有关，同时也受到统治者为稳固统治而采取的"重农抑商"政策影响。到了当代中国乡村，一方面，很多家庭保持农业与手工业为主的经济形态，大力发展农业；但另一方面，现阶段单纯农业的发展经济收益较低，难以维持高额开销，外出打工成为乡村民众另一重要收入来源，这种现象在男性身上更为突出。根据 2020 年进行的第七次人口普查结果，城镇人口约 90 199 万人，其中就业人口约 46 271 万人，占比约 51%；乡村人口约 50 979 万人，其中就业人口约 28 793 万人，占

---

① 中国统计年鉴 2021：表 2-7[EB/OL].[2023-04-17]. https://www.stats.gov.cn/sj/ndsj/2021/indexch.htm.

② 中国统计年鉴 2021：表 2-9[EB/OL].[2023-04-17]. https://www.stats.gov.cn/sj/ndsj/2021/indexch.htm.

比约 56%^①，乡村人口就业率甚至高于城镇，与大量的乡村人口外出打工有直接关系。从收入种类上来看，乡村居民的收入包含工资性收入、经营净收入、财产净收入和转移净收入，且呈现逐年增加的态势（表 5-2）。^② 可见乡村民众的收入来源逐渐多样化，经济生活形态从单一农业逐渐走向多元。

表 5-2　2014—2020 年农村居民人均收入情况　　　　　　元

指标	2014 年	2015 年	2016 年	2017 年	2018 年	2019 年	2020 年
可支配收入	10 488.9	11 421.7	12 363.4	13 432.4	14 617.0	16 020.7	17 131.5
工资性收入	4 152.2	4 600.3	5 021.8	5 498.4	5 996.1	6 583.5	6 973.9
经营净收入	4 237.4	4 503.6	4 741.3	5 027.8	5 358.4	5 762.2	6 077.4
财产净收入	222.1	251.5	272.1	303.0	342.1	377.3	418.8
转移净收入	1 877.2	2 066.3	2 328.2	2 603.2	2 920.5	3 297.8	3 661.3

资料来源：中国统计年鉴 2021：表 6-11[EB/OL].[2023-04-17].https://www.stats.gov.cn/sj/ndsj/2021/indexch.htm.

（三）家庭的文化：当代家风

随着家庭形态的变化，家庭文化也出现了一定的调整。传统中国的家庭因其规模较大、等级森严、人口众多而形成了一整套的"家庭规范"，即"族规家法"，其强调父系血缘关系的强制性地位、父慈子孝、兄友弟恭、邻里和睦等伦理关系。当代中国的乡村，虽然部分地区依然保持着这样的文化形态，但受到户人口规模减小的影响，更多的家庭以两代人居住为主，很难再保持原来的等级性，夫妻和谐、父子融洽、家庭和睦等成为新式乡村家庭的追求，男女平等也迈出了新

---

① 中国统计年鉴 2021：表 2-7，表 4-3[EB/OL].[2023-04-17]. https://www.stats.gov.cn/sj/ndsj/2021/indexch.htm.
② 中国统计年鉴 2021：表 6-11[EB/OL].[2023-04-17]. https://www.stats.gov.cn/sj/ndsj/2021/indexch.htm.

一步。同时，在经济形态、教育普及等因素的影响之下，乡村家庭中人口流动性增大，也使得家庭成员团聚的时间更少，整体上增加了家庭成员间的距离。虽然时有不和谐的家庭关系出现，但整体上看，中国当代的家庭正在从"家族"的等级文化向"家庭"的生活文化转变。

案例 5-1　温州永嘉岩头金氏宗族村落文化

岩头金氏宗族村落位于永嘉岩头镇镇政府所在地，距永嘉县城约 20 千米，西靠括苍山余脉，东、南、西三面分别有大楠溪、小横坑溪、五鹤溪环绕。这里属中亚热带季风气候，温暖湿润，四季分明，无霜期长，年温差较小，雨量充沛，土地肥沃，依山傍水，适宜耕种和生活。岩头金氏宗族村落建村至今已有 700 多年历史。

金氏本是仕宦人家，迁到岩头后，凭借其文化优势和经营能力并占据最利于生存和发展地段，迅速成为当地的望族。岩头村也很快发展成为楠溪江中游最兴旺、最有文化成就的血缘村落。岩头金氏宗族村落以其巧妙的村庄布局、古朴的乡村园林、科学的水利设施和深厚的宗族文化、耕读文化、商贸文化底蕴而闻名。由于其突出的文化地位，1991 年，其被列为浙江省历史文化保护区。

资料来源：姚周辉.试论永嘉岩头金氏宗族村落文化的传承动力 [C]// 中国东南地域文化国际学术研讨会.浙江省社科联；复旦大学，2009.

综上所述，在当代中国的乡村中，宗族和家庭依然是非常重要的组织方式，但其特点与所发挥的作用与传统中国相比却有非常大的差异。具体来说，以血缘关系维系的大宗族势力减弱，以姓氏为纽带建立的新型宗族逐渐兴起。新型宗族虽然不具有传统中国乡村那般强大的控制力，但依然保持着对乡村政治、经济等方面的渗透。特大型家族的数量逐渐减少，"三口之家"为代表的小家庭成为乡村家庭的重要代表，大量男性外出打工也影响了乡村的性别比。当代中国的家庭经济结构也出现了变化，除了传统的农业与手工业以外，外出务工成为年轻乡村民众的选择之一，这加速了城市化与城乡间的人口流动。当代中国乡村出现这般变化，与改革开放以来中国经济改变、社会变迁是分不开的。

第二节　乡村交流的媒介：语言与文字

本节主要介绍乡村之中人与人之间交流的基本媒介：语言和文字。第一部分，主要是乡村的"语言"。人的生活离不开语言，乡村亦然。乡村语言的使用，与城市语言有诸多不同：其一，乡村语言以方言土语为主，带有强烈的地方特色与封闭性，往往只有特定区域内的民众才能够顺利使用。其二，随着时代的发展与科技的进步，普通话逐渐走入了乡村民众的生活之中，越来越多的人会说普通话，需要讲普通话的场合也在逐渐增多。本节将介绍乡村民众使用普通话的情况。其三，乡村民众会大量使用谚语、谜语、歇后语等进行日常生活的记录与表达，这些特殊的话语中包含着民众的智慧与生活经验。第二部分，则主要是乡村的"文字"。费孝通认为，传统中国的乡村，是"不需要文字的"，但随着时代的变化与社会的进步，文字逐步走入乡村，村民也逐渐接受了文字，这使乡村文化的样态有了重大改变。

一、乡村语言

（一）方言土语与普通话

中国是一个具有悠久历史和广阔地域的国家，不同的地域有不同的语言。中国的方言大致可以分成官话、晋语、吴语、闽语、粤语、客家话、赣语、湘语、徽语等，而相较于城市而言，乡村对于方言的使用与依赖明显更强。为何如此？方言的使用对于地域稳定的要求极高，"十里不同音，百里不同俗"，这种说法虽然带有夸张的程度，但这也恰好说明了某一种方言仅仅在一定的小范围内才可以使用，只有这个固定范围内的民众才可以听懂、会说某种方言，达到沟通交流的效果。一旦某人需要流动到这个方言圈之外，其掌握的方言就很难被对方听懂，为了达到交流的目的，就不得不使用普通话作为协助。随着现代社会的开放程度提高，我们有越来越多的机会离开家乡，仅仅掌握方言已经难以适应社会的变化和经济发展的要求。

　　1932 年，国民政府教育部颁布《国音常用字汇》，确定了国语标准。普通话以北京语音为标准音，中华人民共和国成立以后所确立的普通话基本源于此。《中华人民共和国宪法》（以下简称《宪法》）规定："国家推广全国通用的普通话"，2000 年颁布的《中华人民共和国国家通用语言文字法》确立了普通话的"国家通用语言文字"的法定地位。在政策要求、学校教育、媒体传播、经济交流等因素的推动之下，会使用普通话的人越来越多，乡村之中也不例外，这对方言土语造成了不小的冲击。尤其是年轻一代，很多人已经不再使用方言。

　　根据 2006 年出版的《中国语言文字使用情况调查资料》，21 世纪初中国能够使用普通话的人约 53.06%，能够使用汉语方言的人约86.38%。具体到城乡，约 66.03% 的城镇居民可以使用普通话，约45.06% 的乡村民众可以使用普通话，乡村的普通话普及率还低于城镇。[①] 具体到不同方言区中城镇与乡村民众的普通话使用情况，笔者根据《中国语言文字使用情况调查资料》（2006 年版）中的数据制作了表 5-3。

表 5-3　21 世纪初不同方言区中城乡民众掌握普通话的人数占比 %

方言区	城镇人口普通话使用比例	乡村人口普通话使用比例
北京官话区	63.19	41.83
东北官话区	95.33	79.07
冀鲁官话区	61.90	33.38
胶辽官话区	72.28	41.14
中原官话区	57.45	35.00
江淮官话区	64.97	45.99
兰银官话区	73.25	26.65
西南官话区	55.69	31.41
晋语区	63.26	31.84
吴语区	79.39	60.37
闽语区	86.63	74.08

---

①　中国语言文字使用情况调查领导小组办公室 . 中国语言文字使用情况调查资料[M]. 北京：语文出版社，2006：图一，图二 .

续表

方言区	城镇人口普通话使用比例	乡村人口普通话使用比例
粤语区	73.03	47.13
客家话区	70.70	61.08
赣语区	75.47	58.23
湘语区	68.77	47.96
徽语区	60.36	54.64
平话区	75.71	48.51
其他	55.41	36.99

可见，普通话与方言并非互斥的关系，两者可以共存。在所有的方言区中，乡村民众的普通话使用比例都明显低于城镇，冀鲁官话区、兰银官话区、西南官话区、晋语区等城乡差别较大，乡村人口普通话使用程度整体较低；而东北官话区、吴语区、闽语区、客家话区等地区的普通话使用率则明显较高，这可能与经济发展速度、地域流动频率等因素有较为密切的关系。

当然，方言的逐渐衰落与普通话的逐步推广是历史发展导致的必然结果，我们无法阻止，也不应阻止，语言的功能本就是为了沟通交流的方便。既然现在普通话更能够适应社会的发展与进步，更能够实现人与人之间的沟通交流，我们也没有理由拒绝使用。同时，我们也不能忽略方言对于文化多样性所起到的作用，它展示着不同地区民众对生活的理解与对世界的思考。

（二）谚语、谜语、歇后语

语言是用来交流的，在具体的交流过程中，乡村民众还会使用一些便于交流理解的文体形式来增强表达效果，这里以谚语、谜语、歇后语为例进行阐述。

乡村是以农业为主要生产方式的区域范围，农业在其中发挥着至关重要的作用。村民的农业知识一方面来自书本、电视、广播等媒介中的科普介绍（其实这部分所占比例并不高），另一方面则来自世世代代积累下来的农业知识记忆，这些记忆主要通过谚语的方式呈现出来。除农谚外，生活谚语也是乡村文化中重要的组成部分。乡民们表达观点、教育后代，往往都使用到生活谚语。20 世纪 80 年代，在钟敬文等学者的倡议下，文化部、国家民族事务委员会、中国民间文艺家协会等单位决定编撰出版"中国民间文学三套集成"，其中就包含《中国谚语集成》，其中内容最为丰富的即为农谚。[①]还有很多民间文化较为发达的村落也搜集出版了自己的民间文学合集，如河北藁城县耿村的《耿村民间文化大观》，里面也有许多谚语等的记录。"黑夜下雨白天晴，打的粮食没处盛""小雪不耕地，大雪不行船""种地不上粪，等于瞎胡混"[②]等谚语都体现了乡村文化较为真实的面貌。

谜语是把事物的本体巧妙地隐藏起来做谜底，用与之相关联的喻体做谜面，使人费解、让人猜测的一种语言文字游戏。[③]具体到乡村中流传的谜语，则会在谜面的描述和谜底的设计上更倾向于乡村中的景物与事物，语言也相对通俗简洁、便于流传。如耿村当地所流传的"两头尖尖当中裂，又受冷来又受热。天当被子地当床，外边住了八个月。（小麦）""姐妹七八个，围着光棍坐，一旦要分家，衣裳都撕破。（蒜）""小时泥巴巴，大了麻大大，麻布墙，白帐子，里边睡着胖娃娃。（花生）"这些谜语一方面是乡村少年进行生活技能学习的工具，另一方面也体现了乡村民众的智慧。

歇后语也是乡村语言使用中较为常见的文学形式，其形式上分成两个部分：前一部分一般是一种比喻或隐语，后一部分是对前一部分比喻或隐语的揭晓，形成俏皮、幽默、风趣、讽刺的风格。[④]在乡村中，歇后语构成一种人与人之间交流的话语形式，既可以讲道理，也可以描述事实，还可以开玩笑甚至挖苦对方，以一种轻松诙谐、通俗易懂的方式维系社会关系。同时，当地民众还会以本地地名或象征性物件作为元素，创编出属于本地的歇后语。如耿村的歇后语"村里套村——里庄（藁城村名）""十门缺一门——九门（藁城村名）""炒菜

① 雪竹.中国民间文学三套集成：30 年后再出发 [N].中国艺术报，2014-12-15.
② 袁学骏，李保祥.耿村民间文化大观 [M].北京：北京图书馆出版社，1999：2502-2503.
③ 万建中.民间文学引论 [M].北京：北京大学出版社，2006：265.
④ 万建中.民间文学引论 [M].北京：北京大学出版社，2006：261.

不搁油——南乡（难香）（藁城村名）"①等，这些都巧妙地使用了歇后语的形式将本地地名融会其中，既有利于加强集体认同感，也显示了民众的文学创作能力。

二、乡村文字

（一）乡土中国为何不需要文字

在 20 世纪，我们往往以"不识字"来评价乡村人"愚笨"，但费孝通在《乡土中国》中则从"乡下人为什么不识字"和"不识字是否就代表愚笨"两个角度予以反驳。首先，为何乡下人不识字呢？费孝通（1948）解释说，这与乡土社会的独特性质有关。其一，在空间上，乡土社会是一个"面对面"的社会，彼此之间十分熟悉，没必要用文字这种表情达意的符号来予以呈现。人们之所以要使用文字，是因为人与人之间在交流的过程中出现了时空交流的障碍。其二，在时间上，文字是沟通时间的桥梁，可以帮助我们认识过去。乡土社会并不需要过多的"记忆"，乡村人"不怕遗忘"，文字是从定型社会向非定型社会转变的标志。②其次，乡村人不识字是否就代表着他们"愚笨"或"没文化"呢？费孝通当然予以否定。"乡下孩子在教室里认字认不过教授们的孩子，和教授们的孩子在田野里捉蚱蜢捉不过乡下孩子，在意义上是相同的"。③从这个角度来看，至少在中华人民共和国成立之前，乡民不依赖于文字也照样可以满足其基本的生活需求，故而其不认识文字并不能证明其智力上的高低。

（二）中华人民共和国成立以来中国乡村识字率的变化

自清末以来，中国就一直开展扫盲教育。刘坚《旧中国扫盲识字教育评介》一文梳理了从清末直到中华人民共和国成立前的扫盲、识字教育活动，但其主要目的是维护自身统治地位，进展缓慢，收效甚

---

① 袁学骏，李保祥.耿村民间文化大观 [M]. 北京：北京图书馆出版社，1999：2509.

② 费孝通.乡土中国 [M]. 北京：中华书局，2019：9-23.

③ 费孝通.乡土中国 [M]. 北京：中华书局，2019：10.

微。^①笔者以为，这样的扫盲运动既不是出自民众自愿，也没有明显改善民众原有的生活状态，很难真正影响到乡村文化的发展。中华人民共和国成立之初，中国新生文盲的绝大多数来自农村，到 20 世纪 90 年代，依然有九成左右的文盲分布在农村。^②2000 年前后进行的第五次人口普查数据显示，从全国来看，15 岁及以上人口中文盲所占的比重为 9.08%，乡村为 11.55%，高于全国平均水平。2010 年前后进行的第六次人口普查数据显示，从全国来看，15 岁及以上人口比重中文盲比例降至 4.88%，而乡村为 7.26%，仍然高于平均水平，但整体比例有所下降。^③2020 年第七次人口普查数据显示，全国 15 岁及以上人口中，文盲占比约 2.67%，较前继续下降。^④

表 5-4 是笔者根据国家统计局公开的数据对比 2000 年、2010 年、2020 年乡村人口中不同年龄的文盲占比情况。

表 5-4　2000 年、2010 年、2020 年部分年龄段乡村人口文盲占比　%

年份	15～19 岁	20～24 岁	25～29 岁	30～34 岁	35～39 岁	40～44 岁	45～49 岁	50～54 岁	55～59 岁	60～64 岁
2000	1.39	2.11	2.61	2.87	3.32	5.92	8.76	12.87	20.19	32.17
2010	0.51	0.69	1.10	1.62	2.03	2.59	3.32	6.16	9.48	13.87
2020	0.46	0.58	0.57	0.76	1.13	1.48	1.66	3.34	4.22	7.49

资料来源：中国 2000 年人口普查资料：表 1-9，表 4-2[EB/OL].[2023-04-17]. https://www.stats.gov.cn/sj/pcsj/rkpc/5rp/index1.htm；中国 2010 年人口普查资料：表 1-9，表 4-2[EB/OL].[2023-0 4-17].https://www.stats.gov.cn/sj/pcsj/rkpc/6rp/left.htm；中国人口普查年鉴—2020：表 4-5[EB/OL].[2023-04-17].https://www.stats.gov.cn/sj/pcsj/rkpc/7rp/zk/indexch.htm.

---

① 刘坚 . 旧中国扫盲识字教育评介 [C]// 中央教育科学研究所，中国教育学会教育史分会，中国地方教育史志研究会 . 纪念《教育史研究》创刊二十周年论文集（6），2009.

② 中央教育科学研究院 . 中国的扫盲教育 [J]. 教育研究，1997(6): 12.

③ 中国 2000 年人口普查资料：表 1-9，表 4-2c[EB/OL].[2023-04-17]. https://www.stats.gov.cn/sj/pcsj/rkpc/5rp/index1.htm；中国 2010 年人口普查资料：表 1-9[EB/OL].[2023-04-17]. https://www.stats.gov.cn/sj/pcsj/rkpc/6rp/left.htm.

④ 国务院第七次全国人口普查领导小组办公室 .2020 年第七次全国人口普查主要数据 [M]. 北京：中国统计出版社，2021: 12.

可见，相较于中华人民共和国成立之初，新中国的扫盲运动与文化普及工作取得了显著成效。在具体的年龄分布上，越年轻的人口文盲率越低，且2000—2020年得以维持在一个较低比率。近年来，以利益联结为关联，以规制、契约为纽带连接的"陌新社会"成为乡村的主要形态，取代了传统的"熟人社会"，这也离不开文字的普及。不熟悉文字这种基本的交流方式的话，这些"陌生人"又怎能建立有效的契约关系？

（三）乡村民众接受文字的原因分析

上文我们讲述了乡民从"不需要文字"到文盲率大幅度降低，尤其是青少年的文盲率几乎趋近于0，可见乡民们已经接受了文字作为其文化生活的重要组成部分。其中除了国家政策的驱动外，经济社会发展的要求与社会形态的变迁、义务教育的普及与网络的发展，都是促进乡民接受文字的重要原因。

首先，经济社会发展的要求与社会形态的变迁。改革开放前的中国，乡村的经济生活以农业种植为主，几乎无须依赖文字即可完成。而改革开放以来尤其是进入21世纪，越来越多的乡村人需要到城市中打工，从事第二、三产业。这种经济形态的变化与社会环境的要求，使他们不得不使用文字谋求生活。在2000年的第五次人口普查数据中，乡村就业人口有45 210 642人，从事农林牧渔水利生产的有38 586 575人，比例很高；2010年的第六次人口普查数据中，乡村就业人口有39 362 371人，从事农林牧渔生产的有29 435 422人；2020年的第七次人口普查数据中，乡村就业人口有24 701 872人，从事农林牧渔业的有10 789 395人。无论是绝对数值还是所占比例，从事农林牧渔水利生产的人数都有一定的下降。① 且随着农业技术的革新，单纯从事农业生产的人也越来越需要文字的助力——他们也需要与外界其他行业的人签订合同、交谈生意、加入产业链等，甚至新型农业机

---

① 中国2000年人口普查资料：表4-2c[EB/OL].[2023-04-17]. https://www.stats.gov.cn/sj/pcsj/rkpc/5rp/index1.htm；中国2010年人口普查资料：表4-4c[EB/OL].[2023-04-17]. https://www.stats.gov.cn/sj/pcsj/rkpc/6rp/left.htm；中国人口普查年鉴—2020：表4-4c[EB/OL].[2023-04-17]. http://www.stats.gov.cn/sj/pcsj/rkpc/7rp/zk/indexch.htm.

械，也需要一定的培训才能使用。

其次，义务教育的普及。1986年起，中国开始普及义务教育，并颁布了《中华人民共和国义务教育法》，规定"义务教育是国家统一实施的所有适龄儿童、少年必须接受的教育，是国家必须予以保障的公益性事业"。[①] 在义务教育政策的影响下，越来越多的乡村适龄儿童有机会接受教育，这代表着越来越多的乡村年轻人接受了文字。根据国家统计局公布的第五、六、七次人口普查数据，表5-5展示了乡村人口受教育情况的变化。

表5-5 2000年、2010年、2020年乡村人口受教育程度对比 人

年份	6岁以上	未上过学	小学	初中	高中
2000	1 156 700 293	89 629 436	441 613 351	422 386 607	99 073 845
2010	609 708 623	44 174 664	232 068 330	273 812 219	47 099 999
2020	494 497 424[②]	29 388 157	178 236 849	200 352 437	43 691 594

资料来源：中国2000年人口普查资料：表1-8[EB/OL].[2023-04-17]. https://www.stats.gov.cn/sj/pcsj/rkpc/5rp/index1.htm；中国2010年人口普查资料：表1-8[EB/OL].[2023-04-17].https://www.stats.gov.cn/sj/pcsj/rkpc/6rp/left.htm； 中国人口普查年鉴—2021：表1-6c[EB/OL].[2023-04-17].https://www.stats.gov.cn/sj/pcsj/rkpc/7rp/zk/indexch.htm.

需要说明的是，2000年还有20 767 295人上过"扫盲班"，可见在比率上，乡村人口中受教育的程度整体增加。义务教育的普及在一定程度上提升了年轻人对文字的接受程度，也间接提升了乡村人口整体对文字的接受程度。

最后，网络的普及与使用也在一定程度上提高了乡村民众对文字的接受程度。2010—2020年，越来越多的乡村民众可以使用电视、手机、电脑等现代化通信工具，这为他们的生活与工作带来了极大的便利。无论是日常沟通、休息娱乐还是工作交流，网络和智能设备都发挥着极其重要的作用，想要使用这些技术与设备，乡村民众也不得不

---

① 中华人民共和国义务教育法[EB/OL].(2021-10-29). https://www.gov.cn/guoqing/2021-10/29/content_5647617.htm.
② 2020年统计数据为3岁及以上人口。

接受文字并逐渐学会通过文字来实现与他人的沟通。

综上，在当前的乡村中，语言和文字的使用发生了很大变化，这种变化一方面可以看作是社会形态、经济发展模式发生变化之后对文化的影响，另一方面也是文化自身的发展逐渐被乡村民众接受的结果。语言上，乡村民众普通话的普及加强，但使用人口仍低于城镇的相应比例，且越年轻的群体掌握普通话的比例越高；乡村相对封闭、稳定的人口结构与经济形态也维持了方言的延续，两者并不矛盾。乡村民众还利用语言的特点创造了许多俗语形式，如谚语、谜语、歇后语等，一方面展现了乡村的生活与期待，另一方面也表现了乡村民众使用语言的技术，这种俗语形式是乡村文化的重要组成部分。文字上，乡村民众从"不需要文字"到"逐渐接受文字"，由于国家扫盲运动的发展、经济发展的要求、人口流动的加强、义务教育的普及和网络技术的发展等原因，文字被越来越多的乡村民众所接受（尤其是年轻一代），成为乡村文化重要的组成部分。

第三节　乡村生活的方式：物质与精神

本节重点介绍乡村的基本生活方式：物质与精神。刘铁梁提出，村落作为农业文明最普遍的景观，应当成为我们民俗学调查所把握的基本空间单位。[①] 按照美国民俗学家扬·哈罗德·布鲁范德（Jan Harold Brunvand）《美国民俗学》的分类，民俗可以分成物质民俗（即侧重用品用具）、口头民俗（侧重口头文学）、信仰民俗（侧重精神信仰）三个部分。[②] 在物质民俗方面，乡村生活的基本面向为衣、食、住、行，分别对应服饰民俗、饮食民俗、建筑民俗和交通民俗。口头民俗方面，则分成民间散文（神话、传说、民间故事）与民间韵文（歌谣、长诗）等。信仰民俗方面，则选取节日、信仰等方面展开。

---

① 刘铁梁.村落——民俗传承的生活空间 [J].北京师范大学学报，1996(6): 42-48.

② 布鲁范德.新编美国民俗学概论 [M].李扬，译.上海：上海文艺出版社，2011.

一、物质民俗

物质生活的变化与经济社会的发展水平、对外交流程度、文化审美意识等因素有非常密切的关系，某一特定的时代往往有一定的物质生活方式。

随着社会整体穿衣风格的变化，乡村中的穿衣风格也与传统社会大不一样。传统社会的民间穿衣一则关注实用与舒适，二则寄寓吉祥、如意等美好寓意，而当代乡村的着装风格向着时尚、潮流发展。村民以往的衣着需要考虑田间劳作的特点，必须适合农事需要；而当代则变得更加多元化，大量自动机械的推广也使得乡村民众的衣着无须再考虑与农事活动的相配，这也给民众的选择增添了很大的自主性。城市化的推进与城乡人口的流动加快，也使得城乡间的穿衣风格没有特别明显的差异。

传统社会中的乡村，饮食更多依靠农事活动，也即"种啥吃啥"。这与传统乡村的相对封闭性有关，乡村民众较难接触到其他地域的特产作物，而往往只能吃到本地区能够种植到的农作物，在烹饪方法、饭菜搭配上也相对单调，往往形成某一地区的"特色"饮食。在城乡流动加剧的当代，城乡间的饮食差异也在缩小甚至趋同，那些"特色"饮食可以传播至其他地区。经贸的便利，使得乡村民众也享受到城市民众享受到的一切食物，跨地域运输的发展也丰富了乡村饮食的种类选择。

传统中国乡村中的建筑一方面适应了当地的生活环境，另一方面也体现着民众对自然环境的认知，起着协调社会关系、追求幸福生活的作用，如福建土楼、陕西窑洞、湘西吊脚楼等，这些特色的乡村民居不仅满足了居住的需要，同时也是一种文化象征。当代的乡村建筑，则更多强调实用性与现代性，在给居住者带来更多生活便利的同时，建筑风格方面反而越来越趋同。

传统乡村社会以稳定为主，人们较少出远门。一旦遇到必须出行的事件，也往往以步行、马车等交通方式为主。在现代，私家车的方便、快捷、低价吸引着乡村民众，已经成为重要的乡村通行方式。一些人口较多、经济发展较快的城市也已经开通了来往城镇的客车，便利了乡村民众的出行。

以上，我们大致介绍了在衣、食、住、行等方面传统乡村生活与当下乡村生活的区别，可以看出，社会生活方式的变化主要是伴随着经济发展与社会形态的变化，其能够在一定程度上折射出经济社会的变迁。但我们需要说明的是，中国的乡村类型繁多、种类不一，彼此之间的差异也较大，不可能方方面面进行兼顾，这里也只能选取一些较为典型的情况进行概述。

案例 5-2　恩施土家族文化的物质性与非物质性

恩施的民族文化具有物质性和非物质性两个层面的特质。物质性的文化包括服饰、建筑、织绣等，比如宣恩县沙道沟镇两河口村的吊脚楼村落、利川的鱼木寨、恩施郊区的土司城、龙鳞宫等，其中民族服饰、西兰卡普等文化也有机贯穿，彰显出人与自然的和谐相处，"生态性"是其主要价值取向；非物质性文化则更为丰富，以歌舞、傩戏等为核心的"人文性"民族审美体验构成其主要维度，比如鹤峰县走马镇的花鼓灯、柳子戏；利川市柏杨镇以"龙船调"为代表的民歌；恩施州三岔乡的傩戏；巴东县的皮影戏、撒尔嗬等，这些民俗风情和文化资源具有浓郁的审美特色和生活亲切感，积淀于民族主体的心灵深处。

资料来源：王志勇.恩施土家族文化旅游的审美表征与文化传播 [J]. 贵州民族研究，2016, 37(12):132-136.

2020 年，冯惠玲、陈心林所著的《土家族乡村社会民俗文化研究》一书出版，她们的研究以恩施桑园社区为中心，调查了当前土家族乡村社会的物质生活变化。在衣着方面，襟衣、中山装等流行开来，土布、麻布等逐步退出日常生活，从市场上直接购买成衣成为时代主流，土家族服饰与汉族服饰日益融合，现代化、流行化趋势明显。[①] 饮食方面，当下可选择的饮食种类多样，但根植于当地民众记忆的老味

---

① 冯惠玲，陈心林.土家族乡村社会民俗文化研究 [M].北京：民族出版社，2020: 8-9.

道"懒豆腐""酸广椒"却也很难改变。^①住房方面，大部分乡民已经离开了传统民居吊脚楼，而住进了钢筋水泥建成的新式楼房，也顺应了社会发展的需要。^②出行方式方面，乡间修建了多条公路，铁路、公路网全面开通，机动车走入乡民生活，大大改变了之前"肩挑背负"的运输方式。^③桑园社区这个案例，非常典型地说明了当前中国乡村生活方式发生的重大变化。

二、口头民俗

乡村中的人民是否与城镇民众一样，享受着文学带来的精神满足？答案当然是肯定的。尽管其中的知识分子会创作出一些较有影响力的文学作品，但这很难代表乡村民众文化生活的真实样态，反而是在乡民们日常生活中传唱的"民间文学"更能让我们管窥乡村的文化生活之面貌。下面，我们将以几个较为典型的村落为例，来介绍其较为典型的民间文学。

（一）民间散文

在当代的乡村文化生活中，讲述传说与民间故事是极其常见的文化活动，其一方面可以满足民众的娱乐、表达情感、消磨时间的需要；另一方面，更是建构乡村地域认同、提升村落凝聚力的重要手段。一般意义上的民间散文体叙事包含神话、传说、民间故事等文类，这些民间文学文类在乡村中还有较为广泛的流布，甚至有专门的"故事村"（如河北耿村）。

案例 5-3　耿村民间故事——国家非物质文化遗产

耿村隶属河北省藁城市常安镇，西距藁城市 12 千米，古属中山国。明太祖朱元璋义父耿再辰死后封王葬于此地。为纪念耿再辰而设

① 冯惠玲，陈心林.土家族乡村社会民俗文化研究[M].北京：民族出版社，2020：9-13.
② 冯惠玲，陈心林.土家族乡村社会民俗文化研究[M].北京：民族出版社，2020：13-16.
③ 冯惠玲，陈心林.土家族乡村社会民俗文化研究[M].北京：民族出版社，2020：16-17.

立的四月初一到初四的耿王庙会吸引着方圆百里的善男信女和各路商贾。庙会中有唱大戏、说书、担经舞、打扇鼓等丰富多彩的民俗节目表演。20世纪40年代，耿村仅有四百余人，大小店铺、作坊却有一百余家，故有"小村大集""一京二卫三耿村"之美誉。外出经商、游历、当兵的耿村人，返乡时带回了天南地北的故事和传说。天长日久，这里逐渐成为商品集散地和民间文学传播地，积淀了丰厚的民俗文化。尤其是村民中讲故事、听故事的传统至今仍很盛行。

1987年以来，相关部门组织对耿村故事传承状况做了11次普查。目前，耿村的故事讲述者有二百三十余人，其中67人已被确认为"民间故事讲述家"。另外还出现了故事家庭、故事夫妻、故事兄弟、故事母子、故事父子等传承模式。

耿村因故事资源丰厚，讲述人集中，被命名为"故事村"。该村传承的故事内容涉及社会学、伦理学、历史学、宗教学、哲学和文学等方面，有较高的学术价值。耿村故事表现出的审美观、价值观以及科学认识、道德教化和娱乐功能对建设社会主义精神文明、丰富人民群众文化生活、提高人民群众素质、构建和谐社会有着积极的现实意义。

截至目前，已记录、整理出耿村民间故事6 000余万字，先后编印内部科研卷本《耿村民间故事集》5部，公开出版了故事家专集和研究性著作10部，计955万字。耿村民间故事现象引起国内外学界关注，日本等外国学者曾专程到耿村考察，还举办过国际学术研讨会。近年来，现有故事家都年事渐高，新一代对故事的兴趣越来越淡漠，耿村民间故事面临传承断代的危险，急需抢救、保护。

资料来源：耿村民间故事[EB/OL].https://www.ihchina.cn/project_details/12212.

民间传说是一种介于神话与故事之间的文类，它附着于一定的人或物，形成传说的"中心物"，而这一"中心物"往往是讲述此传说的人较为熟悉、能够形成认同的对象。同时，相较于神话的"起源解释"，传说离生活更近；相较于民间故事的"虚构"，在民众心中传说又显得相对真实可信。这些特点，都促使传说成为乡村这个相对封闭社区的重要文化内容。陈泳超在阐释传说的定义时，提及文本意义上的传说有"附着性""信实性""地方性"等主要特点，而现实生活中的传说还不仅于此，更是一种"话语"，即"自我表达和社会交流的一套话语，通过这套话语，该共同体内的所有民众，可以不断展示自己的身份，建立各自社会关系，进而形成当地共享的知识和信仰体系，产生某种集体一致的认同感"。① 可见，这种乡村文化具有两面性的意义：一方面是体现民众生活知识与历史知识、文学素养的精彩叙事，另一方面则是体现地方话语权，起着地域认同、地域凝聚的作用。民众所讲述的传说文本，往往是以自己村落的历史、建筑等为核心，构建一个有利于展现本村独特地位的叙事。

民间故事是一种主要用于娱乐的民间散文体叙事，其讲述的内容往往折射着民众的生活现实与真实心态。民间故事的讲述没有严格的时间、空间、身份的要求，茶余饭后、休息乘凉之时往往是讲故事的合适时机。这就使得讲故事在乡村生活中占据着重要的地位，可以实现沟通交流、教育劝导、休息放松等功能。这里仍以著名的民间故事村河北藁城耿村为例进行说明。耿村被誉为"中国故事第一村"，在1987—1991年的五次普查中，发现会讲唱的男女老少150多人，在田间地头、炕头、集市、街头、饭店等地，都有他们讲述民间故事的身影。尤其是其中靳正新老人能讲550多个故事，已被联合国教科文组织和中国民间文艺家协会命名为"中国十大民间故事家之一"。②《耿村民间文化大观》中收录了靳正新老人讲述的多则故事，有幻想故事、动物故事、鬼狐精怪故事、生活故事、机智人物故事等类型，真切反映了乡村生活的面貌与其生活期待。除耿村外，学者们还挖掘了多个故事村、多名故事家，如祝秀丽《村落故事讲述活动研究——以辽宁省辽中县徐家屯村为个案》一书就着眼于辽宁省辽中县徐家屯村这个拥有多位故事讲述人的"故事村"。③

① 陈泳超.作为文体和话语的民间传说[J].阅江学刊，2020，12(1): 106-112.
② 袁学骏，李保祥.耿村民间文化大观[M].北京：北京图书馆出版社，1999: 2.
③ 祝秀丽.村落故事讲述活动研究——以辽宁省辽中县徐家屯村为个案[M].北京：中国社会科学出版社，2013.

（二）民间韵文

与民间散文体叙事不同，民间韵文的特点是节奏协调、韵律轻快、读起来朗朗上口，在表达民众情感、舒缓心情等方面有一定的意义。具体来说，其包含民间歌谣与民间长诗。歌谣的传播范围相对较广，而长诗则主要集中于少数民族聚居地区及西南地区。这里主要介绍当代乡村中流传较广的民间歌谣。

在劳作、婚丧、求偶等场合，乡民创作了非常多的韵文体歌谣，如陕北民歌信天游、甘肃花儿等。这些民歌一方面起着舒缓情绪、放松心情的作用，另一方面也是对村民关系的重新确认、实现了一定必要的社会功能。

案例 5-4　吕家河民歌，国家级非物质文化遗产

吕家河民歌流传于湖北省丹江口市吕家河村，这里家家户户都有擅长歌唱的人，歌手们散布在整个山区。吕家河地理位置独特，位于湖北、河南、陕西三省交界处，深受巴楚文化、秦楚文化以及当地道教文化的熏陶，因此，在流传的过程中，吕家河民歌形成了独具个性的特色。

吕家河民歌的历史悠久，早在周宣王时期就开始广泛传扬。这些歌曲包括阳歌、阴歌和长篇叙事诗等几大类别，目前已搜集整理出 5 000 多首吕家河民歌，其中曲调多达 79 种。阴歌又被称为"孝歌""丧歌""待尸歌"，包括歌头、劝善歌、翻田埂、还阳歌四大部分，主要用于丧事，通常在夜间演唱，因此也叫"夜锣鼓"。除了阴歌，其他民歌被称为"阳歌"，与日常风俗密切相关，根据内容可分为喜庆歌、灯歌、劝酒歌、祝寿歌、劳动歌、儿歌等。此外，长篇叙事诗是带有故事情节的歌曲，代表作品包括《龙三姐拜寿》《梁山伯与祝英台》《秦雪梅吊孝》等，这些歌曲既可以作为阳歌演唱，也可作为阴歌演唱，只需变换曲调即可。据初步统计，目前吕家河流传的长篇叙事诗有 15 部以上。

在吕家河民歌中，徵调式占据着绝对的优势，其次是宫调式。旋律以五声音阶为主，只有少数极个别的民歌采用六声音阶，如戏曲调。尽

管存在徵调式中的"徵—羽—宫"和"徵—宫—商"两种"三声"、宫调式中的"宫—角—徵"三声为骨干音的情况，但并不十分明显。在曲体结构方面，吕家河民歌以三句体为特色，与四句体的作品数量大致相当。吕家河民歌的代表性作品包括《闹五更》《站花墙》等。

南北交融、东西荟萃的吕家河民歌内容广泛，体裁多样，唱腔丰富，表达方式灵活，其中融入了秦腔楚曲的艺术元素，展现出明显的地域特色，具有深厚的秦楚文化和中国民间音乐的研究价值。

资料来源：吕家河民歌 [EB/OL].https://www.ihchina.cn/Article/Index/detail?id=12613.

这里以湖北省十堰市武当山区的吕家河村为例说明，当地被誉为"中国民间艺术之乡"，有十分悠久的讲唱民歌的历史。根据前辈学者及笔者的田野调查，当地的民歌根据不同的演唱场合，可以大致分为阴歌与阳歌。[1]阴歌的使用场合主要是丧葬仪式，用来安抚亡魂、安慰亲属；阳歌则可以使用到几乎所有场合，但主要是婚礼、迁居、求偶等相对吉祥的场合。除此以外，还有对战歌、翻田埂等对歌形式。在演唱民歌的过程中，歌师的地位显得尤其重要。臧艺兵先生就当地著名的歌师傅姚启华先生进行了个人生活史的调查与研究[1]，姚启华先生也正是凭借其高超的民歌演唱能力取得了一定的社会地位，并成为国家级非物质文化遗产传承人。民歌的演唱，不仅仅是满足抒情、放松的生活需要，同时也表达了民众对于历史的记忆与选择，表达着民众的历史观念与道德判断，并通过演唱民歌沟通彼此的社会关系，维系村落间的稳定。乡村文化的意义已不止于文化本身的层次，它还是乡村人际关系维系的重要纽带。

民间口头文学还有说唱、小戏等艺术形式，囿于篇幅，此处从简。

三、信仰民俗

（一）民间节日

民众的生活分为日常时间与特殊时间。我们在众多的"日常时间"

---

① 臧艺兵.民歌与安魂 [M].北京：商务印书馆，2009.

中插入一些"特殊时间"，可以在较为平常的生活中拥有更多对未来的期待，协调工作与休息的均衡。一般来说，节日的类型主要有自然节日、政治节日、宗教节日等。本文重点讨论的是自然节日，即清明、端午、中秋等根据自然界的物候变化而产生的特殊时间节点。乡村的经济以农业为主，比较依赖于自然时序的变化来确定生产生活，而自然节日恰好可以协助安排农事活动、标记农业发展的过程，争取农业丰收；同时，繁忙的农事生活使得乡民之间很难有足够的时间与场合实现交流，节日时间正好是乡村民众间协调社会关系网络的时机。鉴于此，乡民们在节日时间中创造了丰富多彩的文化活动，来满足自己对协调自然、沟通人事的需要。例如，农历五月初五是自然界由寒转暖的时刻，蚊虫也开始活跃起来，给人类健康带来了一定影响。于是，民众将其看作"恶月恶日"，设计了一系列辟邪祈福的活动来保佑身体健康，如系五色线、喝雄黄酒等，体现出民众对自然界的崇拜与敬畏。而赛龙舟等大型群体活动，则可在一定程度上加强乡民间的交流与沟通。

反观城市生活，虽然清明、端午、中秋等节日也有一定的假期可供人们享受节日文化，但城市生活失去了农业生产的背景，这些自然节日的味道也淡化了许多。虽然人们也吃粽子、月饼等食物，但更多将其看作"美食"，少了一点传统象征的韵味；工作的繁忙、压力的增大也使得民众更多将节日看成休息的时间，回乡祭祖、外出踏青等活动的影响力也远远不及乡村。以工业、服务业为主的城市，对于自然界的依赖较小，民众也很难产生极其强烈的对自然界的尊敬与畏惧，城市居民参与自然节日活动的动力也大大减弱。

（二）民间信仰

毛泽东在《湖南农民运动考察报告》（1927）一文中讲道："中国的男子，普通要受三种有系统的权力的支配，即：（一）由一国、一省、一县以至一乡的国家系统（政权）；（二）由宗祠、支祠以至家长的家族系统（族权）；（三）由阎罗天子、城隍庙王以至土地菩萨的阴间系统以及由玉皇上帝以至各种神怪的神仙系统——总称之为鬼神系统（神权）。至于女子，除受上述三种权力的支配以外，还受男子的支配（夫权）。"① 可见，在乡村生活中，"民间信仰"的力量不亚于国家权力与宗族组织。何谓"民间信仰"？路遥在《中国民间信仰研究述评》一书的序言中曾对此概念的范畴作出界定，认为存在"迷信、俗信""宗教心态""传统之混合性信仰"等不同的观点。② 笔者更倾向陈进国的定义，他认为"民间信仰"这个概念并非静止，而是处于不断变化之中，按照约定俗成的范畴，则是指与"制度化的宗教形态"区别开来的混合性的宗教信仰。③ "制度化的宗教形态"如佛教、道教等，具有特定的教义、组织，信众只能选择一种宗教；而"民间信仰"则与其不同，没有特定的教义，也没有特定的组织，民众祭拜某一神灵，主要是出于这位神灵能够满足自己的人生期待。反过来说，只要满足自己的人生需要，不管这位神灵所属何派，皆可一并祭拜，具有极强的实用性。这样的定义，大致可以描述当代乡村的信仰情况。以笔者在武当山区调查到的丧葬仪式民歌《起歌头》为例，其中有一段请各方神灵接引亡魂的唱词："一请天地水火，二请日月三光（喽）。三请当方土地，四请海里龙王（喽）。五请雷公电母，（是）六请闪电娘娘（喽）。七请西天大士，（是）八请八大天罡（喽）。九请九天玄女，十请本县城隍（喽）。各位神将一起请呐，一起请到孝家门上。"④这也可以说明，在乡村民众的心中，并不在意神灵的具体来源，而更在意神灵是否能够实现自己的现实需求。

当代乡土社会中是否还存在民间信仰？答案当然是肯定的。陈勤建《当代民间信仰与民众生活》一书中收录了《蓬溪村民众生活的地方神灵信仰调查》，这是一份比较完整的对乡村生活中的民间信仰活动进行全景调查的报告。蓬溪村位于温州市永嘉县，在 20 世纪末仍然保留有杨府庙、关公庙、齐天大圣庙、三官堂、陈十四夫人庙、仙岩殿六座地方神灵庙宇。在当地人的心目中，杨府庙可保人身太平、庄稼与家畜安宁；关帝庙保出门平安，兼保地方太平；齐天大圣庙祛病

---

① 毛泽东.毛泽东选集 [M].北京：人民出版社，1991：31.
② 路遥.中国民间信仰研究述评 [M].上海：上海人民出版社，2012：2-3.
③ 路遥.中国民间信仰研究述评 [M].上海：上海人民出版社，2012：41.
④ 王兴华演唱《起歌头》，姜蕾、赖婷、王梓晗等整理，2017.

求雨；陈十四夫人庙可求子、求雨、驱邪、求财等。① 可见民众对于神灵的信仰，是与生活紧密结合在一起的。乡民总是对未来有诸多期待，而现实生活却难以一一满足，这时，便会将期待寄托于神灵身上。在经济发展、科技水平没有完全满足乡民对于生活的全部期待之时，民间信仰自然会始终伴随他们的生活。这种生活实际和乡民期待之间的巨大张力，是民间信仰存在的重要动力。

案例 5-5 温州市永嘉县蓬溪村的地方神灵民间信仰

位于温州市永嘉县风光秀丽的楠溪江上游的蓬溪村，是一个三面环山、一面临水、交通不便的山区村落。蓬溪村，由三个自然村组成（在 1962 年划分开的）。现在居民以谢姓为主，共有 758 户农家。全村居地面积 7~8 公顷。村里没有佛寺和道观，但地方神庙却有六处，它们分别是在龙泉山半山坡上的杨府庙、路旁临溪左侧的关公庙、齐天大圣庙、三官堂、陈十四夫人庙、仙岩殿，内有石压娘娘、袁五真神。上述这些庙，都有偶像，但偶像神主，既不是佛教中的菩萨，也不是道教中的真君，而是民间所崇信的历史人物，甚至是一些名不见经传的平民，例如石压娘娘。传说石压娘娘姓牟，会医道，生前常常免费为民治病，对神又虔诚，每天上山到远处的"岩聪洞"里烧香拜神仙。

资料来源：陈勤建，尹笑非.地方神灵民间信仰与民众生活的互动联系——以黄道婆、王元晖等地方神灵为例 [J].西北民族研究，2011(1):65，93-101.

庙会是集中展示民间信仰的重要场域。岳永逸对"庙会"的定义为："乡土中国的庙会是民众日常生活中活态的、间发的、周期性的民俗事象，是在特定地域，尤其是在可让渡、转换的家与庙等共享空间中生发、传承，由特定人群组织，以敬拜神灵为核心，私密性与开放性兼具，有着节庆色彩的群体性活动和心灵图景，是底层信众践行的

---

① 陈勤建.当代民间信仰与民众生活 [M].上海：上海锦绣文章出版社，2013:60-63.

'人神一体'的宗教——乡土宗教——的几种呈现。"① 可见，庙会是乡村信仰的集中展示场域，其主要功能是满足民众的信仰实践需要，表达民众对未来生活的期许。其早已不是"简单意义上的乡风俚俗、传统文化或非遗"，更非"以意在满足物欲和感官世界的吃喝玩乐为根本的庙市"，而是"与农耕文明、乡土中国对自然的顺应、敬畏相匹配，实则是关系到人生仪礼、家庭伦理、道德义务、历史记忆、群体认同、交往技艺和审美认知的精神性存在"。② 他在对河北省赵县东部范庄镇、谢庄乡以及相邻的宁县、晋县、藁城部分村庄的研究中发现，几乎每个村庄都有规模不一、以烧香敬拜、许愿还愿——"行好"——为核心的庙会。③ 这种庙会作为一种文化体系和生活方式，是民众日常生活的延伸和集中展现，可能因外界的变化而变形或变色，但绝不会消失。④

受到城市化、工作忙碌等诸多因素的影响，当下的庙会规模在一定程度上不可避免地缩小了，参与的人数也有所减少，但民众的精神信仰依然需要合适的空间予以表达，庙会仍然在乡村生活中发挥着重要的作用。以北京市门头沟区的妙峰山庙会为例，每年农历四月初一到四月十五，妙峰山上都会举办约半个月的庙会进香活动，在庙会开始的第一天，还往往有盛大的开幕式。⑤ 在庙会期间，有几十档传统民间花会朝顶进香，并配以秧歌、高跷等文艺表演，即使遇到风雨天气也不会停止。除了武会外，还有诸多文会进行施粥、布茶、施馒头等活动，凡是来到妙峰山进香的香客都可以免费领取粥、馒头等食物。前述庙会的交流与社会关系重构方面的意义，在此得以凸显。妙峰山进香，一方面满足了信众对碧霞元君神灵的信仰，另一方面也实现了

① 岳永逸. 朝山——庙会的聚与散，映射出的民间的生活与信仰 [M]. 北京：北京大学出版社，2017: 3.
② 岳永逸. 朝山——庙会的聚与散，映射出的民间的生活与信仰 [M]. 北京：北京大学出版社，2017: 前言 4.
③ 岳永逸. 行好：乡土的逻辑与庙会 [M]. 杭州：浙江大学出版社，2014: 3.
④ 岳永逸. 行好：乡土的逻辑与庙会 [M]. 杭州：浙江大学出版社，2014: 自序 4.
⑤ 如 2021 年 5 月 12 日，妙峰山景区就以"金顶祈福纳吉祥 弘扬妙峰福文化"为主题举办了第 28 届传统民俗庙会开幕式。

结识诸多同好，对于人际关系的协调、社会关系的建构具有重要意义。

案例 5-6　北京市门头沟区妙峰山庙会——国家级非物质文化遗产

庙会又称"庙市"，是在寺庙及其附近定期举行的一种民间信仰活动，流行于全国各地。一些大型庙会在唐代已有相当规模，至今仍传承不绝，影响广泛。各种庙会都有自己规定的会期，大多为某个传统农历节日或宗教及民间信仰纪念日。庙会具有集中性、群体性、固定性的特征，庙会期间，各种民俗活动、技贸活动得以当众充分展示，活动内容丰富多彩，迎神赛会也是庙会的一种形式。在我国香港特别行政区和澳门特别行政区，信众普遍的传统庙会都是从内地传入的，与母体有着割不断的联系。在海外华人居住区，许多从祖国带去的庙会都香火旺盛，以特殊方式传承着中华民族的文化血脉。

妙峰山古称"妙高峰"，地处北京西郊，距市中心 35 千米，属北京市门头沟区管辖。妙峰山传统庙会每年举办两次，农历四月初一至四月十五为春香，七月二十五至八月初一为秋香，其中以春香为盛。庙会活动区域分娘娘庙和香道茶棚两部分，娘娘庙建在山顶，由灵官殿、惠济祠、回香阁、玉皇顶等建筑构成。

妙峰山庙会是华北最重要的庙会之一，它始于明代中后期，至清代香火旺盛达到极点，每年要迎接数十万香客。香会共有三百余档，门派各不相同。会首是香会的组织者、指挥者和主要传承者，仅北京市就有会首 200 多人，会中的各种规矩、礼仪、技艺均由会首以师带徒的方式传承下去。

妙峰山庙会保留了华北庙会以民间信仰为特点的传统民间吉祥文化，是研究华北地区民众世界观和生活情状的重要依据，在民俗学研究中具有重要的参考价值。香会是一种民间文化活动组织，它传承和保留了众多的民间艺术、民间体育竞技活动和民间手工艺，丰富了群众的文化生活。香会活动带有很强的群众性和自娱性，从中体现出民众的自治能力和传统社会急公好义、谦和互助的精神。

资料来源：庙会（妙峰山庙会）[EB/OL].https://www.ihchina.cn/Article/Index/detail?id=15119.

以上，我们以通论与个案分析并重的形式介绍了乡村中几种比较重要的民俗活动。我们不禁要问，这种看似传统的民俗活动会不会受到城市化浪潮的影响？在社会发展日新月异的今天，这些民俗活动还是否能够传承下来？不可否认，这些传统的乡村民俗在城市化快速发展的今天，已经"风光不再"。笔者于 2021 年暑期前往湖北省十堰市某村落调查民歌，采访到的能够演唱当地民歌的几位歌师，除极个别的几位比较年轻，年龄也几乎都在 50 岁以上，且难以收到年轻徒弟传承。笔者询问其原因，大致有以下几点。

第一，当代社会的经济形态出现变化，越来越多的乡村民众需要通过外出务工维持家庭生计，留在村中已经很难谋生。尤其是年轻男性，更需要承担养家糊口的任务，而练习唱民歌、靠"打待尸"[①] 赚钱，显然很难承担如此重任。为了子女得到更好的教育、家庭得到更好的医疗，一些歌师也搬去了城里，逐渐适应了城市的文化环境。第二，民众有越来越多样的文化选择，唱民歌这种相对古老的民间文化已经难以吸引更多年轻人的注意。以笔者所调查的这个村落为例，在丧葬仪式上，除了可以请歌师演唱民歌来缓解哀愁、告慰逝者以外，还可以请较为现代的"白事一条龙服务公司"来帮忙操办。他们有专业的音响、歌手、设备等来演唱现代流行歌曲，能够使更多、更大范围的人听得清楚，也往往更得年轻人的青睐。流行歌曲的演唱在一定程度上替代了传统的民歌。第三，年轻一代的教育水平明显提高，网络媒体的使用拓宽了他们的视野，在就业方面有了更多的选择与可能，给主人家"唱丧歌"谋生这种并不稳定、日渐衰落的工作方式，当然不会是众多年轻人的择业首选。

幸运的是，乡村文化也有新的生机。其一，随着国家"非物质文化遗产"保护运动的兴起，当地民歌被评为"非物质文化遗产"，得到了政府部门、高校学者等群体的重视，越来越多的社会力量参与到保护与传承中来，吕家河村还修建了"民歌堂"等设施开发旅游，向外界展示自己的乡村文化。姚启华等著名歌师被评为非遗的传承人，

---

① 当地丧葬仪式上的一种仪式活动，由歌师演唱阴歌来告慰逝者、安慰生者，同时主家会给予一定劳务费作为回报。

提高了社会地位与经济实力，也使"会唱民歌"成为一件风光的事，不再如之前那般"拿不上台面"。这也刺激了部分青年人去学习民歌、传承民歌。其二，随着网络技术的发展，当地人建立了许多"民歌演唱微信群"或个人抖音、快手账号，作为传唱民歌的新阵地，有效解决了外出务工人员没有唱歌环境的棘手问题。这些网络媒介把现实生活中的乡村文化语境搬到了虚拟空间之中，对于跨地域民歌演唱提供了可能。其三，民俗是嵌于生活实际之中的，离不开具体的生活状态，即使有一天这些传统的文化形式有所衰落，也必然会产生更加适宜当下生活的新型文化方式。"乡村文化"是不会消失的。

第四节　乡村文化的未来：契机与挑战

上文我们分析了迄今为止乡村已经形成的文化发展情况，我们再来关注乡村文化的未来可能驶向何方。其一，乡村从相对封闭的状态逐渐走向开放，乡村与城镇、乡村与乡村之间的"距离感"正在逐渐减弱，乡村也在以更加积极的姿态走向未来，但这也不可避免地带来了文化上的"同质性"；其二，乡村的城镇化过程正在逐步推进，许多原本属于乡村的文化正在逐渐消失，但原本属于城镇的生活方式与文化属性也在逐渐进入乡村；其三，部分在文化领域发力的乡村也在逐步探索自己的特色，并走出属于自己的发展道路。这些乡村发展的趋势，对于每一个乡村来说，既是契机，也是挑战。

一、保守与开放

（一）古代乡村的基本特性：保守性

中国古代的乡村发展，受制于经济形态和交通状况等因素，显得相对封闭。其一，乡村人基本以农业种植为主，土地离不开人，大多数农民只好世世代代守在自己的土地上，以保证生产活动的顺利进行，这使得乡村形成"熟人社会"，无论是人际关系、社交网络还是生产形态、生活方式，以及由此形成的文化模式，都保持了相对的稳定与固定，鲜有变动；其二，相对而言，古代中国的交通并不算发达，村与村之间缺乏快速、便捷、经济的交通方式，村民之间少有通行的可能与欲望。这些原因都使得古代中国的乡村具有保守性。

（二）现代乡村的基本特性：开放性

与古代相比，现代乡村变得越来越开放，那种"一辈子生于斯、长于斯、死于斯"的情况越来越少见，反而出现"陌新社会"，乡村社会共同体逐渐被建构起来。究其原因，可能有如下几点：第一，信息的传递速度加快，使得人们了解了外面更为广阔的世界。无论是通信技术的发展，还是时代思潮的进步，都让这些乡民有机会了解外面的世界、向往外面的世界，这直接冲击了古代形成的乡村"保守性"。第二，经济转型的要求，使得乡村可以维系生活的经济产业逐渐变少。以笔者曾调研过的湖北省十堰市凉水河镇下属乡村为例，绝大多数年轻男性乃至中年男性都无法在乡村中谋求到合适的职业，唯有外出务工才能更好地获取经济效益。女性虽可以做全职主妇，或在村庄中靠做小生意谋生，但仍有大量外出务工，使得村中留下的主要是 60 岁以上的老人和学龄以下的孩童（当然，村庄已经没有中学、鲜有小学，对于学习的要求也迫使年轻父母带着他们的孩子离开乡村），而这些外出务工的人有更多的机会见到外面的世界，相对也有更强的离开乡村的动力。第三，文字的普及与基本教育水平的提高，使乡民可以外出工作。前文述及，新中国成立以来国家在推进基础教育、文字普及等方面做了大量的工作，乡民也有机会读书识字，并借此获取知识，可以顺利与外界沟通。简单来说，语言的掌握与否直接关系着外来人口在人口流入地的生活适应问题，古代"十里不同风，百里不同俗"，各地乡民没有统一的语言，也难以掌握有效的文字沟通渠道，这必然限制其外出交往、进行文化交流的可能，而现在随着文字的掌握和普通话的普及，各地的乡民进行交流也变得容易而可能。第四，交通的便利。人想要离开"生于斯、长于斯"的乡村，有无便利、便宜的交通是最基础的客观条件，古代社会的通行，主要靠骑马或动物拉车，不仅速度慢，且花费高，普通乡民难以消费。当代社会，高速公路、高速铁路覆盖到了多数县城，飞机覆盖到了多数重要城市，汽车更是成为很多家庭拥有的基本交通工具，这都极大地便利了村际沟通。其实，上述几个方面的原因彼此之间也是互相影响、互为因果的，它们连接成一个整体，推进着乡村文化的转型。

（三）保守与开放的乡村形态所影响的乡村文化

上文我们分析了古代乡村的基本形态为"保守的"，相对而言，当代乡村可以称得上"开放的"，而这样的乡村形态也影响到了乡村文化的发展。简而言之，"保守的"乡村形态，相对会造就较有特色且持久性较强的乡村文化，短时间内难以被更改或破坏，也难以受到其他文化的影响或挤压；相反，"开放的"乡村形态，难以将某些传统文化长期保存下来，所谓"特色"也容易随着与外界的联系增多而进行增删、改变。简单来说，便是"传统的继承"与"文化的交流"二选一的关系，较难兼得，因为一旦乡村开放，就必然经历异文化的输入，以及乡民对异文化的了解、比较、选择和接受。以湖北省十堰市武当山区吕家河村的民歌为例，此地民歌之所以能较好保存下来，与此地地处山区、历史上交通不便有直接关系；而近年来随着村际联系增多，武当山民歌也融入较多时政元素，如将新中国成立以来的政治、历史融入民歌创作之中；同时，随着年轻人的外出务工，会唱民歌的人也以老年人居多，年轻人对异文化有一点了解、接受后，也会替代本村文化在其"文化库存"中的地位。如十堰市凉水河镇，许多村民在举办葬礼时，已经不再实行传统的"打待尸"活动，而是演唱流行歌曲予以替代。

二、乡村与城镇

（一）城市化的过程

自英国 18 世纪的工业革命以来，"城市"这种居住形态得到了相对快速的发展，各国也纷纷加速了城市化的进程。"城市化"可谓乡村发展的"劲敌"，城市与乡村基本是互相对立的两种居住发展形态。新中国成立之前，中国以乡村作为主要居住形态，绝大多数人口居住于乡村。但随着中国经济的发展、改革开放的逐渐推进，越来越多的人从乡村转到城市生活，中国的城市化率整体呈现迅速提高的趋势。根据国家统计年鉴的数据，我们可以绘制表 5-6。

表 5-6　中国城镇化发展情况

年份	城镇人口 / 万	城镇人口比率 /%	乡村人口 / 万	乡村人口比率 /%
1952	7 163	12.46	50 319	87.54
1962	9 949	15.39	54 704	84.61
1978	17 245	17.92	79 014	82.08
1988	28 661	25.81	82 365	74.19
1998	37 942	30.40	86 868	69.60
2008	60 667	45.68	72 135	54.32
2018	83 137	59.58	56 401	40.42
2021	91 425	64.72	49 835	35.28

资料来源：1999 年统计年鉴 [EB/OL].[2023-04-17].http://www.stats.gov. cn/yearbook/indexC.htm；中国统计年鉴 2009[EB/OL].[2023-04-17].https://www. stats.gov.cn/sj/ndsj/2009/indexch.htm；中国统计年鉴 2019[EB/OL].[2023-04-17]. https://www.stats.gov.cn/sj/ndsj/2019/indexch.htm；中国统计年鉴 2022[EB/OL]. [2023-04-17].https://www.stats.gov.cn/sj/ndsj/2022/indexch.htm.

从表 5-6 中数据我们可以看出，新中国成立后，中国的城镇人口一直在稳步增长，对应的城市化率也在不断提高。近十几年，城市人口已经超过农村人口。随着城乡教育、医疗、基础设施建设等方面的差距越来越大，城乡人口的差距和城市化率应该还会在未来一段时间内进一步提升，而且造成几乎不可逆的趋势。

（二）乡村转变为城镇的原因分析

工业化是导致乡村逐步向城市转变的重要因素。乡村存在的基础，是"农业社会"的基本生活形态，而随着技术化、机械化的推广，不再需要大量的人力投入农业劳动中，工业化的发展成为必然。工业化，则要求人口的相对集中、土地利用效率的提高，反而需要人们离开原有的生活范围，聚集于更为广阔的城市。而工业化所带来的，是人们对于工业化成果的追求及更发达的工业社会的向往。如物业、卫生间、学校、医疗机构、娱乐机构等，均为"工业化"背景下的产物，人们如此看重孩子的教育问题、娱乐设施问题乃至关照"城市文化"，其实都是追求并享受工业化成果的过程——人们的价值观里，已经形成了对于工业化成果的追求，并期待更为先进的工业化发展。

（三）城市化对乡村文化发展的影响

无疑，与乡村自身走向开放会给乡村文化带来变化一般，城市化也会给乡村文化带来新的影响——乡民会逐渐接受城市中的文化元素，并形成对于部分城市文化的认同。比如，乡村中有孩子生病，很多乡民会坚信是鬼怪作祟，往往采用"巫"的方式治疗，而进入城市后，现代化的医疗设施则被普遍接受，这些"巫"性的治疗方式也被逐渐取代。另外，城市文化的发展也为乡村文化注入新的生机与活力。以笔者所调查的内蒙古乌兰察布市察哈尔右翼前旗南村为例，当地将乡村产业与休闲旅游相结合，利用现代绘画、广告、文旅、饮食等被城市人广泛接受的文化元素，植入乡村，已发展较为高端的避暑度假文旅融合服务，其潜在的消费者自然不是本村人或是早已熟悉这些风景、生活的邻村人，而是长期生活于北京等大城市的"城市人"。所以，一方面城市文化会冲击原有的乡村文化；另一方面城市文化也会为乡村文化注入新的活力，以实现乡村文化与城市文化的融合。

三、一统与多样

上文我们主要分析了目前乡村在发展过程中，其本身形态的变化可能对文化产生的影响，我们再来分析乡村文化的出路何在。简而言之，即"一统与多样"。一方面，随着村际开放、城市化等多种因素的渗入，不同文化间的交流逐渐增多，乡民自然要在多种多样的文化中有所裁汰、有所选择，而某些文化记忆的最终胜出也成为难以阻挡的事实，这使文化的同质化成为乡村文化发展的一个重要趋势。如"我在×××很想你"这样的宣传标语，不仅成为各大景区青睐的描述方式，也在众多乡村中胜出，凭借其强大的辐射力加速了乡村文化的"一统性"，这是"乡村"作为一个生活单位，与其他生活单位交流所产生的难以避免的结局。另一方面，则是"多样性"的维系，一个生存共同体之所以能形成，也一定要有其特有的生产方式、文化记忆作为支撑。比如当某一村子的民众讲述自己村落来源的时候，其叙事所使用的"起源传说"则往往能够体现本村的地域认同，与其他村落有所不同，这是一个"生存共同体"之所以能够维系的重要支撑，而这又往往作为一种文化记忆，促成了乡村文化的多元性。这对于乡村文化的未来而言，既是一种契机，也不失为一种挑战。文化是永远不会失去的，只有使用哪种文化、认同什么文化的区别。

第五节　本章小结

乡村振兴固然需要重点关注乡村的经济建设、政治建设与社会建设，但我们同样不可忽视的是乡村的文化建设。乡村文化，是乡村人最基本的生活方式，也是我们理解乡村的基础。由于地理环境、经济方式等因素的影响，乡村文化呈现出与城镇文化并不一致的样貌，但两者并无高下之分，而是完全平等的。在组织结构上，构成乡村的基本形态是宗族和家庭，虽然传统意义上的宗族与现在有较大的不同，但当代中国的宗族依然在政治、经济、文化等领域发挥着作用，甚至影响力已经辐射到海外华人。在语言文字上，随着社会经济的发展，乡村逐渐从封闭走向开放，乡民也有越来越多的识字需求。再加上政策的影响与教育的普及、网络的发展，乡民的文字接受程度与普通话使用程度都在提升，但方言还有一定的生命力，它们依然活跃在乡民的生活世界中。在精神生活上，民众会讲述传说、民间故事等文学形式，也会参加节日活动、庙会活动等信仰仪式，来满足自己的精神需要。通过这些乡村文化，我们既可以了解乡村生活，也可以充分地意识到乡村文化的合理性，并平等地看待乡村文化与城市文化。

第六章

乡村治理

第一节　危机与重建：新时期的秩序与治理

一、乡村秩序

（一）现实处境中的乡村秩序

"上面千条线，下面一根针。"作为社会治理的基本单元，乡村社会既是社会稳定与发展的前提，也是各项制度政策执行落实的终点。同时作为整个中国社会的"地基"，乡村社会的内在特质即带有其具体性和复杂性色彩。这些特质决定了影响乡村秩序的因素既有乡村内部个人之间的邻里家常，也有村民与村组织乃至村政府之间的干群关系，以及乡村内外的城乡矛盾、乡村转型期的政策阵痛等。因此，乡村秩序的维护一方面要求基层干部尽量避免具体矛盾冲突升级，另一方面要求上层建制将乡村、农业、农民的利益和关切时刻纳入决策和规划的核心位置——二者结合才能切实维护乡村秩序的稳定和和谐。

乡村秩序的核心在于国家与农民的对接问题，是自上而下和自下而上两方面作用力的产物。自上而下看，中华人民共和国成立初期所确立的"人民公社"体制曾经借由村集体这一中介，成功将中央行政决策完整触及最基层的治理单元。然而乡村集体体制在带来稳定治理秩序的同时，也诚然存在自下而上治理运作机制不规范、土地生产率受限等种种问题。

因此在 20 世纪 80 年代前后的改革大潮中，乡村集体体制逐渐表现出让位与退出的总趋势。以 1984 年中央一号文件提出"土地承包期一般应在十五年以上"为节点，稳定的土地承包关系促使单个家庭乃至农民个人重新取代村集体成为农业生产的核心组织单位，农村的行政系统也在这一阶段完成了由集中动员体制向民主合作体制的转型。[①]然而，随着农村地区的税费负担增大，"三农"问题于 20 世纪 90 年代集中凸显。党的十四届三中全会后，"大锅饭"式包干制转向"分灶吃饭"式分税制的财政体制改革因时而至，放权让利所释放的经济效益和政治权益给农民吃下了"定心丸"。但税制改革后基层财税大多向上集中，行政系统自上而下的任务分配机制却保持原样，这种地方政府在财权和事权上此消彼长的客观矛盾引发了村一级公共资源供给的短缺。"合村并组"的举措又破坏了自然村原有的熟人社会土壤，从而削弱了基层组织的治理权力与治理能力，最终造成的结果便是乡村地区社会不稳定因素的积年累加。[②]

自下而上看，传统的社会关系正在解体，现代的社会关系仍未建立。传统的乡村秩序维护主体如宗族、文化、村规民约乃至乡贤在政权和市场面前己失去曾经的公信力。[③]而当下官方的政治力量比如村民自治制度在实际运行中尚不完善，法律法规又因其滞后性而难以深入村庄最基层的事务争端、因其被动性而难以主动促成乡村秩序的自发改良。这种社会关系构建上的矛盾造成了当前农村潜在的社会危机和村庄失序。也是在此意义上，乡村秩序注定成为影响整个中国现代化进程的关键因素。[④]可以说，在以市场经济体制为核心的经济体制改革和以村民自治为核心的政治体制改革的推动下，中国农村长期处在并且正处于解构与重组之中。

---

① 　吴理财，李芝兰.乡镇财政及其改革初探 [J]. 中国农村观察，2003(4): 13-24.

② 　陈锋.分利秩序与基层治理内卷化——资源输入背景下的乡村治理逻辑 [J]. 社会，2015，35(3): 95-120.

③ 　赵霞.传统乡村文化的秩序危机与价值重建 [J]. 中国农村观察，2011(3): 80-86.

④ 　贺雪峰，仝志辉.论村庄社会关联——兼论村庄秩序的社会基础 [J]. 中国社会科学，2002(3): 124-134，207.

（二）理论话语下的乡村秩序

就目前学界普遍认同的概念而言，乡村秩序指的是生活于乡村这一地域和文化空间的村民群体针对各领域（如政治、经济、生活）共同认同的社会准则，以及这些准则如何构建和维系的过程。功能上而言，乡村秩序可具体划分为建设性功能和保护性功能。其中，建设性功能指可以增加村庄和村民收益的功能，比如生产协作可以提高生产效率，道德保持可以降低交易成本；保护性功能即保护村庄和村民合法权益不受侵害的功能，如抗御地痞骚扰的能力。[①] 乡村秩序建立在农业文明的基础上，但城乡之间的区隔并非是牢不可破的。相反，与城市之间的动态互动深刻改造着农业文明的现实形态：城镇化进程在给农村带来收入增长和观念更新的同时，也以强势力量改造着农民原有的生活方式、交往方式与思维方式，并且解构着乡村社会的规则和文化，冲击着原有稳定的社会秩序。

与城市相比，乡村秩序的特殊性在于其内部面向。区别于以行政力量主导的统筹分配模式，乡村的公共设施和社会服务大都是村庄村民自发组织、自主提供的。政治哲学家哈耶克认为可依据主体将社会秩序分为两类：人为设计的命令式秩序，以及民众长期形成的自发秩序。在二者之间，哈耶克不仅高度认可自发秩序在实际运行中的高效和稳定，并且认为本质上自发秩序是人类应对未知世界的唯一方式。[②] 在中国语境下，如果按照自古以来乡村治理的谱系，可将乡村秩序的思路和实践归纳为五大类：一是国家行政力量，比如中华人民共和国成立初期深入乡村基层的人民公社组织；二是以人大为代表的立法制度，以及依托国家强制力实现的检察院、法院所代表的司法体系；三是宗族制度、村规民约等习惯法；四是以社会分化为前提的精英控制，比如中国封建时期曾经盛行的乡贤治理；五是民主自治，比如基层群众自治制度。在这五大类中，前三类是行政嵌入型，是现代国家体制

---

① 贺雪峰，仝志辉.论村庄社会关联——兼论村庄秩序的社会基础 [J]. 中国社会科学，2002(3): 124-134，207.

② 哈耶克.自由秩序原理 [M]. 邓正来，译.北京：生活·读书·新知三联书店，1997.

下外部力量所塑造的；后两种则属于村庄内生型，延续自传统社会，来自村庄内部的自然生发，其权威性更合理、运行逻辑也更顺畅。①

二、乡村治理

（一）现实处境中的乡村治理

武汉大学中国乡村治理研究中心根据长期的基层调研，提出乡村治理面临的困难有三：其一，中国农村的经济情况将在相当长的时段内表现为"温饱有余、小康不足"，而这一经济基础无力支撑起全方位的现代化治理模式；其二，乡村治理模式的有效性具有强烈的地缘性质，完全相同的制度可能因具体落实的村庄不同而产生截然相反的效应；其三，作为广大区域内中国人生产、生活和娱乐三位一体的空间，村庄这一治理单元具有不可取代的价值，而村基层党组织、村民委员会、乡村自治组织以及村民共同完成的乡村治理则依然是中国社会治理的重要基础。

在此基础上，可以从宏观、中观及微观的不同研究视角贴近当代中国乡村治理的现实处境。

宏观层面看，在自然经济向市场经济转型的过程中，当下农业生产依然存在科技含量低、受自然因素影响大、产业结构不合理、农民技术素养有限等制约性因素，故而以农业为本的乡村与城市之间存在的客观差距在短期内始终很难弥合。在缺人、缺钱的大背景下，乡村治理必然要面对基层社会力量缺乏、社会风气恶化等一系列严峻挑战。

中观层面看，继改革开放后政社分开、包产到户等一系列深刻改革尝试以来，乡村治理始终是中国式现代化转型的关键环节。与社会转变相适应，乡村治理体系必须在形式和结构上进行"由分化到整合，由分离到合作"的总体性结构转换，局部片面的治理方式转变将注定难以取得所期待的成效。因此，只有不断完善乡村社会的治理模式，才能一方面维护基层稳定，提升政府公信力，另一方面推动乡村现代

---

① 贺雪峰，仝志辉. 论村庄社会关联——兼论村庄秩序的社会基础 [J]. 中国社会科学，2002(3): 124-134，207.

化进程，提升社会治理水平。[①]

微观层面看，中国地域广阔，各农村地区不仅经济发展不均衡，而且在社会文化、自然条件等各方面均呈现出显著差异。相同的制度安排在不同性质的乡村可能引发截然相反的效果，全面推行某项治理逻辑因此需要格外审慎，单一的治理模式也有必要根据具体落实的村庄进行针对性调整。基于此，自费孝通在《江村经济》中开创性提出以来，类型研究即成为乡村治理领域流行的研究范式。类型研究重视对各区域农村的历史地理条件的分析，旨在深入理解中国农村区域差异上的复杂性。当前主流的类型研究多将中国农村分成南方地区的团结型村庄、北方地区的分裂型村庄、中部地区的分散型村庄三种类型，并以此出发理解不同区域乡村治理的内在机制差异和共性所在。[②]

中国农村不同区域村庄的治理结构见表 6-1。

表 6-1　中国农村不同区域村庄的治理结构

地区	居住形态	开放性	血缘组织	地方性规范	商品化程度	村庄结构
华南地区	聚居为主	封闭	内生性强宗大族	强	中	团结型
长江流域	散居为主	开放	散居性同族集团	弱	高	分散型
华北地区	聚居为主	封闭	功能性血缘集团	强	低	分裂型

资料来源：贺雪峰. 论中国农村的区域差异——村庄社会结构的视角 [J]. 开放时代，2012（10）:108-129.

（二）理论话语下的乡村治理

社会治理的相关研究起源很早，其理论可以追溯至约翰·密尔（John Mill）的"福利国家"概念，安东尼·吉登斯（Anthony Giddens）的"第三条路"学说，以及哈耶克等人的"小政府理论"。但从公共管理学科史的视角出发，"治理"（governance）概念被明确提

① 徐勇. 县政、乡派、村治：乡村治理的结构性转换 [J]. 江苏社会科学，2002(2): 27-30.
② 贺雪峰. 论中国农村的区域差异——村庄社会结构的视角 [J]. 开放时代，2012(10): 108-129.

出始于 20 世纪 80 年代。与传统政治学术语"统治"（government）相区别，"治理"突破了自上而下的单一维度，创新性地将非政府的公共组织引入视域，使"管理"同时囊括公共和私人两方面维度。1992 年，全球治理委员会（Commission on Global Governance）建立，该委员会完成了"治理"概念的经典定义："既包括有权迫使人们服从的正式制度和规则，也包括各种人们同意或以为符合其利益的非正式的制度安排。"在此基础上，美国国际研究协会前主席詹姆斯·罗西瑙在其名著《没有政府的治理》中提出，治理即"利益相互冲突"的主体通过协商而非冲突的手段实现资源的分配。[①]

　　"治理"被学界普遍认可为通过多元主体间的互动协同以期接近"善政"的管理方式，而在当代中国的语境中，社会治理更倾向于官方话语在社会建设领域提出的一项理念设计。因此在该顶层设计下，中国语境下的社会治理更强调由党委和政府统一领导，通过政府、社会组织和广大民众的协调合作，有效供给社会公共产品的治理新形态。

　　作为"乡村"和"治理"两个概念的结合体，乡村治理即限定于中国乡村场域的"治理"模式，带有两个隐含的偏向性：一是突出乡村自治，强调其自主性；二是认可当下乡村存在问题，强调解决问题的能力[②]，也即基于公共利益和社会认同的基本原则，通过乡镇政府与民众的多主体互动协同以及村民的自主管理，实现对乡镇基础设施等公共资源的合理配置[③]。在乡村治理理论中，村民既是社会治理的对象，又是有效参与乡村基层互动的治理主体。党和政府因此被要求成为有能力组织社会力量、鼓励民众积极参与基层治理的新型党政机关。

三、秩序重建与高效治理

　　乡村秩序与乡村治理在当下同时面临挑战与机遇。首先，改革开

①　罗西瑙. 没有政府的治理 [M]. 张胜军, 刘小林, 译. 南昌：江西人民出版社, 2001: 9.
②　贺雪峰, 董磊明. 中国乡村治理：结构与类型 [J]. 经济社会体制比较, 2005(3): 42-50, 15.
③　胡洪彬. 乡镇社会治理中的"混合模式"：突破与局限——来自浙江桐乡的"三治合一"案例 [J]. 浙江社会科学, 2017(12): 64-72, 157.

放以来城乡二元结构矛盾突出，市场经济的高速发展促使越来越多的村民前往城市或从事非农领域，村庄由鸡犬相闻的熟人社会转向全国性市场经济体制的重要主体。与市场化进程相伴随的是农村人员流动的增加，以及农村核心家庭乃至个人经济独立性的提升，村庄共同体对于村民的限制和村民对于村庄的认同随之降低。在文化层面，在城市外来文化的冲击下，以传统道德和宗族邻里关系为核心的村庄共同体对其成员行为的约束力相对降低，突破伦理的不道德行为又难以受到道德规范的有效惩戒，投机钻营者利用政策利好或侵占集体利益，一夜暴富成为当地的新富阶层，团体性黑灰势力甚至以特权群体自居，这不仅打破了乡村长期以来的稳定安宁，更抑制了淳朴自然的乡风，造成村民对原有正面价值观的质疑和颠覆。

党的十九大后，中国特色社会主义进入新时代，这是乡村秩序和乡村治理全新的历史方位。针对新时期人民日益增长的美好生活需要和不平衡不充分的发展之间的主要社会矛盾，实施乡村振兴战略，走中国特色社会主义乡村振兴之路势在必行。此时的乡村治理告别了原来"头痛医头，脚痛医脚"的思维定式，转向就农村经济建设、政治建设、文化建设、社会建设、生态文明建设的全面统筹。基于此，各地有意识地针对具体建设开展调查研究，深入观察乡村治理制度在具体农村实践的机制、过程及结果，从而更为精确地理解农村社会治理的现实处境，制定合理、科学的政策，最终有效加快实现乡村治理体系和治理能力现代化的治理目标。

第二节　城乡之间的迁徙：乡村"空心化"

一、由"乡土中国"到"城镇中国"

（一）确定方向的人口流动

据《中国统计年鉴》统计，中国城镇人口从 1978 年不足全国人口的 20%，到 2011 年第一次超过全国人口的 50%，并在突破 50% 后仍保持快速增长趋势。2021 年，内地常住人口城镇化率高达 64.72%，相较于 2012 年上升了 11.6 个百分点。^① 可以得出，未来城乡之间的人口迁移流动依然保持较大规模并且以乡城方向为主流。乡城之间的大迁移大流动依然将是未来几年内的基本格局，延续千年的"乡土中国"正日益演变为"城镇中国"。乡村人口流出虽然一方面为改革开放以来中国的现代化高质量发展提供了大量劳动力资源，但另一方面也造成了乡村广泛的"空心化"现象。2011—2021 年中国城乡人口结构如图 6-1 所示。

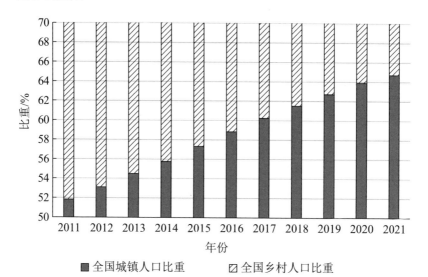

图 6-1　2011—2021 年中国城乡人口结构

资料来源：中国统计年鉴 2021[EB/OL].[2023-04-17].https://www.stats.gov.cn/sj/ndsj/2021/indexch.htm.

目前，学界尚未就"空心化"形成统一概念，不同领域的学者从土地利用、城乡关系、乡村地域可持续发展等视角展开论述。土地利用视角主要基于农村宅基地使用中大量出现的闲置现象，认为"空心化"表现为村庄中心区域与外围区域的关系。村庄中心区域土地、房屋闲置，而新建住宅和开发区集中于村庄外围，人们生产生活的重心

---

① 中国统计年鉴 2022[EB/OL]. http://www.stats.gov.cn/sj/ndsj/2022/indexch.htm.

也随之由村庄内部转向边缘地区。[1] 城乡关系视角则倾向于认为"空心化"是国内城市化滞后于非农化的外在表现，随着城镇化进程推进，"空心化"问题将逐渐改善。[2] 相较而言，乡村地域可持续发展视角认为"空心化"意味着乡村地域系统功能的退化，体现为乡村土地、人口、产业、基础设施等要素低效利用。[3]

（二）城乡间的吸引力推拉

虽然外在表现不同，但乡村的"空心化"现象实质上起源于乡村—城市之间单向度的持续大规模人口流动。这一流动事实上发端于20世纪80年代后期，与国家政策上对于农村人口控制的松紧高度相关。自中华人民共和国成立以来，农业生产始终是举国大事，因此农村人口外流一向受到政府的严格管控。除城乡户籍制度的隔离之外，农村人口的盲目外流也受到行政命令的明确限制。比如人民公社体制下农民甚至在农村内部也不能跨区域流动，更不能在城乡之间自由流动。[4]1978年的改革开放是改变城乡关系的关键历史节点。在劳动力层面，人民公社体制瓦解后，不仅取消了农副产品统购统销制度，而且也解除了农村户籍对农民进城务工经商的约束，农民脱离了计划的严密约束，成为市场经济中自由流动的劳动者。在雇佣者层面，政企分离下企业成为市场经济中的竞争主体，既获得了自主招工的自由，又不得不开始学习自负盈亏，此时雇佣价格相对更低的农村劳动力便成为城镇企业自然甚至必然的选择。[5]

既然是城乡间的人口流动，那么乡村"空心化"在制度允许之外必然有其经济根源。从农村内部和外部两个系统入手，部分学者认为农村"空心化"的形成机理存在一项以城乡系统间的要素流动为动力

① 张杰，李可立.中国城市化背景下村落"空心化"形成机制及调控研究 [J].开发研究，2010(6): 101-103.
② 龙花楼，李裕瑞，刘彦随.中国空心化村庄演化特征及其动力机制 [J].地理学报，2009(10): 1203-1213.
③ 刘洪彪，甘辉.新农村建设中"空心村"的整治 [J].农业现代化研究，2007，28(5): 586-588.
④ 张端.新中国成立以来中国农民的变迁及走向 [D].北京：中共中央党校，2013.
⑤ 蔡禾.新中国城乡关系发展与当下面临的问题 [J].社会学评论，2021，9(1): 18-28.

的吸引 / 排斥决策模型，其中城镇化工业化水平、非农就业收入、滞后的村庄体制和管理观念属于农村人口的离心力，农业现代化水平、财政补贴、乡土观念、邻里关系则属于农村人口的向心力。[①] 另一部分学者则提出，如果中国农民的收入和收入的持续增长速度属于向心力，那么快速增长的支出则是最关键的离心力：一是农民合作机制解体，导致农村公共品供给不足；二是消费主义文化的影响；三是医疗、教育的市场化。[②] 因此，稳定甚至逆转城乡人口流动的核心在于缩小城乡差距，城乡协同发展。

2004 年，党的十六届四中全会初步确定工业反哺农业、城镇"反哺"农村的战略导向，其具体政策包括：取消农业税，加大对农村教育、医疗等公共服务的财政支持，重建农村社会保障体系，降低城镇非户籍常住人口办理入户的门槛等。党的十九大以来，国家进一步提高对于粮食安全和乡村振兴的重视程度。一方面通过加大对农村各方面的财政支持力度，推动提高农民生活质量；另一方面主动引导新农人自主探索致富之路，寻找全面脱贫攻坚的源头活水，从而最终实现城乡基本公共服务均等化的目标。[③] 2023 年《政府工作报告》指出，在解决"两不愁三保障"问题的基础上，目前已经实现所有行政村通宽带，新建改建农村公路 125 万公里，力图实现脱贫攻坚同乡村振兴的有效衔接。[④]

《中共中央 国务院关于做好 2022 年全面推进乡村振兴重点工作的意见》尤其提出保障农业生产的关键一环在于健全农民种粮收益保障机制，"让农民种粮有利可图"。通过提供稳定可持续的玉米、大豆生产补贴和稻谷补贴政策，适当提高主粮最低收购价，以及支持农业服务公司、农民合作社、农村集体经济组织、基层供销合作社等多主体发展生产托管服务等多种措施提高种粮综合效益，从而根本上提升农

① 刘彦随，刘玉，翟荣新 . 中国农村空心化的地理学研究与整治实践 [J]. 地理学报，2009，64(10): 1193-1202.
② 贺雪峰 . 新农村建设与中国道路 [J]. 读书，2006(8): 92-99.
③ 蔡禾 . 新中国城乡关系发展与当下面临的问题 [J]. 社会学评论，2021，9(1): 18-28.
④ 政府工作报告 [EB/OL]. (2023-03-05). https://www.gov.cn/gongbao/content/2023/content_5747260.htm.

民生产积极性。虽然对比第六次及第七次人口普查，可以看出：中国常住人口城镇化率在突破半数后依然保持着高速增长的趋势，大规模的乡城迁移流动依然是中国人口的长期格局，但考虑到由乡村流出的人口主要在城市从事体力劳动，20 世纪 80 年代后期离开乡土的年轻人如今需要面对随年龄增加体力衰减的现实困境。结合农村逐渐增长的福利，乡村之于当年背土离乡"农民工"的吸引力将会可预期地保持长期持续增长的趋势。

二、"空心化"之于乡村

（一）乡村精英离开之后

由于"民工潮"的特定主体是城市劳动密集型产业从业者，"空心化"的主体也常常是在年龄、知识、才能等方面有优势的农村精英。[①] 改革开放以来，来自农村的廉价劳动力通过投身第二、三产业极大促进了城镇建设，加速了中国的现代化进程。但不可否认，长期现代化的单向度视角忽视了村庄与村民具体的生存境况，且暴露出大量现实问题，如留守儿童、空巢老人、耕地消失、乡土遗产失落等。[②]

人口流动对乡村的积极影响大多建立在农村人口外出务工、经商，获得资金、技术、信息、观念后返乡建设家乡成为新农村的假设上，然而事实上这种假设并未成为现实潮流以及持续范式。相反，农村急需的资金人才知识和需求随着人口流动向城市大量集中，而乡村随着大量中青年的流出诞生其他新问题。外出务工的农村中青年难以在城市找到稳定高薪的职业，然而却需要承担城市生活的高消费，其收支状况决定乡村流出人口的财富很难积累，或者即使积累了一笔财产也多半花在城市，或者投入乡村外围的新房建设，而没有投入生产领域去改造传统生产方式。[③]

---

① 赵树凯. 乡村治理：组织和冲突 [J]. 战略与管理，2003(6): 1-8.

② 杨春艳. 宗族与反哺：乡土景观建设中的礼制实践 [J]. 百色学院学报，2018(3): 25-29.

③ 徐勇. 挣脱土地束缚之后的乡村困境及应对——农村人口流动与乡村治理的一项相关性分析 [J]. 华中师范大学学报（人文社会科学版），2000(2): 5-11.

　　破除农村精英进城"淘金"的迷思之后，"空心化"带来的负担便逐渐显露。最直观的影响即是青壮年劳动力离开后，出现乡村留守群体中老人赡养与幼儿教育缺失的社会问题，以及农业生产停滞甚至倒退的生产问题。一方面，分散的住宅布局既不利于基础设施建设，也使整体性的村庄规划难以开展。另一方面，扩张化的村庄导致大量耕地闲置，不仅很大程度上浪费土地资源，而且还极有可能带来粮食安全的潜在风险。[①] 更进一步，外延性的村庄景观带来的是传统乡村"鸡犬相闻"空间结构的彻底解构，以及四世同堂、亲族同居、邻里亲近的乡村文化社区关系网络的断裂。[②]

　　如果缺失对于社区乃至整个村庄共同体的认同，"空心化"之后的乡村公共生活将出现自治主体缺失的严重后果：一方面村委会参与积极性弱，村干部人选不足；另一方面，大量选民离乡，留下的或是没有选举权的儿童，或是政治参与意愿低的老人。不仅乡村自治将成为无源之水，甚至整个村庄的公众生活都将失去活力。[③]

（二）转型的历史性契机

　　由于乡村土地利用的边际效用限制，"空心化"已成为乡村人口结构无须回避的事实。但如果将乡村人口流出以更加客观化的眼光纳入长期历史进程，"空心化"的另一面或许正是农村现代化的历史契机。

　　如果以社会学的眼光深入人口流出前的中国乡村，自清末人口增长直到当代，以小农经济为核心的农业生产某种程度上陷入内卷化的"过密性增长"。农业人口流出将使农民真正从土地上解放出来，从而真正推动农村社会的发展。费孝通提出"应该通过农村工业化将农民从土地的束缚中解放出来"[④]，认为中国农村的问题根源在于土地所承载的农民人口压力过大，土地生产资料功能退化，生存保障功能上升。

① 　张杰，李可立.中国城市化背景下村落"空心化"形成机制及调控研究 [J].开发研究，2010(6): 101-103.

② 　李君，李小建.河南中收入丘陵区村庄空心化微观分析 [J].中国人口·资源与环境，2008(1): 170-175.

③ 　王玉娟.农村空心化背景下留居农民参与村级公共事务路径思考 [J].理论与改革，2011(5): 101-102.

④ 　费孝通.云南三村 [M].北京：社会科学文献出版社，2006.

在此意义上，农村人口流动有利于减少堆积在土地上的众多人口，为乡村文明的转型提供了历史性的契机。

华裔学者黄宗智于《中国的隐性农业革命》中写道："大量农村人口的非农就业和村庄城镇化趋势将是中国乡村乃至全中国近代以来难得一见的历史机遇。"首先，自计划生育实施以来，全国各地（包括农村地区）的新生人口显著下降，其直接影响即千禧年后新增劳动力的递减；与此同时，经济水平和城镇化的持续增长带来非农就业的巨大窗口。对此劳动市场的回应必然是人力成本的提高和非农从业者收入的增长，因此离开村庄外出务工既是经济规律下的必然现象，又是乡村相对城市积累资金的重要途径。

另外，随着全中国财富的增加和生活水平的提高，食品消费类型的改造将会引发农业结构的转型，农作物不再限于低价值主食，而是更多转向高净值农产品或有机农业等绿色农业形式。更加精细的农业生产模式带来的是农业劳均产值的持续上升，以及更加资本、技术密集化的新农业，此时乡村将有能力吸收更多回流劳动力，并为农民提供更丰厚的收入和更现代化的生活。

相对此前而言，2023 年中央一号文件《中共中央 国务院关于做好 2023 年全面推进乡村振兴重点工作的意见》更加注重扶志扶智，聚焦产业就业。文件指出，增加脱贫群众收入，促进脱贫县加快发展成为未来乡村振兴工作的根本要求和主攻方向。具体而言，会将乡村振兴相关补助资金的六成以上用于产业发展，积极发挥就业帮扶车间等项目作用，同时发展新型农村集体经济，从而延伸和拓展农业产业链，培育发展农村新产业新业态，最终拓宽农民增收致富渠道，带动农民增收，全面实现城乡、区域协调发展。在此意义上，充分发挥乡村作为消费市场和要素市场的重要的"去空心化"进程将会成为未来增强脱贫地区和脱贫群众内生发展动力，切实巩固拓展脱贫攻坚成果的重中之重。[①]

---

① 中共中央 国务院关于做好 2023 年全面推进乡村振兴重点工作的意见 [EB/OL].（2023-02-13）. http://www.lswz.gov.cn/html/xinwen/2023-02/13/content_273655.shtml.

第三节　基层规则嬗变：村规民约的新生

一、村规民约作为传统

（一）"皇权不下县"

村规民约在中国乡村经历了从北宋始，在明清达到顶峰，并在民国之后渐渐衰落的过程。通过考察传统村规民约的历史嬗变，本书认为其组织者多为本土乡绅乡贤，内容以民间宗法礼教为主体，是服务于乡村社会有序运行的非正式制度。

已确证村规民约文献可追溯至北宋神宗时期（1076 年）陕西蓝田流行的《吕氏乡约》。《吕氏乡约》由乡绅吕氏兄弟所创制，文献原文多为"德业相劝""过失相规""礼俗相交"等关于道德准则的骈文，带有明显的简约化审美色彩和自发契约属性。南宋时期，大儒朱熹将《吕氏乡约》增删编订后结成《朱子增损吕氏乡约》。《朱子增损吕氏乡约》以"德业相劝、过失相规、礼俗相交、患难相恤"为纲，涉及役员、簿籍、宴集等乡村生活各方位准则，是中国第一部完整的村规民约体系。该乡约此后不再限于蓝田吕氏一族或关中地区，而是于全国大范围推广，传言效果斐然，令风俗为之一变。之后，官方也开始认识到民约对于维护乡村秩序以及乡村有序治理的关键作用，于是就乡村设计或改造村规民约普遍采取鼓励的态度。明成祖朱棣甚至首次以国法的形式书面颁布乡规条例，正式将村规民约提到了与法律接近的权威地位。

近代东西方的社会学学者都就村规民约在传统中国的作用进行过分析，得出其运行背后——"皇权不下县"的乡村自治逻辑和基层宗族乡绅领导的社会土壤。费正清将从秦到清的中国政治框架按照治理对象区别为上层与下层，其观点可概括为"皇权不下县"：以少数城市为代表的上层由科举遴选出的官员进行管理，而以大多数乡村为代表的下层则受士绅及其家族的领导。[①] 韦伯通过将传统中国与欧洲的政治

---

① 费正清 . 美国与中国 [M]. 张理京，译 . 北京：世界知识出版社，2003: 37-38.

体制相对比，认为中国乡村社会主要实行乡村自治，但与西欧中世纪的城市自治存在极大的差异：国家层面的法律法规在试图进入乡村时受到"村落有组织的自治体"的抵抗，因此乡村执行的规范是由氏族主持制定的"法典化的伦理规范"。[①]也正是因为这一原因，清末民国时期，随着外来资本的侵入和中国社会原有秩序的混乱，村规民约的运行和影响逐渐萎缩，甚至在现代化浪潮的裹挟中被遗忘。

（二）国家法之外的公共规则

梳理历代村规民约的发展谱系，会发现其内涵看似处在变动之中，但有两项要义贯穿始终：村民自治与非强制规范。其中，前者主要体现在民约的实际运行逻辑，后者则更多在于民约自身的权力性质问题。

在运行中，村规民约的内容以人伦亲缘在内的天然等级和伦理教化为基础，是乡民在长期社会生活实践中对于制度规则的自发性探索。如前文所述，《吕氏乡约》之前也存在大量口头形式的村规民约，但直到宋代才经由文字固定下来。这种以口头流传为主的形式决定了村规民约的制定和落实都基于村民对村庄共同体，以及村规民约中尊老爱幼、亲邻睦长等道德准则的认同和维护。[②]

在性质上，村规民约介于不成文的地方习俗和村民集体契约之间，是官方在国家法之外默许的非正式制度。虽然和法律同样具备维护共同体秩序的作用，但村规民约并没有国家法背后强大的政权支撑，以及国家法普遍实施的适用效力。作为非正式制度，村规民约也能起到互动补充国法的作用：比如村规民约中关于社学与社仓的条例长期作为民间法实行，最终反而通过被纳入上谕或典章的方式得到了官方的认可，逐渐推广成为全国性制度的组成部分。

与传统村规民约相比，现代的村规民约具有自治性、稳定性和地域性的特征，有维护村民利益、确保乡村社会稳定、培育乡风文明和提升乡村治理能力的作用。当下在学术界，广义的村规民约是指"一切乡土社会所具有的国家法之外的公共性规则"，而狭义的村规民约

---

① 韦伯. 儒教与道教 [M]. 洪天富，译. 南京：江苏人民出版社，2003: 77-86.
② 卞辉. 农村社会治理中的现代乡规民约研究 [D]. 咸阳：西北农林科技大学，2014.

则指"在国家政权力量的帮助和指导下，由乡民们自觉建立的相互交往行为的规则"。① 可以认为，现代村规民约虽然在一定程度上保留了其传统的色彩，但在其构建过程中更多的还是要符合现代法治的要求——以法律为基础和核心，由村民结合本村实际情况而制定的自我约束规范。在此意义上，同时具有规范性和契约性的村规民约既非官方单向度的命令，也不是民间纯粹自发的决定，而是国家与社会合作和互动的产物，因而也是国家法律法规与民间乡风民俗的有效连接和切实延伸。

二、村规民约的高质量发展

（一）双重特性

传统村规民约具有落后—有效两面一体的特性。其落后性是因为限于识字率和受教育程度，普通村民并没有机会真正参与民约的制定工作，村规民约多是乡绅乡贤们站在统治阶级立场，依据"三纲五常"所设计的。因此，民约原有的自治功能就往往被单一的法治功能取代，村规民约也难以避免成为统治阶级愚民又一项权力工具的宿命。但与此同时，村规民约因其天然淳朴的原生色彩和自发自律的运行模式，也是乡土社会自治、法治、德治交融的典范。在运行中，源自乡土的村规民约更加贴近群众生活实际，及时回应村民现实期待，从而较大程度地获得村民普遍认可，并通过村民共行得以实施，最终有利于良好风尚的弘扬以及基层社会的稳定和谐。

（二）国家权力的进与退

与建立在自然经济基础上的乡村自治相比，新中国在政权建设上有意识地推行"政权下乡"，集体主义取代家户本位成为乡村社会的主色调。国家权力不仅指立法执法，也指通过人民公社、行政命令的方式深入乡村最基层的现代化体制改革。但对于村规民约而言其本就是封建时代基础权力真空的产物，离开了封建时代"皇权不下县"这一存在基础，又因"三纲五常"的落后内容而表现出反动腐朽的落后

---

① 谢晖. 当代中国的乡民社会、乡规民约及其遭遇 [J]. 东岳论丛，2004(4): 49-56.

色彩——众多因素的共同作用下，村规民约失去了曾经的权威性，逐渐消失在新农人的视野中。

20世纪70年代末，家庭联产承包责任制取代人民公社体制，农民重新拥有了经营土地的自主权。同时，农村社会管理转向"乡政村治"型体制：通过乡（镇）政府实行基层行政管理，以下设村民委员会，实行村民自治。此次放还村民自治权，进行了将行政权退至乡镇及以上的深刻改革，1998年修订通过的《中华人民共和国村民委员会组织法》（以下简称《村组法》）更明确赋予了村民会议"制定和修改村民自治章程、村规民约"的权利，使村规民约又一次获得了再生的土壤。

（三）村规民约的现实处境

村规民约作为乡村自下而上内生的行为规则，虽然对农民群体的主体性建构和政治素养培养存在重要意义，但在实际治理过程中也存在复杂的现实矛盾。首先，有必要考虑村规民约的生成方式与村民教育水平和文化素质的关系。随着推广村规民约过程中国家权力对当地基层社会监管的减少，村委会将相应承担更多的治理职能。这可能导致部分村委会成员产生特权思想，如村委会成员不仅遇事冷漠推诿，甚至出现恃强凌弱、以权谋私等恶性行为。以此为背景，普通村民不能有效参与村规民约的制定，而村规民约则注定只是维护特权群体利益的工具。其次，历史上村规民约具有其传统文化根基，带有封建习俗和传统氏族文化的落后色彩，其中的很多条款都偏向于保守而非开明。如果对旧有的村规民约不加判断就盲目沿用，村规民约科学性、规范性和有效性的缺失不仅会与乡村现代化的总目标相抵触，甚至可能触犯法律底线，导致"开历史倒车"。[①]

因此，有学者总结：村规民约的制定和执行需要政府部门的指导和监督，但实践中政府的指导和监督作用往往表现为两个极端：政府监督缺位，放任村规民约的制定和执行，导致村规民约在基层的权力不受约束；政府干预过多，村规民约成为推行政令的精神末梢和变相

---

① 邓彪.《三治合一"乡村治理模式中的村规民约建设研究 [D]. 湘潭：湘潭大学，2020.

手段，相当于不存在村规民约作为非正式规范的补充性作用。[①]

事实上，官方与民间只有良性互动，才能在保障村规民约受法律、制度约束的前提下弥补法律的不足。在制定过程中，村规民约应当在国家法的框架下确立，并经过民主程序后送至国家机关进行合法性、一致性审查；在执行过程中，应当发挥村规民约对于民间问题的治理优势，以多元化、受认可的行为规则规范乡村社会秩序，真正推动村规民约到乡村治理的参与以及贡献中去。[①]

案例 6-1 崇信县柏树镇：村规民约"约"出和美新乡村

崇信县柏树镇的村规民约在推动乡村治理现代化进程方面发挥了重要作用。村规民约是通过以人民群众为主体，制定符合民意的规定和约定来推动乡村建设和改善。近年来，柏树镇党洼村通过广泛征集民意，并召开村民代表大会商议，制定了通俗易懂的村规民约。这些规定和约定涵盖了农村婚丧嫁娶陈规、人居环境整治以及人情攀比等问题。

村规民约的制定和执行使党洼村的人居环境得到明显改善、群众的生活水平不断提高。村规民约具体规范了村民的行为，引导他们树立文明理念，形成了文明自觉。村规民约的执行也保障了村民的合法权益，增进了邻里和谐、尊老爱幼、扶弱助困等氛围。

党洼村的村规民约还着重关注美丽家园建设，通过开展"门前三包"、垃圾分类等活动，改善了人居环境。同时，村规民约也推动了乡风的改善，崇尚勤俭节约、减少乱搭乱建、增加邻里互助等良好乡风逐渐形成。

村规民约不仅仅是一纸空文，而是通过强化监督执行，让规定和约定更具力度和实效。党洼村不断加强村规民约的遵守和落实，引导村民参与村级治理，共建共享美丽乡村。村规民约也成为推进乡村振兴的重要工具之一。

在柏树镇，村规民约已经成为培育文明新风、推动乡村治理现代化建设的新载体。如今的柏树镇产业兴旺、环境优美、村容整洁、文明和谐。未来，柏树镇将继续修订和完善村规民约，紧跟时代步伐，

---

① 卞辉.农村社会治理中的现代乡规民约研究[D].咸阳：西北农林科技大学，2014.

为乡村振兴注入新动力，构建多元基层治理机制。

资料来源：崇信县柏树镇：村规民约"约"出和美新乡村[EB/OL].（2023-06-06）. http://www.chongxin.gov.cn/ztzl2372/wmcsqmgcmhjynwgx/art/2023/art_ea 27062ff9ab4f6da1f788ed4fcec89b.html.

第四节　民间意识形态：礼制与传统

一、乡村礼制

（一）作为社会组织的宗族

人类学背景的学者常以家族血缘作为研究宗族性质的出发点，这往往会引向宗族作为社会组织参与社会治理的观点。常见的宗族组织形式是以父系血缘为纽带形成的生活共同体，以族田作为最重要的收入来源，主要以辈分、财产、功名等标准挑选宗族精英进行决策管理。

在封建阶段乡土社会"皇权不下县"的历史背景下，宗族组织在村庄内部承担了建设水利、道路等基础设施，提供义学、义庄等公共资源，并且处理宗族内私事及宗族外公事等基层事务的公共管理职能。费孝通认为宗族与乡贤在群体上存在很大的重合性，并且共同承担了乡村场域内部、外部治理力量的中间环节，因此是前现代国家治理能力局限性的重要弥补。[①] 从历史学角度出发，黄宗智对长江三角洲和华北平原的乡村场域进行对比研究，发现不同地理环境下水利工程对于农业生产的重要性塑造了二者宗族影响力的差异，可以推断：宗族组织从最开始形成就被赋予了水利、修路、办学等基础设施建设的公共职能，对于提升村庄风险承担能力和农业生产效率意义显著。[②] 梁漱溟认为宗族组织对于村庄的经济运行同样有调试作用：田地众多、收入丰厚的宗族往往人丁兴盛，宗族内部救济系统的影响力不可小视——通过开办族田、义庄、义学，宗族内部的不同家庭实现财产地位上的流动，从而带动整个村庄的经济再分配。[③]

---

① 费正清. 美国与中国 [M]. 张理京，译. 北京：世界知识出版社，2003：37-38.
② 黄宗智. 长江三角洲小农家庭与乡村发展 [M]. 北京：中华书局，2000.
③ 梁漱溟. 中国文化要义 [M]. 上海：上海世纪出版集团，2005：168.

虽然带有公共色彩，但传统宗族组织更多偏向宗族内部的管理，并非真正的乡村治理主体。基于对粤北地区案例的分析，宗族组织被认为虽然在宗族内部具有很高的声望，但不同宗族彼此具有强烈的排斥性，扩大化的宗族治理反而不利于村庄间的合作。因此，如果将宗族的服务范围从血缘群体扩大到村庄的具体治理单元，由村民的集体认可赋予其公共事务合法性，将有效倒逼宗族组织提供公共服务、表达公共利益、传递公共精神。此类针对宗族组织的公共性改造既能有效利用其长期积累的治理能力，又能提升宗族外部居民的治理意愿，从而将传统宗族组织构建为治理新主体，最终促进村庄的高效治理。[①]

（二）作为习惯法的宗族

将宗族作为社会组织的研究之外，也有学者从文化礼制和文化象征实践的视角进行分析，认为宗族在意识形态上可以作为习惯法参与社会治理，其治理带有国家的参与，尤其强调宗族在心理、文化认同中的重要价值。

传统中国乡村社会的治理根据治理主体分为"正式的权力"与"非正式的权力"，其中前者以法律法规和地方政府为代表，后者以当地士绅和宗族礼制为代表，而后者才是基层社会运行的真正规范。将礼制与律法相区别的基础上，瞿同祖进一步指出了二者内在的联系：律与礼互为表里，"礼法"与"德刑"共存，礼制伦理甚至本就是重要的立法根据。[②] 在此意义上，礼制作为非正式的习惯法，既是法律的反面，又是法律的补充。

从实证研究的角度出发，历史学者强调以宋为时间节点，将宗族划分为两部分：宋前存在的是未经过国家建构而自然存在的宗族；宋之后的宗族则是民间社会模仿上层社会宗族建构起来的，具有祠堂、族田、族谱、家礼等儒家意识形态的典型元素。[③] 从思想史的角度出发，深入明清时期华南地区的历史语境，宗法被认为是作为"正统"的儒

① 龚丽兰，郑永君. 培育"新乡贤"：乡村振兴内生主体基础的构建机制 [J]. 中国农村观察，2019(6): 59-76.
② 瞿同祖. 中国法律与中国社会 [M]. 北京：中华书局，2003: 292-354.
③ 徐良梅，朱炳祥. "宗族弱化"的历史原因探析 [J]. 武汉大学学报（哲学社会科学版），2005(6): 866-871.

家礼仪，参与组成了宋明理学向基层推广的意识形态。因此，乡村宗法即地方与中央建立关系的过程。[①]

与之相比，民俗学家更加重视将宗族与民间信仰和祭祀习俗相结合，理解宗族与百姓个人日常的深刻联系。[②] 比如部分学者认为宗族礼制源自原始的宗教祭祀，后被纳入国家制度，成为礼乐社会的核心组成部分。[③] 宗族作为意识形态的物质表现是宗庙，之所以认为长江流域如江西、湖南、湖北、浙江的宗族意识更为深入人心，其核心表现即宗庙宗祠的密集分布。[④]"宗者，统族人以奉祀也。祭已往之祖而收见在之族，祖分而祭亦分。"[⑤]《礼记》有"立爱自亲始，教民睦也。立教自长始，教民顺也。"[⑥] 可以认为，宗族制度从设计之初便有意识地在思想领域确立符合儒家孝悌伦理的等级体系，从而确定稳定的社会秩序与道德风尚。因此，宗族与士大夫礼制在中国传统社会中密切相关，体现了中国古代社会中宗族制度和礼制文化的相互依存与互动，对于基层稳定与社会凝聚具有重要作用。

二、乡村传统

（一）作为生活方式的乡村传统

乡村传统建立在农业文明的基础上。虽然朝代更迭，但最基础的中国乡村却得以在上千年的专制历史阶段维持结构的稳定：以小农经济为根基、以血缘家族为纽带所建立的"差序结构"，从而确立农业文明的稳定性基础。在此之上，村庄是村民的生产空间和生活空间，因此天然地赋予共同体内部对于本土生活方式的确认：基于长期而稳定的互动，村民们接受共有的观念和教育，从而遵循相似的思维模式

①　科大卫，刘志伟. 宗族与地方社会的国家认同——明清华南地区宗族发展的意识形态基础 [J]. 历史研究，2000(3): 3-14, 189.

②　陈春声. 信仰与秩序 [M]. 北京：中华书局，2019.

③　沈延生. 村政的兴衰与重建 [J]. 战略与管理，1998(6): 1-34.

④　王铭铭. 村落视野中的文化与权力：闽台三村五论 [M]. 增订版. 北京：商务印书馆，2021.

⑤　万斯大. 学礼质疑·宗法八 [M]. 长沙：岳麓书社，2012.

⑥　潜苗金. 禮記譯注 [M]. 杭州：浙江古籍出版社，2007.

和行为规范，维系着正常的生产、生活秩序。

乡村传统对于规范行为、维护秩序的价值主要体现于其内生性。传统源自长期生产生活实践的经验总结，看似随意的风俗习惯、村规民约实则根植于民间的处世哲学和价值观念。而且由于是村民自发形成的，乡村传统在乡村社会中具有较强的认同性和凝聚力。乡村传统的实用性和自发性使人们乐于遵守、自觉维护传统所规范的社会行为准则，从而有效约束村民行为、降低治理成本，收到维护社会稳定和谐的"成果"。

（二）作为观念体系的乡村传统

乡村传统观念体系指特定空间范围的村庄中不同代际不同身份的多数村民所共同认可、遵守的非物质实践方式。乡村传统观念体系来自长期历史实践中在稳定的文化环境下的代际沉淀，作为农民行动的深层逻辑，体现于农民的现实实践活动，如风俗习惯、思维方式、思想观念和价值取向等。[①]

乡村传统观念体系以伦理为本位，进而奠定长老乡贤、村规民约在村民群体中广泛的心理认同基础。部分学者认为华北地区的士绅长期以来都利用权力的文化网络实现对乡村的有效治理。[②]也有部分学者认为乡贤治理仅是表象，其核心是传统伦理的"德治"。[③]受过教育且德高望重的乡贤并不依靠暴力使人信服，而是作为乡村传统的代言人，以乡村传统为判断依据，从而处理纠纷并达成民众心服口服的效果。在此意义上，乡村传统不仅能使人畏惧，还能使人信服，通过心理认同构成礼治秩序的根基，最终实现乡村的有效治理。

现代化与城镇化进程不仅改变了作为生活方式的乡村传统，也对乡村传统观念文化体系产生深刻冲击。改革开放以来，乡村场域经历了以年长者为主导的前喻文化转向以年轻人为主导的后喻文化的迅速过

---

① 宁华宗. 共生的秩序：当代中国乡村治理的生态与路径 [D]. 武汉：华中师范大学，2014.

② 杜赞奇. 文化、权力与国家——1900—1942 年的华北农村 [M]. 王福明，译. 南京：江苏人民出版社，2018.

③ 费孝通，吴晗，等. 皇权与绅权 [M]. 上海：华东师范大学出版社，2015.

渡。在该背景下，不仅乡村秩序中的年长者面临被边缘化，而且传统乡村文化价值体系也在利益面前濒临瓦解。[1]工具理性、实用主义、个人主义等现代思潮提供村民创业致富机遇的同时，也解构着乡村传统文化和伦理体系的价值，与之伴随的是村民普遍性的精神危机和心理迷茫。

　　乡村传统文化认同的萎缩不仅意味着村民个人的精神危机，还带来整个乡村文明主体性的危机。长期以来，乡村在城乡二元关系中处于不平等的地位：城市被认为代表着财富和文明，而乡村似乎注定属于贫穷和落后。农村精英通过教育、创业等种种手段离乡进城，并在进城后乐于抹去"土味"，以成为"城里人"为傲；"空心化"的村庄将村规民约、宗族礼制、长老乡贤看作封建和愚昧的产物，而城市文明的秩序和文化又难以移植到乡村。乡村社会迫切需要摆脱作为城市文明附庸的地位，建立起其独立的另一套话语体系，从而复活属于中华古典田园传统的文化自信和身份认同。

三、不止于文化的价值

　　首先，需要认定的是乡村礼制和传统文化在当下以及可预期的未来仍具有存在与发展的基础。在现实层面，中国农村长期盛行"亲族聚居"，一个村庄由一个或数个大姓组成，地缘与血缘结合下宗族亲缘网络遍布全村，甚至村落和宗族在组织上出现某种同构性。[2]因此，村庄内部的礼制和文化存在地域与族群上的稳定性。社会学家认为权威来源于道德或习惯、感情和信仰、规则和法令，可以认为礼制和传统在乡村的权威来自道德习惯、感情信仰等思想文化层面的因素，故而即使在新中国成立初期遭遇低潮，依然有可能被传承和认同。[3]

　　学界对于传统礼制以及文化的态度尚未统一，可依据其立场划分为以下两种。

　　前者主要站在现代化立场上，认为传统礼制以及文化的衰落既是

① 刘铁芳．乡村的终结与乡村教育的文化缺失 [J]．书屋，2006(10): 45-49．
② 钱杭，谢维扬．宗族问题：当代中国农村研究的一个视角 [J]．社会科学，1990(5): 21-24，28．
③ 韦伯．经济与社会：第一卷 [M]．阎克文，译．上海：上海人民出版社，2010．

当下的现实，也是未来很长时间内的必然，应该将注意力集中在基层民主制度的建设上。① 由于传统礼制和文化根植于旧有的专制社会基础上，即使是宗族组织与传统文化得以在当代延续，其二者依然难以实现与社会主义中国的整合。因此，首先应以法律规范乡村礼制，在合法的前提下尽量发挥其对于生产互助、社会保障、伦理调解等方面的积极作用，与此同时尽量通过确立村规民约、教育宣传等温和的方式促使乡村文化进行现代化转型。② 而只有传统礼制以及文化的变革，才能带来农民在文化观念与精神面貌上的"重塑"，从而推动中国乡村彻底的现代化进程。③

与之相对，后者则对于传统礼制与文化持乐观态度，认为乡土中国自有文化逻辑，其根植于乡村血缘和文化网络，凝聚力较强且具备其他形式难以达成的独特价值。而既然宗族礼制和传统文化对于乡村秩序、乡村治理存在正向作用，官方便应就其精华性内涵采取保护传承的立场。基于广东南海具体村落的调研，部分学者认为，泛宗族文化是组织单个农民成为集体的重要基础，也是中国农村现代化的传统基础。因此，健康的宗族组织和宗族文化有助于推动并提高乡村社会的自治程度和有序程度。④

第五节　权力下移：乡贤与自治

一、乡贤治理

（一）传统士绅

从字面上看，"乡贤"由限定空间的"乡"和代表内核的"贤"两部分组成。其中，"乡"代指乡村地区，即相对于城市区域而言，以农

① 王沪宁. 当代中国村落家族文化 [M]. 上海：上海人民出版社，1991.
② 钱杭，谢维扬. 宗族问题：当代中国农村研究的一个视角 [J]. 社会科学，1990（5）：21-24，28.
③ 晏阳初. 晏阳初文集 [M]. 成都：四川教育出版社，1990: 37.
④ 王颖. 新集体主义：乡村社会的再组织 [M]. 北京：经济管理出版社，1996: 229-243.

业生产为核心的自然与社会空间。部分学者围绕着"乡"字进行解读，主要突出"乡贤"中"乡"的在地属性——个人与其所出身村庄的联系，以及长期奉献乡里的志愿。

如果侧重于关注"贤"字，则会延伸出"乡贤"在道德素养或阶级身份这两方面相互区别又相互联系的理解路径。前者侧重于道德层面，以《汉语大词典》为代表，认为"有德"是乡贤最核心的特征，从而将乡贤定义为"乡里中德行高尚的人"。后者强调回归历史语境，关注"贤"在传统儒家秩序中内在的阶级属性，认为在乡村空间内，"贤"与从事农业生产的农民相对，是政治在野但远离体力劳动的士绅特权阶层。"士大夫居乡者为绅"，乡贤的另一重身份是科举制下自发或被动生活在乡村的士大夫知识群体，包括科举功名的乡绅以及退居乡里的官员。①

作为典型社会角色，乡贤同样具有不可替代的特殊意义：乡贤得以作出公共性事务的判断的合法性并非来自权力，而是乡贤本人在德行、教育等方面体现出的素质，以及因此获得的声誉。换句话说，正是村庄共同体内部的认可造就了乡贤特殊的治理职能。②

如果将乡贤纳入传统乡村的治理体系进行分析，可以推断：乡贤之所以能够在传统乡村治理体系中发挥核心功能，其根源在于外部公共权力以及乡村内部治理机构的缺位。在传统乡村社会的宏观图景下，费孝通依据性质将权力划分为横暴的权力、同意的权力、长老的权力和时势的权力③，其中乡土社会与现代社会最大的区别就在于维持基层社会运行的主流权力类型并非法律系统代表的"横暴的权力"，而是以伦理为前提、以民俗为载体的"同意的权力"和"长老的权力"。在此基础上，以科举制为核心的官僚政府与围绕着农业生产构成的中国乡村社会之间事实上存在难以弥合的割裂，而乡贤这类声望高、明事理的士绅即是填充这一权力真空，承担上传下达、基础建设、调解

---

① 徐茂明. 明清以来乡绅、绅士与士绅诸概念辨析 [J]. 苏州大学学报，2003(1)：98-101.

② 梁漱溟. 乡村建设理论 [M]. 上海：上海人民出版社，2011.

③ 费孝通. 乡土重建 [M]. 上海：上海人民出版社，2006：62-63.

矛盾等公共治理作用的中坚力量。在此意义上，可以说是乡村先有对"长老的权力"的自发需要，再有长老作为治理主体的出现。①

（二）"新乡贤"

经过社会主义改造的中国乡村无疑已经脱离了塑造传统乡贤的文化与社会土壤，但乡贤天然的本土根基与道德色彩对于当代乡村的德治与自治的作用依然难以取代。考虑到现实处境中乡贤缺失与农民去组织化依然是新时期包产到户以及农产品进入市场以来乡村建设中的突出问题——由分散的单个农户组成的村庄单元缺乏有竞争力的市场主体，因此既无法准确对接市场，又无法高效承接政府资源。②

身处现代国家和市场经济的历史新时期，引入"新乡贤"这一自治主体将在众多维度上有效地组织和引领农民，帮助实现基层治理水平与经济水平的全方位提升。2014年以来，中央一号文件多次提到乡贤在新时期乡村战略中的重要功能，不仅党的十八届五中全会提出将"培育文明乡风、优良家风、新乡贤文化"作为提升农民主体性的有效路径，而且《乡村振兴战略规划（2018—2022年）》也强调重视"积极发挥新乡贤作用"对于提升德治水平的帮助。民营企业碧桂园在广东清远农村开展精准扶贫时，所取得的核心经验之一，就是发挥乡村中老支书、老主任、老党员等退休基层干部的"新乡贤"作用。企业扶贫项目组通过与这些有见识、有决断、深受爱戴的"新乡贤"合作，成功解决了征地、拆迁、搬迁等过程中的各种矛盾——降低扶贫交易成本的同时真正为老百姓谋得了福利。③

当下学界并未就"新乡贤"的概念形成统一意见。部分学者认为：与传统乡贤相比，"新乡贤"在受教育程度与政治经济特权方面的特点有所弱化，对于当地的贡献成为最核心的衡量标准。④也存在部分学者

① 费正清.美国与中国[M].张理京，译.北京：世界知识出版社，1999.
② 吴重庆，张慧鹏.以农民组织化重建乡村主体性：新时代乡村振兴的基础[J].中国农业大学学报（社会科学版），2018，35(3)：74-81.
③ 唐任伍，孟娜，刘洋.关系型社会资本："新乡贤"对乡村振兴战略实施的推动[J].治理现代化研究，2021，37(1)：36-43.
④ 姜方炳."乡贤回归"：城乡循环修复与精英结构再造——以改革开放40年的城乡关系变迁为分析背景[J].浙江社会科学，2018(10)：71-78，157-158.

将职业作为"新乡贤"的特征，认为"新乡贤"仍以基层知识分子为代表，强调其文化属性。比如将农村优秀基层干部、资深党员、道德模范作为"新乡贤"的重要来源，主要强调其道德水平[①]；或者关注到第一批致富者、返乡大学生、乡村教师等非体制化的精英群体。[②] 虽然侧重点不同，但上述多数研究都在界定"新乡贤"时具有公共服务属性，即对于所处村庄公共事务的治理意愿以及治理能力，这也是"新乡贤"与传统民间权威根本性质上的差异之处。

对于将"新乡贤"纳入乡村治理的影响，学界同样存在争议性立场。对于其积极影响，部分学者认为"新乡贤"可以作为乡村振兴的内生主体基础，实现乡村场域下基层社会与国家权力的互信共享，因此既能提升乡村公共服务能力[③]，又能发挥示范功能，从而促进乡风文明建设，从道德角度重构乡村秩序。[④]

与此相对，反面立场强调赋予"新乡贤"权威导致的异化风险和权力越位可能性。前者主要体现在"新乡贤"与村民的关系上，认为如果掌握公共权力又缺乏有效的监督机制，部分"新乡贤"将会把个人或家庭的利益置于公共利益之上，导致公共利益受损。与此同时，村民集体可能会对"新乡贤"产生"等靠要"的依附心态。长此以往，会丧失村民自治的自主性和民主性。后者则体现在"新乡贤"与其他治理主体的关系上，认为多主体在权力划分上并不明确，因此乡贤组织的权力越位可能干扰乡镇政府的正常工作。

综上，在乡村振兴的宏观战略之下，农村致富能手、外出务工经商人员、高校毕业生、退役军人等"新乡贤"既见识宽广，熟悉现代知识技能，又出身本土，熟知本地发展模式。因此，"新乡贤"所掌握的知识和资源能够高效转化并顺利推广，从而切实缓解当下存在的投

---

① 刘奇葆：创新发展乡贤文化 [EB/OL].（2014-09-16）. http://politics.people.com.cn/n/2014/0916/c1001-25673056.html.

② 张露露，任中平. 乡村治理视阈下现代乡贤培育和发展探讨 [J]. 广州大学学报（社会科学版），2016(8): 57-63.

③ 李建兴. 乡村变革与乡贤治理的回归 [J]. 浙江社会科学，2015(7): 82-87，158.

④ 孙迪亮，宋晓蓓. 新乡贤参与乡村社会治理的理据分析 [J]. 科学社会主义，2018(1): 105-110.

资主体缺失、经营管理和技术人才稀缺问题。但在鼓励"新乡贤"回归故里、返乡创业的同时，也需要建立明确的权力边界和有效的监督机制，从而避免其潜在的负面作用，只有这样才能真正发挥"新乡贤"带动发展、引领风气的作用，最终加速当地产业发展，营造和谐社会秩序。

案例 6-2 怀宁："新乡贤"激起乡村治理"一池活水"

乡贤是推动乡村发展的重要力量，尽管他们曾退出乡村社会领域，但乡贤文化仍根植于乡土社会。在新的历史时期，挖掘乡贤文化并培育乡贤治村现象已成为改变乡村治理、留住乡愁的关键。怀宁县以创建"全国农村社区治理试验区"为契机，进行了大胆尝试。

通过发挥乡贤的资金作用，注入新鲜血液，推动乡村治理发展。怀宁县平山镇大洼社区的程大友捐款 200 多万元用于村庄公益事业建设，如修建道路。程大友树立了精神标杆，引领其他"新乡贤"参与村庄公共建设。

通过乡贤的治理作用，探索乡村治理新体系。怀宁县以平山镇大洼社区为试点，划分为 9 个网格，邀请乡贤担任各种岗位，如信息收集员、治安巡逻员、纠纷调解员等，引领、组织和动员居民参与乡村治理。

通过培育乡贤智慧，激活乡村治理新活力。怀宁县深入推进社会主义核心价值观体系建设，培养一大批有作为、有才能、有声望的乡村贤达。通过评选表彰、乡贤理事会等方式，将这些人才与村组的"土专家""田秀才"结合起来，形成强大的社会力量，推动乡村治理和振兴。

乡贤文化的弘扬与培育，激发了怀宁籍游子和乡亲们对家乡的热爱，成为推动家乡进步的力量。例如，潘大勇在青岛创业后回乡探亲，主动提供宅基地用于学校扩建道路，并出资修建停车场和避雨棚，解决了接送学生的问题，赢得了好口碑。乡贤的力量在乡村治理和发展中发挥着重要作用，怀宁县的尝试为其他地区提供了有益的经验。

资料来源：怀宁：新乡贤激起乡村治理"一池活水"[EB/OL].（2021-10-27）. http://ahaq.wenming.cn/sxdd/202110/t20211027_7388318.htm.

二、乡民自治

（一）内在动因

传统中国长期实行的乡村自治建立在以家户为基础的小农经济上。随着中华人民共和国成立后土地公有与计划经济的全面推行，传统自治也失去了自然经济的存在根基。1978 年以来，随着家庭承包责任制正式推行，农村的生产经营权普遍下沉，中国的乡村自治具备了新的发展空间。需要说明的是，这一时期的生产方式和治理方式并非对小农经济或传统自治的回归，而是家庭生产与乡村自治二者内在价值决定的必然产物。[①]

首先，乡村自治有利于社群认同与高效治理。自治一般伴随着公正程序，其管理组织多为自发，公共决策多来自民主决议，政策取之于民而用之于民，因此商议结果往往符合民众利益且具体有效。由于自治依靠内部自发组织，其治理成本相对更低；而自治下民众的认同感普遍较高，故决策在推广过程中也较为顺畅，其治理效果相对更好。

其次，自治的运作逻辑决定了自治者的主体权利，有利于国家民主化进程。党的二十大报告提出，完善社会治理体系，健全共建共治共享的社会治理制度，提升社会治理效能，畅通和规范群众诉求表达、利益协调、权益保障通道，建设人人有责、人人尽责、人人享有的社会治理共同体。这即是社会主义民主最广泛的实践。作为中国最广大乡村实践基层民主的朴素形式，乡村自治既是培养公民国家认同和民主意识的直接窗口，也是培养村民参政能力的最好机会。

（二）普遍施行

在中国传统政治框架中，农村地区长期依靠其内部性力量进行自我治理，这一治理方式是与以小农为主的经营方式相适应的。[②]19 世纪以来，在持续的外部冲击下，传统乡村的自治秩序难以维持，以村

---

① 徐勇，赵德健. 找回自治：对村民自治有效实现形式的探索 [J]. 华中师范大学学报（人文社会科学版），2014，53(4): 1-8.

② 徐勇. 中国家户制传统与农村发展道路——以俄国、印度的村社传统为参照 [J]. 中国社会科学，2013(8): 102-123，206-207.

庄为单位的小共同体不断遭遇解体。1949 年中华人民共和国成立标志着现代国家的确立，改变了以往"皇权不下县"的松散结构，将乡村等基层组织完全纳入国家体系。在新中国的推动下，农村实行了全面的社会主义改造：自然经济被计划经济取代，家户生产被生产小队取代，而乡村自治也被人民公社制度取代。20 世纪 70 年代后期到 80 年代初期，包产到户推行的同时，公社体制面临解体，中国乡村亟须探索全新的治理方式。在改革开放初期的历史语境下，以村民委员会为代表的乡村自治是取代"政社合一"的人民公社而被提出的。

1982 年，以村民委员会为代表的基层群众自治组织第一次被写入《宪法》。1982 年《宪法》创新性地提出村民委员会的三个"自我"：村民自我管理、自我教育、自我服务，明确基层群众性自治组织的重要职能。1987 年，《中华人民共和国村民委员会组织法（试行）》通过，在《宪法》基础上规范了"村委会"的"村"是自然村而非行政村等关于村民委员会的具体内容，切实提高了村民自治的现实可能性。自此，"乡政村治"的基层政治体制正式形成。

经过十年探索，1998 年通过的《村组法》纳入自 1987 年试行以来的实践经验，使村民自治制度得到了进一步细化。其一是修订了《中华人民共和国村民委员会组织法（试行）》中"村"的概念，规定村民委员会建立于国家统一管理且规模更大的建制村，而非随意性更强的"自然村"；其二是丰富村民自治的手段，将村民的自治权明确为民主选举、民主决策、民主管理、民主监督四大层次；其三是明确将自治与民主正式联系。

2010 年、2018 年《村组法》经历了两次再修订。前者主要在结构上将 1998 年较为笼统的"三十条"修改为包括总则、村民委员会的组成和职责、村民委员会的选举、村民会议和村民代表会议、民主管理和民主监督、附则六章节共四十一条细则。后者则在内容上进一步深化，通过完善村委会成员的选拔制度、民主议事制度、民主监督制度等运行方式，着力调动村民作为主体的参政意愿，以实现官方与基层之间的有效协调。

第六节　多主体协同：基层组织协同

一、基层党组织作为中心

作为领导核心和执政党，中国共产党有责任在乡村治理的多元主体中发挥中心作用。中国共产党代表最广大人民的利益，因此其领导与乡村治理的"善治"目标保持高度一致。在此意义上，基层党组织被认为起到直接联系国家与社会的作用，对于乡村治理和政权建设具有"毛细血管"般的重要作用。[①]

基层党组织的建设必须适应和引领农村社会的变化。农村基层工作常被归纳为"上面千条线，下面一根针"的综合性、乡土性特征。"上面千条线"指由上到下的各种政策和任务往往根据主体或对象来自各个独立的部门，而政令下达到基层却表现为琐碎性和综合性，因而难以对口设置专门机构以进行细致分工：基层党政不分、乡村不清、政事不明。从乡村事务的实际来看，乡村事务则突出表现为具体的乡土性特点。乡村社会以农业生产为根基，具有很强的季节性，且存在大量突发事件如"非典"、洪涝等，乡村基层组织也需要在季节的调配下确定各阶段中心任务。[②]

对于基层党组织的治理体系，不同学者看法不一。部分学者支持建立强有力的基层党组织，认为乡镇党政的核心不在于分权制衡，而在于集中力量完成各项行政任务。在传统秩序日益解构的当下，组织力量的介入对于维护乡村秩序以及有序治理具有重要意义——国家不应仅仅向农村提供资源，而是需要建立一个灵活和有力的基层组织体系将资源有效地分配下去。以人民公社为例，人民公社通过"三级所有"体制取代了民国时期的经纪模式，强化了国家对社会资源的动员能力，部分学者认为这种制度变革缓解了基层政权的内卷化倾向[③]，从

① 沈筱芳. 党的领导与基层社会治理研究 [D]. 北京：中共中央党校，2017.

② 贺雪峰. 论农村基层组织的结构与功能 [J]. 天津行政学院学报，2010，12(6): 45-61，97.

③ 董宇. 国家治理视域下农村基层政权建设研究 [J]. 云南行政学院学报 ,2019,21(05): 12-17.

而有力推动了新中国的现代化建设：不仅从农村提取资源用于全国建设，而且有效整合农村内部资源，提供农田基本建设和大型水利建设等一系列公共服务。[①]

由于直接与人民群众利益相关，基层社会治理表现为复杂具体的利益诉求和纠纷处理，因此有必要引入基层党组织以协调不同主体，从而实现有序治理。而在实际乡村治理中，基层党组织也有必要组织群众参与治理，广泛听取民众意见，在巩固群众基础的同时完成党组织领导方式由强制干预向服务社会的转型。[②]

案例 6-3　江苏省南通市如东县"融合党建"引领乡村治理

如东县农村基层党组织建设与乡村治理相融合，通过组织融汇、队伍融合、服务融入、民心融通等方式，加强基层党组织的领导作用，凝聚党员群众，整合治理资源，推动构建党建引领、条块结合、上下协同、共治共享的乡村治理体系。在如东县，通过创新的"融合党建"模式，党建优势转化为乡村治理优势，初步形成共建、共治、共享的乡村治理新格局。其具体措施包括推行区域化共建融合、互融式双网融合和联促式抱团融合，同时注重队伍融合，提升乡村治理的主力军，以及服务融入，提升乡村治理的满意度。此外，通过教育引领群众、以平台聚民心和以典型育民心的方式，夯实乡村治理的基本盘，并通过机制的建立来实现民心融通。如东县的探索为乡村治理现代化提供了有益的经验。

资料来源：江苏省南通市如东县："融合党建"引领乡村治理 [EB/OL].（2022-12-26）. https://www.thepaper.cn/newsDetail_forward_21311669.

二、村民委员会回归自治

村民委员会制度建立在"乡政村治型"结构型转变的基础上。自20 世纪 70 年代末改革开放以来，乡村治理从经济和政治方面对于集

---

① 贺雪峰 . 论农村基层组织的结构与功能 [J]. 天津行政学院学报，2010，12(6): 45-61，97.

② 沈筱芳 . 党的领导与基层社会治理研究 [D]. 北京：中共中央党校，2017.

体化时期的制度进行全方位的变革：取消了"三级所有，队为基础"的人民公社制度，而取之以家庭联产承包责任制；由"政社合一"型过渡至"乡政村治型"。可以将这种基本制度概括为"一是以承包制为基础的经济制度，一是以乡政村治为架构的政治制度。"①

在 1987 年试行法案的基础上，1998 年《村组法》于第九届全国人民代表大会常务委员会第五次会议通过。《村组法》是村民委员会代表的村民自治制度在机制、性质、功能方面的第一次完整规范和权威定性：村民委员会实行民主选举、民主决策、民主管理、民主监督，是村民自我管理、自我教育、自我服务的基层群众性自治组织；村民委员会必须由选举产生村民代表，由村民代表组成村民代表会议；村庄的重大事务必须经由村民代表会议决议，等等。2020 年颁布的《中华人民共和国民法典》（以下简称《民法典》）则首次以法律形式明确了村委会从事民事活动的法人资格："居民委员会、村民委员会具有基层群众性自治组织法人资格，可以从事为履行职能所需要的民事活动"；"未设立村集体经济组织的，村民委员会可以依法代行村集体经济组织的职能"。②

村民委员会的设计无疑反映了其内在的自治性核心。村民委员本身就是村民的一员，其由村民选举产生且有任期限制，自然得以真实接触村民群体，并广泛代表村民集体的利益。因此，由村民委员所组成的村民委员会得以形成表达真实意见、有效解决纠纷的基层自治机制。

村民委员会的建立和施行具有深刻的社会心理基础。在古代专制体制下，农村社会长期与皇权和士大夫所代表的国家体制存在疏离与间隙，而发展出以熟人社会为外显的内生性基层治理。虽然现代中国的政权建设已深入基层，但传统型人际网络依然在各个村庄内部得以延续。因此，国家力量与村庄社会的沟通依然需要借助村民委员会这一中介建立起民众参与治理的参与渠道：国家力量得以介入村庄维护基层秩序并推行政令落实；而村民群体也得以解决纠纷，通过选举、

① 贺雪峰. 试论 20 世纪中国乡村治理的逻辑 [J]. 中国乡村研究，2007（1）：157-173.
② 中华人民共和国民法典：总则，第三章 法人，第四节 特别法人 [EB/OL].
https://www.gov.cn/xinwen/2020-06/01/content_5516649.htm.

决策、管理和监督等手段表达公共诉求并满足合理利益诉求。

需要注意的是,《村组法》特别规定了基层党组织、政府与村民委员会的关系。就基层党组织,"总则"第四条提出:"中国共产党在农村的基层组织,按照中国共产党章程进行工作,发挥领导核心作用,领导和支持村民委员会行使职权;依照宪法和法律,支持和保障村民开展自治活动、直接行使民主权利。"就基层乡镇政府,"总则"第三条提出:"村民委员会的设立、撤销、范围调整,由乡、民族乡、镇的人民政府提出,经村民会议讨论同意,报县级人民政府批准。"第五条提出:"乡、民族乡、镇的人民政府对村民委员会的工作给予指导、支持和帮助,但是不得干预依法属于村民自治范围内的事项。村民委员会协助乡、民族乡、镇的人民政府开展工作。"

可以看出,《村组法》虽然支持村委会相对基层党政机关的独立自治地位,并明确表示乡镇政府不得干预依法属于村民自治范围内的事项,但也同时赋予了基层党支部对村民委员会的领导权。受到基层党支部领导,村民委员会自然在事实上承担了将各政策任务进一步落实到村的行政压力,并难以避免其村民自治职能虚化的弊端。

从宏观的历史视角也可以看出:村民自治制度建立在家庭联产承包责任制的基础上,是取代人民公社制度所确立的新型基层组织制度。因此在现实运行中,村民委员会注定需要承担"国家行政权力末梢的角色"[1],负责将大量由上至下推行的政令在村庄落实,其组织自治的本职反而发挥不足。而自家庭联产承包责任制将家庭作为最小单位以来,农民既不再从属公社集体,也不习惯以个人身份参与村民自治。这种基层自组织能力弱的局限也导致了部分农民参与基层社会治理事务意愿低的现实问题依然存在。[2]

三、农村社会组织方兴未艾

本书中农村社会组织指农村的"两新"组织,即农村新经济组

---

① 贺雪峰.论中国农村的区域差异——村庄社会结构的视角[J].开放时代,2012 (10):108-129.

② 蔡文成.基层党组织与乡村治理现代化:基于乡村振兴战略的分析[J].理论与改革,2018(3):62-71.

织和农村新社会组织：前者包括农民合作社、农业龙头企业、农业服务组织、家庭农场等；后者包括各种参与社会治理的组织如红白理事会、文化促进会等。农村组织本身是改革开放后乡村现代化的产物，这又反向提升了乡村在生产以及治理等各方面的现代化水平。

国家为农村社会组织的发展提供了一系列政策鼓励和合法性支持。2006年中央一号文件《中共中央 国务院关于推进社会主义新农村建设的若干意见》提出"要鼓励、引导和支持农村发展各种新型的社会化服务组织"。《农民专业合作社法》明确了农民专业合作社的法律地位，并以法律形式确立鼓励农村组织发展的战略："通过财政支持、税收优惠和金融、科技、人才的扶持以及产业政策引导等措施，促进农民专业合作社的发展……县级以上人民政府应当……对农民专业合作社的建设和发展给予指导、扶持和服务。"2008年十七届三中全会颁布《中共中央关于推进农村改革发展若干重大问题的决定》指出要"培育农村服务性、公益性、互助性社会组织，完善社会自治功能"。2013年十八届三中全会通过《中共中央关于全面深化改革若干重大问题的决定》指出："推进社会组织明确权责、依法自治、发挥作用。适合由社会组织提供的公共服务和解决的事项，交由社会组织承担。"[1]

农村社会组织产生以来在数据上的大规模增长已反映其在当地中国乡村内在价值。截至2020年，家庭农场和农民合作社分别超过100万家和220万家[2]，村民委员会超过50万[3]，全国农民合作社224.1万家，其中27.7万家农民合作社面向小农户提供专业化社会化服务，1.3万家从事休闲农业和乡村旅游，2 000多家从事民间工艺制品等乡土特色产业。产业链条延伸，从种养业向产前农资技术和产后加工流通等各

① 沈筱芳.党的领导与基层社会治理研究[D].北京：中共中央党校，2017.
② 对十三届全国人大三次会议第1544号建议的答复[EB/OL].（2020-09-09）. http://www.moa.gov.cn/govpublic/zcggs/202009/t20200911_6351892.htm.
③ 农业农村部.2021年中国农业农村统计摘要：137[EB/OL]. https://zdscxx.moa. gov.cn:9443/misportal/public/publicationRedStyle.jsp.

环节拓展，超半数的农民合作社提供产加销一体化服务，26.8 万家创办加工、流通和销售实体，4 万家发展农村电子商务。①

作为乡村社会的新型治理主体，乡村社会组织不仅利于配合基层政府提供公共服务，也有助于表达公民利益诉求并培育公民自治能力，因此被认为是社会治理现代化的重要标志。②农村新社会组织乡贤理事会承担了培育新乡贤的功能，破解了村"两委"与村民之间的冲突对抗关系，使乡村治理结构呈现出多元化格局，最终在政府与社会之间建立了一个民间可信任的利益表达机制。③

案例 6-4　乐东法院首创"一镇一乡村法治服务中心"，调处化解矛盾纠纷

乐东法院创立了"一镇一乡村法治服务中心"，实施"一站式"调解化解矛盾纠纷。该中心通过整合多方力量，为群众提供法律服务和调解工作。乐东法院依托人民法庭，设立乡村法治服务中心试点，并逐步推广至全县 11 个乡镇。同时，推行"一镇一包点法官"机制，派出法官担任中心副主任，定期开展调解和法治宣传工作。该举措使纠纷可以在家门口得到解决，有效减少了诉讼案件的增量。数据显示，自 2020 年以来，乐东法院的乡村法治服务中心共接待群众 1 500 人次，化解纠纷 341 起，受到群众的高度赞扬。乐东法院因此被评为全国"为群众办实事示范法院"，为基层治理提供了有益的经验。乐东法院进一步出台了 20 条举措，致力于提升司法为民服务水平，解决群众的实际问题，增强人民群众的司法获得感、幸福感和安全感。

资料来源：乐东法院首创"一镇一乡村法治服务中心"，"一站式"调处化解矛盾纠纷 [EB/OL].（2023-04-19）. https://www.hainan.gov.cn/hainan/sxian/202304/39036d9775604f5389bbb2422a8eb7fb.shtml.

---

① 全国农民合作社达 224.1 万家 [EB/OL].（2020-12-30）. http://industry.people.com.cn/n1/2020/1230/c413883-31983776.html.

② 沈筱芳. 党的领导与基层社会治理研究 [D]. 北京：中共中央党校，2017.

③ 徐晓全. 新型社会组织参与乡村治理的机制与实践 [J]. 中国特色社会主义研究，2014(4)：86-89.

第七节　三治合一：构建理想治理生态

"治理生态"这一社会学概念借用了生态学科的研究思路，强调研究多主体及环境的相互作用。在乡村治理领域，治理生态指的是在特定区域和具体领域的治理空间内，多治理主体之间，以及治理主体与治理环境之间的存在模式和互动状态，是一种主体多元、灵活的新型治理方式。

"三治合一"即乡镇层面"德治""法治""自治"三者协同合一的治理模式。该治理模式最早来自浙江桐乡的创新实践，被认为是原有基层社会治理逻辑基础上的新发展形式，尤其是政府与社会关系上的重要突破。[①] 作为国家最基层治理模式的完善与创新，"三治合一"有利于发挥"德治""法治""自治"各自优势，从而提升基层治理水平、增进乡镇政府公信力，进而维护基层社会稳定。

自党的十九大报告在村民自治的基础上提出建立自治、法治、德治"三治合一"的治理体系以来，党的十九届三中、四中、五中全会围绕打造共建共治共享的社会治理格局、深化党和国家机构改革、坚持和完善人民当家作主制度体系、改善人民生活品质和提高社会建设水平等重大议题，对基层社会治理体系提出了新的更高要求。[②]

2018年12月《村组法》修订，立法机构有意识地调动村庄内部民主主体的力量以达成基层政权建设，从而实现官方与基层之间的有效协调。党的十九大报告提出，要"健全自治、法治、德治相结合的乡村治理体系"，首次将"三治合一"的治理体系提高到国家层面，进一步完善了乡村自治的政策规范：自治是主要内容，法治是保障底线，德治是辅助工具。其中，村民自治在本质上便是民主实践；法治有利于全面推进国家法律在基层社会的落实，最终形成有法可依的乡

---

① 郁建兴论"三治"：政社关系的"哥白尼式"革命 [EB/OL].（2016-06-19）[2017-12-12]. https://www.chinanews.com.cn/df/2016/06-19/7909561.shtml.

② 国家发展和改革委员会规划司."十四五"规划《纲要》解读文章之34| 构建基层社会治理新格局 [EB/OL].（2021-12-25）. https://www.ndrc.gov.cn/fggz/fzzlgh/gjfzgh/202112/t20211225_1309722.html.

村治理秩序；而德治则继承了传统儒家与民间的文化与治理资源，是对法治的有效补充。

基层党委、政府把"三治合一"纳入重要议事日程，结合实际制定了具体办法。有的地方围绕涉及基层群众利益的事项制定协商目录，明确协商内容，为社区协商提供制度保障。有的地方积极探索建立村民理事会、村民议事会、村民决策听证会等协商议事形式，开展灵活多样的协商活动。统计数据显示，截至 2019 年底，全国共有 53.3 万个行政村，163 万个自然村，449 万个村民小组，其中 85% 的村建立了村民会议或者村民代表会议制度，98% 的村制定了村规民约或村民自治章程。在实际运行中，涉及村民、居民利益的重大事项，基本由村民、居民讨论决定。①

在此基础上，国内学者对于乡村治理的理想生态进行了更深入的研究，可按照区别性的研究重心划分为以下几大主题：第一，依据多样化的学科背景，有学者从法学、伦理学、社会学等不同角度关注当前中国乡村"三治"中某一特点，并分析法治②、德治③、自治④ 如何在实践中作用于乡村治理全局，以及更大时间尺度下"三治合一"对于乡村治理以及基层秩序的积极影响；第二，基于"三治合一"融合性的核心特点，分析法治、德治、自治理论上的逻辑关系⑤ 与实际应用中的现实挑战，从而界定三者的地位以及独特功能⑥；第三，以浙江桐乡等地作为典型案例开展实证性研究，通过提炼具体经验实现对于"三治合一"理论的补充，对于该治理模式在其他地区的推广提供

---

①　国家发展和改革委员会规划司 ."十四五"规划《纲要》解读文章之 34| 构建基层社会治理新格局 [EB/OL].（2021-12-25）. https://www.ndrc.gov.cn/fggz/fzzlgh/gjfzgh/202112/t20211225_1309722.html.

②　唐皇凤 . 中国国家治理体系现代化的路径选择 [J]. 福建论坛（人文社会科学版），2014(2): 20-26.

③　李兰芬 . 国家认同视域下的公民道德建设 [J]. 中国社会科学，2014(12): 4-21，205.

④　张康之 . 论新型社会治理模式中的社会自治 [J]. 南京社会科学，2003(9): 39-44.

⑤　邓大才 . 走向善治之路：自治、法治与德治的选择与组合——以乡村治理体系为研究对象 [J]. 社会科学研究，2018(4): 32-38.

⑥　何阳，孙萍 ."三治合一"乡村治理体系建设的逻辑理路 [J]. 西南民族大学学报（人文社科版），2018，39(6): 205-210.

实践层面的借鉴。[①]

一、自治

自治理论可以追溯至卢梭的社会契约学说。其成立基于以下假设：在没有外部权威或道德约束的前提下，民众依然会自发或在组织引导下通过协商的手段建立共同认同的规则，并依据程序有序地进行生产生活。自治之所以作为核心被纳入"三治合一"治理体系，在于其不可取代的价值。在研究美国的乡镇自治时，托克维尔提出："在没有乡镇组织的条件下，一个国家虽然可以建立一个自由的政府，但它没有自由的精神。"[②] 中国当代学者徐勇、赵德健认为，是自治的内在性质塑造了其在人类治理过程中的特殊价值。可以说任何集体都是由众多个体组成的组织，而集体具体决策的落实力度实际上就来自每个个体组织成员的心理认同。因此，无须法律、道德等外部压力，自治制度下作出的决定即可得到民众的普遍认可。但自治亦存在局限性。延续原始阶段的部落自治，该治理方式往往适用于较小范围和较少人数的活动，否则将在程序和结果上出现制度性难题。随着人类社会的发展，每个文明都出现外部强制性的治理体制。[③]

中国传统乡村社会有延续千年"皇权不下县"的自治传统，也积攒了大量如村规民约、宗族治理、乡绅乡贤等治理经验。新中国则始终将农民与工人并列为无产阶级队伍的领导阶层，前后试验了农业合作社、人民公社、村民委员会等多样化的村民自治样态，并且于1998年以国家法的形式正式规范了村民委员会"民主选举、民主决策、民主管理、民主监督"的权利和"自我管理、自我教育、自我服务"的职责。党的十九大报告所强调的自治既要求全面发挥村民委员会的职责，实现村民自治的权利，也要求纳入更多治理主体，扩大治理对象，以合

① 胡洪彬.乡镇社会治理中的"混合模式"：突破与局限——来自浙江桐乡的"三治合一"案例[J].浙江社会科学，2017(12)：64-72，157.
② 托克维尔.论美国的民主[M].北京：商务印书馆，1996：66.
③ 徐勇，赵德健.找回自治：对村民自治有效实现形式的探索[J].华中师范大学学报（人文社会科学版），2014，53(4)：1-8.

作化的治理方式、共享化的治理利益，打造适应新时期的多元主体协同的全新自治格局。[①]

二、法治

提到法治，首先有必要厘清其内涵。首先，"法治"是"人治"的相对概念，公民受法律统治而不受某个人或组织的任性统治，法治运行中人的参与必定要限定在法律的框架之下。其次，现代社会的"法治"（rule of law）是与封建时期的"法制"（rule by law）相对照的，是分权制衡、民主平等等现代政治理念的结晶。近代法治理论的奠基人戴雪在代议制民主制度下认为法治有三重含义：其一，法律至高无上，法治意味着不存在任何专横的权力；其二，法治意味着任何阶层的所有公民在法律面前的平等；其三，宪法高于其他法律，宪法既是保障公民权利之来源，也是其结果。[②]最后，法治意味着良法善治。亚里士多德曾在《政治学》中提出："法治应包含两重意义：已成立的法律获得普遍的服从，而大家所服从的法律又应该本身是制订得良好的法律。"[③]总之在应然层面，法治之法理应既是展现自由、平等、公正等社会主义核心价值观的窗口，其制度设计和实际运行又本身出于立法、执法、司法三部分划分的体制机制和合规程序。

落实到中国乡村治理，法治突出表现为两方面：其一是对村民权利的保护，其二是对官方权力的限制。基层社会的法治之路，必须注重中国本土的资源，注重中国法律文化的传统和实际。例如，经过科学制定、民主决策诞生的村规民约虽然不是明文约定的国家法，但却是村民集体意志和法律精神的反映，也就应该受到基层政府的尊重，

---

① 郁建兴，任杰. 中国基层社会治理中的自治、法治与德治 [J]. 学术月刊，2018，50(12): 64-74.

② DECEY A V. Introduction to the study of the law of the constitution (1885) [M]. Carmel: Liberty Fund，1960: 202-203；夏恿. 法治是什么——渊源、规诫与价值 [J]. 中国社会科学，1999(4): 117-143，207.

③ 亚里士多德. 政治学 [M]. 吴寿彭，译. 北京：商务印书馆，1965: 199；夏恿. 法治是什么——渊源、规诫与价值 [J]. 中国社会科学，1999(4): 117-143，207.

这样才能在基层社会发挥法治精神的效力。[①]

三、德治

自汉武帝接受董仲舒"罢黜百家，独尊儒术"的主张以来，与自然经济、专制体制、宗法结构相伴随的儒家思想就一直在意识形态文化领域占据主导性地位。其中，"德"以及"德治"又属于儒家体系内部的核心理论。因此与自治、法治相比，德治在中国乡村的文化根基甚至更加深厚。事实上，儒家推行的德治和法治是分不开的，"德主刑辅""礼法合一"[②]等德治与法治的融合理念才是儒家智慧的主流。

在现代社会，由于道德的个性化和非强制性，德治更接近补充法律和自治的非正式制度，也相应更强调村民个人对于道德准则的内化和认可，而非来自舆论、亲族的外在约束。另外，毋庸讳言传统乡村社会客观上存在"三从四德""二十四孝"等旧道德、旧标准，但当代德治的目标是乡村秩序、乡村治理的现代化，而非对一切旧有道德的盲目信任，只有适应新时代、符合法律规范的新道德才能成为德治提倡的对象。[③]最后，德治并非单纯指以道德为规范进行社会治理，而是指通过有组织的规范和程序约束组织中的人和事。"道德必须在一定的组织载体上才能够有效运行。"[④]只有凭借制度性、组织性的支持，道德才能由个人意识层面的自我约束转型成为社会群体层面的治理方式。

案例 6-5　锦屏县华寨村：探索自治、法治、德治相结合的乡村治理体系

华寨村是一个多民族文化融合的村寨，过去常常存在矛盾和不和

---

① 郁建兴，任杰.中国基层社会治理中的自治、法治与德治 [J].学术月刊，2018，50(12): 64-74.

② 《论语》："道之以政，齐之以刑，民免而无耻；道之以德，齐之以礼，有耻且格。"

③ 郁建兴，任杰.中国基层社会治理中的自治、法治与德治 [J].学术月刊，2018，50(12): 64-74.

④ 邓大才.走向善治之路：自治、法治与德治的选择与组合——以乡村治理体系为研究对象 [J].社会科学研究，2018(4): 32-38.

睦的情况。为了解决家庭和邻里之间的矛盾纠纷，该村创造了"唱劝和歌"和"吃劝和饭"的矛盾解决办法，通过共同用餐或唱歌的方式解决矛盾纠纷。同时，为了确保基层自治有据可依，该村围绕村民的生产生活需求和村级管理难题，采取了登门入户征集意见建议、召开村民大会等方式，编制和修订了《华寨村村民自治合约》，明确规定了处理矛盾纠纷、倡导文明乡风、保护村容村貌等事项，并在村里的"合约柱""合约碑""合约食堂"等载体上展示，形成了自治、法治和德治相结合的乡村基层治理体系。

近年来，随着乡村振兴的推进，华寨村及时更新基层治理做法，将乡风文明建设与党建和志愿服务紧密结合。通过每月举办的主题党日活动，关注村民婚丧活动、人居环境整治、生活习惯培养等方面的问题，并积极组织村干、驻村干部和志愿者等人员提供服务，为基层乡村治理注入新的活力。同时，开展"十清三美"行动和"美丽庭院"创建工作，建立村干包片抓点、驻村干部和党员带头行动，实施"我为群众办实事"实践活动，不断提升乡村的形象和氛围。

现在的华寨村拥有农村书屋、新时代文明实践站、劝和亭、文化活动广场等标准化设施；处处可见倡导文明和谐、弘扬社会主义核心价值观的宣传展板；村民家门口挂着"十星级文明户"和"美丽庭院示范户"等模范家庭标识牌。通过培育良好的家风和树立乡村文明，华寨村在乡村治理方面开创了新的局面。

资料来源：锦屏县华寨村：乡村善治树新风 [N/OL]. 贵州日报 ,(2023-06-21).http://szb.eyesnews.cn/pc/cont/202306/21/content_96693.html

第八节　本章小结

村庄作为社会治理的基本单元，具有复杂性和个体性。当下乡村正面临新旧交替的变革。乡村治理需要自上而下和自下而上两方面共同发力，从而在提升治理能力的同时，根本性维护农村和谐稳定，保障和改善农村民生。

在公共管理领域，"治理"概念的提出突破了传统术语"统治"的单一维度，创新性地将非政府的公共组织引入视域。在中国的语境中，乡村治理侧重于将村民视作有效参与基层治理的主体，强调通过党委和政府统一领导、多主体协同和村民自治实现对乡镇基础设施等公共资源的合理配置。自上而下看，需要健全党委领导、政府负责、社会协同、公众参与、法治保障、科技支撑的现代乡村社会治理体制；自下而上看，需要强化村规民约、新乡贤、村委会、优秀本土文化作用，构建共建共治共享的社会治理格局。

现实诸多案例表明，以自治增活力、以法治强保障、以德治扬正气，最终构建党组织领导的自治、法治、德治相结合的理想治理生态，才能真正实现乡村治理体系和治理能力的现代化，走好中国特色社会主义的乡村善治之路。

第七章
乡村之人

　　本章旨在多方面研究中国乡村中人和家庭的各种生活状态与社会问题，如流动、留守、外来、贫困等，以推动乡村振兴。本章包括九节内容：第一节介绍改革开放以来流动人口情况，以及农民工返乡创业和农村城镇化趋势；第二节分析中国的二元户籍制度对农民工迁移和返乡决策的影响，以及留守儿童、妇女和老人的生活状况与问题；第三节探讨市场经济对农村本土文化的影响，以及城市化进程中农民身份认同的问题；第四节描述中国农村婚姻的变革，以及乡村家庭暴力的现状和解决途径；第五节论述宗族在农村中的作用，以及地域差异下的宗族文化和外姓现象；第六节讨论代际关系，以及老龄化社会下的乡村养老和青年人才流失问题的解决措施；第七节分析乡村女性地位的问题与提升，以及农村妇女土地权利和乡村儿童教育问题；第八节评价乡村能人对农村发展的作用，以及大户经济对乡村发展的积极作用和管理方法；第九节为本章小结。

　　通过理论分析、案例研究和政策建议，本章旨在全面理解乡村振兴的复杂问题，为促进乡村发展提供深入洞见。

第一节　分化与流动

一、改革开放以来流动人口的情况变迁

　　根据《中国的流动人口（2018）：发展趋势、面临问题及对策建

议》报告，流动人口是指通过迁居、旅游、探亲等方式离开原籍所在地的人口，他们跨越地域边界，去到其他城市或者乡村，因此属于人口移动过程中的一个典型。[①] 在流动人口中，由乡村向城市的流动又占有主要的比例。流动人口数量的不断增加，与经济快速发展、城市化进程不断加速有着密不可分的关系。然而，随着人口数量的增加，流动人口问题也逐渐凸显。2000—2020 年四类流动人口占比见图 7-1。

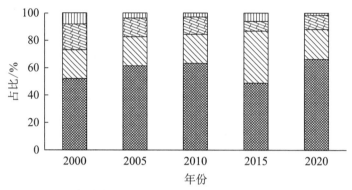

图 7-1　2000—2020 年四类流动人口占比

资料来源：中国人的流动：七普数据大透视 [EB/OL].(2022-07-22).https://www.thepaper.cn/newsDetail_forward_19114109.

在教育方面，由于流动人口子女父母多数从事低收入、低技能工作，他们无法支付高昂的城市教育费用，也难以获得城市教育资源。这导致流动人口子女往往不能进入良好学校，相应的教育资源也被大大削弱。这是众所周知的"二元教育结构"问题。此外，流动人口子女在校期间，由于与城市本地学生存在巨大的文化差异，他们的心理健康也会受到影响。由于人口流动造成的农村儿童留守问题，将在后续的章节讨论。

在社会保障方面，流动人口面临诸如医疗保障、社会保险等问题。

---

① 国家统计局，联合国人口基金，联合国儿童基金会 . 中国的流动人口 (2018)：发展趋势、面临问题及对策建议 [R].2018.

一方面，流动人口很难在城市获得公共医疗资源，这可能导致他们承担高昂的医疗费用；另一方面，流动人口常常不能获得应有的社会保障，如住房公积金等。这不仅影响了流动人口的生活水平和健康状况，也给整个社会的稳定和可持续发展带来了负面影响。此外，在城市中，流动人口还面临诸多其他挑战。例如，他们可能遭遇歧视，也很难融入城市的文化和社会网络中。这些都使得流动人口的生活质量难以提升，不能获得应有的尊重和权利。这些因素共同作用，削弱了城市对于农民的吸引力。

同时，农村人口向城市的外流，深刻改变了乡村社会结构，打破了传统的家庭和社区模式。随着年轻人口的流失，农村地区面临着代际分离、经济结构转型及文化价值观变迁的挑战，从而促进了从传统的"熟人社会"向更复杂多元的"陌新社会"的转变。

二、农民工返乡创业的趋势和绩效

党的十九大报告指出，要支持和鼓励农民就业创业，拓宽增收渠道。随着我国乡村振兴政策的进一步落实，为进一步增加农村家庭收入，农户创业已经成为主要的增收方法。根据农业农村部的统计数据，截至2022年底，全国返乡入乡创业人员数量累计达1 220万人，创业队伍包括农民工、大学生、退役军人、妇女。[①]农村创业基本上已经取得了初步的成功，但继续深化农户创业是当下所要重点处理的问题。

对劳动力而言，外出务工经历是很重要的，基于社会学习理论，外出务工的劳动者可以通过自身的实践以及在劳务过程中的观察学习，增强自身的能力及积累一定的人脉，进而在进行创业活动时能够更好地作出选择，外出务工经历在家庭内部同样具有外溢性，影响家庭创业的绩效。在这里，创业家庭实际上相当于一个企业单位，返乡农民工家庭创业分为两种情况：一是农民工本人就是创业者，此时外出经历的正面影响通过直接和间接的人力资本积累实现；二是农民工的家

---

① 截至2022年底，全国返乡入乡创业人员数量累计达1 220万人 [EB/OL].（2023-02-17）. https://politics.gmw.cn/2023-02/17/content_36372410.htm.

人是创业者，此时外出经历则是间接地对人力资本起到提升的作用。

　　一项实证研究基于第四轮中国家庭金融调查（CHFS）数据库，从家庭的角度对外出务工经历与农户家庭创业绩效的关系进行了深入的分析，以及对相关影响机制进行了探究，并对外出务工经历在家庭内部外溢性的影响进行了分析。家庭成员外出务工经历显著地改善了家庭创业绩效，具体而言，有外出务工经历的家庭在创业绩效上约能提高30%。同时，外出务工经历主要是通过提高创业活动所需的人力资本改善农户家庭创业绩效。拥有外出务工经历的创业者，其自身所拥有的社会关系网络也会更加庞大，创业者所能够得到的政策扶持也更多，在一定程度上能够提升创业企业的经济效益。[①] 此外，外出务工经历对创业绩效的影响具有创业规模异质性，随着创业投资规模的持续扩大，家庭创业绩效受外出务工经历的影响越来越明显。根据研究结论，地方政府需要提高对创业者人力资本积累的重视，主动提供相应的技能和知识培训渠道，并提供一定的财政资金支持和贷款支持，以强化外出务工经历对家庭创业绩效的提升作用。[②] 贵州省正安县，是政府引导农民工返乡创业的一个成功案例。

案例 7-1　贵州省正安县吸引农民工返乡创业

　　贵州省正安县是一个深度贫困县，有20多万人在外务工。为了吸引他们回乡创业，正安县委、县政府出台了一系列政策和措施，如"凤还巢"计划、"新时代青年农民学校"等。正安县的返乡创业人员主要从事吉他制造、茶叶种植、辣椒种植等特色产业，形成了一批产业集群，带动了当地经济发展和就业增收；同时返乡创业人员也积极参与乡村治理和文明建设，成为乡村振兴的重要力量，为家乡的美好未来贡献自己的力量。

　　正安县委、县政府贯彻落实党中央、国务院支持农民工等人员返

① 孙武军，徐乐，王轶.外出创业经历能提升返乡创业企业的经营绩效吗？——基于2139家返乡创业企业的调查数据 [J].统计研究，2021，38(6): 57-69.

② 王杰，蔡志坚，秦希.外出务工经历对农村家庭非农创业绩效的影响研究——基于 CHFS 的实证分析 [J].经济与管理，2021，35(6): 43-51.

乡入乡创业政策和贵州省委、省政府"雁归兴贵"的决策部署，不断促进"人回乡、钱回流、企回迁"，使正安成为世界最大的吉他制造基地，获得了"中国吉他之都""中国吉他制造之乡""国家级文化产业示范园区"等荣誉称号；通过"凤还巢"计划引进企业管理人才60余名，由返乡人员所创立的基地、领办企业，让县域内安置的富余劳动力达到 3 000 余人，引导当地农民就业创业 5 000 余人，人均每年增收 3 000 元。

资料来源：返乡入乡创业政策助力乡村振兴 [EB/OL].（2022-10-12）. https://finance.sina.cn/2022-10-12/detail-imqqsmrp2263686.d.html.

三、农村就地城镇化——一种新型城镇化模式

自 1983 年费孝通提出"小城镇·大问题"之后，学术界就出现了何种规模的城市应该优先发展的争论，即城市规模之争。与此相对，农村城镇化道路也面临着就地城镇化、异地城镇化两种不同的模式选择。

农村就地城镇化的历史可以追溯到 20 世纪 80 年代。当时，中国政府提出了"城市化是现代化的必经之路"的口号，但传统的城市化模式存在一些问题，如大量的土地征用、城市扩张带来的环境污染等。为了解决这些问题，中国政府开始探索新型城镇化模式，其中就包括农村就地城镇化。这是根据中国国情提出的一种新型城镇化模式，旨在通过发展农村产业和改善农村基础设施与公共服务设施，吸引农民留在农村或从城市回到农村，提高当地农民的生活质量和生活水平，以实现城乡一体化和可持续发展的城镇化模式。与异地城镇化不同，农村就地城镇化注重农村本身的改善，而非将农村人口大规模迁移到城市中。2022 年，我国城镇化率已达到 65.2%。随着城镇化进程的加快，农村人口向城市流动，农村面貌也在发生变化。异地城镇化存在的一些问题，使得农村就地城镇化成为一个重要话题。

案例 7-2　江苏省"苏南模式"就地城镇化

在就地城镇化方面一个优秀的案例是江苏省，费孝通将其概括为

"苏南模式"，即通过发展乡村工业实现农民非农化。这种模式利用了集体经济的属性，让农民在乡村工厂就近就业，避免了迁移到大城市，促进了农民就地、就近转移。同时，通过发展小城镇与特色小镇来实现农民就地、就近转移。在江苏地区，乡镇企业吸纳农村劳动力从改革开放之初的占比 11% 增长到 20 世纪 90 年代初的近 1/3。

特色小镇则是当地创造的一个新的概念，是创新创业的发展平台，拥有产业"特而强"、功能"有机合"、形态"小而美"、机制"新而活"的特点。当地同时推进农民集中居住实现农转居的模式，将农民转变为居民，改善了新市民的居住环境和生活质量。"苏南模式"的优势包括生产发展、生活富裕、生态良好的三位一体，推动苏南迈入和谐发展的道路。此外，"苏南模式"还具有主导产业集聚的作用，比如，昆山市的千亿级产业集群为 1 个，百亿级产业集群为 12 个，千亿级集群 IT 产业产值达到 4 918.76 亿元，占规模以上工业产值 58.8%，总量占比仍旧维持在一个较高的水平。

资料来源：荆林波."苏南模式"仍有强大生命力 [N/OL].光明日报，2017-04-17（2）[2023-04-17].https://epaper.gmw.cn/gmrb/html/2017/04/17/nw.D110000gmrb_ 20170417_6-02.htm?div--1.

从江苏省就地城镇化案例中可以看出产业和城镇化是相互促进的关系，二者需要融合发展。在城镇化过程中，产业发展为城镇提供了空间载体和市场需求，而城镇化为产业提供了资源支撑和公共服务。割裂产业和城镇化只会导致"睡城"和"鬼城"的出现，攀升城市生活成本，拖累工业化的发展。因此，在新型城镇化建设中，要树立产城融合的理念，通过优先发展基础设施和公共事业来吸引劳动力留下来，实现人口和产业的可持续发展。[①]

无论哪一种城镇化模式，都有其优势和限制。"苏南模式"和推进农民集中居住都是通过整合农村内部劳动力资源来实现就业转移的，而小城镇和特色小镇则是通过发展新型产业、创造新的就业机会来吸

① 石淑华，吕阳.中国特色城镇化：学术内涵、实践探索和理论认识 [J].江苏社会科学，2015(4)：50-57.

引农民就业的。不过，这些模式也存在一些问题，如小城镇发展受到规模和资源限制，特色小镇需要有产业核心支持，而推进农民集中居住可能会导致大量农村人口从事非农产业，进而导致农业生产劳动力短缺。因此，在未来的农村转型中，需要继续探索多种城镇化模式，以适应不同地区的实际情况，并建立相应的政策支持。①

案例7-3　北京市密云区溪翁庄镇金叵罗村的产业振兴

北京市密云区溪翁庄镇金叵罗村落实党中央和市委、区委关于抓党建促乡村振兴的战略部署，强化党建引领作用，突出城乡融合发展，按照生态、产业、人才、文化和组织五个振兴的目标，探索都市乡村振兴新路径。

以绿色生态为根基，打造宜居秀美家园。深入贯彻落实总书记重要回信精神，坚持"绿水青山就是金山银山"的发展理念，建立起600亩樱桃种植园、1 000亩小米基地、300亩杂粮基地，成立了樱桃和小米种植专业合作社。10余年来坚持不打农药、不施化肥，实现小米、玉米、蔬菜、樱桃等有机种植，土壤及灌溉水达到了国家自然保护区的标准。村党支部坚持把环境建设放在首位，成立了稳定的保洁员队伍，建立起一套日常保洁、环境管理、监督检查、常态化维护机制，村庄面貌得到极大改善，生态环境持续向好。

以产业振兴为依托，加快增收致富步伐。明确以旅带农，以旅促农的"旅游+"思路，将农商文旅体融合发展助力产业振兴作为乡村振兴的重中之重。确立了以樱桃和小米为主的特色种植业发展模式，大力发展金叵罗"贡米"品牌，打造了以"贡米打包饭"为主的"一村一品"特色美食。

资料来源：密云区溪翁庄镇金叵罗村筑巢引凤 以人才驱动赋能乡村振兴[EB/OL].（2023-06-30）. https://www.bjdj.gov.cn/article/3000192170.html.

---

① 叶继红. 就地城镇化还是异地城镇化——论中国城镇化的"两基—多维"模式[J]. 国研纪要，2022(3)：19-35.

第二节　外出与留守

一、中国二元户籍制度下农民工的进城、返乡决策

中国长期以来实行一种二元户籍制度，即将人口分为农业户口和非农业户口。这种制度的实施导致了在农村的人口无法通过迁往城市改变其户籍，并得到与城市户籍居民同等的待遇和福利。尤其是对于农民工来说，这种二元制度使得他们在城市中难以获得平等的机会和待遇，这也成为限制其进城生活的一个重要制约因素。

此时，要想更好地了解农民工的决策过程，就需要运用到"推拉理论"。"推拉理论"是人口迁移研究的关键理论，最初是以英国经济学家和社会学家欧内斯特·乔治·拉文斯坦（Ernest George Ravenstein）于 19 世纪 80 年代提出的"迁移法则"为基础的。这一理论确立了"推拉理论"的基础。20 世纪 50 年代末，美国学者唐纳德·博格（Donald Bogues）提出系统的迁移理论，该理论主要研究人口流动和移民对社会产生的最大影响。[1] 根据"推拉理论"，基于市场经济和人口自由流动背景，人们往往采取迁移的方式来改善生活条件。有时个人并不能很好地在流出地发挥自身的价值，但在流入地，个体的生活条件将得到极大的改善，同时个人的成长空间也会更大。人口迁移正是在这两个力量相互作用下实现的。农民工流动的推拉力量中，内部因素包括个人经历、价值观念、认知等，而外部因素则包括社会环境、政策规定、群体压力等。在进城和返乡决策中，农民工的推拉因素非常复杂，不容易被简单归纳。2010—2022 年本地农民工及外出农民工数量见图 7-2。

从内部因素考虑，农民工通常考虑到获得更好的工作机会、更高的收入以及提升个人能力等方面。同时，农民工也会考虑到自己想要改善生活条件，以及享受更好的医疗保障、教育和文化环境等。这些内部因素在一定程度上可以促使农民工走向城市。然而，在外部因素

---

[1]　HEBERLE R. The causes of rural-urban migration a survey of German theories[J]. American journal of sociology，1938，43(6)：932-950.

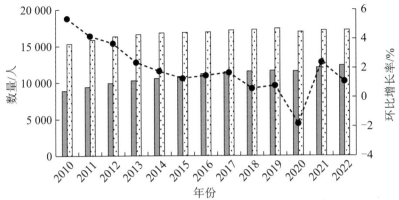

图 7-2　2010—2022 年本地农民工及外出农民工数量

资料来源：国家统计局 . 历年国民经济和社会发展统计公报 .

方面，户籍制度、公共服务、工资待遇等也会对农民工进行推拉影响。特别是户籍制度，其完全不同的待遇和权益对比，是农民工进城最大的制约因素，如长期和户籍绑定的医保。即使有一定的收入和工作机会，许多农民工仍然无法享受到与城市户籍居民等同的待遇和福利，这进一步加强了他们返乡的决策。

在推拉影响的作用下，农民工大体上分为两种生存策略——准备定居与不准备定居。选择前者的农民工更倾向于与城市居民、工作单位、居委会等保持联系，而选择后者的农民工则相反。流入地与家乡的距离、受教育程度、职位前景，都是农民工选择生存策略的显著影响因素，劳动力质量更高的农民工更倾向于选择准备定居的策略，这也在一定程度上造成了农村的"精英外流"。[①]影响农民工外出的因素见表 7-1。

表 7-1　影响农民工外出的因素（2002 年）

影响外出的因素	推 / 拉	排列位次	选择的百分比 /%
城市收入高	拉	1	54.8

① 　李强 . 影响中国城乡流动人口的推力与拉力因素分析 [J]. 中国社会科学，2003，1(5)：125-136.

影响外出的因素	推 / 拉	排列位次	选择的百分比 /%
外出见世面	拉	2	52.1
农村收入水平低，没有挣钱机会	推	3	48.5
农村太穷，生活太苦	推	4	43.9
农村缺乏更好的发展机会	推	5	38.7

资料来源：李强 . 影响中国城乡流动人口的推力与拉力因素分析 [J]. 中国社会科学，2003，1(5)：125-136.

只有在消除城乡二元差异的限制下，才能实现城乡一体化的可持续发展。二元户籍制度取消的过程经历了一段较长时间的推进和试点，最终得以全面实施。2014 年，国务院发布《国务院关于进一步推进户籍制度改革的意见》，开始探索户籍制度改革，调整了户口迁移政策，并指出"切实保障农业转移人口及其他常住人口合法权益"，在全国范围内分别开展了"户籍制度与城镇化""降低门槛、提高质量"等试点工作。①

二、留守儿童

人口的流动催生了大量的农村留守儿童。2020 年，我国流动人口子女规模 1.38 亿人，约占中国儿童人口的 46.4%，其中农村留守儿童有 4 177 万人，仅河南省农村留守儿童规模就超过了 600 万人。② 农村留守儿童是家庭结构肢解化的承受者，也是城镇化不完全发展的代价承受者和衍生现象。留守儿童缺乏监护，无论是完全留守儿童还是总体留守儿童，都有约 1/5 没有和成年人一起居住，其身心状况均低于非留守儿童，比如营养水平和身高体重，以及在学习成绩方面，母亲外出的留守儿童明显处于劣势。同时缺乏监护还会导致留守儿童的一

---

① 国务院关于进一步推进户籍制度改革的意见 [EB/OL].（2014-07-30）. https://www.gov.cn/zhengce/content/2014-07/30/content_8944.htm.

② 六一特供 | 中国流动人口子女现状 | 事实和数据 2023[EB/OL].（2023-06-01）. https://www.163.com/dy/article/I64N5ACS05560ZWH.html?spss=dy_author.

些越轨行为，他们更有可能吸烟、打架、加入越轨者团体。[①]

案例 7-4　河南省固始县留守儿童教育问题

通过向位于河南省固始县某村村妇女主任了解得知，2012 年至 2014 年的新生儿中，无法享受母乳喂养的新生儿占比在 90% 以上。此类家庭中，幼儿的母亲往往由于外出务工的原因，在孩子出生后很快就返回城市，留下的孩子只能被留守老人用奶粉喂养。由于家长往往更倾向于让孩子留在农村，因此留守儿童的低龄化和留守时间的延长已经成为农村面临的一个严重问题。为了解决这个问题，农村家庭不得不依靠祖辈为留守儿童提供监护，虽然可以保证孩子的生物性抚养，但弱化了孩子的社会性。

资料来源：张瑞. 透视农村留守儿童"隔代教育"问题——以河南省固始县为例 [J]. 科技致富向导，2010（27）：71，90.

特别需要关注的是，农村留守儿童的教育生态越发恶劣，这是因为以城市化、市场化和商品化为主导的经济社会发展模式使得农村和农民生存空间受到了严重的挤压，获取短期的乡村资源或经济增长，往往是以牺牲家庭幸福为代价的。农村留守儿童的家庭教育弱化问题实际上正是农村儿童和家庭在现代化发展中所承担的社会代价。同时，城市导向的社会经济发展模式的持续强化，使得农村学校教育出现明显的异化，开始逐渐转变为城市教育的附属地或是为城市提供后备劳动力的集中生产地，因而儿童在成长的过程中，其创新和发展潜能受到了限制。随着相关政策的推动，以教育为主的各类资源开始朝着城镇流动，农村教育开始逐渐转向市场化或产业化，且被城市中心论所影响。城乡教育政策与资源的剧烈调整，撤点并校带来的学校分布的巨大变化，如村不办小学、乡不办初中，以及农村学校的上移，加大了农村家庭的教育成本，留守儿童家庭的经济实力已经无法继续支撑孩子的教育，或是父母为了孩子的教育而进入城市陪读，也是家庭结

---

① 曹亚娟，周长城. 沉默在尖叫：农村留守儿童越轨的个案分析 [M]// 叶敬忠，吴惠芳，孟祥丹. 中国农村留守人口. 北京：社会科学文献出版社，2015:136-145.

构割裂的主要原因。由于教育城镇化的影响，农村儿童上升渠道也受到了影响，应试教育的思想不断深化，家庭教育以学习为导向的思想进一步强化，使得孩子的发展潜能受到了束缚，留守儿童并不能从学校中得到所应得到的关心与爱护。这些因素导致农村留守儿童教育环境进一步恶化。有关撤点并校对农村教育的影响，将在后面的章节详细讨论。

三、留守妇女

随着我国城市化进程的加快，已婚男性外出前往城市务工的比例进一步上升，而他们的妻子则大多数留在乡村的家里。此类女性就叫作留守妇女，她们与丈夫同属于一个家庭户籍，但在丈夫外出时，她们则通常留在家里。截至 2021 年，我国约有留守妇女 5 000 万，2015 年留守在农村的妇女约有 1 717 万，可见其数量是在不断增加的。①

通过中国健康与营养调查数据，在其他条件一致的情况下，相比较之下，留守妇女患慢性病的概率要比非留守妇女高接近 30%。通过使用 CHNS（中国健康与营养调查）数据分析发现，丈夫外出对留守妇女身体健康有负面影响，留守妇女更容易生病或患有慢性病，这可能是由于她们要帮持家庭，需要进行繁杂的农务活动。同时，留守妇女由于和丈夫长时间分居两地，更容易产生孤独寂寞的心理情绪。丈夫外出将会使留守妇女缺乏经济支持和心理支持，增大了她们生病或患有慢性病的风险。

在农业生产和决策、家庭事务的决策中，相比于非留守妇女，留守妇女的决策权并没有得到实质性的提高，仍然需要丈夫来作出大事的决策。然而，留守妇女在农业生产方面的参与度有所提高，尤其是在小事上，她们有更多的决策空间。留守妇女从事的养殖活动一般规模较小，需要凭借自己的经验来控制风险，以满足家庭内部的需要。在家庭事务方面，留守妇女与非留守妇女在观点陈述上没有差别，都

---

① 汪淳玉，吴惠芳.乡村振兴视野下的困境留守妇女 [J]. 中国农业大学学报（社会科学版），2020(4): 93-100.

认为大事需要丈夫来决定。①

　　有学者通过量化的心理量表开展针对农村留守妇女心理健康情况的调查，根据调查结果可知，农村"留守女性"有 6 个因子的分值明显高于全国平均水平，分别是躯体化、强迫症状、人际关系敏感、抑郁、焦虑、精神病性，而最为明显的为躯体化、人际关系敏感、焦虑和抑郁；这反映出留守妇女大多有着严重心理问题。与此同时，社会因素以及留守妇女自身的因素也是导致她们出现心理健康问题的原因。②

四、留守老人

　　根据 2020 年第七次全国人口普查结果，生活在农村的 60 岁及以上人口有 1.2 亿人。其中留守老人占了很大的比重。根据民政部门在 2016 年的摸底排查情况可知，我国农村留守老人的数量在 1 600 万左右。长期离开居住地是子女因生计所迫或个人发展的结果，而这种现象在大规模的人口迁移中是不可避免的，因此老年一代留守的现象也随之而来。老人留守农村的部分因素也包括老人对原居住地特定的生活环境的留恋、良好的关系网络，以及老年人对城市生活的排斥感等。这些因素在城市化过程中导致了老人留守农村。③

　　留守老人的子女离开乡村外出务工，一方面有利于其经济状况的改善，从而有可能增加对留守老人的经济供养，对留守老人的生活质量起到正向的作用（称为"收入效应"）；但另一方面，时空上的距离和在外谋生的压力又可能减少对留守老人的经济供养和看护照料，老人由于需要自己承担更多的农业劳动而使健康状况受损，从而对其生活质量起到负面的作用（称为"时间效应"）。一项使用 CHARLS（中国健康与养老追踪调查）数据库的实证研究发现，收入效应与时间效应叠加的总效应为负。此外，由于性别带来的影响，男性身体条件的

①　吴惠芳，饶静. 农村留守妇女研究综述 [M]// 叶敬忠，贺聪志，吴惠芳，等. 留守中国. 北京：社会科学文献出版社，2010.

②　朱桂琴. 农村"留守女性"心理健康状况调查与思考 [J]. 天中学刊，2006 (8)：135-137.

③　贺聪志，叶敬忠. 农村留守老人研究综述 [J]. 中国农业大学学报（社会科学版），2009，26(2)：24-34.

自然优势导致男性留守老人身体忍耐度更强，受到时间效应带来的身体健康的负面影响较女性更小；同时可能是女性勤俭持家的特点导致对收入效应带来的正向支持不敏感。子女外出务工后产生的时间效应对留守老人健康均产生负面影响，无明显组间差异。在我国农村地区，绝大部分老人文化水平很低甚至是文盲，大部分没有收入，受教育年限少、经济水平较差的老年父母，受到子女家庭养老缺位的负面影响更大，父母心理健康受到子女外出务工的冲击也更为严重。特别是近年来我国进入老龄化社会，老龄人口却"未富先老"和"未备先老"。在我国农村地区，家庭结构代际缺失导致家庭养老功能逐渐削弱，老年赡养率随着历年农村出生人口减少持续上升，现实问题难以解决导致农村子女相比于城镇子女的家庭负担沉重得多。因此，社会各界的关注点应该聚于农村老年群体，改善农村老人健康问题是当前我国养老工作的重中之重。[①]

第三节　本土与外来

一、市场经济冲击下的农村本土文化

在过去的计划经济体制下，城乡之间因政策分割和社会群体生活状态的差异而形成了两种截然不同的生存空间。这种差异在很大程度上影响了人们的生活方式、社会规则以及价值观念。在传统乡村社会中，土地是一切的基础，所有的一切都围绕着土地展开。因此，自然形成了以农为生、世代定居和流动性低的经济社会形态。

在乡村社会中，家族伦理和传统道德观念对人们的影响非常大。孝道被认为是国人奉为百善之先的一种道德规范，不仅包括奉养、尊敬、服从父母的含义，也包括延续父母、祖先生命的意义。人们必须时刻铭记祖先的形象，避免给祖先抹黑。一旦沾染上不道德的名声，不仅毁了自己的名声，而且也败坏了父母、祖先乃至整个家族的名声，

---

① 黄孟齐.子女外出务工对农村留守老人身心健康的影响[D].成都：西南财经大学，2021.

成为最大的不孝逆子，这种人在乡村社会中往往被冷落。在"熟人社会"中，人际关系主要基于血缘和地缘关系，信息传播迅速而公平。所有社会成员的言行都是公开、透明的，所有熟悉的社会成员都兼具诚实守信的监督者和评判员的角色。如果有人背离了诚信原则，他就会在熟人圈子里受到冷落，甚至无法在该"社会"中生存下去。因此，受小农经济影响形成的"熟人社会"和传统价值观是维护传统乡村社会诚信规范的必要前提条件。

在中国改革开放 40 余年的历史进程中，随着城市化的不断加快，农村经济结构、生产方式、生活方式和社会文化都发生了巨变，城市化建设也导致大量城中村消失。与此同时，进城务工人员数量激增，为农民群体创造了城乡融合的条件和基础。然而，这也带来了一些问题，如传统乡村社会的"安贫乐道""重义轻利"等价值观开始逐渐被市场经济的商品意识、利益观念所代替。

在这种背景下，农村社会管理需要创新。市场经济对农民思想的冲击使得传统乡村社会约定俗成的诚信规则在当今社会条件下行不通，农村社会管理需要与时俱进，采取适应市场经济发展的策略和措施，促进市场经济与传统乡村社会的和谐发展。例如，通过加强教育、重视道德建设等手段推动农村社会的素质提高，加强政府管理，规范市场秩序，可以帮助农村社会应对市场经济冲击的挑战。[①] 随着农民工向城市的流动和市场经济的推进，传统农村的"熟人社会"逐渐转型为更多基于利益联结的"陌新社会"。这种变化意味着，原本基于血缘和地缘的社会关系正在被基于利益和契约的新型社会关系所取代，这种转变也影响着农村社会的整体结构。

二、城市化进程中农民的认同感困境

在城市化进程中，失地农民和进城务工人员面对城市生活产生的种种困惑与挑战，不仅存在于中国，在全球范围内也有类似的情况。其中，失地农民由于失去了赖以生存的土地，需要重新适应城市生活，

---

① 杨沛英. 创新农村社会管理 [M]. 北京：社会科学文献出版社，2012.

但他们由于有教育和技能方面的短板，在城市求职过程中会遇到很多困难。此外，城乡差距和社会地位等因素也导致他们在城市生活中缺乏归属感和认同感。

进城务工人员面临着相似的问题。他们来自农村，虽然在城市工作，但由于户籍和收入等原因，他们的生活水平普遍较低。此外，他们的受教育程度较低，劳动强度大，身体健康和个人卫生等方面也存在一定问题。这些因素导致他们在城市生活中处于底层，无法享受城市物质生活的同时也未得到大多数城市人的认可。他们被称为"农民工"，并面临着回归农村无法生活和留在城市身份低下的尴尬境地。

基于浙江大学 2013 年农民工调查数据，实证分析农民工身份认同对其在城文娱消费的影响发现，拥有市民身份认同的农民工有着更高的文娱消费支出水平，而且这一影响对新生代农民工更为显著。① 这说明这些农民工在城市生活中逐渐形成了与城市文化相契合的自我认知，并通过符号性消费来展示自己的市民身份和现代性。这也反映了农民工对精神文化需求的增长和多样化。当然，农民工应对外来文化的方式并不仅限于消费行为，还有一些其他方面的研究也可以提供一些视角。例如，李荣彬和张丽艳从社会融入的角度，探讨了农民工在城市中建立社会关系网络、参与社会组织、参与公共事务等方面的情况，发现农民工在社会融入方面存在较大差距，需要加强政策支持和社会服务。②

改革之初，政府对待农民工的态度是拒绝、抵触和限制他们进入城市。随着时间的推移，逐渐转变为经济接纳和社会融合。可以从对农民工称谓的变化来反映这一趋势，由"盲流"转变为"打工仔"或"打工妹"，再到"农民工兄弟"或"外来务工人员"。如今，他们被称为"新产业工人"或"新市民"。随着户籍政策的放开，今后将有

---

① 钱龙，卢海阳，钱文荣. 身份认同影响个体消费吗？——以农民工在城文娱消费为例 [J]. 南京农业大学学报（社会科学版），2015, 15(6): 51-60, 138.

② 李荣彬，张丽艳. 流动人口身份认同的现状及影响因素研究——基于我国 106 个城市的调查数据 [J]. 人口与经济，2012(4): 78-86.

更多的农民工成为城市居民，户籍制度在推进农业人口市民化中起着重要的作用，东莞市的案例就很好地说明了这个道理。

案例 7-5　广东省东莞市推进农业转移人口市民化

2015 年，东莞市常住人口 825.41 万人，其中户籍人口 195.01 万人，非户籍人口 630.4 万人，非户籍人口占常住人口的比重达到 76.4%，是典型的"人口倒挂"地区。近年来，东莞市加快户籍制度改革，不断优化外来人口落户制度，完善基本公共服务均等化供给体系，有效促进了农业转移人口市民化，外来人口归属感不断增强。随着教育、社保、医疗、就业、住房保障等公共服务体系均等化水平的提高，东莞市逐步建立基本公共服务"同城同待遇"批次清单，东莞的城市包容性提高，外来人口的归属感大为增强，外来人口在组织归属、政治参与、公共服务、文化认同和社会活动等方面已逐步融入东莞。目前，东莞异地务工人员中已分别有 1 人当选全国人大代表、省党代表和省人大代表，17 人当选市党代表，5 人担任市政协委员。

资料来源：农业转移人口市民化案例 [EB/OL].https://www.gov.cn/xinwen/2016-12/19/5149898/files/2078b68f4b214933b523da7b2db8d3f3.pdf.

第四节　婚姻与家庭

一、中国农村婚姻的变革

1940—1990 年是中国农村社会变革最剧烈的时期，农民的婚姻家庭行为所受触动之大是史无前例的。在土地改革、集体经济制度建立和实行承包责任制的时期，农村婚姻家庭发生了一系列的变革。其中，土地改革和集体经济对一些大家庭存在着基础的削弱作用。同时，彩礼、离婚率、生育率、住房、财产和遗产继承方式等现象也表明了农村婚姻家庭的变化。

随着经济的发展和人们思想的转变，农村婚姻形式出现了多样化的趋势，如晚婚、未婚、离婚、再婚、跨地域婚姻，这些婚姻形式打破了传统的婚姻模式，反映了农村人口流动和社会开放的影响。随着农村生产方式和生活方式的变化，以及市场经济和消费文化的影响，农村婚姻功能从传统的生殖、生产、继承向现代的情感、伴侣、消费转变，农村人民对婚姻的期待和要求更加注重个人的幸福与满足，而不仅仅是家族的延续和利益。

"彩礼"是中国传统婚姻绕不过去的一个重要概念，是一个复杂的社会问题，涉及中国传统文化、家庭伦理、社会经济等多个方面。在中国农村，彩礼是一种传统的婚姻习俗，旨在表达双方的感情和尊重。然而，随着时间的推移，彩礼的数额不断上涨，甚至出现了"天价彩礼"的现象。彩礼数额的攀升和性质的转变，完全可以理解成代际剥削的结果。过去几十年来，华北农村彩礼习俗发生了巨大的变化，而彩礼的根本性变化其实是在近10年才发生改变的，这与农村社会的变化在时间线上是一致的。彩礼性质的变化归结到底可能是因为谈判主体的改变。家长在彩礼问题上仍然是处于主体地位，但在这个问题上还是需要统筹考虑新人双方的意愿，甚至作为决定性因素。彩礼或嫁妆最终的受益对象是新郎和新娘，他们在这个过程积极安排婚事所需要的活动过程，"合谋"获取更高数额的彩礼或嫁妆。彩礼的性质发生了变化，演变为青年男女提前分割家庭财产的手段，他们通过婚姻向父母索要更多财产来帮助他们所要组建的新家庭。因此，这也能看作中国农村父权逐渐衰落的体现之一。[①] 这种现象引起了社会的广泛关注，并在一些地区引发了争议。近年来，中国政府采取了一系列措施来遏制这种现象，如加强宣传教育和监管。农村彩礼的变迁是一个复杂而又多元化的过程，它既受到传统文化和家庭伦理的影响，也受到社会经济和政治环境的影响。

另外，农村大龄单身男性（单身汉）的增多也是一个值得注意的现象。根据第四次、第五次和第六次人口普查的数据可知，1990年，在老年人口中未婚老年人占比1.31%，人数达到127.31万人，2000年，在老年人口中未婚老年人占比1.66%，人数达到212.17万人，2010

---

① 王德福，徐嘉鸿.作为代际剥削手段的彩礼——转型期华北农村彩礼习俗嬗变研究 [J].农林经济管理学报，2014，13(2): 210-215.

年，在老年人口中未婚老年人占比 1.78%，人数达到 326.68 万人。生活在农村的未婚老人占比为 3/4，大多为男性。同时，潜在未婚老年人口数量较大，根据 2000 年第五次人口普查数据可知，50 岁及以上男性中处于未婚状态的人数达到 428 万人，在 2010 年第六次人口普查时数量上升到 543 万人。通常来说，50 岁还是未婚状态，其大概率将终身未婚。20 世纪 80 年代以来，随着出生性别比的升高，适婚男女数量开始出现失衡，再加上女性婚姻逐渐转向城镇，农村男性婚姻面临巨大的危机。根据数据推测，2050 年，我国 50 岁以上未婚男性将达到 3 000 万人以上。[①]2021 年，国家统计局部署了一项"农村青年婚姻关系"调研，结果显示，在农村，择偶困境更多属于男性。青岛市统计局调查发现，在青岛农村户籍 18 ~ 35 岁青年中，未婚且无恋爱对象男性占比 32.40%，比女性（占比 25.69%）高出近 7 个百分点。在 31 ~ 35 岁未婚且无恋爱对象的青年中，男性所占的比例相对女性也更高。浙江省平阳县的调查也显示，农村青年段男性的未婚比例比女性高出 14%。在浙江省泰顺县，农村单身青年男性与女性的比例更是达到了 1.3:1。[②]农村未婚男性的生存状况与一般男性存在明显差异，面临死亡风险较高等严重窘境。大龄未婚男性群体的形成机制已由历史上的死亡率性别差异转变为当前的出生人口性别偏高，该群体的特性包括被动性、严重性、聚集性和脆弱性。

二、乡村家庭暴力的现状和解决途径

家庭暴力是一个严重危害妇女及其子女健康的全球性社会问题和公共卫生问题，国际上对此已有很多研究。但在我国，由于受到男尊女卑、家丑不可外扬等传统文化思想的影响，家庭暴力仍然严重，对家庭暴力的研究仍然不足。尤其是在农村地区，发生家庭暴力的频率更高，且存在持续时间长、施暴手段残酷等特点。全国妇联的调查显

① 周晓光. 农村未婚老人的生活质量及提升对策研究 [J]. 中国软科学，2021(1)：174-183.
② 数据告诉你，到底是哪些因素造成了农村"剩男"们的困境？ [EB/OL].(2022-02-08). https://www.thepaper.cn/newsDetail_forward_16611144.

示，在 2.7 亿中国家庭中，30% 存在家庭暴力，每年有 10 万个家庭因暴力而解体，并且来自全国人大及部分省市法院、检察院、妇联等部门的资料表明家庭暴力约占婚姻案件的 30%，个别地区达 50%。[①]赵凤敏在吉林等市就农村地区已婚妇女家庭暴力发生情况的调查发现，已婚妇女一生中总暴力、心理暴力、躯体暴力和性暴力的发生比例分别为 64.8%、58.1%、2.7%、16.7%。[②] 由此可见，家庭暴力，尤其是农村家庭暴力已经成为一个重大的现实问题，其中夫妻家庭暴力又居首要位置。

农村家庭暴力给受害妇女带来了身心两方面的伤害。身体上的伤害是由肢体暴力造成的，主要包括推打、扇耳光、踢腿、械击等，致使妇女出现身体器官上的损伤。由于妇女长时间处于家庭暴力环境下，患上由家暴导致的身体疾病风险大幅提高。心理上的伤害更多的是由于精神暴力导致，主要是受到辱骂、恐吓、无视等，导致妇女产生抑郁、敏感、惊恐等心理情绪。而女性犯罪的多发在一定程度上也与农村家庭暴力有着直接的联系，不利于社会的和谐与稳定。大多数农村妇女在面临家庭暴力后，会对家庭氛围产生恐惧的心理，出现认知的偏差，导致其存在社交障碍，或出现精神焦虑。由于与他人沟通的不足，在没有及时释放心理压力的情况下，受害妇女会出现心理疾病，甚至危及自身和他人的人身安全。[③]

中国在家庭暴力问题上已经采取了一些干预措施。如 2021 年实施的《民法典》明确规定禁止家庭暴力。受害人及法定代理人、近亲属可向加害人的单位、居民委员会、村民委员会、妇女联合会等单位或公安机关和人民法院寻求帮助。但是我国社会工作发展尚不成熟，对于家庭暴力等"家务事"的干预程度仍很低，受害者难以保护其合法权益，保证自身心理健康和社会适应。

---

① 刘国华 . 我国家庭暴力法律救济体系探讨 [J]. 学术交流，2006(8)：47-49.

② 赵凤敏，郭素芳，王临虹，等 . 中国农村地区已婚妇女家庭暴力发生情况及其相关知识调查 [J]. 中华流行病学杂志，2006，27(8)：664-668.

③ 王君昌 . 社会工作介入农村家庭暴力的具体策略研究——基于社会心理学视角[J]. 云南农业大学学报 (社会科学版)，2018，12(5)：42-48.

案例 7-6　北京市怀柔区受家暴妇女寻求法律援助

据怀柔法院民一庭副庭长姜丽娜介绍，王霞和丈夫从结为夫妻到育有子女这段时间，生活一直比较平淡。然而，随着经济的发展以及农村旅游资源优势被利用，丈夫在外租赁土地开展了养殖、种植和农家院旅游等业务，收入迅速增长，但同时也忽视了妻子和家庭。丈夫多次对王霞实施家暴，王霞曾数次报警请求保护，丈夫甚至因殴打王霞被拘留过三天。尽管有警方记录证明事实，王霞却承认其实际被殴打的次数和严重程度比记录中还要多得多。虽然王霞曾因面子和没有独立收入而没有离婚，但现在孩子已经成家，她终于向法院寻求帮助。经过审查调查后，法院最终裁定双方离婚，从根本上保护了女方的人身安全，使她摆脱了暴力环境。

资料来源：三八妇女节调查：农村妇女离婚八成以上因家暴 [EB/OL].（2016-03-08）. http://www.xinhuanet.com/politics/2016-03/08/c_128781142.htm.

上述案例这类受家暴妇女最终通过法律手段得以脱身是幸运的例子。虽然从现有的法律规范看，通过诉讼可以实现在法律意义层面的解决，但是在具体的实施过程中需要面临实体法和程序法的双重压力。预防和制止家庭暴力，需完善社会保障体系，对农民个体权利意识进行专业化的指导，建立司法救助体系，通过全社会的共同努力让矛盾纠纷对社会家庭关系的伤害降到最低。

第五节　外姓与宗族

一、宗族在农村中所起的作用

宗族是中国传统社会中不可或缺的一部分，在乡村社会变迁中具有关键地位。当代中国农村宗族的分布近年来已经非常广泛，但相比较而言，南方宗族的发展程度、组织水平和活动频率，目前普遍高于北方，而呈现出更加活跃的局面。现代化进程的加快，使得宗族结构和功能也有所改变，有些学者认为宗族已经衰败或消亡，有些学者认为宗族正在重建或复兴，还有些学者认为宗族有瓦解和重构的并存现象。无论如何，宗族在乡村社会中仍然具有不可忽视的影响力，尤其是在乡村振兴战略的背景下，宗族对乡村政治、经济、文化等方面都有着积极或消极的作用。[①] 以下将以一项对某村吴氏宗族的实地研究为例，阐述宗族多方面的作用。

案例 7-7　吴氏宗族在修筑水泥路中的作用

在修筑水泥路问题上，利益表达体现在两个层面：一方面，吴氏宗族采取内部协调的方式确立了一致的利益诉求。对于吴氏宗族的成员而言，由于长期以来受到交通不便的困扰，修筑水泥路其实是他们共同的愿望，但是水泥路的修筑，其路基会占据一定比例的农田，因而会引发宗族内部成员的矛盾。在经过协商后，他们最终同意了"路基均摊、劳力补资、多偿少补"的方案。另一方面，吴氏宗族通过向村委会表达诉求，从而被发展为村委会的重点工作对象。吴氏宗族的代表们通过信件撰写而后签名的形式，向政府部门合理地表达意见，在经过协商后达成"路基自建，村委拨款浇筑"的方案，实现了合作共赢。

资料来源：岳成浩，吴培豪. 重构抑或消亡：乡村振兴背景下宗族功能再定位研究 [J]. 西北大学学报（哲学社会科学版），2019，49(3): 52-57.

宗族作为一种社会组织，在乡村政治中的作用不容忽视。这种作用体现在表达集体利益和推动集体利益实现两个层面。从集体利益促成功能角度而言，一方面，宗族文化中的信任会对宗族成员形成约束，如费孝通所言，乡土社会的信用并不是体现于对契约的重视，而是在于对某一行为规矩的熟悉达到无须思考的可靠性。另一方面，宗族还会起到监督和约束村委会的作用，进而监督村委会行为，保障宗族的切身利益。[②]

---

① 缪凯. 现阶段宗族力量在乡村治理中的作用研究 [J]. 新西部（理论版），2009(4): 11，12.

② 费孝通. 乡土中国 [M]. 北京：北京大学出版社，1998.

案例 7-8　吴氏宗族的道德规范

吴氏宗族以中年一代为主，他们大部分生长在农村，虽大多数时间是在外地务工，但是宗族文化中的信任品质对他们的影响始终存在，在筑路过程中，他们也都会付出力所能及的物力和财力，很少出现机会主义者或是"搭便车"的行为。正是由于宗族文化中的信任使他们更容易达成共识，在达成共识的过程中，他们对宗族文化的认同感得到了进一步的提升。吴氏宗族留村人员所组建的"道路工程小组"，能够实现对村委会施工过程的全面监督，当存在不合理行为时可以及时反馈。而村主任等村委会领导成员为了获取更多的选票，通常也会尽可能地满足他们的需求。

资料来源：岳成浩，吴培豪. 重构抑或消亡：乡村振兴背景下宗族功能再定位研究 [J]. 西北大学学报（哲学社会科学版），2019，49(3): 52-57.

确实，在乡村振兴背景下，农村的乡村政治会受到协作和经济利益互惠组织的影响，如农村茶厂和旅行社等。但以血缘为基础，受共同文化熏染的宗族相对来说更具稳定性，它能够极大地调动宗族成员的主动性。在乡村振兴过程中，宗族所能够发挥的凝聚力有着无可比拟的重要作用。

宗族对经济的积极意义，学界也有不少研究成果。宗族是维持合作的所在，外部制度是非正式化的，节约了建立正式制度所需的成本；宗族成员互相信任，增加了"社会资本"，在一定程度上有助于促进经济发展。[①] 吴氏宗族受到劳动力外流的影响，留村成员的经济收入大多是通过鱼塘和茶叶获取，没有形成规模经济，但形成了一种互助式的经济模式。这种互助式的经济模式主要体现在两个方面：资金互助和技术互助。

---

① 　AVNER G，TABELLINI G.Cultural and institutional bifurcation：China and Europe compared[J]. The American economic review，2010，100 (2)：135-140.

案例 7-9　吴氏宗族内部的资金互助和技术互助

资金互助是指吴氏宗族内部通过借贷或捐赠等方式解决资金困难或支持创业项目。例如，在修建水泥路时，"道路工程小组"就向外出务工或做生意成功者借款，并承诺按时还款；而那些成功者也愿意借钱给他们，并不计较利息或担保问题。这种资金互助不仅缓解了资金紧张问题，并且增强了吴氏宗族内部成员之间相互支持、相互帮助、相互关爱、相互尊重、相互信任等价值观念。

技术互助是指吴氏宗族内部通过交流或培训等方式提高技术水平或开拓新领域。例如，在发展茶叶种植时，"道路工程小组"就主动联系了外地的吴氏宗族成员，邀请他们来村里进行技术指导和经验分享，使得村里的茶叶种植水平有了明显的提高。这种技术互助不仅促进了吴氏宗族内部成员之间的知识传承和创新，而且增强了吴氏宗族内部成员之间的交流和合作，形成了一种共同进步和共同发展的良好氛围。

资料来源：岳成浩，吴培豪.重构抑或消亡：乡村振兴背景下宗族功能再定位研究 [J].西北大学学报（哲学社会科学版），2019, 49(3): 52-57.

可以看出，宗族在乡村经济中发挥着一种互助式经济模式的作用，这种模式基于宗族文化中的信任、亲情、道德等价值观，能够有效地解决资金和技术方面的问题，促进乡村经济的发展。当然，这种模式也存在一定的局限性，如规模较小、效率较低、风险较高等，因此需要与现代市场经济相结合，充分发挥宗族的优势，同时克服宗族的劣势。

宗族同时也是乡村文化的重要载体之一，它在乡村文化中具有价值观塑造和传承的作用。这种作用主要体现在两个方面：维护传统文化的功能和适应现代文化的功能。

案例 7-10　吴氏宗族的文化功能

在吴氏宗族中，维护传统文化的功能主要表现为重视家谱、祠堂、祖坟等物质文化，遵循仪式、族规、习俗等制度和社群文化，享受唱戏、修谱、庙祭等精神文化。这些文化活动不仅增强了吴氏宗族内部成员之间的认同感和归属感，而且保持了吴氏宗族与其他宗族之间的差异性和独特性。适应现代文化的功能主要表现为在保持传统文化的基础上，进行创新和改革。例如，在吴氏宗族中，为了适应现代社会的变化，他们对家谱进行了数字化处理，将其上传到互联网上，方便远在外地或海外的吴氏后裔查阅和更新；对祠堂进行了修缮和改造，将其改为旅游景点或民俗博物馆，吸引游客前来参观和消费；对祖坟进行了修整和保护，将其纳入生态公墓或绿色公园，减少土地占用和环境污染。这些创新和改革不仅使得吴氏宗族能够与时俱进，适应现代社会的需求和规范，而且使得吴氏宗族能够开拓新领域、创造新价值。

　　资料来源：岳成浩，吴培豪. 重构抑或消亡：乡村振兴背景下宗族功能再定位研究 [J]. 西北大学学报（哲学社会科学版），2019，49(3): 52-57.

二、农村宗族意识、宗族文化的地域差异

　　地理环境决定论是一种认为自然条件对人类社会的各个方面有决定性影响的理论。它的主要观点是：人类的生理、心理、文化、政治、经济等都受到地理位置、气候、土壤等自然因素的制约和影响。这种理论认为，人类是地理环境的产物，而不是主动改造自然的主体。[①] 参考地理环境决定论的分析角度，由于南方地势崎岖多丘陵，闭塞的地区内部容易形成大的宗族，再加上距离北方的政治中心距离远且战乱少（北方"蛮夷"的侵略很少深入南方地区），宗族势力不容易被破坏，差序格局下大的宗族能够作为一个势力集团延伸到多个村庄，南方的一些地区至今仍存在以族长为权威、以血缘连接、实质上是权力由上到下传递的互助机构的家族，宗族组织和制度较为完善与严密，如有祠堂、族长、族谱、族田等内容，其核心是祠堂族长的族权，宗族凭此实行一定程度的自治。北方人的宗族意识普遍比较弱，只有几亩祖坟地的家庭多姓聚居成为权力分散的自然村，再加上作物需要合作耕种的程度更低，北方农村显著地表现为更加内向和闭塞，宗族组

---

① 黄园淅，杨波. 从胡焕庸人口线看地理环境决定论 [J]. 云南师范大学学报（哲学社会科学版），2012(1): 68-73.

织和制度较为简单与松散，如以家庭为单位参与社会活动、以乡邻关系为纽带维系社会秩序。因为这个原因，北方没有完全实现小农无产化，也没有流行以雇佣关系为基础的大型农场，而是在极端集约化中实现了部分阶级分化和半无产化，经营式和家庭式农场孪生。[①] 中部地区的宗族则介于南北之间，既有单姓村，也有多姓村，但宗族凝聚力较弱，社会结构较为原子化，宗族组织和制度也介于南北之间，既有一些传统的文化符号和规范，也有一些现代的市场机制和法律制约。南北方宗族对比见表 7-2。

表 7-2　南北方宗族对比

维度	南方	北方	中部
地理环境	崎岖多丘陵，闭塞	较为开阔	介于南北之间
宗族规模与结构	大的宗族集团，延伸多村庄	小型家庭聚居	单姓村与多姓村混合
宗族凝聚力	强烈的血缘联系	较弱的宗族意识	较弱的宗族凝聚力
家族权威与权力	以族长为权威	以家庭为单位	介于南北之间
社会秩序与纽带	以血缘连接的互助机构	以乡邻关系为纽带	既有传统符号，也有市场机制
农业形态与阶级	较为集约化，部分阶级分化	半无产化	介于南北之间

三、中国农村中的外姓

中国农村外姓人是指在一个村庄里与大多数村民不同姓氏的人，他们通常是由于迁移、投靠、婚姻等原因而进入村庄的。他们与村里的其他人之间存在着复杂的关系和矛盾，因为他们既是村民，又是外人；既要融入村庄，又要保持自己的特色。他们所面临的主要问题是：如何在一个以血缘为基础的社会中生存和发展，如何处理与村里其他人之间的利益冲突和矛盾，如何维护自己的权益和尊严。这些问题涉及他们的经济、社会、政治、文化等方面，对他们的生活质量和幸福感有着重要的影响。

① 黄宗智. 华北的小农经济与社会变迁 [M]. 桂林：广西师范大学出版社，2023.

为了应对这些问题，他们采取各种形式的互助、亲缘、邻里和社会关系来获得村里其他人的认可、支持、亲近、信任、友好、合作、尊重和影响。具体来说，他们通过与村里其他人建立各种形式的互助关系，如经济互助、社会保障、教育培养等，来增加自己的收入、减少自己的风险、提高自己的素质；通过与村里其他人建立各种形式的亲缘关系，如联姻、认干亲等，来扩大自己的亲属网络、增强自己的亲情感受、提升自己的社会地位；通过与村里其他人建立各种形式的邻里关系，如邻居、朋友、同事等，来改善自己的生活环境、增加自己的社交活动、提高自己的工作效率；通过与村里其他人建立各种形式的社会关系，如政治、宗教、文化等，来参与农村社会的治理、表达自己的信仰和价值观、展示自己的才华和创造力。

他们对农村社会也产生了重要的影响和意义，他们带来了新的思想、技术、资本、信息、风俗、习惯、信仰、艺术等，促进了农村社会的变迁和发展，让农村文化更加丰富，代表着农村社会内部矛盾和动态变化。具体来说，他们通过带来新的思想和技术，如市场经济观念、现代科技知识等，为农村经济发展提供了新的理念和手段；通过带来新的资本和信息，如外出务工收入、网络通信工具等，为农村经济发展提供了新的资源和渠道；通过带来新的风俗和习惯，如节日庆祝方式、生活消费模式等，为农村文化发展提供了新的内容和形式；通过带来新的信仰和艺术，如宗教信仰多元化、文艺表演多样化等，为农村文化发展提供了新的灵魂和表现。同时，他们也反映了农村社会中不同阶层、群体、利益之间的斗争和协调，如土地使用权分配问题、城乡二元结构问题、传统与现代冲突问题等，为农村社会提供了新的视角和问题。

第六节　年老与青年

一、代际关系

家庭是构成人类社会的最小单位，家庭成员是社会成员的一分子，家庭关系是社会关系的基础。小农经济中，农村以家庭为生产单位，家庭追求的是人均可消费量的最大化，在这个消费者数量不变的情境下，等同于追求总产量最大化。这个经济学因素可能对农村养老及家庭代际关系也产生一定的影响，尤其是在严重老龄化加重子女赡养负担、市场经济逻辑进入农村的现状下。费孝通、郭于华、阎云翔和贺雪峰等学者先后对这个问题进行过研究，指出了传统的反馈模式已经遭到破坏，代际关系出现了理性化、冲突化和衰退化的趋势。这种变化正是由于农村社会的家庭结构变动和市场交换方式的影响所导致的，与原有的传统家庭养老、赡养模式逻辑不相符。

案例 7-11　皖北薛村家庭代际关系

皖北薛村 70 岁以上的老人中，单过的比例高达 95%，即使是丧失劳动能力或单身的老人，绝大多数也是自己一个人住。儿女对于父母的责任被削减到了提供粮食补助，老年人有时还需要承担抚养孙辈的责任，于是，便有了"什么都没有老人伤心"的叹息。近代以来，代际关系的最大变动就是从传统的以纵向父子关系为中心的家庭结构向横向以夫妻关系为中心的家庭结构的转变，原有的依靠父权制度建立的大家庭制度也开始受到冲击。薛村的大部分家庭采取的就是系列性分家模式，每逢儿子成婚，就会从大家庭里分离出去，建立小家庭，然后小家庭又会回归大家庭，再次分裂出去，直到老人自己生活，剩下一个"空巢式"的母家庭。导致这种演变的原因有两个：一是代际的矛盾，二是父母对子女的迎合，因为老人和儿女都不习惯同住，更倾向于早日分开。"打工潮"的出现，更是加重了农村家庭的空间分离。

资料来源：朱静辉. 家庭结构、代际关系与老年人赡养——以皖北薛村为个案的考察 [C]// 上海市社会科学界联合会. 生命、知识与文明——上海市社会科学界第七届学术年会文集. 上海：上海人民出版社，2009: 606-610.

我国于 20 世纪 70—80 年代开始对生育数量加以控制，而这正是 60~70 岁（1945—1955 年出生的人口）妇女的育龄期。换言之，计划生育对老年人子女数量的影响已经显现。2015 年，我国每位老年人平均有 3 个子女，与 2000 年相比减少了 1 人，平均子女数逐年呈减少趋势。20 世纪 80 年代以来人口流动规模的逐渐加大在这方面也有所反映，2015 年有 17.0% 的农村老年人有子女在外省居住，3.0% 的老年人的子女全部在外省居住。[①]

二、老龄化社会下乡村养老问题的应对措施

我国乡村养老的发展现状不容乐观，随着人口老龄化的加剧，农村老年人数量不断增加，但是养老服务供给不足，特别是对于失能、失智、失独、高龄等特殊困难群体，养老服务缺口大。农村养老服务基础设施不完善，社区居家养老服务网络不健全，养老机构服务质量不高，医养结合服务不完善。农村老年人的生活保障水平相对较低，医疗保障制度还有待完善，长期护理保险制度尚未建立。

民政部联合相关部门制定了一系列政策措施，增加了对基层和农村养老服务的资金投入与政策支持，推动了农村养老服务格局的构建。该格局以家庭赡养为基础，依托养老机构和农村幸福院，同时融合了乡村老年协会和乡镇敬老院，形成了综合供给体系。另外，还建立了农村困难老年人生活保障体系，包括社会救助、福利补贴和特困供养等制度。针对农村留守老年人，加强了关爱服务，建立了以家庭责任为基础、基层主导、社会共同参与、全民共同参与、政府积极支持的关爱服务机制。为了提高农村老年人的医疗卫生服务水平，还对乡村医生队伍进行了支持，并推进了医养结合试点工作。

案例 7-12　鹤壁市淇滨区农村养老服务体系建设

以河南省鹤壁市淇滨区在推进农村养老服务体系建设方面采取的措施为例，当地建立了农村养老服务中心，为农村老年人提供日间照料、助餐、助浴、助医、助急等服务，同时开展文化娱乐、健身锻炼、法律咨询等活动，丰富了农村老年人的精神文化生活；建立了农村养老服务站，依托村卫生室、农家书屋等设施，为农村老年人提供基本的养老服务和关爱服务，同时开展志愿者服务、互助照料等模式，增

[①]　中国老龄科学研究中心.中国城乡老年人生活状况抽样调查数据简报（2015年）[EB/OL].（2021-04-25）.http://www.crca.cn/index.php/19-life/27-2015.html.

强了农村老年人的社会参与和归属感；建立了农村养老服务点，依托农村幸福院、养老大院等设施，为农村老年人提供集中或分散的住宿和护理服务，同时开展医养结合服务，提高了农村老年人的健康水平和生活质量。

资料来源：鹤壁市淇滨区：打造居家和社区养老服务新高地 [EB/OL].（2022-09-19）.http://henan.people.com.cn/n2/2022/0919/c378397-40130233.html.

农村高龄失能老人的照料资源主要集中在家庭内部，子女在照料方面发挥重要作用。在农村基本上还没有社会化照料体系的情况下，当老人需要照料的时候，家人尤其是子女义不容辞地发挥着主要作用。农村高龄失能老人的照料资源分布呈现以下五个特点：第一，男性高龄失能老人和女性高龄失能老人在照料资源分布上存在显著差异，男性高龄失能老人的主要照料者非常集中，配偶和儿子的比例之和接近70%；女性高龄失能老人的照料者相对分散，儿媳、儿子和女儿发挥着重要作用。第二，高龄失能老人的照料资源高度集中在家庭内部，子女在照料方面发挥重要作用。高龄失能老人的所有照料资源中，配偶、儿子、儿媳、女婿、孙子女作为照料者的比例超过96%。第三，在家庭照料中，儿媳妇的作用超过女儿。无论在总体照料者上，还是在男性照料者和女性照料者上，儿媳妇作为照料者的比例均高于女儿，分别比女儿高21%、10.2%、24.6%。第四，农村高龄失能老人的照料资源分布存在地域差异，东部地区的农村高龄失能老人照料资源更为充足，而西部地区的农村高龄失能老人照料资源则相对不足。第五，农村高龄失能老人的照料资源分布存在收入差异，收入较高的家庭更容易提供更好的照料资源。[①]

三、青年人才流失的原因和解决途径

当前我国农村人才总量严重不足，结构严重不合理。根据国家统计局第三次全国农业普查，我国农业从业人员总量为 2.25 亿人，其中

[①] 陈泰昌.中国城乡老年人失能状况与照护需求分析 [M]// 刘妮娜.中国城乡老年人生活状况调查报告（2018）.北京：社会科学文献出版社，2018.

高素质农民约为 1 700 万人，占 7.6%；农村实用人才总量约为 2 254 万人，占 10%。这些数据表明，我国农村人才的数量相对较少，且结构不合理。从年龄结构来看，农业从业人员以 36 岁及以上的中老年人为主，占比达到 73.8%，而 16~35 岁的青壮年人仅占 26.2%。从教育结构来看，农业从业人员以小学和初中学历为主，占比达到 75.9%，而高中及以上学历仅占 24.1%。[①] 这些情况反映了我国农村人才的年龄断层和知识滞后现象，不利于乡村社会经济的创新和转型。

此时我们再次使用前面分析流动人口时使用的"推力-拉力"理论，农村精英流失的根本推力是农业价值低，难以实现乡村精英的劳动价值。农业生产的产品效益非常低，在抵扣掉相应的生产成本后所能够得到的农业生产收益极低，并且还在进一步下降，因此，大多数农村劳动力对进行农业劳动生产存在抵触心理。乡村精英在农业生产中的人力资本要明显优于普通劳动者，在城市工作中所能够获取的工资收入会显著高于在农村务农所得。乡村精英思维更加活跃，在城市中能够快速地找到适合的岗位。因此，在城市中不管是务工抑或是进行商业活动，所获得的收益都是高于农业生产的，这也是乡村精英外流的根本原因。从国家统计局 2020 年公开的数据可知，2020 年全国农民工数量达到 2.86 亿人，其中外出农民工为 1.7 亿人。这意味着有近六成的农民工离开了本地乡村，流向城市或其他地区。这些外出务工的农民工中，有不少是受过高等教育或具有专业技能的优秀人才。他们受到城市经济、社会、文化等各方面的吸引，难以回归乡土。同时，留在乡村的人才也面临着发展空间不足、收入待遇不高、社会保障不完善等问题，缺乏长期稳定发展的动力和条件。

我国目前对于培养适应乡村发展需要的高素质人才还存在较大缺口。即使有一些大学生或其他类型的优秀人才回到乡村或进入乡村工作，也面临着如何用好、用活、用足他们的困难。比如，在乡村治理方面，由于宗族势力、既得利益集团、传统观念等因素的影响，有能力、有理想的新型乡村干部往往难以施展才华或遭受阻碍；在乡村产

---

① 　陈至立. 加快发展 深化改革 开创我国农村教育工作新局面 [EB/OL]. http://www.moe.gov.cn/jyb_xxgk/gk_gbgg/moe_0/moe_9/moe_39/tnull_113.html.

业方面，由于市场机制、基础设施、金融支持等因素的制约，有创新创业能力的新型职业农民往往难以实现规模效益或遇到风险挫折。

青年人才的流失，对于农村的经济、文化、社会都有不可忽视的影响。农村精英是乡村治理中不可或缺的主体，他们既是国家与乡村社会之间的桥梁和纽带，又是推动乡村民主自治和公共事务管理的重要力量。农村精英流失导致了乡村治理中人才"空心化"现状，使得乡村治理能力下降，难以应对日益复杂多变的社会问题。同时，农村精英流失导致了乡村经济中人才断层现状，使得乡村经济缺少动力和活力，难以实现高质量发展。

为助力农村发展与减贫，为农村引入既具备良好教育背景又熟悉农村事务的高素质青年人才，2005 年 6 月，中共中央办公厅、国务院办公厅发布《关于引导和鼓励高校毕业生面向基层就业的意见》。中央政府提供一系列的补助及优惠政策，如工资、养老金、医疗保险以及其他补偿，各地政府也会为他们提供不同程度的补助。 从 1999 年到 2011 年，大学生当"村官"的人数从 2 200 人增长到 210 000 人。[1]截至 2016 年底，全国在岗大学生村官 102 563 人，53 203 人进入村"两委"班子，9 020 人进入乡镇领导班子，78 人担任县处级干部，6 443 人被列为后备干部。[2]通过对山西省运城市大学生"村官"行政记录的查阅发现：贫困家庭向大学生"村官"咨询最多的是是否可以申请某种补贴，而大学生"村官"往往能帮他们找到合适的救助项目。大学生"村官"主要从事与政策宣传和减少贫困相关的工作，主要贡献在于帮助贫困家庭从现存的社会救助项目中获益，并且通过严格执行补助分配的管理程序来减少一些并不贫困的人投机得到补贴。[3]但是，培养大学生"村官"可能导致高昂的机会成本，其人力资本对农村发展的具体作用机制也尚不清楚。

[1]　中国村社发展促进会 .2009 中国大学生"村官"发展报告 [M]. 北京：中国农业出版社，2009.

[2]　权威发布：大学生村官工作主要数据"一口清"[EB/OL].(2017-03-22). http://www.dxscg.com.cn/zxts/201703/t20170322_3831760.shtml.

[3]　HE G，WANG S.Do college graduates serving as village officials help rural China?[J].American economic journal：applied economics，2017，9(4)：186-215.

第七节　妇女与儿童

一、乡村女性地位的困境与提升

迈克尔·米特罗尔（Michael Mitterauer）与雷因哈德·西德尔（Reinhard Sieder）在《欧洲家庭史》中指出，"家庭组成会随着社会变革而出现变化，往往是一种适应性行为过程而不是刺激社会变革。""家庭结构有着一定的稳定特性。"在广大农村地区，以传统父权制为基础的家庭权力仍然延续着，并且内化为人们的观念，性别观念更加传统和保守，并且与城市存在着差异，但这种差异也在随着城乡二元体制的瓦解而减弱。

如图 7-3 所示，2017 年农业生产经营人员中的女性占比约为 50%，农村妇女在农业生产中占有举足轻重的地位。

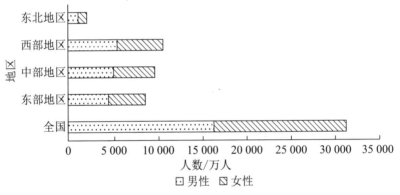

图 7-3　各地区按性别划分农业生产经营人员数量（2017 年）

资料来源：国家统计局. 第三次全国农业普查主要数据公报（第五号）[EB/OL].（2017-12-16）.http://www.stats.gov.cn/sj/tjgb/nypcgb/qgnypcgb/202302/t20230206_1902105.html.

农村妇女地位的上升体现在诸多方面，比如非农就业比重上升。根据调查可知，除种植技术外，农村妇女中掌握一门以上实用技术的占比达到 37.1%。目前，农村在业女性从事非农劳务占比 39.5%，男性这一数值为 47.8%，与 2010 年相比提升分别为 15.4% 和 17.9%；以农业劳动为主，同时还从事其他劳动的妇女占比达到 14.6%。农村妇女通过外出务工让其眼界得到明显提升，可以从非农就业能力中得到充分体现，有外出务工经历的返乡妇女进行非农劳动的比例为 52.6%，与没有外出务工经验的相比高 16.3%。[①]

随着工业化和城镇化的加速，农业耕地不断减少，人口不断增长，导致了粮食供需之间的矛盾。解决这一矛盾的关键是提高土地生产率。然而，由于受农村土地分配和流转的影响，农户经营规模不断缩小，男性劳动力大量外出务工，农村妇女成为农业生产中的主要劳动者。因此，消除农村妇女在农业生产中所受到的各种限制和障碍，将有助于提高土地生产率、保障中国粮食安全。

20 世纪 90 年代以来，中国农业面临着结构性调整的需要，以适应市场需求和提高农民收入。这一调整涉及种植业、畜牧业和农产品加工业等方面，都需要依靠科技进步和创新能力来实现。然而，在贫困山区和边远地区，农村教育资源匮乏，农户文化程度低，特别是妇女文化程度低，导致了他们难以获取和应用新品种、新技术、新信息等生产性资源。扩大农村贫困地区的农户和农村妇女获取生产性资源的渠道，并提高其能力，将有利于促进这些地区的农户摆脱贫困。随着农村妇女素质的提高，在提高土地生产率和家庭收入层面，农村妇女的贡献越来越大，这在一定程度上大幅提高了她们的社会地位和家庭地位，同时也将有利于促进乡村社会经济的全面发展。

二、农村妇女土地权利的困境和解决方法

农村妇女土地权利是农村妇女的基本权利，也是农村妇女的生产资源和生活保障。然而，根据调查数据，我们可以看到，在城市化、现代化和土地承包、流转背景下，农村妇女需要处理复杂的失地和土地收益问题。2010 年，农村无土地妇女占比为 21%，与 2000 年同期相比增长 11.8%，远高于男性的比例。其中，有 27.7% 的农村妇女是

[①] 第四期中国妇女社会地位调查主要数据情况 [N/OL]. 中国妇女报，2021-12-27. http://paper.cnwomen.com.cn/html/2021-12/27/nw.D110000zgfnb_20211227_1-4.htm.

因为婚姻变动（包括结婚、再婚、离婚、丧偶）而失去土地的，而男性只有 3.7%；有 27.9% 的农村妇女是因为土地征用或流转而失去土地的，其中有 12.1% 的农村妇女没有获得任何补偿或收益，比男性高1.9%。这些数据反映了农村妇女在土地制度和土地市场中的弱势和不公平。[①] 我国农村妇女土地权利的现状并不乐观，存在许多问题和困难，主要有以下几个方面。

（1）农村妇女土地权利的法律保障不完善。虽然《中华人民共和国妇女权益保障法》《中华人民共和国农村土地承包法》等法规提出要保护农村妇女的土地权利，规定了农村妇女在农村土地承包经营、集体经济组织收益分配、土地征收或者征用补偿费使用以及宅基地使用等方面，享有与男子平等的权利，但这些法律法规还存在不够具体、不够明确、不够完善的问题，比如没有明确规定农村妇女在土地承包经营中的具体权利内容和范围，没有明确规定农村妇女在宅基地使用权证上登记姓名的程序和条件，没有明确规定农村妇女在土地征收或者征用补偿费使用中的具体分配比例和方式等。这些问题导致了农村妇女土地权利的法律保障缺乏有效性和可操作性。

（2）农村妇女土地权利的社会保障不到位。在实际操作中，农村妇女土地权利往往受到传统的性别观念、宗族势力、习俗风俗等因素的影响和制约，导致了农村妇女土地权利的社会保障不到位。比如，在土地承包分配中，有些地方以男性为户主，将土地分配给男性而忽视或者剥夺了妇女的承包权；在宅基地使用中，有些地方以出嫁、离婚、丧偶等为由收回或者拒绝分配给妇女宅基地；在集体经济组织收益分配中，有些地方以男性为成员，将收益分配给男性而排斥或者削减了妇女的分配权；在土地征收或者征用补偿费使用中，有些地方以男性为代表，将补偿费使用给男性而截留或者拖欠了妇女的补偿费等。这些现象反映了农村社会对于妇女土地权利的认知和尊重程度还不够高。

（3）农村妇女的征地补偿款分配权是最容易受到侵害的土地权益

[①]　全国妇联权益部．维护农村妇女土地权益报告 [M]．北京：社会科学文献出版社，2013．

之一，如浙江省天台县民丰村一组将 145 万元征地补偿金分光，部分嫁入民丰村已达十四五年之久，但在第一轮土地承包中未分到土地的妇女被排斥在分配对象之外，而一些已过世的老人却分文未少。

（4）农村妇女土地权利的维护机制不健全。在实际生活中，农村妇女土地权利遭受侵害时，往往缺乏有效的维护机制和途径。一方面，农村妇女自身的文化程度低、法律意识弱、自我保护能力差等原因，导致她们对自己的土地权利缺乏清晰的认识和主动的维护；另一方面，相关部门的监管不力、责任不明、协调不足等原因，导致对农村妇女土地权利侵害行为缺乏有效的制止和惩处。此外，在司法救济方面，由于涉及亲属关系、邻里关系等复杂因素，以及诉讼成本高、效率低等问题，农村妇女难以通过诉讼来维护自己的土地权利。[①]

三、乡村儿童教育问题：撤点并校

中国的教育根本问题在农村。虽然近年来农村教育得到了一定的发展，但同时我们看到，由于学龄儿童减少、快速的城市化进程等因素，农村教育也面临前所未有的挑战。

提到乡村教育，无法绕开的一个事件就是"撤点并校"，即 2001 年正式开始、2007 年左右叫停的一项教育改革，即撤销农村原有中小学，将学生集中在小部分城镇学校。这项政策旨在通过优化学校布局实现教育资源的优化配置。然而，这项政策却引起了社会各界的疑虑。

一方面，农村小学数量的减少使得当地孩子的入学成本上升。由于学生无法就近入学，增加了农村学生的入学距离，上学成本显著增加，甚至出现学生辍学、失学的情况。1998 年到 2007 年期间，全国学校数量减少 47.50%，学生人数减少 24.30%。教育部门"撤点并校"的原因是人口减少，但学校减少力度却是人口减少力度的 1 倍以上。在撤并过程中，受此影响最大的是贫困山区的小学，给孩子、父母带来了极大的影响。尤其是许多山区的乡村，交通基础设施落后，至今

---

① 李欣. 农村离异妇女土地权益的法律实现 [N/OL]. 中国妇女报，2022-12-21（5）.
http://epaper.cnwomen.com.cn/html/2022/12/21/nw.D110000zgfnb_20221221_1-5.htm.

仍有许多乡村道路条件较差，下雨容易造成路滑，增加了行路的安全隐患。对浙江省一省级贫困县做的实地调研显示，73.7% 的家长认为"撤点并校"后孩子上学的安全隐患加大，65.8% 的家长表示孩子中午在学校吃饭需要花费比以往更多的钱。①

另一方面，"撤点并校"导致出现了一部分"超级学校"，这类学校的学生数量多，因而对学校设施的要求也更高。农村中小学布局调整的最初目的是采用资源整合的方式来提高办学质量。但是，部分学校合并后却难以保证教学质量。原因是教育资金投入不足，大部分学校都没有扩建校舍、教学楼、实验室等的条件。因而单个班级中的学生数量较多，教学资源严重不足。合并后学校班级学生数量基本上都大于 50 人，甚至七八十人。班额过大致使教学质量无法得到保证。与此同时，农村教师的教学水平也没有因为布局调整而有所提升。一些教师原先是来自被撤并学校，编制数量有限，教学水平欠缺的教师无法清退，缺少优秀师资补充，使得农村教师需要承受较大的压力。

在经过布局调整后，学校的条件在一定程度上有所改善，但是由于学生学习和生活条件需求的复杂性，无法保证所有的学生都可以享受到良好的服务。部分学校生活设施简陋，也给学生的生活带来了极大的影响。如小学生在寄宿时需要面对衣物的清洗、洗漱、就餐等问题，但是大多数学校并没有完善的设施条件，甚至无法提供热水。此外，部分学校没有设置独立的运动场、实验室、计算机教室等，无法为学生提供完善的教学服务。部分学校简陋，存在严重的安全隐患；部分学校周边存在网吧、歌舞厅等娱乐场所，对学生的身心健康造成了影响。

乡村小规模学校一直被看作落后的教育方式，这是一种不合理地把经济学校规模收益理论搬到教育上的思维。但如果从青少年生长发育的规律上来看，乡村小规模学校是应该得到支持的，并且在改革过程中可以进行调整完善，而不是将其撤并。目前，全国各地都在积极探索乡村教育改革方案。2017 年，山西省大同市的邢庄学校学生数量

---

① 段清清."撤点并校"对农村义务教育均衡发展的影响 [D]. 杭州：浙江大学，2018.

仅为 3 人，教师数量为 4 人，但是在当地村委和校长的共同努力下，学校现已发展为学生数量 110 多名、教师 25 名，为周边七八个村庄提供教学服务。四川省阆中市同样也是通过改革实现乡村教育变革的典型范例，他们觉得乡村同样可以搞好教育，启动了"让乡土智慧点亮校园"的乡村教育改革。教育公平问题的处理需要坚持人民教育的根本立场；不是缺少经验和典型，而是对乡村价值的忽视。因此，我们需要发掘乡村价值、拓宽乡村命运、升级乡村教育理念。[①]

第八节 能人与大户

一、乡村能人对农村发展的独特作用

乡村能人是指在农村地区具有一定影响力和能力的人，包括乡贤、企业家、知识分子等。他们在推动乡村振兴方面发挥着重要作用。他们在乡土中成长，情系于乡愁，因而与群众有着一定的情感共鸣；乡村能人从事的行业基本上都是与乡村相联系、与群众的生活紧密联系，群众从中更能有所体悟，更愿意效仿学习。

乡村能人有着较强的创业能力、营销能力及技术能力，在乡村振兴中，他们可以充分发挥"领头羊"的作用，带动当地创业的规模化发展，带动当地村民就业。实践证实，大多数乡村能人都能够发挥好"领头雁"作用，为乡村振兴的发展注入内生动力，推动农村经济的高质量高效率发展。许多乡村能人在外地创业取得了一定的成绩后回到乡村，他们的见识十分广泛，在社会阅历上也更加丰富，因而有着更丰富的社会经验，可以为当地乡民树立良好的榜样。作为乡村建设的参与者，将充当起维系乡亲联系的纽带。

案例 7-13 西山村的乡村能人

西山村虽是一个普通的村庄，却十分重视民主选举能人。过去曾

---

① "撤点并校"还是"让教育回村"，乡村教育振兴路在何方？[EB/OL].（2022-01-06）. https://www.thepaper.cn/newsDetail_forward_16166582.

是村委会主任的蔡伯高的民主经历就可以有效地说明问题。蔡伯高思维灵活，他独资或合股投资的企业数量有 4 家。1999 年，他被选为村主任，从此开始了他的村政生涯。当时，西山村 77.3% 的选民都看好他把市场竞争的发展思路带给村集体，因此给他投了票。经过两年多的实践运作，可以说，他是当之无愧的村政精英。

不过，蔡伯高当选村主任后，由于需要处理繁杂的村务，其有限的时间被占用了大半，因而他只能在夜间进行私人公司业务的处理。精力的不足虽对其企业的经营造成了一定影响，但蔡伯高还是把自己的职务津贴捐赠给村集体，还自掏腰包帮助村里解决问题。他的行为充分反映了他作为经济能人的实力和较高的价值追求。从西山村集体两年多的运作情况来看，蔡伯高的当选名副其实，西山村的民主选举没有选错人。

资料来源：郭正林. 卷入民主化的农村精英：案例研究 [J]. 中国农村观察，2003(1): 66-74.

实践中，乡村能人所具有的专业知识和丰富的社会经验让他们可以得到村民的认可，借助在当地的威望可以更好地参与到村务治理中，有效促进了自治为基、法治为本、德治为先的"三治融合"乡村治理机制的发展。乡村能人在前文提出的"陌新社会"背景下的作用显得尤为重要。他们通过建立新的社会网络和利益关系来推动乡村发展，这一作用方式与传统的基于血缘和地缘的关系模式有所不同。

在我国的农业市场中，农民专业合作社要以竞争力和能力为准则，因此，其管理方式必须是由主要生产要素的拥有者（如大户、农业企业或其他相关机构）来主导的。我国的农民专业合作组织还处于发展的初级阶段，组织内部的核心人员的能力是影响其成败的关键因素。但是，乡村能人在农业合作中的作用发挥面临着多重阻碍。比如，乡村能人的文化程度一般不高，他们中的大部分人还没有受过正规的、系统的专业教育。以北京市为例，对农村科技协调员的调查显示，他们的平均受教育年限是 12.39 年，比京郊农民的 10.26 年高一些，但有近 30% 的人只有初中以下的学历，乡村能人的学历水平普遍偏低。在国际化的背景下，现在的乡村能人在专业知识和文化素养方面还不足以适应农民合作组织规范化发展的要求，更不用说应对国际竞争环境的挑战了。[①] 另外，许多乡村能人根深蒂固的小农意识也阻碍了他们作用的发挥。

二、大户经济对乡村发展的积极作用和管理方法

农村大户经济区别于传统的农村富农和自然农户，打破了家庭生产边界的束缚，所拥有的设备和技术也更多，是农村生产关系调整、农业生产经营形式创新和农户整合变异的结果，代表了农村的先进生产力。

分工是农村大户经济的主要特征。没有分工，则相应的农村大户经济也将无法形成。如同社会的第一次大分工和第二次大分工，农村大户经济同样也是分工的结果，这次分工除了是产供销间的分工外，还是生产、供应、销售内部各子环节的再分工。此次分工反映出传统农业向现代农业的转型，随着大户规模的扩大和数量增多，分工将更加细化。

由于有了分工，农村大户即可实现在某一细分领域的精细化生产和经营，该环节他们拥有的设施较多，不但可以满足自身的经营管理需要，还可以向周围农户提供。农村大户的重要特性即可实现专业化生产和经营。比如，大户可能组成各种专业协会等经济实体，如禽业协会。

案例 7-14 达州市星火禽业协会

以四川省达州市大竹县为例，星火禽业协会就是其中的一个代表，星火禽业协会是一种典型的农民专业合作组织，它由川心村的张一云等 14 位饲养大户发起，以股份制为组织形式，以良种鸡的繁育、饲料加工、养鸡设备制造、禽病防治和禽蛋销售为主要经营内容，形成了一个完整的产业链。该协会通过扩大联络会员的规模和范围，覆盖了

---

① 刘娟，孙素芬，孟鹤. 乡村能人促进专业合作组织发展的动因·优势与对策 [J]. 安徽农业科学，2010(11): 5900-5901.

川、渝、贵三省市的 25 个县市，为广大养鸡户提供技术、资金、市场等方面的支持和服务。该协会在 2002 年投入 250 万元建设了 5 个经济实体，使其固定资产达到 560 万元，集体经营收入达到 1 800 余万元。该协会不仅使股东和会员获得了可观的收益，而且还带动了所在地月华镇川心村和全县的养鸡产业发展，使之成为一个拥有 100 万只商品蛋鸡的生产基地。星火禽业协会的发展，体现出农村生产力发展的内在逻辑。

资料来源：刘德骥．关于发展农村"大户经济"的调查 [J]．四川行政学院学报，2004(2): 100-104.

农村大户不再只是原先理解的农户，一方面，农村大户不再是像过去那样以家庭为生产单位，一些大户由多个家庭组合而成。另一方面，生产经营范围涉及社区内外，一些大户还雇有一定数量的员工。此外，生产设备得到有效利用，在一定范围内实现规模化。小农经济中的家庭容易出现"农业内卷"现象，指在人地压力加剧的情况下，小农户为了生存而采取的一种增加单位土地上的劳动投入但又没有提高单位劳动的产出的生产方式。这种方式导致了农业生产的低效率、劳动报酬的递减，以及农业经济的停滞。例如，明清时期的棉花经济和 20 世纪 60 年代的双季稻都是典型的"内卷化"现象。而农村大户经济则可以看作一种有效的"去内卷化"，不仅因为其技术知识含量高于一般用户，也是因为其市场垄断性和社会化经营的特点。生产大户可以合理地控制他们的生产规模，也可以根据需要多雇或解雇劳动力，使其达到利润最优的水平，并在垄断竞争中赚取一定的超额利润。

农村大户的资本体量大，技术知识水平高于一般农户。部分大户还可以提供包括植保、种苗、收割等专业化服务，他们基本上就是运用现代化农业生产设备实现经营管理和发展。同时，农村大户也是技术创新的主要载体。在当前的农业生产中，小农户和种粮大户在技术采纳方面存在显著的差异，其原因主要是两类农户所处的生产环境和资源配置的差异。具体来说，小农户面临着诸如资金、技术学习机会等方面的限制，这些因素往往会影响其对新技术的采纳和应用。相反，种粮大户所拥有的资金和技术能力更为优越，使得其在技术采纳方面展现出更高的效率和竞争优势。

在技术方面，种粮大户所具备的优势主要表现在：其一，种粮大户相对于小农户来说，通常拥有更为充足的资金储备，可以更容易地投资于新技术设备的采购和使用；其二，种粮大户通常会更加注重农业科技的发展并热心于尝试新技术，这种自我意识也促进了其在行业内的技术领先地位；同时，种粮大户经营范围相对较广，拥有较大规模的生产基地和完善的管理体系，这使得其在技术采纳上的成本和规模效应更为优越。所以，在中国农业从传统到现代的转型期，必须要发挥种粮大户的技术优势，同时鼓励通过合作社、联合社、产业化联合体等形式引导小农户运用新型技术开展农业活动。①

第九节　本章小结

乡村地区是国家经济和社会发展的重要组成部分，其对于国家的战略重要性不可忽视。乡村不仅是国家粮食和农产品的主要生产地，其发展状况直接关系到国家粮食安全，同时也是城市劳动力和资源供应的重要支撑。本章首先讨论了乡村人口的流动情况，并指出其衍生的留守问题的严重性。此外，研究乡村中的家庭同样至关重要。家庭作为乡村社会的基本单位，其稳定和健康对于乡村发展起着决定性的作用。研究乡村家庭可以提供重要的社会和经济基础视角，了解乡村家庭的家庭结构、人口状况、教育水平、就业情况以及收入水平等信息，可以帮助决策者制定精准的政策措施。通过深入了解乡村家庭的需求和问题，可以更好地制订出促进家庭福祉和提升生活质量的政策方案。乡村地区常常存在着教育、医疗和就业等方面的不平等现象。通过对乡村家庭进行研究，可以发现相关问题并提供解决方案，以促进社会公平和可持续发展。从家庭角度出发，研究可以帮助发现和推

---

① 张瑞娟，高鸣．新技术采纳行为与技术效率差异——基于小农户与种粮大户的比较 [J]．中国农村经济，2018(5)：84-97.

动特定群体（如妇女、儿童和老年人）的发展需求，从而提高整个乡村居民的生活质量，为乡村发展提供长期可持续的动力。在共享发展理念指导下，农村社会的发展将促进发展为了人民、发展依靠人民、发展成果由人民共享的实现，使发展成果更多、更公平地惠及全体人民，朝着共同富裕目标努力奋斗。

第八章
乡村之物

　　自改革开放以来，中国在经济和社会领域取得了显著进展，农村地区也经历了深刻的转型。乡村社会正从传统的"熟人社会"逐步转向多元化的"陌新社会"。尽管农村的农田管理、基础设施和生态环境显著改善，但快速发展也带来了土地撂荒、收入不平衡和传统村落消失等问题，成为乡村可持续发展的主要障碍。

　　党的十八大以来，中国政府致力于实施乡村振兴战略，以全面提升农村经济、社会、文化、生态等各方面的发展水平。在这一大背景下，全国各地纷纷出现一批乡村发展的成功案例，显示出乡村振兴战略的实际效果和潜力。本研究聚焦于乡村发展过程中的"物"的变迁，深入剖析乡村在经历社会经济变革时出现的新现象、新发展和新问题，重点关注农村经济的结构性变化、农民生活水平的改善、乡村文化的演变和生态环境的保护与恢复等几个方面。通过深入的研究和实践，我们期望描绘出一个更为全面和细致的乡村发展蓝图，为乡村振兴提供科学的理论指导和实践参考。

第一节　土地：土地撂荒

　　民以食为天，食以地为本。自古以来，土地在中国人的传统观念中就占据重要地位，是人们进行生产和生活的重要保障。中国作为农业大国，对土地的依赖性更加明显，土地是中国农民满足基本物质需要、从事生产生活的首要前提，对于推动社会前进和发展具有重要意义。然而，改革开放以来，由于市场和资本的冲击及城市化进程加快等原因，各种土地问题也随之出现，其中最明显的问题就是农村耕地面积减少、土地撂荒现象严重。

一、土地撂荒的现状

土地撂荒是当前中国农村面临的主要问题之一，是指在土地利用的过程中由于某些原因将土地荒废，不再进行耕作，使其处于闲置或未完全利用的状态。根据撂荒类型可将其分为完全撂荒和不完全撂荒。完全撂荒是指不种植任何农作物，彻底将土地进行荒废。而不完全撂荒则指农民在半耕半工的状态下，投入土地耕种的资源降低，导致土地利用率下降，使土地处于半耕种、半闲置状态。

我国长期存在土地耕种总量与人口总数不平衡的问题（我国土地利用情况见表8-1）。据不完全统计，我国耕地总量仅占世界耕地总量的9%，而人口数量占世界总人口数量的比例将近19%。[①] 这反映了目前的土地资源已无法完全满足国内的粮食需求。党的十八大以来，国家加大对耕地保护问题的重视，推进高标准农田的建设，使得粮食生产得到了提高。但是，在我国经济的快速发展和城镇化建设的推动下，农民进城务工，青壮年劳动力缺失现象严重，从而导致我国大部分农村农田存在着土地撂荒现象。[②] 土地撂荒导致大量的土地资源被浪费，成为当前农村振兴过程中亟须解决的重点问题。

从土地撂荒的整体情况来看，21世纪以来中国耕地撂荒现象普遍，撂荒率在5.86%左右波动。2002—2004年耕地撂荒率由6.26%降到3.96%，年均减少1.15%。2004年耕地撂荒面积为0.73亿亩，在研究期内耕地撂荒面积最小。2004—2009年耕地撂荒快速增加，撂荒率增加了3.43%，2009年耕地撂荒率达到研究期内的最高值，为7.39%，耕地撂荒面积也高达1.50亿亩，在研究期内撂荒面积最大。2009—2013年耕地撂荒有所缓解，同期我国政府不断提高粮食收购

① 　胡三 . 拯救撂荒土地 [J]. 绿色中国，2018(8): 38-40.
② 　游建刚 . 浅析如何解决农业生产中的土地撂荒问题 [J]. 山东农机化，2020(6): 34-35.

表 8-1　2016 年土地利用情况　　　　　　　千公顷

土地面积	全国	东部地区	中部地区	西部地区	东北地区
耕地面积（国土资源部）	134 921	26 184	30 512	50 408	27 818
实际经营的林地面积	203 046	25 821	33 947	106 908	36 370
实际经营的牧草地（草场）面积	224 388	942	104	25 821	1 537

资料来源：第三次全国农业普查主要数据公报（第五号）[EB/OL].（2017-12-16）
http://www.stats.gov.cn/sj/tjgb/nypcgb/qgnypcgb/202302/t20230206_1902105.html.

价格，一定程度上增加了粮食收益，到 2013 年，耕地撂荒率降为 4.92%，年均减少 0.62%。此后粮食价格支持政策红利逐渐被削弱，耕地撂荒再次缓慢加剧，到 2019 年，耕地撂荒率达到 6.83%。2019 年 19.18 亿亩耕地中有 1.31 亿亩撂荒。2020 年耕地撂荒现象快速减少，耕地撂荒率降到 4.87%，较上年大幅下降了 1.95%，是 2002 年以来最大年均降幅。2020 年耕地撂荒面积降为 0.93 亿亩，净复垦耕地为 3 800 万亩（图 8-1）。①

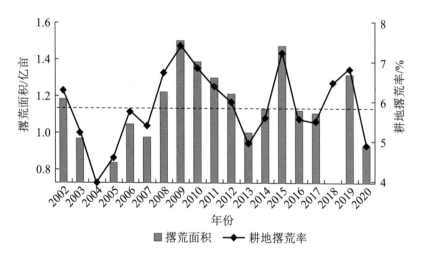

图 8-1　2002—2020 年中国耕地撂荒面积和撂荒率

① 魏后凯，王贵荣. 农村绿皮书：中国农村经济形势分析与预测（2022—2023）[M]. 北京：社会科学文献出版社，2023.

从土地撂荒的空间分布来看，全国（不含港澳台，下同）多个省份面临着土地撂荒的现实问题。据统计，1992—2017 年全国存在土地撂荒记录的县（市）为 165 个，涉及 20 余个省级行政区，自华南至华北均有分布。以省级行政区而论，湖南省撂荒记录的县（市）数量最多（24 个），主要分布于湖南省的西部和中部地区，自南至北呈条带状。其次是四川、安徽、湖北、重庆，分别有 23 个、21 个、17 个、15 个县（市），主要位于四川的东缘，安徽中部和南部，湖北东南部和重庆全境。再次是福建（11 个）、甘肃（11 个）、云南（10 个）、江西（7个）4 省。其余各省有撂荒记录的县（市）均不超过 5 个，其中东北三省、山东、广东、新疆和西藏未见有关县（市）的撂荒记录。[①] 土地撂荒整体分布相对集中，撂荒县（市）呈现出"南方多于北方，东部大于西部"的整体趋势，空间分布呈现出"T"字形格局。其中，纵轴自北至南分布于甘肃东南部、四川东部、重庆境内，直至贵州西部和云南北部；横轴位于长江中下游地区，自西向东分布于湖北南部、湖南北部、安徽中部和南部。此外，在内蒙古、山西、浙江、福建、广西的部分县（市）也出现了撂荒的记录。[②] 总体来说，土地撂荒涉及多个省份，是一个较为普遍的农业问题。

二、土地撂荒的原因

随着经济的迅速发展，农村土地撂荒问题显著。从直接原因来看，在城市化发展进程中，大多数农民选择进城务工，农村青壮年劳动力不断减少，致使村庄"空心化"。而农村剩余人口，主要是妇女、老人、儿童，他们的劳动能力有限，使得农村土地不得不撂荒。然而，其背后还有更深层次的经济原因和社会原因，最根本的原因就是农民对土地的投入大、产出少，且不稳定，土地收益难以满足农民的需求。

第一，土地收益不理想导致越来越多的村民减少对土地的投入。

---

① 　张学珍，赵彩杉，董金玮，等 .1992—2017 年基于荟萃分析的中国耕地撂荒时空特征 [J]. 地理学报，2019，74(3): 411-420.

② 　张学珍，赵彩杉，董金玮，等 .1992—2017 年基于荟萃分析的中国耕地撂荒时空特征 [J]. 地理学报，2019，74(3): 411-420.

从我国农村实际情况来看，经济原因是造成土地撂荒的重要因素。从对土地耕作的投入来看，当前我国多数农作物的生产仍然需要较大的投资，如农药、化肥等农业生产资料的成本等，再伴随着农业技术水平较低等问题，土地收益入不敷出。此外，农业活动还有很多不确定性。一方面，农作物的价格和市场的发展紧密相关。如果市场行情好，农民收益就多；反之农民则可能会白白付出劳动。另一方面，农作物的种植对自然条件的依赖尤为严重。如果出现极端天气，农民的收益会极大降低。所以，农民在耕作过程中获得的收益具有极大的不确定性，从而导致很多人不愿意种地，反而选择出门打工。在进城务工与从事耕种两者经济效益的对比下，许多青壮年劳动力选择"弃耕务工"，从而导致土地撂荒。根据调查，在 20 年间，农村人口从 1998年的 8.75 亿缩减到了 2018 年前的 5.6 亿，而这种缩减是在中国人口逐渐增多的情况下逆向缩减，也就是说，农村人口的净缩减数远远大于 3.15 亿。①

第二，劳动力缺乏和人口老龄化现象也加剧了土地撂荒问题。随着中国工业化、城镇化进程的不断深入，大量青壮年劳动力逐渐脱离土地向城镇和非农业生产领域转移，许多农村出现了"空心村"现象，使得土地不能被有效利用。仅 2003 年中国就约有 1 亿农村劳动力大部分时间（6 个月以上）在城镇度过，不少地区（如湖北、河南、北京等）居民点内土地浪费的比例已经达到 12.6%。② 农村青壮年劳动力缺乏致使农村人口老龄化严重。据第三次全国农业普查主要数据公报统计，我国年龄 55 岁及以上的农业生产经营人员数量为 10 551 人。③ 农村老龄化会对土地耕作产生显著影响。土地耕作对身体素质要求较高，而青壮年劳动力缺乏，老人在生产观念、农业技能、身体素质等方面很难达到土地耕作的要求，从而导致大量土地被废弃。

---

① 平南. 中国近百万村庄消失的背后：城市如同黑洞一般，不断吸纳农村人口 [EB/OL].(2021-01-29). https://www.163.com/dy/article/G1HHLVT20543K6D6.html.

② 曲福田. 中国工业化、城镇化进程中的农村土地问题研究 [M]. 北京：经济科学出版社，2010.

③ 国家统计局. 第三次全国农业普查主要数据公报（第五号）[EB/OL].（2017-12-16）. https://www.stats.gov.cn/sj/tjgb/nypcgb/qgnypcgb/202302/t20230206_1902105.html.

第三，土地流转运行不畅导致土地撂荒。21世纪初始，为了促进农业生产达到规模化和产业化水平，并且提升土地使用效率，多数地方政府开始积极倡导并支持农村土地的流转。至2008年初，全国农地流转总面积已达370.08 hm²，占承包经营耕地的4.57%。[①]然而，农村土地流转面临众多难题，如流转的规模过小、方法有限，且由于产权交易市场的不规范性，土地流转过程变得复杂。再加上农村土地经营权不明晰，导致了大量流转纠纷。此外，市场结构不完善也使土地流转进展缓慢。农民的观念和态度是这些障碍中的一个关键因素。例如，因为流转费用偏低、农民的基本保障不足以及流转的收益过低，许多农民对土地流转持有保留态度。

除此之外，还存在其他原因导致农村土地撂荒。例如，从地理原因看，某些耕地分布在山地或丘陵地区，自然环境较为艰苦，生产条件差；从生态原因看，有些耕地长期使用化肥导致耕地退化严重，生态较为脆弱使得农作物产量下降，导致部分耕地难以得到充分利用，从而发生撂荒现象等。

三、以土地流转为中心解决土地撂荒问题

2022年12月23日，习近平总书记在中央农村工作会议上讲话指出，"要坚决守住18亿亩耕地红线。"[②]土地撂荒问题的出现造成了农村大量土地资源的浪费，使得耕地流失和未来粮食问题短缺将更加严峻。新时代以来，以习近平同志为核心的党中央高度重视土地问题，积极鼓励各地方根据乡村民情制定合理措施来解决土地撂荒问题，从而提高农村土地利用率。在农村青壮年劳动力减少，老龄化、儿童化留守，人均耕地面积增加的背景下，推行土地流转，发展规模经营，是推动农村土地从撂荒到复耕、提高土地资源利用率的好方法。土地流转是指农村家庭承包的土地通过转包、出租、入股等形式，保留农户土地

①　邹孔华，乔博.农村土地流转与新型农业现代化[M].郑州：黄河水利出版社，2014.

②　人民网.习近平反复强调：要坚决守住18亿亩耕地红线[EB/OL].（2023-6-25）http://cpc.people.com.cn/n1/2023/0625/c164113-40020185.html

承包权，将土地承包经营权部分或全部流转给其他农户和新型经营主体的行为。[①]

　　首先，整合要素、发挥规模经济效益，为土地流转顺利进行提供前提。在基层党组织的领导下，积极推动乡村土地流转，有利于从根本上解决土地撂荒问题。从当前农业的发展趋势来看，规模化、集约化、机械化生产将是未来农业发展方向。土地流转作为实现规模化农业发展的重要方式之一，要充分发挥农村基层党组织的作用，统一建立村集体经济组织，根据新形势下农业生产的需要对土地进行统一整理和统筹。也可以将农户在农业生产经营中的服务需求集中起来，交由专门的农业社会化服务组织，其通过提供资金支持和专业服务，让农户生产真正步入现代生产之中，促进农业规模经营发展和降低经营风险。[②] 一方面，村组织要开展所在辖区的土地撂荒调查，根据辖区内不同的情况推进乡村土地合理规划布局，例如，平原地区的荒地可以推广粮食种植，丘陵、山地等自然环境较差的地区可以开展中草药种植、果树种植等多样化的产品，以此提高规模经济效益，进一步提高耕地利用效率；另一方面，中老年作为当前农村土地经营的主力军，政府应逐步完善农村各项社会保障制度，弱化土地社会保障功能，使因土地流转而失去基本生活保障的农民，能够通过养老保险、医疗保险、失业保险、义务教育等社会保险制度维持其基本生活，消除后顾之忧。[③] 同时，政府要依法保障农民的土地承包权，在坚持集体土地所有权和经营权等土地权利关系平等的基础上，积极调整耕地空间布局，夯实农业基础设施。

　　其次，多渠道引进资金和技术，探索农业多元化经营模式，利用土地流转确保村民的经济效益。要充分利用集体经济组织集中对外招商，多渠道、多方式引入资金和技术，发展土地规模经营。政府要利用各种政策优惠措施积极引导多元资本主体进村，将资本与土地资源

---

① 黄英．陇西县土地撂荒原因分析与综合治理 [J]．甘肃农业，2021(11): 109-111.

② 张琦，张艳荣．以农业社会化服务破解土地撂荒难题 [J]．人民论坛，2023(5): 87-92.

③ 李少民．解决农村土地撂荒问题的财政对策 [J]．经济研究参考，2017(54): 18-20.

相结合，探索多种经营模式，如农民土地入股、联合经营、共同收益等发展模式，将农户和进村资本结合为利益共同体，实现利益和风险共担，以此充分调动农民生产的积极性。但是，政府要加大对资本的监督力度，积极引导资本主体主动承担社会责任，加强对农村基础设施的建设，以及农民基础生活条件的保障等，并防止进村资本对耕地资源过度开发、破坏生态等负面问题的发生。莫高镇苏家堡村通过土地流转对土地进行总体规划，建设农业中心园区和万亩农业生产示范园区。通过投入资金进行土地整理并建设完善基础设施，吸引外来资金、技术、人才加盟，共同发展现代农业生产。先将农户土地流转储备起来，经过重新规划建设后，再对外进行租赁，提高了土地的利用价值，从根本上解决了当地的土地撂荒问题。[①]

再者，在土地流转的基础上加强配套措施，进而保证土地利用率。土地流转是解决中国农村土地撂荒问题的重要措施之一。但是，在土地流转的基础上，基层政府也要积极推进其他配套措施，改善生产条件，提高土地生产效益。一方面，在提高生产条件的基础上，推动生产主体由个人或家庭为单位劳作转变为集体劳作，推动土地劳作规模化和集体化。例如，北京市怀柔区为解决农村人口老龄化、种地积极性不高的问题，鼓励各镇乡将农民承包土地集中流转到村集体，通过成立村级、镇级农业经济合作组织，在区农业农村局、农业种植中心技术指导下，对集体经济组织内耕地进行规模化耕种、集中统一管理，这样既壮大了集体经济，又增加了农民收入，还能有效解决土地撂荒的问题。[②]另一方面，政府还要加大力度促进农业科技的发展，利用科技创新来提高粮食产量和人力消耗。农村集体经济在发展过程中可以根据当地特色将资本和科技结合起来，以此提高经济效益。例如，乡村可以根据当地实际状况实事求是打造特色品牌，结合当地自然资源发展旅游业等。

---

①　中共敦煌市委宣传部.敦煌：盘活农村"沉睡"土地 激发乡村振兴活力[EB/OL].（2021-12-18）.https://new.qq.com/rain/a/20211218A06NHI00.

②　于丽爽.全面启动复耕 盘活撂荒土地 怀柔万亩废旧残次果园变良田[N].北京日报，2021-9-13(1).

总之，要实现乡村的持续发展和乡村振兴，引导和吸纳多元化的要素到农村农业生产中来是关键。特别是农业技术、管理知识、人才、劳动力和投资，这些都是农业生产活动中不可或缺的组成部分，也是增强农业生产内生动力的重要因素。目前，很多农村正在积极进行土地流转的试点，为发展现代农业生产、保障农民收益、破解农村土地撂荒问题提供了可借鉴、可复制的经验。例如安徽省凤阳县积极进行土地流转和规模经营，并形成了具有当地特色的两种模式：一是农户间自发流转，形成规模经营传统农业项目的大户——凤阳县 50 亩以上规模种植大户达 399 户，3 个村庄的土地统一经营达 1 400 亩等；二是政府介入土地流转，由公司或合作社来经营新型农产品——金小岗农林科技产业发展有限公司流转 1 200 亩土地用于美国大樱桃、蓝莓种植等，均取得不错成效。[1]

第二节　资本：金融资本、民间资本

随着城市化的快速发展，农村人口逐渐向城镇转移，许多农村地区出现了"空心村""空巢化"等现象。农村地区人员的不断流失使得农村自身难以推进乡村发展和建设，这就不得不需要借助资本的力量来参与乡村振兴建设。在城乡融合发展进程中，大量工商资本涌入农村，进行土地开发整理、进入农业领域并参与村庄建设等活动，都可称之为"资本下乡"。[2]资本下乡是市场利润、政策红利、圈地诱惑等共同导致的现象，是长期发展的趋势。资本向农村流动，是中国现代化转型的重要特征之一。

一、资本下乡的主要动因

资本是推动乡村振兴的重要力量之一。鼓励和引导工商资本参与乡村振兴建设，对于发展乡村经济、优化乡村资本要素配置、促进城乡融合发展具有积极作用。

---

① 陈锡文，韩俊. 转变中的村庄 [M]. 北京：清华大学出版社，2016.
② 焦长权，周飞舟. "资本下乡"与村庄的再造 [J]. 中国社会科学，2016(1): 100-116.

　　从政策层面看，国家政策支持和相应的保障制度所带来的收益增长是资本下乡的前提。雒珊认为，一般情况下，资本下乡经营是政府引导的结果。[①] 近年来，国家出台了一系列农业相关的补贴政策，为资本下乡提供了制度激励效应。政府对于关键领域的不断改革和优化极大地降低了各类交易的成本和复杂性。例如，政府在推动农村产权制度的改革和完善农村产权交易体系方面，都使资源得以更为优化和合理地配置。这不仅促进了交易的便利性，也从根本上降低了制度性交易的成本。农业历来是一个风险较高且收益相对较低的领域，农业保险的引入为解决这个长期问题提供了重要的解决路径。农业保险，结合了创新的"保险＋信贷"或"保险＋期货"等模式，使得农业经营主体能够享受到更为多样化和便捷的保险服务，显著地降低了他们面临的经济风险和潜在损失。这些新模式和服务不仅有助于保障农民和农业经营实体的利益，还进一步推动了农业的发展和创新。它们使农民和农业经营者在面临市场不确定性与自然灾害时，能够得到更加及时和全面的保障，从而减轻了他们的经济负担，并激励他们更加积极地投入农业生产和经营中去。

　　从市场层面看，乡村功能的多元转变为资本下乡构建了更加多元、更加开放的市场环境。一直以来，乡村主要侧重于生产功能，乡村的角色相对单一，导致资本在乡村的应用范围较为有限。然而，自党的十八大以来，中国正逐渐进入经济社会的高质量发展阶段，民众对于更高品质、更多元化的生活追求也在逐渐增长。随着乡村功能从单一的生产向生产、生活、生态三大领域延伸，乡村开始转变为生态空间、文化传承基地和新型消费平台。这一转变不仅丰富了乡村的内涵，也为资本进入乡村创造了更大的机会和更多的选择。在这一过程中，基础设施建设、旅游资源的开发利用、文化传承和创新以及农村资产的运营管理等都成为资本介入乡村的新领域。此外，这种变化推动了农村的创新和成长，促进了乡村经济的多样化，并优化了乡村的社会经济结构。比如，乡村旅游和文化产业的兴起，不仅丰富了乡村的功能，

① 　雒珊. 作为平台的村庄：资本下乡"经营村庄"及其后果 [J]. 中国农业大学学报 (社会科学版)，2023，40(4): 114-127.

还拓宽了农民的收入来源、加快了乡村的现代化进程。

从企业层面看，企业的利润追求和社会责任实践共同构成了资本下乡的深厚基础。李壮指出，企业下乡的一个重要目的是降低交易成本、谋求高投资回报率。[①] 在过去，大量农村资本流向城市，导致城乡之间的资本差距持续拉大。然而，近些年来，随着农村的各项制度改革深入推进，农村居民的人均可支配收入也在逐步提升，城乡差距逐渐缩小（图8-2），农村逐渐显现出较高的资本回报率，这无疑加大了城市资本对农村的吸引力。确实，追求经济利润是企业投资农村的首要动机，但企业也越来越意识到承担社会责任的重要性。许多企业不仅仅看重农村的经济价值，更愿意回馈社会，特别是对于那些具有深厚乡土情结的企业家来说，他们往往会选择回到自己的家乡投资，通过设立工厂或者投资当地项目来带动乡村经济的发展，实现企业价值和社会价值的双重回报。这种回归乡村的投资行为不仅体现了企业对于社会责任的积极担当，也为农村地区带来了可观的经济效益和社会效益，推动了乡村的经济发展和社会进步。通过企业的投资和技术引入，农村可以获得更多的发展机遇，实现经济结构的优化和升级，提高农民的生活水平。

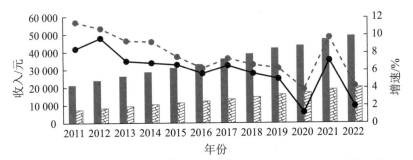

图 8-2　城乡居民人均可支配收入对比情况

资料来源：农业农村部。

---

① 李壮. 乡村振兴中村企"双向借力"模式及其共富效应 [J]. 西南民族大学学报 (人文社会科学版)，2023，44(2): 189-197.

二、资本下乡的实践成效

目前资本下乡的类别主要有两种：金融资本和民间资本。农村金融资本对农村经济发展起着至关重要的推动作用，而它主要是通过货币资本的形式实现的。农业银行、农村信用社和其他私有银行等金融机构，都在农村金融市场中扮演着重要角色，它们为农村经济提供必要的金融支持和服务，如贷款、存款和投资服务等，从而加快了农村地区的经济发展。而民间资本则是由民营和股份制企业掌握的，它主要以私人股份和其他私人资本形式存在。这类资本包括私人企业或个人的资金，狭义上主要指个体和私人企业的资金，广义上则包括所有国内非国有和非外商投资的资本。民间资本在市场经济中占有举足轻重的地位，它通过储蓄和投资等方式流动，为经济增长提供了动力。这两种资本形式，不论是来自金融机构的金融资本，还是个人与企业的民间资本，都为农村经济增长注入了活力。它们相互配合，共同加速农村经济的进步，推进农业结构优化，增进农村基础建设，提升农民的生活品质，从而实现乡村的全面发展。

第一，金融资本和民间资本投资的不断深入与发展，给乡村振兴带来新的契机。改革开放以来，国家大力推进农村经济现代化，在金融上体现为对农业银行的恢复以及对信用合作社的强化领导和各专业银行机构向基层的延伸。农村经济体制的改革不仅刺激了农民的生产积极性，带动了农村经济的迅速回升，也为金融机构提供了更加宽广的业务发展空间。另外，改革开放使得一部分人群迅速富裕，他们手中积累的大量闲置资金开始寻找新的投资机会。得益于国家的政策支持和农村产业结构的升级，这些民间资本开始逐渐转向乡村，而且投资形式多样化，投资领域也不断拓宽，涵盖了从农业生产到服务业、文化产业等多个方面。国家政策的引领和支持增强了金融资本与民间资本在农村的合作效应，助力乡村经济的多样化与持续发展。这些资本不仅仅为农村带来新的发展活力，更促进了农村经济结构的调整，为乡村振兴奠定了基础。

第二，金融资本为乡村振兴提供了持续的活力和潜力，是推进农村社会经济发展的关键因素。2018 年，《中共中央 国务院关于实施乡村振兴战略的意见》明确指出，把更多金融资源配置到农村经济社会发展的重点领域和薄弱环节，更好满足乡村振兴多样化金融需求。[①] 为了落实这一决策，相关部门进一步明确了金融服务在乡村振兴中的作用，努力满足农村经济多样化的金融需求。金融机构向农村重点领域和薄弱环节加大投入，推动农村一二三产业融合发展。现代农业产业园区、农业产业强镇等领域得到了更多的金融支持，加快了产村融合的步伐。涉及农业的信贷和其他金融产品也呈现稳定的增长态势，涉农贷款等各项金融服务在农村地区得到了更加广泛和深入的应用。截至 2021 年，涉农贷款余额增至 43.21 万亿元，而且已经是自 2019 年以来持续三年保持上行趋势。[②]

此外，和农业相关的金融产品服务也不断创新。例如，中国农业银行推出了"惠农 e 贷"线上融资工具，使农户可以在线申请、审批、发放和还款，进一步扩大了农户贷款的范围，并加快了处理速度。截至 2020 年，全行"惠农 e 贷"余额 3 534 亿元，较年初增加 1 561 亿元，增长 79%；授信户数 274 万户，较年初增加 100 万户，增长 58%，有力支持了农村客户创业创新致富奔小康。[③] 金融资本在乡村振兴战略中的作用正在不断增强，不仅仅满足了农村地区多样化的金融需求，更加速了乡村经济结构的优化和升级。政策和资本的相互配合，推动了乡村振兴战略的全面实施，增强了农村经济的内生发展动力。

第三，民间资本的投资给乡村带来了新的发展机会。民间资本在农村地区的投入为农村经济和社会发展开辟了新的路径。这种资本与金融资本一道为乡村振兴提供了创新性的解决方案和广阔的发展前景。其一，民间资本为农村带来了多元化的发展机遇，推动了农村经济的快速发展。它通过与农民合作，促进了新产业的创设和发展，为农民提供了稳定的收入来源，推动了农村社会经济的全面发展。如在资本

---

① 李晶石，吴义虎，郑金宇．金融支持农垦盘活土地要素 [J]．中国金融，2021(4)：90-91．

② 2007-2021：十五年涉农贷款，总量与结构简析 [EB/OL]．(2022-02-23)．https://baijiahao.baidu.com/s?id=1725525694836708455．

③ 中国农业银行：书写金融服务乡村振兴新篇章 [EB/OL]．https://www.abchina.com/cn/AboutABC/nonghzx/NewsCenter/202103/t20210308_1970485.htm．

的投资下，建设农村产业园、打造农产品交易物流等，开拓农业发展规模和交易途径，为乡村建设提供多样的发展模式，进而提高乡村生产效益。其二，民间资本的介入，使农村土地得到了更加合理和充分的利用。这不仅帮助农民增加收入，还提高了土地的利用效率，推动了农村经济的持续发展。黄建伟、陈东强指出，工商资本下乡租赁农地会凭借自身生产能力和土地效益比较优势而促进农户转出农地，推动土地流转。[①] 其三，民间资本的投入有助于农村产业的升级，促进了农产品的附加值提升。这使得农民从中获得更多的经济效益，推动了农村经济的现代化发展。如根据农民和资本不同的特点与优势，可以使其负责不同的生产环节，如农民负责在劳作中生产初级农产品，资本可以在此基础上根据市场需要进行加工，并在两者的合作中向第二产业和第三产业延伸，提高其产业附加值。

民间资本模式多样、领域广泛。近年来，在国家政策支持引导和企业逐利的内在驱动下，民间资本掀起了乡村投资的热潮。资本下乡的主体不仅有传统的农业产业，还有其他领域的资本，如房地产、旅游业、技术服务等。这些民间资本在进入乡村的进程中，包括村党委、新经营主体、联合社、村集体和农户在内的多方参与，形成了如土地入股、工资分红等多样化的方式。最常见的经营模式主要有以下几种：第一，民间资本直接投资兴办企业。第二，民间资本与家庭农场、合作社、村民或村集体合作。在这种经营模式中，村民可以通过土地入股等形式参与，发展规模经营。例如，河北省隆化县在调整农业产业过程中，依托毗邻京津的区位优势，引进优质草莓品种，提高草莓栽培技术，并通过"公司＋合作社＋农户"的模式，打造"四季草莓"生产基地，促进农民增收，助力乡村振兴。[②] 第三，村集体牵头吸引社会资本投资。资本投资结合当地特色发展多种产业，如养殖业、旅游业、农产品加工等。前两种模式是由民间资本占据主导地位，后一种

① 黄建伟，陈东强．工商资本下乡对农户农地流转行为的影响 [J]. 资源科学，2022, 44(5): 913-926.
② 隆化："四季草莓"助力乡村振兴 [EB/OL].（2021-11-28）. https://bjrbdzb.bjd.com.cn/bjrb/mobile/2021/20211128/20211128_004/content_20211128_004_7.htm.

模式是以村集体为主，社会资本加持，发展乡村集体经济。民间资本下乡领域广泛，不仅有单纯的农业产业，还有物流、文化产品、公益服务等，在带动农村经济发展的同时，又改善了村民居住环境和公共服务，推动农村整体发展。工商资本进入农业农村的方式见表 8-2。

表 8-2　工商资本进入农业农村的方式

类　　别	实　　例
公司 + 农户	1. 陕西省某农业有限公司与农户合作，流入农户土地种植有机水稻； 2. 贵州某茶业发展有限公司与农户合作，收购农户茶叶以及流入农户土地建茶叶基地； 3. 浙江省某茶业有限公司与农户合作，流入农户土地建茶叶基地以及收购农户茶叶
公司 + 村集体（或农民合作社）	1. 山西某养殖有限公司一次性购买村集体 6 000 多亩四荒地 30 年使用权，投资兴建厂房与标准化羊驼圈舍； 2. 浙江某公司通过合作社与农户打交道，发挥合作社在对接小农户方面的作用
公司 + 政府	1. 山西某公司与村集体合作（也少量流转农户林地），购买三个村集体四荒地 20 平方公里，用于植树造林、修复生态，为后期发展旅游业打基础；政府运用项目资金补贴企业生态治理； 2. 贵州某菌业科技有限公司与政府开展合作，即县级政府收购企业食用菌菌棒，然后以行政命令的形式将食用菌分配到各乡镇，由各乡镇引导农户种植

资料来源：涂圣伟，周振，张义博. 工商资本：新时代乡村振兴的重要力量 [M]. 北京：中国社会科学出版社，2020：13.

三、资本下乡面临的问题

资本下乡无疑为农村经济带来了活力，为乡村振兴打开了新的发展空间。然而，这个过程也确实伴随着一系列的新问题和挑战，这些都需要政策不断进行调整并解决，确保资本下乡过程的顺利进行和农民权益的充分保障。正如有学者指出，工商资本下乡在带来积极作用的同时，引发的土地流转无序混乱、粮食安全受到威胁、生态环境恶化、农户财产权益受损等多种风险也不容小觑。①

资本下乡在实际操作层面存在难度。资本下乡虽然为乡村农业发展和乡村振兴带来了巨大机遇，却也伴随着土地流转、资金贷款、农民接受度、技术应用等一系列实际操作层面的问题。为解决这些问题，政府和基层党组织需作出积极努力，包括：加强农民的教育和培训，提升其对新农业模式的理解和接受度；完善相关法律法规，为资本下乡提供坚实的法治保障；严格监管企业行为，保护农民利益，防止违规行为和资源的滥用。此外，还需要科学规划土地使用、加强土地流转监管，防止一些不良企业骗取国家补贴不作为或者违规破坏土地资源、污染环境等乱作为的行为，保证农民的土地权益不受侵犯，维护农村的可持续发展。在多方共同努力下，才能确保资本下乡真正实现乡村振兴，推动农村经济社会全面发展。

资本在下乡的过程中带来了新的农业生产和经营模式，同时也可能会造成传统农村社会组织形式的瓦解。在传统的农村社会结构中，通常是以村民自组织的方式来进行生产。但随着资本的介入和农业生产方式的变革，农民原有的主体地位和乡村的自治性都可能受到影响。在以利润和市场为导向的资本运作下，农村原有的社会保障体系可能被忽略，从而影响到农民的主体性、自觉性和积极性。这种变化使得我们需要深思如何构建一个更加完善和平衡的体系，来实现金融资本和民间资本与乡村社会的和谐共生。需要细化政策、完善法规，确保在推动乡村经济发展的同时，能够兼顾农民的利益，维护农村的社会结构和稳定，防止社会矛盾的加剧。总之，我们要探索并找到一个既能确保资本与乡村良性互动又能保障农民利益与乡村持续发展的路径。

资本下乡要进一步加强监管，发挥基层党组织的领导核心作用。王海娟、夏柱智指出，正确发挥地方政府的引导作用、提高治理资本下乡的能力是实现以农民为主体的乡村振兴的关键。② 资本下乡最主

---

① 史卫民，同童. 乡村振兴下工商资本下乡的主要风险及防范 [J]. 西北民族大学学报 (哲学社会科学版)，2023(2): 97-110.
② 王海娟，夏柱智. 资本下乡与以农民为主体的乡村振兴模式 [J]. 思想战线，2022，48(2): 146-154.

要的作用是推动农村生产力的发展，摆脱农民的贫困状态。但在招商引资的过程中，必须坚持以人民为中心，确保乡村发展的平衡与可持续性。基层党组织在这个过程中扮演着至关重要的角色，它不仅要保护农民的利益，避免农村土地被不当收购兼并，还要引导和监督资本，防止其侵犯农民的土地权利和经济利益，避免农业和农村走向资本主义化，从而加剧社会的两极分化。资本下乡要充分利用基层党组织的力量，走合作社模式，促进乡村集体经济增长，防范城市私营资本对农村土地的收购兼并。因此，要锻造出一支有立场、有能力的基层党组织和农村干部队伍，对资本下乡进行合理的监管，进而推进乡村振兴事业的长远发展。

未来，应继续加大政策支持，优化金融资源配置，引导更多的金融资本和民间资本流向农村，激发农村经济的潜能和活力，以推动乡村经济的高质量发展，实现农村的可持续繁荣和发展。同时，更加注重保障农民利益，确保金融资本和民间资本公平、合理地利用农村资源，为实现乡村振兴和国家经济持续健康发展共同努力。

第三节　生产资料：种子、化肥、农机

当代农业的发展是伴随着科技的进步而发展起来的。现代农业科技的发展推动农村生产力水平和生产资料的进步。从生产资料的变化来看，在钢铁、化工等现代工业的支持下，高效农机具、化肥、种子也得到进一步应用，成为推动传统农业转变、农业生产力提高的关键因素。2022 年中国粮食总产量 68 652 万吨，比上年增产 367 万吨，增长 0.5%。[①] 粮食的增产离不开生产资料发挥的重要作用。

一、农业生产资料的现状

农业生产资料是推动农业生产与乡村发展的重要基础。它们是指用于农、林、牧、副、渔各个领域所需的生产资料，是实施农业生产

---

① 魏后凯，王贵荣. 农村绿皮书：中国农村经济形势分析与预测（2022—2023）[M]. 北京：社会科学文献出版社，2023.

的重要物质因素。随着科技的进步，这些生产资料在农业生产中的应用不仅有助于提高生产效率，还可以进一步实现可持续与环境友好的农业生产模式。在乡村振兴战略的指引下，农业生产资料的创新与改进是农业现代化、农村经济发展和农民生活水平提高的重要动力。以下是对几种具有代表性的农业生产资料进行的概述。

国以农为本，农以种为先。种子作为农业的核心，是实现粮食增产增收和保障农产品稳定供给所不可或缺的首要前提。中国的三大粮食作物——小麦、水稻和玉米的种子生产与使用都呈现出积极的态势。2021年，中国三大粮食作物总用种量约为74.4亿公斤，其中，小麦用种总量为50.5亿公斤，杂交水稻用种总量为2.7亿公斤，常规水稻用种总量为9.7亿公斤，玉米用种总量为11.5亿公斤。小麦、玉米和水稻在中国的种子生产都有着巨大的规模，同时也保持着较高的产量。据统计，这三大粮食作物常年制繁种产量在80亿公斤以上。

2021年，三大粮食作物种子共计生产85.2亿公斤，其中，小麦种子62.4亿公斤，玉米种子10.4亿公斤，水稻种子12.4亿公斤且常规水稻占比77.7%。其中，各省份根据各自的地理、气候和土壤条件，形成了各自的种植特色和优势，如小麦主要集中在河南、山东等地，而水稻和玉米则主要集中在南方和北方的一些特定地区。[①] 种子还在科研和改良上取得了显著成就，设立了多个示范基地，通过科学研究和技术创新，不断推出优良品种，提高农作物的抗病性、适应性和产量。例如，在河北省邯郸市永年区硅谷农业科学研究院"杂交水稻"创高产示范基地，专家们通过现场实打实测，亩产达到1 326.77公斤，标志着我国再创水稻大面积种植单产世界最高纪录。[②] 种子的质量、生产和应用的优化和创新，对于中国乡村振兴和农业现代化具有重要意义。

化肥是农业生产中的一种重要生产资料，与粮食安全和农民利益

---

① 魏后凯，王贵荣.农村绿皮书：中国农村经济形势分析与预测（2022—2023）[M]. 北京：社会科学文献出版社，2023.

② 亩产1 326.77公斤！我国水稻种植单产再创世界新纪录[EB/OL].(2021-10-23). https://baijiahao.baidu.com/s?id=1714417023830050142&wfr=spider&for=pc.

息息相关。化肥是通过化学和人工制成的一种或几种农作物生长所需的营养元素，它对提高土壤肥力和农作物的产量具有重要作用，在农业生产中起着至关重要的作用。从化肥种类来看，化肥主要是无机肥，如氮肥、磷肥、钾肥或复合肥等（表 8-3）。从化肥相关专利申请情况来看，近年来我国化肥相关专利申请数量有所下降，截至 2021 年，我国化肥相关专利申请数量为 1 817 项，同比下降 35.2%。[①] 从化肥使用来看，农用化肥近年来有下降趋势（图 8-3）；与此同时，农业化肥使用更加安全，污染性更低。2015 年，农业部制定了《到 2020 年化肥使用量零增长行动方案》和《到 2020 年农药使用量零增长行动方案》[②]，推进化肥和农业在使用量减小的情况下效果增强，寻求绿色环保的有效化肥使用方式。乡村农业积极响应国家号召，推进精准施肥，调整化肥使用结构，改进施肥方式，用有机肥代替化肥。例如，湖北农资在化肥业务的深度和广度上不断深化，经营范围从单一尿素产品扩展到全品类肥料产品，从简单的一买一卖转型为综合服务商，并与国内外多家知名企业建立了长期的战略合作关系。湖北农资还建立化肥生产工厂，旗下湖北富来地金润肥业有限公司可生产高、中、低含量复混肥、生物有机肥等 50 多个品种。[③] 从市场规模来看，近年来我国化肥行业市场规模也不断增长。资料显示，2021 年我国化肥行业市场规模达 2 964 亿元，同比增长 1.8%。

表 8-3 化肥的分类及其相关介绍

种类	相关介绍	产品形态	作 用
氮肥	氮为主要元素的化肥	尿素、硫酸铵、硝酸铵等	氮元素是植物体内氨基酸的组成部分，能够促进植物光合作用，提高农产品的产量和质量

---

① 2021 年中国化肥行业发展现状分析，行业正步入转型关键期「图」[EB/OL].（2022-04-15）. https://www.huaon.com/channel/trend/798073.html.

② 阿如汗，张启宇，刘云慧. 欧美主要国家与我国传粉昆虫多样性保护政策和研究比较分析 [J]. 生态与农村环境学报，2023,39(1): 1-11.

③ 崔海涛，李荣. 湖北省农业生产资料控股集团有限公司：为乡村振兴贡献"供销力量" [J]. 中国农资，2019(44): 16.

续表

种类	相关介绍	产品形态	作　用
磷肥	磷为主要养分的化肥	磷酸铵、普钙、重钙、富钙、过磷酸钙等	可以促进棉花、瓜果开花结果，提高西瓜、甘蔗糖分，提高油菜籽含油量
钾肥	钾为主要养分的化肥	氯化钾、硫酸钾、硫酸二氢钾、钾石盐、钾镁盐、光卤石、硝酸钾等	能使作物茎秆长得坚实，防止倒伏，促进开花结实，增强抗旱、抗寒、抗病虫害能力
复合肥	含有两种或两种以上营养元素的化肥	氯基复合肥、硫基复合肥、高塔复合肥等	供给作物生长所需的多种养分，促进作物高产、稳产

资料来源：2021年中国化肥行业发展现状分析，行业正步入转型关键期「图」[EB/OL].（2022-04-15）. https://www.huaon.com/channel/trend/798073.html.

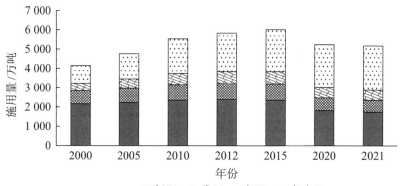

图 8-3　2000—2021 年中国农用化肥施用量

资料来源：国家统计局农村社会经济调查司 . 中国农村统计年鉴 2022[M].
北京：中国统计出版社，2022.

农机作为农业机械的简称，它主要指用于作物种植、畜牧业生产及农、畜产品初加工和处理的各类工具与设备。这包括但不限于农用动力机械、农田建设和管理机械、土壤耕作和管理机械、种植和施肥机械，以及农田排灌机械等。其中，主要的农业机械包括大中型拖拉机、谷物联合收割机等。这些机械和工具是农业生产与科技的结合，极大地改变了传统的农业生产模式和生产关系，对于提高农业生产效率、减轻人力负担及推进农业现代化都有着重要的作用。中国政府高度重视农机化的发展，投入大量的资金和政策资源以推动农业机械化，农机装备产业得到了长足的发展，规模以上企业数量、主营业务收入以及农机产品种类均有大幅度的增长，农业机械的年末拥有量也逐年提高。截至 2021 年，全国农机装备产业企业总数超过 8 000 家，规模以上企业 1 776 家，主营业务收入 2 840 亿元，农机装备制造已基本涵盖各个门类，能够生产 14 大类 50 个小类 4 000 多种农机产品。[①] 由于这些努力，中国的农业机械化水平得以迅速提高，农业机械化在中国已逐渐成为主导，特别是在三大粮食作物的生产中，机械化率持续攀升（图 8-4），基本实现了机械化，标志着中国农业生产正走在现代化、智能化的发展道路上。小麦耕种收综合机械化率稳定在 95% 以上，水稻、玉米耕种收综合机械化率分别超 85%、90%。[②] 同时，农机的广泛应用也带动了相关产业的发展，如农业科技服务、农业信息化服务等，这将进一步推动中国农业的持续发展和农村经济的全面振兴。

二、我国农业生产资料面临的问题

随着乡村建设的持续推进，农资市场也不断发展，种子、化肥、农机等农业生产资料的品种也更加丰富和多样，为农民的粮食种植和农业生产提供了帮助。然而，在农业生产资料商品化的过程中，也存在诸多问题。

第一，市场准入门槛低和品种质量不一等为农村生产资料市场带来诸多问题。就商户而言，对于农机的制造和销售可能存在一定门槛，

---

① 王锋德，李斯华. 我国农机装备产业现状及发展建议 [J]. 三农决策要参，2023（3）：1-12.

② 前瞻产业研究院. 2021 年中国农用机械行业市场现状及发展趋势分析 未来智能化、复合型产品发展前景广阔 [EB/OL]. （2021-08-25）. https://bg.qianzhan.com/report/detail/300/210825-8897b479.html.

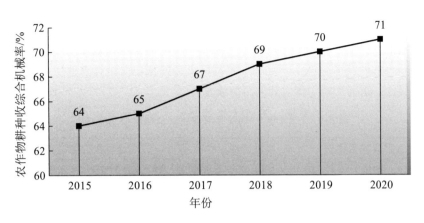

图 8-4　2015—2020 年中国农作物耕种收综合机械率变化情况

资料来源：2021 年中国农业机械行业发展现状分析，产业逐步复苏，行业前景广阔「图」[EB/OL].（2022-08-30）. https://www.huaon.com/channel/trend/ 832122.html.

然而种子、化肥等生产资料的入市门槛较低，尤其是一些偏远的农村地区，基本上是以私营个体的小店为主，很容易出现无证经营等问题。大量小型、私营个体工商户参与，以及部分商户的无证经营，加剧了市场的混乱和无序。同时，由于多数农资经营者缺乏专业知识和技术学习，他们可能会夸大产品效果，误导消费者，这无疑增加了市场的风险。对于农民而言，他们可能会由于缺乏足够的专业知识和自我保护意识，而购买价格低廉但质量不合格的产品，这对他们的生产活动会产生负面影响。此外，化肥和种子等农业生产资料的质量直接关系到农作物的产量和质量，而质量不一的农资产品将直接威胁到农民的经济利益和国家的粮食安全。同时，不合格的农资产品可能还会对环境和生态产生负面影响，影响可持续发展。

第二，农业生产资料价格逐渐上涨。2020 年下半年以来，我国农业生产资料价格再次出现了普遍性上涨，并且这部分上涨的价格一定程度上超过了国家对农业生产进行补贴的部分，使得国家的税收政策难以显现出来。2019 年，因为种子等农业生产资料价格的上涨，平均每亩生产成本比 2018 年增加了 25 元左右。而在 2020 年，种子等农业生产资料价格持续上涨的态势并没有发生根本转变，其价格依旧大

幅上涨，平均每亩生产成本支出比 2019 年增加 35 元左右。^①（表 8-4）
农业生产资料价格的提高导致土地成本增加，使农民通过土地生产所
获得的经济效益减少，这在一定程度上会降低村民进行农业生产的积
极性，进而影响中国农业的可持续发展。

表 8-4　2019 年、2020 年农业生产资料价格上涨对比

生产资料名称	批发价格			零售价格		
时间	2019 年	2020 年	上涨率 %	2019 年	2020 年	上涨率 %
种子	1 760	1 800	1.02	1 792	1 863	1.03
尿素	1 634	1 821（淡季）	11.32	1 701	1 881（淡季）	10.59
		1 901（旺季）	16.21		2 013（旺季）	23.53
钾肥	1 627	2 061	26.16	1 701	2 091	11.96
碳酸氢铵	406	516	27.17	421	531	26.0
磷肥	284	391	37.82	319	426	33.66
进口复合肥料	2 051	2 301	12.21	2 101	234	11.44
甲胺磷	96	106	10.53	101	111	10.01
杀虫剂	36	44	22.87	39	47	21.06
敌敌畏	106	124	17.15	107	125	18.52

第三，农业生产资料的种类和技术创新有待加强。农业是国家的
基础产业，农业生产资料的种类和技术水平直接决定了农业的生产效
率和竞争力。目前，我国在农业生产资料的种类和技术创新方面确实
存在一定的短板。对于种子来说，我国虽然有丰富的农作物种质资
源，但在高产、抗逆、高品质等特性的种子培育方面仍需加强。针对
全球气候变化的挑战，未来种子培育应重点加强抗逆性特性的筛选和
利用，满足农民对抗干旱、盐碱、病虫害等自然灾害的需求。对于农
机来说，目前我国的农机产业在自主创新能力、高效节能、智能化等
方面与发达国家存在一定差距。特别是在一些高端农机的核心技术和

---

① 张良 . 中国农业生产资料价格稳定性研究——基于种子等农业生产资料的分析
[J]. 价格月刊，2022(12): 41-45.

关键零部件上，仍然依赖进口。因此，要加大研发投入，推动农机产业技术的自主创新。对于化肥来说，我国的化肥产业长期以来重视产量，但在产品种类、质量和环境保护方面存在不足。过度使用化肥已经对土壤和地下水资源造成了严重污染。未来，应加大对有机肥、微生物肥、生物有机肥等新型绿色化肥的研发与推广，同时加强化肥使用的管理和指导，引导农民合理施肥，确保农业生产的可持续性。

三、推进农业生产资料的高质量发展

农业生产资料对农业生产的持续进行具有重要保障作用。在乡村振兴战略背景下，政府要积极引导生产力发展、推进农业生产资料的创新，加强对农业生产资料企业的监管，进而更好地服务农业生产，助力乡村振兴。

第一，国家要加强对农业生产资料经营的监管，推进传统的农资企业向农业社会化服务领域转型。当前传统农资企业存在买卖不规范、定价不合理等问题，已经不适应新时代下新型农业发展的要求。因此，农资企业必须随时代发展作出新的调整，提供更加全面的农业服务。首先，新型农资企业要围绕绿色农业、质量农业、品牌农业等理念进行转型和创新，从只卖产品的单一维度发展为更为全面的服务模式，如与农业服务企业合作、拓展生产和销售服务、为农民提供技术方案、打造完整产业链等。以农机为例，农机企业可以以主要粮食作物的生产机械化为重点，加大对农机化实用人才的培养力度，提供农机作业系列化、专业化服务，大力推进农机服务产业化，提升农民和农机大户的服务能力及直面市场的经营水平。其次，政府相关部门要加强对农资的监督管理，完善种子、化肥、农机等农资的质量标准，制定合理的价格体系，并及时对相关农资企业进行监督。

第二，国家要从产业化经营着手，优化资源配置，保障农民权益。新时代农业的发展方向是推进产业化经营，采用现代工业的管理方法，以当代支柱产业为核心，充分运用技术将分散的个体经营组织起来，进而实现统一生产、管理、销售，优化资源配置，实现产业化经营。在产业化经营的过程中，既有农资企业，又有生产、销售的组织，便于实现统一定价、统一管理，提升土地效益。当前，中国已经有部分农村对这种产业化经营模式进行了试点，实现了农资经营的规范化。例如，陕西渭南的绿盛农业科技有限责任公司、杨凌农业基地的青皮她园火龙果种植基地在新农业技术推广、农机现代化、生产规模化及校企联盟、农业新业态、专业合作化、作业互助组织等方面为新农业树立了多个标杆，为谋划农业新突破做了很好的示范。[①]

第三，国家要大力推进科技创新，培育更优质的农业生产资料。首先，国家要加大力度培养农业领域的创新型人才，尤其是农业技术领域的高层次人才，如育种技术、绿色化肥、高质量农机等领域，从而培育更加绿色、更加生态、更加创新的农业生产资料，进一步提高土地收益。其次，国家要充分利用企业的力量，培育农业创新领域的龙头企业。在龙头企业的统一组织下，更有利于资源整合，推动农资的产业化经营，带动整个农业的发展。此外，农资企业可以加大与科研单位、国内外研究所等的研发与合作，推动可再生资源的研发。与此同时，还要充分利用网络信息技术，如大数据、遥感等先进技术，为农资的发展提供技术支持，进而推进农业的工业化、信息化、智能化进程。

第四节　资金：转移支付与农村金融

乡村振兴是国家重要战略，其五大目标是"产业兴旺、生态宜居、乡风文明、治理有效、生活富裕"。要实现这些目标，就必须有大量资金的支持。乡村资本的来源主要有两个渠道：一是政府直接的财政援助，二是国家银行或私人银行企业的入驻投资。前者可看作转移支付，后者可看作农村金融投资。积极推进农村投资是保障农村建设持续进行的重要推动力，是推动乡村振兴的首要前提。总之，中国农村的投资主体是由政府引领，社会广泛参与，即转移支付和农村金融共同构成了乡村持续发展与振兴的重要动力。

---

① 郝耕，孙维佳. 农业生产方式变革是乡村振兴的根本出路 [J]. 西安财经大学学报，2020，33(6): 66-74.

一、转移支付

　　转移支付在农村综合改革中发挥着至关重要的作用，它是政府无偿支出实现社会收入和财富再分配的一种手段。它通过中央财政对地方的补助，帮助农村地区建设基础设施，提高公共服务水平，发展农村集体经济，实现农业现代化，也为推进乡村振兴提供了强大的财政支持。国家财政主要用于农业、林业、水利、扶贫、农村综合改革等几个方面（图8-5）。为加强农村综合改革转移支付使用管理，提高资金使用效益，推动落实党中央、国务院关于农村综合改革发展的决策部署，财政部在2021年对《农村综合改革转移支付管理办法》（财农〔2019〕17号）进行了修订。农村综合改革转移支付是指中央财政安排用于支持农村综合改革发展工作的专项转移支付，对地方开展相关工作给予适当补助。[1]2023年，根据党中央、国务院决策部署，统筹考虑农资市场价格走势和农业生产形势，中央财政下达资金100亿元，向实际种粮农民发放一次性补贴，统筹支持春耕生产，进一步调动农民种粮积极性。[2]

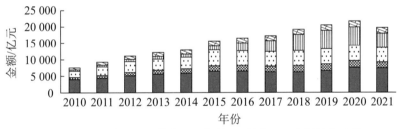

图 8-5　2010—2021 年国家财政用于农林水各项支出

　　资料来源：国家统计局农村社会经济调查司 . 中国农村统计年鉴 2022[M].北京：中国统计出版社，2022.

---

① 　财政部 . 农村综合改革转移支付管理办法 [EB/OL].(2021-05-17). https://www.gov.cn/zhengce/zhengceku/2021-05/17/content_5607515.htm?eqid=b932a38f00041cfd0000000664874d88.
② 　中央财政下达资金100亿元向实际种粮农民发放一次性补贴支持春耕生产 [EB/OL].（2023-04-28）. https://www.ndrc.gov.cn/fggz/cjxy/gzdt03/202304/t20230428_1355229.html.

从 2013 年到 2023 年，中央对地方的转移支付总额不断增加。根据 2023 年中央财政预算，2023 年中央对地方转移支付的预算总数为 100 625 亿元，在去年的基础上又增长了 3.6%，还首次突破了 10 万亿元的关口。[①] 其中，用于农业发展的转移支付占有很大比重。习近平总书记多次强调，要坚持农业农村优先发展，在资金投入上优先保障。[②] 中央财政提前下达 2023 年农业相关转移支付 2 115 亿元，确保国家粮食安全和重要农产品稳产保供，促进农业强国建设。[③] 以 2021 年广西农村综合改革转移支付情况为例，根据《财政部关于下达 2021 年农村综合改革转移支付预算的通知》（财农〔2021〕53 号）文件精神，2021 年，中央共下达广西农村综合改革转移支付资金 136 545 万元。其中：农村公益事业财政奖补资金 59 634 万元，美丽乡村奖补资金 14 889 万元，扶持村级集体经济资金 39 050 万元，农村综合性改革试点试验 5 000 万元，农垦国有农场办社会职能改革补助 17 972 万元。[④]

农业投资对于推动基础设施建设、改善公共服务、推进农村现代化建设，扶持重点领域的发展具有重要意义。方向明、金吴文浩认为，转移支付再分配调节对居民收入整体呈正向调节作用，一定程度上缩小了居民收入差距，从而有利于全体人民实现共同富裕。[⑤] 当前我国城乡差距最直观的体现是基础设施和公共服务供给水平的差距。长期以来，农村地区由于地理条件及经济发展水平的局限，加之农村基础设施和公共服务建设通常所需资金量大、建设周期长、投资收益低，导

① 吴林静，刘旭强.中央转移支付首次突破 10 万亿，钱流向何处？[EB/OL]. (2023-04-13). https://www.thepaper.cn/newsDetail_forward_22686291?commTag=true.

② 毛世平，张琳，何龙娟，等.我国农业农村投资状况及未来投资重点领域分析 [J].农业经济问题，2021(7): 47-56.

③ 中央财政提前下达 2023 年农业相关转移支付 2115 亿元 确保国家粮食安全和重要农产品稳产保供 促进农业强国建设 [EB/OL].(2022-11-10). https://www.gov.cn/xinwen/2022-11/10/content_5726027.htm.

④ 广西壮族自治区财政厅.广西 2021 年度农村综合改革转移支付绩效自评报告 [EB/OL].(2023-01-05). https://czt.gxzf.gov.cn/xwdt/tzgg/t15095235.shtml.

⑤ 方向明，金吴文浩.政府转移支付对居民收入再分配效应的研究——基于相对贫困和地区差异的视角 [J].财经理论与实践，2023，44(5): 59-67.

致基础设施和公共服务供给水平不足。因此，政府需要加大对农村基础设施和公共服务的投资力度，提高这些领域的财政支持水平，以确保农村地区得到更好的发展。通过优化财政支出结构、明确发展方向和重点项目，政府可以更加有效地推动农村基础设施和公共服务的建设和发展。以山东菏泽为例，截至 2021 年，政府已经累计实施产业扶贫项目 5 310 个，投入财政专项扶贫资金 100.14 亿元，整合涉农资金 96.2 亿元，发放金融扶贫贷款 17.74 亿元。[①]

二、农村金融

农村金融是现代农村经济发展的核心，是支持和推动农业经济发展的重要力量之一。它涵盖了与农村货币流通和信用相关的大部分经济活动，是农村地区筹集资金的主要途径。农村金融包括农村正式金融和非正式金融。正式金融是由拥有国家或政府许可的金融机构进行的金融活动，而非正式金融则包括未获得政府许可但仍进行金融活动的各种形式，如亲友之间的借贷。在中国，农村金融体系主要依赖于中央和地方政府动员的储蓄，并以正式金融为主导，形成了一个多层次、全方位的农村金融服务体系。这一体系旨在满足农村地区日益多样化和多层次的金融服务需求，进而实现农业和农村经济的可持续发展。

改革开放以来，我国农村金融主要经历了三次重大的改革，包括：1978 年至 1993 年，以"建立起服务农村经济的农村金融安排"为主题的第一轮改革；1993 年至 2002 年，旨在构建"合作金融、商业性金融、政策性金融"三位一体的农村金融体系的第二轮改革；2003 年开始的以"深化农信社改革试点"为主要内容的第三轮改革。[②]经过多年的改革和发展，我国已基本建立了具有广泛覆盖和多层次的农村金融体系。农村金融改革已取得显著成果，为"三农"提供的资金不断增加。在当前乡村振兴的全面实施下，巨大的消费和投资需求正在激

---

① 保障乡村振兴，"钱从哪来""人才从哪来"？ [EB/OL].(2021-09-10). https://www.sohu.com/a/488988392_121124405.

② 孔祥智.2009 年中国三农前景报告 [M].北京：中国时代经济出版社，2009.

发，进一步推动了农村金融的发展和深化。截至 2022 年 6 月末，我国共有农商银行 1 600 家、农信社 572 家、农村合作银行 23 家，在银行业金融机构中占比近半。[①]产业振兴是乡村振兴的核心，农业银行在乡村振兴中扮演了积极的角色，推出了一系列创新性和区域性的贷款产品，如"富民贷""惠农 e 贷""奶山羊贷""金穗陕果贷""果农贷"等助业脱贫贷、农权脱贫贷。这些产品不仅支持和促进贫困县发展具有地方特色的产业，还进一步延伸了涉农产业链和价值链，为脱贫地区的乡村振兴提供了持续的内生动力，从而为乡村地区的可持续发展打下了坚实的基础。截至 2022 年 9 月末，农业银行在 832 个脱贫县贷款余额 1.65 万亿元，比年初增加 1 869 亿元，增速 12.77%。在 160 个国家乡村振兴重点帮扶县贷款余额 3 078 亿元，比年初增加 418 亿元，增速 15.72%。[②]

农村金融是村民脱贫和乡村振兴的重要支柱之一，对于改善农村基础设施和实施新型农村产业项目起到关键作用。当前，由于农村地区对基础设施和产业项目的大量资金需求，国家加强了对农村金融机构的建设，推动了农村信用体系的发展，以及通过推出新型农村合作型金融机构，将更多的金融资源引导到农村重点项目上来。村镇银行网点遍布多个地区，为农村提供了更便利和实实在在的资金支持。农村金融的特点是其针对性强、精准度高，能够更加精准地满足农村的资金需求，优化农村的产业结构，提高资金的利用率，加快金融信贷的循环，从而为农村实体经济的发展打下坚实基础。随着农村金融的不断发展和创新，我国探索出了多种金融支持农业的模式。例如，中国建设银行采用了"农业大数据＋金融"的模式，中国农业银行推出了党建引领农户信用贷款模式，中国邮政储蓄银行实施了"农业产业链金融"模式等。这些模式都是在满足乡村振

① 王丽娟. 因农而生厚植于农 新形势下农村金融压力与困境同在 [N]. 中国经济时报，2023-04-21(4).
② 昌校宇，杨洁. "金融支持全面推进乡村振兴"十个优秀典型案例发布 [EB/OL].(2022-11-23). http://www.zqrb.cn/finance/hongguanjingji/2022-11-23/A1669192630739.html.

兴需求的同时，推动了农村金融服务的创新和发展。其中较为典型的案例有山东深入开展三大主粮作物完全成本保险和收入保险。山东自 2006 年启动农业保险工作以来，就将主要粮食作物作为重要保险品种，不断加大主粮作物政策性保险推广力度，根据作物生产成本变化及时调整保险金额，不断提高风险保障水平，为粮食生产提供了坚实的风险保障。①

三、当前资金入村面临的挑战

乡村振兴战略的实施，首先就是要积极推进基础设施的完善，补短板，强弱项，以促使农村经济快速发展。但是，实施这一战略确实面临资金需求与供应的矛盾。转移支付和农村金融是缓解这一矛盾的重要途径，转移支付能够为农村地区提供稳定的财政支持，而农村金融则能为农村企业和个人提供多样化、灵活性的金融服务。政府转移支付主要是通过财政援助来支持农村的基础设施建设和公共服务改善，而农村金融通过提供信贷服务，可为农民和农业企业提供资本，推动农村产业的发展和创新。但是，要实现乡村持续振兴，政府的政策性支持和市场化运作必须更加紧密地结合起来。也就是说，应该更好地协调和整合转移支付与农村金融，以实现政府政策和市场机制的有机融合，推动乡村经济的可持续发展。

（1）农业投资缺口仍然较大。实施乡村振兴战略，必须解决"钱从哪里来"的问题。尽管政府通过财政转移支付给予农业和农村发展以极大的资金支持，但是要想进一步改善村民生活、落实乡村振兴战略、解决基础设施短板问题和推动新型产业升级，还需要更多的投资。农村地区对基础设施和公共服务的需求巨大，从基础建设到环境改造都需要大量的资金输入。即便国家财政投入持续增加，"三农"领域依然面临资金缺口，影响了农村的持续发展。为了解决这一问题，国家不仅要继续加大财政投入、优化财政支出结构、加大对农业农村的支持力度，还需要更加积极地引导和激发金融资本与民间资本的活力，

---

① 山东深入开展三大主粮作物完全成本保险和收入保险 [EB/OL].(2022-11-23). http://journal.crnews.net/ncpsczk/2022n/d21q/nynctz/951385_20221123074845.html.

促使更多的社会资金流向农村，以补足投资缺口。这需要国家进一步深化金融体制改革，加强农村金融体系建设，完善金融服务网络，扩大金融服务覆盖，同时也要与时俱进金融服务产品和模式，降低农村金融服务成本，提高农村金融服务效率，确保金融资源更加优化、更加合理地配置到农村地区。

（2）农村金融服务仍然存在不平衡和不充分的问题。自 2006 年中国开启增量式农村金融改革以来，尽管农村金融体系已经初步建立并在产品创新和基础设施完善方面取得了一定成就，但是由于农村地区的经济基础、地理环境和金融需求的差异性，使得很多地区，尤其是经济薄弱地区，依然面临金融服务短缺的问题。有学者指出，我国农村地区的金融缺口一直存在，2000 年以前的农村金融缺口率较高；2006 年以后的金融容量缺口虽然维持在 6 000 亿元左右[①]，但是金融不平衡问题依旧存在，特别是在土地金融服务、农村基础设施融资服务、农业新业态和新型"三农"客户服务等重点领域。农村金融服务市场涵盖了信贷、保险、期货期权等多个领域。但目前农村区域的金融市场存在风险较高且收益难以得到确切保障的问题，使得大部分金融机构并不会主动在农村增加放大规模的信贷资源，从源头减少了进入农村金融市场的途径。在当前阶段，乡村发展对金融服务具有极大的需求，但在一些村集体经济匮乏的村庄，却很难获得金融服务，导致农村发展缺少足够的资金。因此，发展农村微型金融、创新金融服务模式和产品类型已经成为当务之急。这要求政府加大对农村金融的政策和财政支持，引导和鼓励金融机构提供更多元化、更具竞争性的金融产品和服务，满足农村多样化的金融需求。

（3）农村金融服务依然存在申请门槛问题。在当前乡村经济发展中，新型农业经营主体对金融服务的需求持续升温，但实际金融服务的可得性和适应性不足，严重制约了农村和农民对金融资源的获取与利用，从而对农业与农村经济的全面发展构成了障碍。为解决此问题，农村金融服务和产品亟须进行深度创新与优化，以更符合农业经营的

---

① 李德荃. 关于我国农村信贷缺口的估计 [J]. 东岳论丛，2017，38(10): 75-85.

真实需求。金融产品设计和申请门槛应与农村及农业发展的实际情况紧密结合，以更有效地满足新型农业经营主体的多样性与个性化需求。在这个过程中，完善农村信用体系的建设也是一项核心任务。政府部门需加强对农村信用信息数据库的建设与管理，并与金融机构密切合作，共同推动农村新型经营主体信用体系的完善与发展。加速构建以新型农村金融机构为主导，实现多层次、多主体、综合化的农村金融供给体系是当前的重要目标，目的在于为农村地区提供更为高效、便捷与多样化的金融服务，促使农村经济持续且健康发展。

总之，转移支付和农村金融是农村发展的双翼，关系到农业农村经济是否能长久稳定地推进。协调和推进转移支付与农村金融的协同发展，是激发农村经济活力、推动农村持续发展的关键环节。在这一进程中，政府需要构建完善的农业投资保障体系，既要保证足够的国家财政投入作为基石，也要积极引导和激励金融和民间资本的投入，加快形成由财政、金融和民间资本共同参与的多元化投资格局。中国农业发展银行作为国家设立的唯一一家专业服务"三农"的政策性银行，肩负着农业农村发展的重大责任。它不仅要在保障农业农村的金融需求、实施相关政策上发挥核心作用，还需要在整合和优化财政、金融等多方资源，更好地服务于"三农"问题的解决上发挥引领和创新作用。

第五节　资产：动产、不动产

党的十八大以来，中国政府将脱贫工作提升到前所未有的高度，大力实施一系列扶贫项目，资产规模不断壮大，极大改善和提高了贫困地区生产生活条件，为打赢脱贫攻坚战奠定重要基础。乡村资产广泛且多样，包括不动产（如土地、房屋、基础设施等）和动产（如家畜、农机具、交通工具等），都是乡村经济发展的基础与动力。为推动乡村振兴和农业农村现代化，需要更加深化对乡村资产的理解与管理，推动资产持续增值和合理配置，并将之有效地转化为推动乡村经济发展的动力，以服务乡村振兴战略和全面建设社会主义现代化国家的宏大目标。

一、乡村资产的现状

资产包含乡村集体所有的有形资产和无形资产，如房屋、水利设施、设备、机器等有形资产，以及知识产权、专利权等无形资产。自2017年以来，中央和地方累计安排专项资金26.7亿元，确保全国农村集体资产清产核资工作的顺利开展[①]，带动了曾经被闲置的集体资产的再次活跃和有效利用。全国各地根据当地特色因地制宜地积极探索新型集体经济发展模式，如自然资源开发、农业集体生产、乡村旅游等集体经济运行模式，这都进一步推动了乡村资产的增值和保值，有助于乡村经济的持续稳定发展。在重庆，38个"三变"试点村共盘活集体土地资源3.1万亩、闲置农房552套，2018年村均集体经营收入突破10万元。[②]

截至2019年底，全国农村集体家底基本摸清，主要表现为以下几个特征：从整体看，资产总量庞大。全国共有集体土地总面积65.5亿亩，账面资产6.5万亿元，其中经营性资产3.1万亿元，是集体经济收入的主要来源；非经营性资产3.4万亿元。集体所属全资企业超过1.1万家，资产总额1.1万亿元。从结构看，固定资产占比近半。固定资产为3.1万亿元，其中2/3是用于教育、科技、文化、卫生等公共服务的非经营性固定资产。从地域分布看，农村集体资产大体呈"6—2—2"分布格局，东部地区资产为4.2万亿元，占总资产的64.7%，中部和西部地区资产大体相当。此外，超过3/4的资产集中在14%的村。[②]

农村集体资产就是指属于村或村民小组集体经济组织全体成员集体所有的资产，包括有资源性资产、经营性资产以及非经营性资产。[③]乡村资产是农村生活的重要内容之一，基于其性质和可移动性，可被

---

① 郁静娴.全国农村集体家底，摸清了 [EB/OL].(2020-07-13). https://www.gov.cn/xinwen/2020-07/13/content_5526193.htm.

② 郁静娴.全国农村集体家底，摸清了 [EB/OL].(2020-07-13). https://www.gov.cn./xinwen/2020-07/13/content-5526193.htm.

③ 农村集体资产是指什么？农村集体资产有哪些？ [EB/OL].(2021-10-20). https://news.cnhnb.com/zywd/detail/435209/.

划分为动产与不动产。动产如家具，可轻易移动且其价值不因移动而受损；相对地，不动产涵盖了土地、与土地固定相连的建筑和其他固定物品，这些要么无法移动，要么其价值会因移动而降低。《民法典》第二百六十条指出，集体所有的不动产和动产包括：法律规定属于集体所有的土地和森林、山岭、草原、荒地、滩涂；集体所有的建筑物、生产设施、农田水利设施；集体所有的教育、科学、文化、卫生、体育等设施；集体所有的其他不动产和动产。农村资产是农村经济运作的基础和核心。[①]

二、乡村资产面临的管理问题

在农村集体资产清产核资的工作开展过程中，虽然一些闲置资本得到了盘活，但是农村资产仍然面临复杂的管理问题。从农村资产本身来看，范围广、管理难度大；从农村资产的监管来看，不规范的问题仍然存在。沈熙政指出，当前而言，农村集体资产经营管理正面临公共性衰落的危机，以及如何协调农村集体资产经营性与公共性关系等的挑战。[②]

（1）乡村资产管理难度大。一直以来，国家和政府高度重视乡村资产的有效管理，但仍面临管理难度大、情况复杂等问题。一方面，农村资产包括极为广泛和多样的领域，不仅是传统的动产和不动产，还涵盖了国家补偿资金、社会捐款、集体财产等。错综复杂的资金构成，加大了村集体管理的难度。这就意味着我们在管理过程中需要考虑和平衡更多的利益相关方，制定出更为周全和合适的管理政策与措施。另一方面，许多乡村集体资源的产权问题还没有得到明确解决，这直接影响了农村资产的有效管理和合理使用。农村宅基地的闲置和不规范使用更是凸显了当前农村资产管理中规范与效率的缺失。因此，加快建立农村资产管理的各项制度迫在眉睫，需要加强村务公开、民主管理，做到农村资产管理科学化、规范化。

① 《中华人民共和国民法典》第二编　物权 [EB/OL].（2020-08-31）. https://www.spp.gov.cn/spp/ssmfdyflvdtpgz/202008/t20200831_478410.shtml.

② 沈熙政 . 农村集体资产的公共性之维及其价值实现 [J]. 农业经济，2022(1): 43-45.

（2）乡村资产实际管理不规范。现阶段，农村资产的集体流失和收益侵蚀问题突出，反映出当前农村资产管理中存在的严重问题。首先，很多农村地区，由于管理不善和产权不明晰，集体资产被非法占用、转让或侵占，形成了"流失"。这不仅损害了集体的利益，也影响了农村经济的健康和可持续发展。其次，在一些地区，由于缺乏有效监管和法律制裁，一些人利用职务之便侵蚀农村集体资产的经济收益，使农村集体经济损失严重。最后，在农村资产管理中，由于缺乏有效的法律法规和监管机制，资产流失和收益侵蚀问题更加严重。这些问题的存在，不仅阻碍了农村经济的发展，还削弱了农民对集体经济的信心。因此，政府必须建立和完善农村集体资产管理与监督体系，明确农村集体资产的产权关系，加强法律法规的制定和执行，提高农村集体资产管理的透明度和公平性，推动农村经济的健康发展。

（3）良好的乡村资产管理对乡村集体经济的发展具有积极的推动作用。首先，建立以村为单位的管理组织，运用现代数字技术，加快构建农村资产管理平台，通过实时录入资产来源、发展情况、财务状况等，做到资产政务的公开化、透明化。其次，设立乡级和县级的监督系统。在乡村级别设立监督系统不仅可以为农村资产管理平台提供必要的技术支持，而且还能实施监督，确保管理的规范性和有效性。县级和乡级监督体系的存在将进一步完善农村资产管理，弥补管理的不足和缺陷。脱贫攻坚期间，汉滨区村级集体经济形成了 17.35 亿元的扶贫公益性资产和 11.64 亿元的经营性资产，通过规范扶贫资产管理、筑牢运营风险防线、财务管理公开透明等措施，有效破解了农村集体资产监管难题，农村集体经济发展取得了初步成效。截至 2021 年底，全区 355 个村入股 7.76 亿元，分红 7 371 万元，13 个镇和安置社区建设 2.7 万平方米社区工厂，投入特色农业产业发展资金 4 亿元。[①]

三、盘活闲置资产，确保农民成为受益主体

农民与土地联系紧密，土地是农民的生计和经济活动的基础。然

[①] 【工作亮点】汉滨区：集体经济给力 村民日子富裕——汉滨区人民政府 [EB/OL].（2022-04-15）. https://www.hanbin.gov.cn/Content-2390770.html.

而，农村土地利用的问题逐渐显现，特别是在农村"空心化"加剧的背景下，大量宅基地的闲置和低效利用已经引发了广泛关注，如在云南滇中地区出现大量的烤烟房等。宅基地闲置是当前农村土地问题中亟须解决的重点问题之一。据统计，农村的宅基地高达两亿亩之多。如何优化农村宅基地建设，是当前农村工作的重中之重。

加快推进宅基地制度改革，推动农业农村现代化发展。2023 年，中央发布了 21 世纪以来第 20 个指导"三农"工作的一号文件。其中，文件进一步明确了对宅基地的改革举措，"宅基地方面，重点是稳慎推进农村宅基地制度改革试点，聚焦保障居住、管住乱建、盘活闲置，在确权登记颁证基础上加强规范管理，探索完善集体所有权、农户资格权、宅基地使用权等权利内容及其配置的实现形式"。[①]农村宅基地制度改革有助于优化农村土地资源配置、完善村庄现代化规划、推进乡村经济的发展。具体来看，江苏省农村改革一直走在全国前列，肩负着为全国探路的重任，始终冲在农村土地改革的最前线。在国家的宏观政策指导下，江苏各地纷纷开展宅基地改革探索实践，形成了一批独具特色的闲置宅基地及农房盘活利用典型模式、典型经验、典型政策和典型机制。[②]

案例 8-1　无锡市惠山区激活闲置农房的多元化模式

无锡市惠山区地处我国苏南经济发达地区，是闻名全国的农村改革"一包三改"的诞生地。2019 年，惠山区被列为全省新一轮农村改革试点，率先探索闲置农房盘活利用的有效路径，形成了激活闲置农房的多元化模式。

一是盘活主体多元化。试点村桃园村在惠山区农业农村局的支持下，村集体全面发动、积极引导，有效发挥"领头羊"作用；乡贤、退伍军人、专家学者、大学毕业生、农创客等踊跃租赁闲置农房开展创

---

① 解读｜中央一号文件：统筹推进三块地改革，指明新型农村集体经济发展路径[EB/OL].（2023-02-14）. https://www.thepaper.cn/newsDetail_forward_21910481.

② 朱方林，朱大威. 江苏省盘活利用闲置宅基地的典型模式与实现路径 [J]. 农业经济，2021(11): 102-104.

业经营，为乡村带来了生机和活力；花间堂公司、既见桑梓公司等有实力、有意愿的社会资本，被有序引入闲置农房的盘活利用中，补齐了资金、技术、经营、管理短板；在改革试验的带动下，农户热情明显更加高涨，纷纷通过自主经营、出租、入股等方式盘活利用闲置农房。在盘活利用过程中，各方主体建立了合理的利益分配机制，特别是确保农户利益得到优先保障，形成了广泛参与、合力共赢的良好局面。

二是盘活产业多态化。依托本地的阳山水蜜桃旅游资源，打造出特色的主题民宿和农家私房菜馆，涌现出"花间堂桃花岛""既见桑梓"等一批精品民宿；高等院校的专家学者到村里开展美丽乡村研究和学生创业指导，建立了江南大学教授工作室暨研究生创客中心；艺术家到村里从事艺术创作，成立了蜜桃雅集—桃文化衍生共享共创艺术家部落；村集体为了弘扬本土先贤文化，建设了周敦颐文化馆；退伍老军人翻修自家的闲置农房后，经营"老兵之家"红色旅游项目；此外，还开发了音乐餐厅、农创研发、休闲农业、科普展示、酒吧等项目。阳山脚下的美丽乡村，涌动一派蓬勃生机。

三是盘活模式多样化。各村从区位条件、资源禀赋、产业基础、风俗文化、乡村治理水平等方面出发，自主选择恰当的盘活利用模式。其中，自主经营模式下，农户自主将闲置农房改造经营、自负盈亏；委托出租模式下，农户将闲置农房委托村集体对外租赁、获得租金；合作开发模式下，农户将闲置农房委托村集体开发利用，实现合作共赢；集体收储模式下，村集体集中收储闲置农房后统一租赁或自主经营，给予农户相应补偿；入股经营模式下，社会资本投资盘活利用闲置农房，村集体、农户将闲置农房以折价方式入股参与经营和分红；有偿退出模式下，鼓励有其他合法住所的农户自愿有偿退出宅基地和农房，村集体进行除商品房外的二、三产业开发。

资料来源：朱方林，朱大威. 江苏省盘活利用闲置宅基地的典型模式与实现路径 [J]. 农业经济，2021(11): 102-104.

优化宅基地建设，因地制宜利用现有条件。优化宅基地建设要充分考虑各地的实际情况，避免"一刀切"的统一模式。只有以地方实际为出发点，分析当地的资源、环境、经济和文化特色，制定适应地方实际情况的宅基地建设和利用方案，才能更好地盘活闲置宅基地。例如，在惠山的激活闲置农房案例中，惠山区生态环境优美、旅游资源丰富，投资主体实力雄厚，因此惠山将连片的闲置农房集中开发建设成一批高标准经营性新业态载体，获得了极大的经济收益，使闲置农房变成黄金屋。[①] 在盘活宅基地的过程中，需要吸引和整合各方力量，形成政府、企业、农户、资本、专家等多方协同的发展局面。通过村集体与农户之间的合作和连接，可以更好地发挥各方的优势和功能——村集体为农户合作和各界主体提供沟通和联结作用，农户可以通过入股、出租等方式获得经济收益，资本、专家学者、企业家等社会力量可以提供资金、技术等生产要素——各方通力合作共同推动宅基地建设和利用的全面升级。

优化宅基地建设，发挥农民主体性地位。宅基地是农民在农村安身立命的首要前提，是农民重要的资产和安居乐业的基础保障。首先，要充分尊重和保证农民的主体性地位。农民是农村宅基地优化建设的直接利益相关方，应该处于决策、规划、实施的核心位置，政府应当听取农民的意见和建议，充分考虑农民的需求和期望，使他们成为宅基地优化建设的主体。其次，政府相关农业管理部门和基层政府要发挥宣传引导作用，普及宅基地优化建设的知识，提高农民的认识和理解，激发他们的参与热情，帮助农民理解和掌握宅基地优化建设的重要性和紧迫性，推动农民主动参与。再次，在宅基地优化建设的过程中，政府应当优先考虑和满足农民的实际需求，确保宅基地改革与农民的生活、生产需求相协调，进一步提高农民的生活质量和幸福感。

盘活农村闲置资本，坚决守住底线红线。2016 年 12 月 14 日，习近平总书记在中央经济工作会议上指出，"要严守耕地红线，推动藏粮于地、藏粮于技战略加快落地，保护和提高粮食综合生产能力，防

---

① 惠山区：闲置农房变身"黄金屋"[EB/OL].（2021-08-20）. https://www.wuxi.gov.cn/doc/2021/08/20/3625776.shtml.

止粮食生产出现大的滑坡。"① 因此，在全面盘活闲置资产的过程中，保护耕地资源、确保粮食安全是至关重要的，需要严格遵循国家相关法律法规，确保不占用、不破坏基本农田，守护国家粮食安全的"底线"。同时还要注意，农村土地是集体所有，盘活过程中要坚守集体所有制原则，确保土地的使用、管理和收益合法合规，符合集体和农民的利益。除此之外，为保障农村闲置资本盘活的合法性、合规性，政府需要加强对民间资本的监管，规范民间资本的投入和运作，防止资本违规行为。对盘活农村闲置资本中的各种"圈地运动"和少数人占大量土地获利等行为加以限制和取缔，政府要确保土地资源的合理利用和农民利益。总之，所有盘活农村闲置资本的行为都应该以维护农业和农村的健康发展为前提，防止因盘活行为导致的农村社会经济不稳定和不可持续发展。

第六节　村落：衰败与振兴

村落不仅是农业生产的基地和村民生活的中心，更是传承中国传统文化和历史的重要载体。面对快速的城市化和工业化，保护传统村落变得尤为重要。近年来，在农村生态文明建设进程中，国家和政府高度重视对传统村落的保护力度，先后出台了一系列配套的政策法规，村落保护工作取得突破性进展。目前，我国已有 8 155 个传统村落被列入国家级保护名录②，为全球最大的农耕文明遗产保护群。

一、村落的衰败：从乡土中国到现代中国

村落的形成与中国农耕文明是密切相关的。村落主要是指大的聚落或多个聚落形成的群体。在《乡土中国》中，费孝通提出了中国村落形成的几个原因：第一，每户可耕地面积小，形成小农经营，因此

---

① 中央经济工作会议在京举行 习近平李克强作重要讲话 [EB/OL].（2016-12-16）. https://www.gov.cn/xinwen/2016-12/16/content_5149018.htm.
② 全国已有 8155 个传统村落列入国家级保护名录 [EB/OL].(2023-03-21). https://www.gov.cn/xinwen/2023-03/21/content_5747704.htm.

聚居在一起，住宅和农地距离较近；第二，基于水利合作的需要，聚居起来方便；第三，基于安全自卫的考虑选择聚居；最后，在土地平等继承的原则下，兄弟分别继承祖上的遗业，使人口在一地方一代一代积聚起来，成为相当大的村落。[①] 可见，中国村落的形成是与地理因素、生产模式、家庭因素等相互关联的。

在"乡土中国"向"现代中国"的快速转型中，乡村衰败难以避免。田方舟指出，传统村落作为一种特殊类型的乡村遗产，其保护发展的内生性社会结构、文化传承和产业转型风险加剧，乡村系统转变的结构失衡。[②] 改革开放以来，随着工业化进程的发展和社会的变迁，农村人口大幅度下降，一部分村落，尤其是传统村落正在衰败乃至消亡，成为城市化的一部分。根据相关数据统计，全国村庄从 1990 年的 377.3 万个减少到 2021 年的 236.1 万个。本书截取了 2004 年到 2021 年村庄数量的减少情况（图 8-6）。从 2004 年开始，中国村庄数量一直呈下降趋势，但近年来中国农村下降数量速度有所减慢。

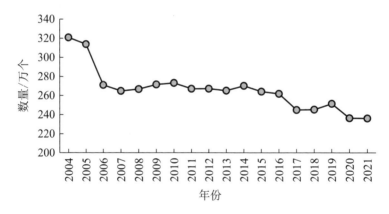

图 8-6　中国自然村历年数量变化

资料来源：2022 年城乡建设统计年鉴 [EB/OL].（2023-10-13）.https://www.mohurd.gov.cn/gongkai/fdzdgknr/sjfb/tjxx/jstjnj/index.html.

---

① 费孝通. 乡土中国 [M]. 北京：北京出版社，2011.
② 田方舟. 论传统村落保护发展的困境与出路——以乡村振兴中的风险社会治理为视角 [J]. 吉首大学学报 (社会科学版)，2023，44(5): 151-160.

城市化进程和工业化进程的发展导致村落"空心化""空巢化"。有学者指出，中国村落社会是"空心化"社会，亦即在城镇化、市场化和人口大规模外流等因素驱动下，村落社会将陷入主体缺失、人口递减、资源衰竭、组织衰败和社会解组的困境。最终，村落社会和农民将在现代化进程中逐渐走向终结。[1]20 世纪 80 年代至 21 世纪初，城市的膨胀和工业的壮大极大地冲击了中国的乡村结构。2019 年，中国的城市人口比例已攀升至 60%。在这一变革中，大量农村劳动力为了追求更好的经济前景涌向城市，这导致了城乡发展的两极化，使传统农业和古老村落日渐式微。一些边远村落甚至出现了"空心化"，传统文化也因缺乏人手而难以传承。农村的大规模人口流动导致了资金、技术和人才的大量流失，同时，留在村里的大多是老年人，他们由于教育水平普遍较低，难以维持村庄的正常运作，严重影响了村庄的生活品质。这样的状况又进一步推动了人口的外流，使得更多的村庄走向衰败和"空心化"。

政府管理缺失和公众消极参与加剧了村落的衰败。管理不规范和监督缺失是导致村落衰败的重要原因之一，主要体现在以下几个方面：一是许多传统村落在重建与发展的过程中，因为缺乏相关的发展规范和保护措施，所以经历了无序开发和过度开发的现象。这种情况下，外来的企业和投资在开发中通常会占据主导地位，而本地农民的声音和权利往往会被边缘化与忽视。二是一些地区由于政策导向和经济发展的压力，采取了弃旧建新的做法，这不仅导致了大量具有历史和文化价值的传统村落被破坏，还引起了一系列社会问题和生态问题。三是大多数村民对于传统村落的保护意识淡薄，且常常因缺乏有效的保护知识和方法而走入歧途。

要改变这一现状，提升村民对于传统村落的保护意识和参与度至关重要。政府在传达保护传统村落的重要性和紧迫性方面还需加大宣传教育力度，提升村民对传统村落保护的关注度和积极性，鼓励村民身体力行加入村落振兴的过程中去。此外，政府也需要加强监管，制

---

[1] 马良灿，康宇兰．是"空心化"还是"空巢化"？——当前中国村落社会存在形态及其演化过程辨识 [J]．中国农村观察，2022(5): 123-139．

定更为严格和明确的发展与保护规范，确保在快速城镇化的浪潮中，这些拥有丰富历史文化价值的传统村落得以完好保留，为未来世代留下宝贵的文化遗产。

二、村落的振兴：保护和发展并重

党的十八大以来，习近平总书记多次对传统村落的保护作出重要指示。"历史文化名村、传统村落、少数民族特色村寨、特色景观旅游名村等是自然历史文化特色资源丰富的村庄，是彰显和传承中华优秀传统文化的重要载体。"①在乡村振兴战略的背景下，中国传统村落的振兴迎来了新的历史发展机遇。

政府制定相关法律法规，为村落提供制度和原则的保护。自2012年启动传统古村落的全面调查工作至今，住建部等部门制定了《传统村落评价认定指标体系（试行）》《传统村落保护发展规划编制基本要求（试行）》等法规；多次印发关于传统村落保护发展工作、保护项目实施工作的指导意见；进行了三次中国传统村落评选工作，并将600个传统村落纳入中央财政支持范围。此外，要求每个国家名录的传统村落都根据《中华人民共和国城乡规划法》《中华人民共和国文物保护法》《中华人民共和国非物质文化遗产法》《村庄和集镇规划建设管理条例》《历史文化名城名镇名村保护条例》《传统村落保护发展规划编制基本要求（试行）》等有关规定，编制相应的保护发展规划，以确保每个传统村落都得到切实有效的保护。②

建立村落保护工作的长效机制，形成政府主导、全民参与的协同保护。早在2003年，政府就已经着手对传统村落进行评估和认定，依据各地村落的独特性，秉持保护和传承的原则，通过实施一系列的保护措施，让村落的历史风貌得以保留，将这些具有丰富文化底蕴和历

---

① 中共中央国务院. 乡村振兴战略规划：2018—2022年 [M]. 北京：人民出版社，2018.

② 住房城乡建设部关于印发传统村落保护发展规划编制基本要求（试行）的通知 [EB/OL]．（2013-09-18）. https://www.mohurd.gov.cn/gongkai/zhengce/zhengcefilelib/201309/20130924_215684.html.

史价值的村落转变为具体和生动的历史文化载体。政府还采取多方位的办法来提升人们对于保护村落的意识，包括通过文化教育、道德培训、法规制定和宣传来引导人们理解与认识到传统村落的价值。政府不仅将保护措施付诸实践，而且努力增强群众的保护意识，从而为传统村落的保护奠定了坚实的基础。形成政府主导、全民参与的协同保护机制，不仅有助于保护和传承传统文化，还有助于提升当地居民的文化认同感和归属感。

通过乡村振兴改善村民生活，为传统村落的保护注入内生动力。近年来，国家的各项惠农政策和农业支持政策为农村创造了更加有利的发展环境，促使更多的人回到农村创业就业，这为乡村振兴注入新鲜血液，也极大带动了村落的振兴。与此同时，返乡的大学生和青年为乡村带来了新的理念和动力，使农村得到了新的发展机遇。许多具有深厚历史文化的传统村落，也在乡村振兴的进程中发挥着重要的作用。一些地方根据自己的特色和优势，发展特色产业，推广生态旅游，兼顾经济效益和社会效益，为古村落的保护和发展开辟了新的道路。以景德镇窑里古村为例，地方政府通过发展生态旅游产业，既保护了古村落的文化遗产，又推动了经济的持续发展，实现了古村落保护与经济社会发展的有机结合。正如有学者指出，村落保护和生态环境改善相辅相成。[①]

在一些农村的探索实践中，很多村落以基层党组织为核心发展壮大新型农村集体经济，加强了农民在经济和社会层面的组织化程度，提高了村落社会的治理水平，有效缓解了村落"空心化"的困境，也推动了村落的振兴。在传统村落的保护中，涌现出很多成功的案例：如村落与农业工程设施保护利用结合的模式：新疆库木坎村坎儿井；村落与农业景观结合的模式：江苏东旺村等与兴化垛田；多种形式相互融合的模式：江西婺源等。[②]

---

① 李海峰.生态文明视角下传统村落的保护与开发实践 [J].环境工程，2023，41(7): 287-288.

② 刘馨秋，王思明.中国传统村落保护的困境与出路 [J].中国农史，2015，34(4): 99-110.

案例 8-2 各地传统村落保护模式

一、村落与农业工程设施保护利用结合的模式：新疆库木坎村坎儿井

坎儿井需要专门的维护艺人在每年冬闲时钻进狭小的井穴掏捞清淤，以保证坎儿井来年的出水量足够滋润绿洲、满足下游人畜和农田用水。维修工程启动后，鄯善县库木坎村具有坎儿井维护技能的村民不仅可以领到工钱，还被文物部门邀请对年轻人进行加固维修方面的培训。艾丁湖镇庄子村的坎儿井保护工程获得 133 万元的资金保障，而且掏挖暗渠淤泥的活儿由村民来干，每人每天至少能挣 140 元，既增加了村民收入，又使坎儿井及其维修技艺得到了有效保护。亚尔镇新城西门村还建有坎儿井民俗园，园区包括坎儿井、坎儿井博物馆、民俗街、民居宾馆、葡萄园等，既能让人们参观拥有 400 多年历史的坎儿井，又能了解维吾尔族民俗风情，同时带动当地经济发展，是坎儿井除了农田灌溉和居民用水之外的新的利用方式。

二、村落与农业景观结合的模式：兴化垛田

垛田是兴化地区一种独特的农田地貌，是在湖荡纵横的沼泽地区，用开挖网状深沟或小河的泥土堆积而成的垛状高田。每块垛田四周均被水环绕，各不相连，面积大小不等，形态各异，高低错落，似水面上的万千小岛，因此又有"千岛之乡"的美誉，先后入选中国重要农业文化遗产和全球重要农业文化遗产名录。近年来，兴化利用垛田从事大规模油菜生产，发展乡村旅游、观光农业，至今已连续成功举办五届中国兴化千岛菜花旅游节，垛田也已成为享誉全国的乡村旅游亮点，"垛田香葱""垛田芋头"等脱水蔬菜也远销英国、日本、韩国等20 多个国家和地区，为当地创造了可观的经济收益。同时，这片奇特的农业景观也先后入选中国重要农业文化遗产和全球重要农业文化遗产名录，得到了进一步的重视与保护。

三、多种形式相互融合的模式：江西婺源

婺源位于江西省东北部，被誉为"中国最美乡村"。婺源县内历史遗迹、明清古建遍布乡野；徽剧、傩舞、徽州三雕（石雕、砖雕、木雕）、歙砚制作技艺被列为国家非物质文化遗产；理坑村、汪口村、延村、虹关村等被评为国家级历史文化名村，清华彩虹桥、婺源宗祠、理坑村民居三处 13 个点列入国家重点文物保护单位。婺源生态优美，物产丰富，江岭的梯田油菜花、篁岭的"晒秋"景观、产于婺源境内 171 个行政村的婺源绿茶享誉中外。

资料来源：刘馨秋，王思明.中国传统村落保护的困境与出路 [J].中国农史，2015，34(4): 99-110.

当然，尽管中国传统村落的保护在近年来得到了一定的重视和进展，但中国传统村落的保护仍然面临很多问题和挑战，如一些地区在推进乡村旅游发展过程中，过于强调经济利益，追求利润最大化，忽视了村落原有的文化内涵和生态环境，导致传统文化的失真和生态环境的破坏；一些传统村落因为整体扶贫搬迁、基础设施建设等原因而逐渐消失；一些地区仍然存在资源和政策支持不足等问题。总之，传统村落的保护和发展需要全社会的共同努力。需要加强法律法规的制定和实施，加大资金投入，提升居民的保护意识，推广科学的保护和管理方法，实现传统村落文化价值的传承和发展，同时也要推动经济的发展和人民生活的改善。在经济发展与文化传承之间找到合适的平衡点，走出一条符合中国实际情况的传统村落保护与发展之路。

第七节　非遗：历史遗产

农村非物质文化遗产是一种以非物质形态存在的传统文化表现形式，包括口头传统、社会实践、祭祀、艺术、传统手工艺技能等。它来源于人们的生产生活，是农村历史发展的真实见证，又是世代传承不断发展的宝贵财富。习近平总书记曾提出，要"让收藏在博物馆里的文物、陈列在广阔大地上的遗产、书写在古籍里的文字都活起来"[1]，这为非物质文化遗产的保护工作注入强大的思想动力。在我国

---

[1]　习近平.让更多文物和文化遗产活起来 [N].人民日报，2020-12-30.

长期发展的过程中，非物质文化遗产的传承和保护面临很多问题。在乡村振兴背景下，要立足时代要求，推进非物质文化遗产的创新性保护和创造性转化。

一、乡村非物质文化遗产的消亡

非物质文化遗产是各个文化和社会在其历史、文化和社会背景中创造并世代传承下来的一种文化遗产。与固定的、具有物质形态的文化遗产（如建筑、历史遗址和文物）不同，非物质文化遗产更多地强调的是活的、流动的传统和实践。具体来说，国家级名录将非物质文化遗产分为十大门类：民间文学，传统音乐，传统舞蹈，传统戏剧，曲艺，传统体育、游艺与杂技，传统美术，传统技艺，传统医药，民俗。[1] 农村非物质文化遗产是由农村个人或团体创造并世代流传下来的历史文化活动成果，表现为乡村特定的生产生活方式、民俗风情、手工技艺等[2]，包括方言、歌谣（如苗族古歌）、一些风俗仪式、民间文学（如梁祝传说）等。农村非物质文化遗产不仅仅是各种传统技艺、习俗和仪式，更是一个民族的精神象征，承载了世代农民的智慧、情感和审美。例如三国蜀汉文化的中心遗址——成都武侯祠，可以让我们深刻领略到中华文化的历史文化积淀。每一种非物质文化遗产都是特定历史、地域和社会背景下的产物，它们共同构成了中华民族 5 000 年文明的多彩图景。例如，藏族的晒佛节、维吾尔族的手抓饭、苗族的蜡染等，都是各民族文化的独特代表。然而，长期以来，尤其是改革开放发展以来，市场经济的冲击和村民意识淡薄等使乡村非物质文化遗产得不到重视，造成了农村非物质文化遗产的衰败。

经济发展对农村非物质文化遗产产生了极大的冲击。与现代化进程、城市化和市场经济的快速发展相比，农村非物质文化遗产在很长一段时间内显得尤为脆弱。第一，价值取向的转变。随着经济的快速发展，许多人开始追求物质利益和现代生活，而对传统文化和艺术产

---

[1] 中国非物质文化遗产网 [EB/OL]. https://www.ihchina.cn/.
[2] 袁建涛. 乡村振兴背景下农村非物质文化遗产保护困境与突破之策 [J]. 邵阳学院学报 (社会科学版)，2021, 20(4): 38-43.

生忽视甚至排斥的态度。这导致一些传统手工艺、节庆和习俗在日常生活中的地位逐渐下降。第二，劳动力流动。为了追求更好的经济回报，大量农村劳动力涌向城市工作，这不仅导致传统农业技术和文化的流失，还影响了非物质文化遗产的传承。第三，现代技术的替代。现代化的生产工具和方法使一些传统手工艺技术在经济上变得不再具有竞争力，如手工纺织被机械生产所取代。科技进步影响了农民的生产生活方式，使得很多风俗习惯逐渐消失，如讲故事、唱歌谣转变为看电视、上网等。第四，市场需求的改变。随着消费者口味的现代化，许多传统产品和服务在市场上的需求减少，如传统的民间艺术品、表演艺术等。第五，生态环境的变化。经济发展往往伴随着对自然资源的大量开发和消耗，导致了一些与特定生态环境紧密相关的传统文化和生活方式的消失，如传统的渔猎文化。第六，土地利用的改变。为了经济发展，许多农田、森林和湿地被用于建设、工业和旅游项目，导致一些与土地紧密相关的传统文化和习俗的丧失。第七，地域、语言条件的限制。农村非遗产普遍以当地语境、当地方言表达为主，受限于言语表达局限，受众有限。以湖南省、四川省为例，在国家 2012 年（第四批）公布的代表性传承人中，两省 1960 年后出生的传承人仅有10 人，占该批次 33 人的 30.3%。[①]农村非物质文化遗产的传承面临后继无人的风险。

为了实现农村非物质文化遗产的持续发展，政府通过多项举措积极参与其保护和发展。然而，非物质文化遗产在保护过程中仍然面临很多问题和挑战。首先，农村的文化遗产种类丰富且多样，这给政府在确定保护方案时带来了额外的挑战。因此，有必要对这些非遗进行细致的分类，并基于现实情境设计出科学且实际的保护策略。其次，多年来，农村非遗的保护大多局限于传统的记录和偶发的展示活动。市场的推广活动尚未得到充分加强，同时，其产业化的推广策略还未完善，导致一些非遗项目的知名度和影响难以扩大。另外，相较其他的文化领域，一些地方政府在非物质文化遗产的资金支持上较为不足，

---

① 国家级非物质文化遗产代表性项目名录 (2021-04-30).

导致非遗保护没有得到应有的关注，同时也影响了完整的保护机制的构建。许多具有代表性的非遗项目缺少恰当的传承场所和教育活动，这进一步限制了非遗文化的持续发展。

二、农村非物质文化遗产的保护与传承

农村非物质文化遗产的保护与传承是一个持续的任务。我国已经成功地构建了包括国家级、省级、市级和县级在内的四级非物质文化遗产保护体系。在乡村振兴战略的背景下，我们需要继续深化对农村非遗的创新性保护与发展，形成由政府引导、得到社会各界广泛参与的保护模式，激发农村非遗的新活力，并努力使其传承更为系统、规范和细致。

坚持政府主导，深入挖掘农村非遗的文化价值，完善文化传承体系。每一项农村非遗，都与其所在地的文化背景、当地环境和人文历史紧密相连。要真正振兴农村非遗，首先需要对其背后所代表的历史和寓意进行深入研究，将其整理成翔实的书面文献，为后人研究和了解提供可靠的参考。在此基础上，我们更应突出这些非遗的独特文化魅力，彰显中华民族的独特风采，从而为中国文化打造出一块亮丽的品牌。但仅有这些还不够，非遗的传承还离不开专业传承人的参与。在政府的组织和资助下，应定期为这些致力于非遗保护和传承的人员开展专业的技艺培训，确保他们的技能得到进一步的提升，同时鼓励他们传承和教授后继者，确保非遗文化得到有效、有序的传递。此外，为了保证非遗的长期、稳定的保护和传承，政府应进一步完善相关的法律法规，为非遗提供坚强的法律支持。同时，建立起一套全面的财政支持体系，确保非遗的保护和传承工作有足够的经费支持，不受外部环境的干扰，稳步前行。

坚持保护与发展相统一，推动经济效益与社会效益高度契合。作为乡村历史的文化载体，非物质文化遗产的传承可以与文化产业结合起来，从而为乡村振兴的发展提供内生动力。作为成都乡村振兴典型示范村，竹艺村是川西林盘与艺术的有机结合体，也是成都农商文旅融合发展的缩影之一。在对非物质文化遗产的保护和利用中，开拓文

化产业发展的新方式，为乡村发展带来实际的经济效益。如山东省济南市三涧溪村凭借其独一无二的地下古村落"三涧溪古地道"恒温恒湿的地道中窖藏的美酒，党支部牵头成立三涧溪巾帼商贸专业合作社，全村大部分女性参与其中，既解决了就业问题，又进行了价值符号输出。新疆哈密建立和完善了231家合作社，成立了刺绣协会，接收订单1.7万余件，近千名绣娘直接参与订单制作，每人月均增收1500元等。① 不仅如此，还涌现出很多经济发展和文化传承结合的典型案例，如从濒临消亡到双效丰收的朱仙镇木版年画。

案例8-3　朱仙镇木版年画，从濒临消亡到双效丰收

2002年12月28日，中国非物质文化遗产保护和抢救工程在河南开封的朱仙镇打响第一炮，朱仙镇木版年画被列为保护和抢救工程的重中之重。当时，这一技艺几乎濒临消亡，1986年成立的"朱仙镇木版年画社"只剩下社长和一个师傅。经过十几年的保护和抢救，朱仙镇目前开设了近20家木版年画门店，并与朱仙镇文化旅游相结合，形成了文旅融合的产业合力。

通过收集古版年画，目前，已有370多块朱仙镇木版年画古版作为二级文物、三级文物被收藏，实现了抢救性保护。朱仙镇还将传统木版年画的文化功能与企业文化相结合，并对其进行创新，从2014年至今，与河南建业集团、莲花味精集团、中国人寿、中国平安、单县老酒等企业集团联手，实现了社会效益和经济效益的双丰收。朱仙镇发扬中国木版年画成人伦、助教化的功能，制作了年画动漫剧，并受中宣部委托制作了一批讲文明、树新风的年画作品，充分发挥年画的伦理教化作用。从2015年起，朱仙镇木版年画探索与研学相结合，推动朱仙镇的文化和旅游产业融合发展。2019年，园区共接待来自国内外的学生6.8万名，项目收入首次突破百万元。截至2020年，共招商引资20亿元建成朱仙镇启封公园，并在国内打造以朱仙镇木版年画元

---

① 文化部非物质文化遗产司.文化的力量——传统工艺工作站综述 [EB/OL].(2018-03-09). https://www.ihchina.cn/project_details/9664/.

素为主的文化生态园。

资料来源：朱仙镇木版年画 [EB/OL].https://www.ihchina.cn/art/detail/id/13906.
htmlihchina.cn.

坚持继承与创新相统一，推动非物质文化遗产创造性转化和创新性发展。在信息化时代，农村非物质文化遗产的传承和发展可以利用现代技术与市场力量相结合，开创更多的传播与保护路径。首先，将农村非遗与市场经济相结合，为非遗注入新的生命力。通过市场运作，我们不仅可以推广农村非遗，还能增强它在市场中的影响力。例如，结合旅游业，可以打造"非遗体验旅游"，让游客深度体验和了解非遗文化。有学者指出，非物质文化遗产和旅游结合，对农村经济增长具有驱动作用。[①] 还可以结合产品设计，将非遗融入现代商品，如服装、家居等，形成"非遗＋设计"模式，使其更贴近现代生活。但在这一过程中，我们必须警惕不让其过度商业化，避免失去非遗的真正文化内涵。其次，运用现代传媒工具对农村非遗进行更广泛、更深入的传播。有学者认为，新农村建设语境下，推进农村非遗数字化对乡村振兴具有重要意义。[②] 以互联网为例，可以建立专门的非遗网站或 App，为用户提供线上观赏、了解和交流的平台。电视节目可以深入农村，记录并展示非遗的魅力，使其走进千家万户。而更为先进的 VR（虚拟现实）技术则能为观众提供身临其境的非遗体验，使其仿佛亲自参与到非遗文化中。这些现代传播手段不仅可以扩大非遗的受众群体，还能激发更多人对非遗的兴趣和尊重。最后，政府和企业应共同努力，对非遗项目进行品牌打造，将其塑造为地区文化的象征，提升非遗在国内外的知名度和影响力。同时，也要鼓励和支持传统非遗项目与现代元素相结合，创新发展，赋予其新的生命力。总之，保护农村非物质文化遗产是一个长期、系统和综合的工作，需要政府、社会和公众合作与努力。

① 　王秋玉."非物质文化遗产＋旅游"对农村经济增长的驱动与实施 [J]. 农业经济，2022(8): 57-59.
② 　庞涛，朱荔丽.新农村建设语境下非物质文化遗产数字化保护 [J]. 包装工程，2015，36(10): 28-31.

第八节　生态环境：自然馈赠

农村的生态环境是村民生活和经济活动的核心，对于保障农村经济的长远和健康发展至关重要。习近平总书记明确指出："把乡村振兴战略作为新时代'三农'工作总抓手，促进农业全面升级农村全面进步农民全面发展。"[①] 健全的生态环境不仅是乡村振兴的坚实基石，而且乡村振兴也是对生态环境作出的回馈，这两者相互依赖，是推动农村生态宜居化的关键。在 2020 年 3 月 30 日的浙江省安吉县天荒坪镇余村的考察中，习近平总书记进一步明确了"绿水青山就是金山银山"的环保发展观，这不仅阐述了建设"美丽乡村"的核心理念，也强调了生态保护的不可忽视的价值。

一、改革开放以来，农村经济发展过程中的生态环境问题

农村生态环境问题是在城乡经济发展中形成的。自改革开放以来，随着我国农村经济的快速增长，由于过于依赖粗放的农业模式和农民环保意识的不足，农村的环境问题日益突出。这种生态问题不仅阻碍了农村经济的持续健康发展，也与我国打造绿色、和谐的新农村的目标背道而驰。

第一，资源利用维度下的生态问题。随着大量农民进城务工以及农村人口老龄化，许多村庄经历了所谓的"空心化"现象，即大部分青壮年劳动力离开，导致农村房屋、土地资源被严重闲置。这种无序的土地利用和村庄布局对农村生态环境构成了挑战。不仅如此，农村的资源过度开采也为生态环境带来了巨大压力。在一些资源丰富的地区，由于缺乏合理规划、环保技术和管理措施，采矿活动引发了一系列的环境问题，如水土流失、生物多样性的丧失和地下水的污染等。这不仅影响了当地生态平衡，还对周边地区的环境健康产生了威胁。此外，农村某些地区由于秸秆焚烧的不当处理，也对空气质量和土壤健康产生了负面影响。这种行为既浪费了有价值的农作物残余物，又

---

① 习近平. 把乡村振兴战略作为新时代"三农"工作总抓手 [EB/OL].（2018-09-23）. http://cpc.people.com.cn/BIG5/n1/2018/0923/c64094-30309476.html.

对生态环境造成了伤害，这需要引起我们足够的重视。

第二，生产实践维度下的生态环境问题。长期以来，一些农民在农业生产中过度依赖化肥和农药，这导致土壤自然结构遭到破坏，破坏了农村的生态平衡。与此同时，一些地区养殖业的兴盛，但处理畜禽粪便不当，使其成为重要的污染源。另外，随着土地流转的逐渐增多，农田不仅减少，而且许多土地已被转用为非农业生产。2010—2015年间乡村流转总耕地中有近50%的耕地不再用于粮食生产，而是用于非农生产。① 这些企业往往位置偏远，监管相对薄弱，容易造成各种环境问题，特别是工业废水排放问题。由于乡村地区往往缺乏先进的废水处理技术和设施，再加上监管体系的不完善，这些废水直接或间接地污染了土壤和地下水。长此以往，不仅会严重损害农村的生态环境，还可能影响村民的健康，并进一步减少可耕种的土地面积。

第三，生活方式维度下的生态环境问题。改革开放以来，农村的生活水平相比过去有了很大的改善和提高，工业化进程也渐渐影响到农村地区。其中最显著的影响体现在农村的垃圾结构上，即农村的垃圾成分中含有大量的工业垃圾，如难降解的地膜、家用电池等有害物质。这些垃圾如果未经妥善处理，将对土壤和水源造成长期污染。另外，农村地区的卫生设施仍然较为落后，特别是旱厕的使用普遍。这些旱厕大多未经过防渗处理，易导致粪便污染地下水，从而对饮用水源造成污染，增加疾病的传播风险。同时，对于这些问题，农村地区普遍缺乏现代化的污水处理技术，也缺少必要的环保意识和知识，这都加大了农村生态环境面临的威胁。因此，改变生活方式和卫生习惯，加大对农村环境保护的投入和教育，对于提高农村生态环境质量至关重要。

二、新时代以来，农村生态环境治理的经验

长期以来，出于追求经济效益的单一目标，很多地方忽视了人与自然的关系，导致农村的一系列生态环境问题。如果继续走这种老路，

---

① 巩前文. 当代中国"三农"发展研究 [M]. 北京：中央编译出版社，2019.

必然会导致农村生态环境的严重破坏。经济发展不能以破坏环境为代价。自党的十八大以来，我国已经认识到了这一问题的严重性，并开始将生态文明建设上升到了国家战略的高度。这不仅体现在中央的政策指导和战略部署上，也在各级政府和广大农村地区得到了实际的落实。许多乡村开始探索如何在发展经济的同时，实现生态和环境的可持续保护。

（1）统筹生态全局，完善配套政策措施。自党的十八大后，农村生态环境得到了前所未有的关注。党中央和国务院均认识到乡村生态环境治理的重要性，并设定了具体的治理目标和策略。"十三五"以来，生态环境部、农业农村部大力实施《农业农村污染治理攻坚战行动计划》《农业部关于打好农业面源污染防治攻坚战的实施意见》等系列攻坚行动指导政策。这些政策明确了农村生态环境治理的重点和路径，并在实施中取得了明显的成效。如全国化肥农药使用量持续减少，2020年我国三大粮食作物化肥利用率为40.2%，农药利用率为40.6%；农业废弃物资源化利用水平稳步提升，畜禽粪污综合利用率达到75%，秸秆综合利用率、农膜回收率分别达到86.7%、80%。全国地表水优良水质断面比例提高到83.4%，同比上升8.5个百分点，劣V类水体比例下降到0.6%，同比下降2.8个百分点。[①] 这些措施和成果的取得，是政府坚定不移地推进农村生态环境治理的结果。这标志着我国农村生态环境建设正逐步迈向土地更加肥沃、山水更为清澈、生活环境更为宜居的目标，真正展现了美丽乡村的魅力和价值。

（2）聚焦重点问题，整治乡村生态环境。在党的明确指导和领导下，各级政府紧密结合当地实际情况，制定并执行了一系列针对性的环境整治措施。首先是对生活垃圾的处理。为了规范农村的垃圾处理，政府实施了"户集、村收、镇运输、县处理"的完整链条，这旨将垃圾从产生到处理的每一个环节都进行严格管理，确保其环保无害。在水资源保护上，为确保饮用水质量和水源安全，政府加强了水源地的总体规划，并实行河长制和湖长制，对每段河流和每片湖泊都明确管

---

① 中华人民共和国生态环境部 [EB/OL]. https://www.mee.gov.cn/.

理责任，确保其水质持续改善。农业方面，为减少对土壤和水源的污染，政府推广了许多绿色农业技术和理念，如测土配方施肥、使用可降解农膜等，同时加大了对畜禽养殖产生的污染治理力度，并禁止使用高毒、高残留农药，以确保农产品的安全与健康。另外，所谓的"厕所革命"也在农村地区取得了很大的成功。例如在四川广元市昭化区，通过因地制宜、分类施策，大力推进了厕所的改革，实施了多种改革措施，包括沼气厕所、集中式三格化粪池等，不仅解决了卫生问题，还提高了农村居民的生活品质。总之，通过这些具体举措，农村的生态环境得到了实质性的改善，不仅农民的生活质量得到了提高，农村可再生资源的利用也向良好态势发展（表8-5），为实现乡村振兴战略奠定了坚实基础。

表8-5　2020年各地区农村可再生资源利用情况

地区	户用沼气池数量/万户	沼气工程数量/处	太阳能热水器/万平方米	太阳房/万平方米	太阳灶/台
华北	124.7	2 536	864.9	317	75 601
东北	68.6	2 037	185.8	593.8	531
东部	405.4	26 339	3 966.8	12.5	1 442
华中	725.5	34 010	1 069.6	0.6	0
华南	434.1	7 848	727.2	0.1	98
西南	1 008.9	16 193	1 053.4	0.6	203 923
西北	240.9	4 518	553.1	897.7	1 424 648

资料来源：国家统计局农村社会经济调查司.中国农村统计年鉴2022[M].北京：中国统计出版社，2022.

（3）推动规范治理，完善农村生态环境整治的机制创新。在乡村建设中，政府采取了一个多维度、全面的规划策略，确保经济发展与生态环境保护之间的平衡，走绿富美的生态富民之路。每个乡村都有其独特的地理、历史和文化背景。政府依托这些独特资源，提出了因地制宜的开发策略，确保各地区的特色和优势得到充分的展现和利用，起到了既发展又保护的效果。在生态富民之路上，涌现出了一些典型案例，浙江余村的生态环境曾经在矿山经济的发展中遭到严重破坏，然而近年来在党中央的领导和政府的"绿色浙江"的决策下走出了一条新的发展模式。余村关闭了矿山和水泥厂，重新规划村庄布局，将全村划分为生态旅游区、美丽宜居区和田园观光区三个模块，投资建设荷花风景区，建成"美丽乡村"精品村。同时，村民也在旅游业的发展中实现了共同富裕。"2018年余村旅游总收入2 000多万元，村民人均收入3.58万元"。[①] 余村的发展经验可以为类似地区的发展提供参考和借鉴。作为全国农村改革试验区之一的江西省南昌县，自2012年起，在新农村居民点基础上，因地制宜地按照"村庄规建、特色产业、生态优化、休闲农业（旅游）、乡风文明"的"五位一体"综合示范村建设要求，开展综合示范村项目建设。历时两年，南昌县在美丽乡村建设方面已经进行诸多的探索和实践，在美丽乡村的建设和路径选择上积累了可借鉴的经验。[②]

三、农村生态环境建设前景展望

生态环境建设是人与自然和谐相处的必由之路，也是实现社会主义现代化的基本要求。中国有九大农业区域，即黄淮海区、长江中下游区、内蒙古及长城沿线区、黄土高原区、华南区、甘新区、东北区、西南区、青藏区，农业用地约占全国土地总面积的59%。[③] 面对广阔的农业区域，深化农村生态环境建设变得尤为重要。为此，需要通过多元途径促进生态环境的持续改善。

第一，提升农村居民的生态环境保护认知是农村生态环境整治的关键环节。由于长期以来的生存压力和传统观念的影响，部分农民在日常生活中往往未能充分认识到环境保护的重要性，如随地丢弃垃圾、不加处理的废水直接排放等，这些行为在长期累积下对农村环境造成了不可忽视的压力。同时，受教育水平和信息接入度的限制，很多农民对于环境保护和个人健康之间的内在联系知之甚少。针对上述问题，当地政府和社区组织应当采取多种措施推进农民的环境认知提升。首

① 萧淑贞. 生态乡村 [M]. 石家庄：河北人民出版社，2019.
② 陈锡文，韩俊. 转变中的村庄 [M]. 北京：清华大学出版社，2016.
③ 孙鹤. 乡村振兴战略实践路径 [M]. 北京：社会科学文献出版社，2020.

先，应强化对农民的环保教育，通过培训、宣传等方式普及生态环境知识，明确其对于农民个人和后代的长远利益。其次，应鼓励和引导农民积极参与到农村生态环境的治理中来，如推广绿色农业、减少化肥农药使用等。同时，倡导绿色消费，鼓励农民采纳环保技术和绿色生产方法。最后，政府应加大对环境违法行为的查处力度，建立严格的生态环境保护制度，保障生态环境的持续改善。

第二，整合各类资金，强化基础设施是农村生态环境整治的重要保障。完善的基础设施是建设美丽乡村的前提保障。而要想实现基础设施建设，首先要破解资金难题。基于此，资金整合并向美丽乡村建设重点倾斜是重中之重。首先，政府可以增加投入，重点用于新农村建设和环境整治项目。这包括改善基础设施、提高居民的生活条件、促进农村经济发展。政府还可以增加财政拨款和项目资金，以确保这些项目得到充分支持。其次，政府可以积极鼓励企业家、经济实力较强的居民等参与美丽乡村建设。这可以通过提供税收激励、奖励计划、土地政策等方式来实现。此外，政府还可以与社会资本合作，采用PPP模式，共同投资和建设基础设施。最后，政府可以促进商业性金融机构参与农村经济。这包括：改进金融服务，提供贷款和信用支持，以支持农村基础设施建设和生态环境整治项目。政府还可以制定有利于金融资源流向农村的政策，利用社会各界力量加快推进美丽乡村建设进程。

第三，现代化的技术手段是农村生态环境整治的重要支撑。在广阔的农村地区，尤其是贫困地区，存在着诸多基础设施问题，如排污管道不达标、自来水普及率低、垃圾处理技术滞后等。因此，加强技术支持显得尤为迫切。首先，可以运用先进技术改善农村基础设施，包括建设高效排污管道系统、提高自来水普及率、改善垃圾处理技术，以提高环境卫生和资源利用效率。其次，采用现代污水处理技术，包括分散式污水处理设施，解决农村生活污水处理问题，减少水污染，改善水质。再者，引入垃圾分类和回收技术，鼓励村民参与垃圾分类，减少垃圾积压问题。同时，推广有机废物堆肥和能源回收利用技术，减小垃圾对环境的不良影响。此外，现代农业技术应用也应受到重视，包括精准农业、绿色农业和有机农业，以提高农产品产量和质量，减少农药和化肥的使用，从而改善农村生态环境。不仅如此，生态修复技术和可再生能源技术的推广也要进一步加强。最重要的是提供农村居民相关技术的培训和教育，提高他们对环境保护和可持续农业的认识，促使他们更好地应用现代技术。技术支持不仅可以提高农村生活质量，还能促进农村经济的可持续发展，同时改善生态环境。白凌婷等认为，农村生态环境治理不再是单纯独立的生态治理及修复工程，在其治理过程中还需要保障农村经济增长及社会运行效率均处于较高水平。[①] 因此，政府、企业和社会各界应共同努力，为农村地区提供必要的技术支持和培训，以实现更加可持续的农村发展和环境保护。

第九节　本章小结

本章主要讨论的是中国乡村"物"的画像，围绕乡村生产、乡村生活、乡村治理、乡村文化等探究乡村具体事物的现实、问题和发展，了解中国乡村发展的变化和现状，阐释当下中国乡村发展中的问题，以及未来中国乡村的前景展望。

传统的中国乡村具有封闭性、落后性、自足性等特点。然而改革开放以来，随着城镇化进程的发展，中国农村受到了较大冲击，其中最明显的特征就是进城务工人数增多，乡村青壮年劳动力减少、老龄化和"空巢化"问题加剧。在这个过程中，乡村生产生活涌现出了许多问题，如农村土地撂荒严重，大量土地资源被浪费；乡村资产混乱不堪，传统村落逐渐衰败甚至消失，农村非物质文化遗产难以传承并逐渐消亡，农村生态环境问题严峻等。

党的十八大以来，党和政府高度重视乡村问题，积极推进全面建成小康社会和乡村振兴战略。中国农村相比于以前已经发生了翻天覆地的变化，农业大发展，农村大变样，农民得到较大实惠。在党的领导

---

① 　白凌婷，徐嘉辉，谢小军. 乡村振兴背景下农村生态环境污染治理的不足与对策 [J]. 农业经济，2023(8): 34-37.

下和政府相关政策的指导下，中国农村生产发展、农业进步、农民整体生活得到了更加优质的发展和提升。首先，土地撂荒现象有所缓解，土地流转和规模经营正在逐步进行，涌现了安徽凤阳县等土地流转的典型案例。其次，资本来源不断多样，既有农业银行、农村信用社等相关金融资本，也有多种模式的民间资本，资本下乡给农业发展带来许多新机会；农业生产资料更加现代化，高效农机、化肥、种子得到进一步应用，粮食不断增产；乡村资金不断增多，政府转移支付的投资力度不断加大，农村金融逐渐完善；乡村资产逐渐明晰，闲置资产不断被盘活；村落在保护和发展中得到振兴；非物质文化遗产深入传承；农村生态环境得到改善。在乡村振兴战略背景下，中国乡村正在迈向"产业兴旺、生态宜居、乡风文明、治理有效、生活富裕"之路。

但是，在乡村发展过程中也涌现出了一些新现象和新问题，如土地流转需要进一步推广、资本下乡还不规范、乡村资金还面临很大缺口、村民环保意识需要进一步提高等。总之，乡村振兴之路任重而道远，需要国家、政府、企业、村民等全社会各界力量的共同努力。

第九章

乡村之组织

本章将以当今乡村中具有结构性意义的组织为脉络，从厘清组织作用的角度出发，围绕我国乡村的内禀属性及特定的时代背景，探究20世纪以来不同的乡村组织是如何架构起乡村的社会关系网络的，以及它们在乡村振兴中做出的努力，并试图从中把握我国乡村组织建设发展的合理定位与未来发展趋势，从而为当今研究者对"陌新社会"下的"中国乡村组织"加深认识、找到适合中国乡村的发展路径提供学术支撑。

随着经济社会的不断发展，我国农村的组织主体逐渐演化。多元主体共同协助进行乡村治理，现已成为当代农村发展的新模式。[1]基层政府在参与乡村治理的过程中积极向农村社会组织提供支持，带动了农民的再组织化以及农村社会组织的健康发展。[2]家庭与宗族是农村人口构成的基础单位。家庭是一种以血缘为基础、具有情感纽带的社会单元，以共同的住处、经济合作和繁衍后代为特征。[3]从农村家庭出发，以家庭为个体基础单位，组成宗族的伦理体制。宗族是以血缘关系为基础、以父系家长制为核心、以大宗小宗为准则、按尊卑长幼关系制

---

[1] 侯麟军，何纯真. 治理主体多元化视角下农村基层党组织建设 [J]. 南阳理工学院学报，2019，11(5): 23-27.

[2] 胡那苏图，崔月琴. 组织化振兴：农村社会组织参与乡村治理路径分析——以内蒙古东部脱贫县 A 镇三村为例 [J]. 理论月刊，2020(5): 111-121.

[3] 波普诺. 社会学 [M]. 李强，等译. 10 版. 北京：中国人民大学出版社，2000.

定的封建伦理体制 [①]，它在新时代下瓦解与重建，发挥新的作用，参与
到以村"两委"为治理核心的村务工作中去。村"两委"是指村党支部
委员会和村民自治委员会，负责村庄的政治引领、村务管理、经济发展
和乡村治理等工作。它们在农村基层治理中发挥核心作用，与专业合作
社和产业基地紧密合作，通过政策引导、资源协调和组织动员，支持和
推动农村发展，促进农民增收和乡村振兴。本章从家庭出发，以"陌
新社会"理论为基础，依次探讨各乡村组织主体的发展经营现况、面
临问题、解决方案及未来可能趋势。乡村组织关系脉络如图 9-1 所示。

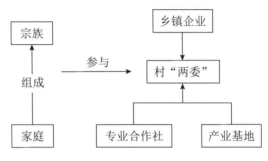

图 9-1　乡村组织关系脉络

第一节　家庭

一、家庭结构变化

（一）家庭权力的下移

　　家庭权力多指人们在处理家庭事务中的决策权。在面对某一具体
事件时，家庭成员会就此作出反应，相互作用，并各自发声，权力大
小决定话语的重要性，并取得最终结论。近年来，随着社会思想的变
化，城市化带来乡村家庭结构的转变，我国农村家庭经历了很大程度
的变革。由过往几代同堂的大家庭转变为以夫妻关系为聚焦的核心家

---

① 　毛少君.中国宗族制度的历史沿革及其重要内容 [J].浙江社会科学，1992(4): 30-34.

庭后，权力结构由父权转化平权，从垄断到平权。① 现在家庭关系不再是以父子这一纵轴为主轴，而是转变为夫妻之间的横轴。

我国学者的观点具有高度一致性，即我国农村家庭的权力呈下移倾向。随着当代自由、平等、民主思想的发展与家庭成员分散化集中的趋势，越来越多的农村家庭结构由原本的家族聚集发展为分散的小家庭生活，构建起平等、新型的核心家庭。不再由"大家长"进行决策，而是权力核心家庭化，由核心家庭共同商议、共同决策。② 如此，家庭的决策更加趋向于合理、科学，以往家庭中处于弱势地位的妇女、儿童的声音可以被听到③，家庭成员的权益获得充分尊重。

（二）妇女地位的上升与婚姻关系变化

在我国过往的小农经济时代，农村地区多以男耕女织进行生产劳作。传统农业对力量、体力的需求要求家庭中的男性劳动力承担更多的生产工作，这在某种程度上，同样影响了男性在家庭中的话语权与家庭地位。改革开放打破了城乡工作的界限，大量农村青壮年劳动力离开家乡，涌入城市务工。这加剧了农村的"空心化"进程，但从另一个角度上来看，妇女成为农村中的主要群体。比之过去，她们在村中的人口比例大大提升，在村务建设、村内人情世故、农村经济发展中起到主要作用，也因此掌控了更多的"资本"与人脉。妇女开始承担更多的家庭责任，如育儿养老、经济生产、对外交流等。④ 妇女在家庭结构中的位置获得明显改变，妇女的家庭地位显著提升。

人们对男女社会地位平等的认同达到前所未有的新高度。2021 年12 月，第四期中国妇女社会地位调查领导小组办公室发布调查数据。约97% 的被访者认为党和国家为妇女发展创造了越来越好的条件，认为目前我国男女两性的社会地位差不多的比例比 2010 年提高 15 个百分点。⑤

---

① 亢林贵 . 从父权到平权——中国家庭中权力变迁问题探讨 [J]. 山西青年管理干部学院学报，2011, 24(1): 91-94.

② 许红红 . 中国农村家庭权力结构变迁分析 [D]. 临汾：山西师范大学，2014.

③ 时聪 . 资源因素、文化规范和城乡家庭夫妻权力 [D]. 南京：南京大学，2012.

④ 尤鑫 . 农村女性家庭权力变迁背景下家庭养老资源供给研究 [D]. 武汉：华中农业大学，2014.

⑤ 第四期中国妇女社会地位调查主要数据情况发布 [EB/OL]. （2021-12-28）. https://baijiahao.baidu.com/s?id=1720393139317264818&wfr=spider&for=pc.

伴随而来的是新型婚姻关系。在我国传统观念中，不乏"嫁出去的女儿，泼出去的水"等观点。婚后女性将离开娘家，来到配偶家庭居住与生活，因此，传统观念中认为女性出嫁从夫，不再属于原家庭中的一员。[①]20世纪初期的独生子女政策有力改变了男女歧视的问题，社会主义新型家庭伦理价值观同样肯定了女性的作用，平等对待男性、女性成为当今社会的主流态度。因此，基于农村生活的实际情况，一种新型的婚姻模式产生了——"两边走"。

"两边走"模式下，年轻夫妇没有自己独立的居所，在双方父母之间自由地轮流居住，不再有传统的彩礼与嫁妆，双方父母各自从自己的房屋中为年轻夫妇预留一部分房间，同时为他们添置基本生活用品。[②]如鄂西南农村地区超过一半的新婚夫妇实行"两头走"婚居模式，这一居住形态拓展了微观家庭权力结构发生的社会空间，从原来的核心家庭范围扩展到家庭联合体之间，家庭内部成员的权利、义务关系也相应变迁。女性的家庭地位获得进一步提升，夫妻关系不再是传统的"依从"，而是更加趋向于平等。

（三）亲子断链，隔代抚养

我国城市化进程加剧，大量农村青壮年劳动力长期赴城市务工，农村留守儿童的抚养压力逐渐转移到祖父母一辈。教育部2023年统计数据显示，全国义务教育阶段农村留守儿童共有1 550.56万。亲子断链，隔代抚养，成为当今农村儿童的主要抚养模式。

在农村儿童的成长过程中，亲子分离使得父母角色普遍缺位。805万留守儿童由祖父母监护，占比89.3%；有超过40%的"缺少双亲留守"的学生每年见父亲或母亲的次数超过9次；还有12%～13%的留守儿童一年都没有见过父亲或母亲。不见面又一年没能和母亲联系的留守学生比例为5.5%。[③]儿童处于个性品质形成的关键时期，缺乏父母的关爱与支持在不同程度上影响了他们的心理健康，不利于孩

① 杨华. 隐藏的世界 [M]. 北京：社会科学文献出版社，2012: 28-34.
② 班涛. 年轻夫妇"两头走"——乡村家庭权力结构变迁的新现象 [J]. 西北农林科技大学学报 (社会科学版)，2016，16(2): 87-92.
③ 上学路上. 留守儿童蓝皮书 [R]. 2021.

子完善、健全人格的形成。此外，农村留守老人的文化程度大多不高，思想陈旧、保守，很难与现代社会接轨，难以关注到儿童精神层面的需求，又容易溺爱孙辈，这对于引导儿童健康成长、开阔视野、适应社会新事物造成较大影响。

部分随父母一起迁往城市就读、上学的儿童，由于父母工作不稳定、各地入学政策不一等，面临着就读困难、时常转学的窘境。而劳动密集型产业务工的父母难以对孩子投入较多关注，这容易造成孩子的心理健康问题。长期安全感、归属感和信任感的缺乏使得部分乡村儿童对父母、家人、社会产生误解，认为被父母抛弃、社会不公平。长此以往，容易滋生社会问题，成为社会不稳定因素。

（四）兄弟姊妹的情感互惠与互惠失衡

自古以来，我国赞美与提倡兄友弟恭、互相谦让、和谐友善的代内伦理关系。正如"长兄如父""长姊如母""孔融让梨"等词语形容的那样，传统观念中，同辈之间应当紧密联系、互惠互助。现今的大部分乡村家庭已不再像以往一样多个兄弟姐妹居住在一起，而是更多地以分散居住、时常相聚的方式沟通感情。这种互惠关系依然延续下来，建立在血缘的基础上，兄弟姊妹为彼此提供情感、经济、社会资源等方面的支持。

然而，当兄弟姊妹之间能力水平、经济状况、社会地位等相差过大、互惠能力悬殊时，这种传统的伦理关系就会被打破，不再平衡，而转化为某种形式上的情感代内剥削。[①]进入现代以来，农村地区的互惠失衡，或者说情感代内剥削常表现为资本丰厚的兄弟姊妹帮助相对薄弱的家庭成员，如介绍工作岗位、资助嫁娶时的彩礼等。长期以来，同辈之间的情感被消耗，相对弱势者获得更多的积极情绪，而资助者更多感受到负担。互惠失衡影响到他们的亲密关系，造成消极后果，易引发拒绝、怨怼、断裂等情绪，产生家庭矛盾。

---

① 温艳青. 断裂与重建：大流动时代乡村家庭情感互动研究 [D]. 重庆：西南大学，2020.

二、农村家庭功能的现状与问题

（一）家庭生产：半工半耕，代际分工生产

城乡流动率提升，打工经济兴起，农村家庭由传统的男耕女织、农业生产占主导转向代际分工。青壮年劳动力前往城市务工，承担家庭的主要经济压力；上一辈人体力相对匮乏，则在家中务农或休息，抚养孩子，形成了"半工半耕"的生产模式。费孝通、黄宗智、贺雪峰等学者均对该概念进行了详细的阐述与解释。生产方式发生大幅改变，现代化工业的劳动生产方式开始进入农村家庭的生活中，成为家庭经济的较大占比部分。以代际分工为基础的"半工半耕"已经成为现今农村的常见家庭劳动分工模式。[1] 随着城市化进程加速，该分工模式有可能成为农民生活化进程的依托，在未来推动他们进入市民化阶段。此外，农村集体所有制和保护型城乡结构为农民进退有据提供了有效的制度保障。[2] 现今，农村家庭的生产结构大幅改变，各产业融合的趋势势不可当，家庭生产出现"陌新社会"的典型特征，以老新结合为表现，以代际分工为内核。

（二）家庭消费：人均消费支出显著增长

自 20 世纪 90 年代以来，中国农村家庭的人均消费水平大幅度提升，农村家庭生活得到显著改善。[3] 我国农村居民人均消费支出、纯收入和住房资产均出现显著增长，且增长步调较为一致。根据国家统计数据，我国农村居民人均消费支出呈现稳步增长的趋势（图 9-2）。农村居民的消费水平逐渐提高，人们在食品、衣着、居住、教育、医疗等方面的支出都有所增加。农村居民的纯收入也呈现持续增长的态势。农村经济发展、农村劳动力转移就业政策的实施以及农业产业结构调整等因素，促使农民的收入水平逐渐提高。农民通过农业生产、农村

---

① 张叶连. 城郊农民半工半耕生计模式分析——以广西良庆镇 A 村为例 [J]. 农业与技术，2021，41(23): 178-180.

② 易卓，桂华. 从"半工半耕"到"半城半乡"：农民城镇化的阶段与策略 [J]. 江汉学术，2022，41(1): 52-61.

③ 陈燕凤，夏庆杰，李实. 中国农村家庭消费贫困变迁 (1995—2018)[J]. 社会科学战线，2021(6): 108-118.

集体经济、农村企业、农村电商等途径增加了收入来源。收入是影响农村家庭消费的最主要因素，其次是金融资产、住房资产和非住房资产，但非住房资产对消费有负的显著影响；无风险金融资产、风险金融资产和社保金融资产对农村家庭消费有显著的正向影响；住房资产对家庭耐用品消费的影响程度大于非耐用品；户主年龄特征、家庭所处地区以及家庭收入高低对农村家庭消费的差异性有一定解释力。[①] 外出务工的农村家庭更偏向进行刚性消费，务工城市经济越发达，该倾向越明显，对精神层面的软性消费的挤占更多。[②]

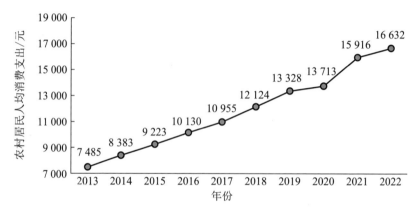

图 9-2　中国农村居民人均消费支出曲线图

资料来源：国家统计局. 中国统计年鉴 2022[M]. 北京：中国统计出版社，2022.

（三）家庭养老：功能弱化，逐渐向"新型"多元化养老模式转移

2010 年我国全国老年人比例是 13.26%，乡村老年人比例是 15.4%；然而 2020 年全国老龄化程度是 18.7%，乡村的比例是 23.81%；乡村老龄化程度明显高于城镇，并且差距有增大的趋势。[③]

---

①　卢建新. 农村家庭资产与消费：来自微观调查数据的证据 [J]. 农业技术经济，2015(1): 84-92.

②　曹晶晶，李宣. 劳动力外出务工对农村家庭消费结构的影响——兼论务工区域的协同效应 [J]. 商业经济研究，2022(4): 57-60.

③　国家统计局. 中国统计年鉴 2021[M]. 北京：中国统计出版社，2021.

随着传统观念的淡化与子女外出务工，在留守农村的老人们的日常生活照料中，子女角色大量缺位。同时，许多原本应由子女承担的责任，如儿童的抚养与教育，都转嫁到了留守老人身上，这更加恶化了很多留守老人的生活处境。针对这一问题，国务院办公厅在2015年发布了《国务院办公厅关于进一步加强乡村医生队伍建设的实施意见》，很多地区针对乡村养老做了诸多尝试，创办"互助养老院落""无围墙养老院"等。

案例 9-1　甘肃省瓜州县推进乡镇综合养老服务项目

甘肃省瓜州县聚焦"为民办实事"目标任务，推进乡镇综合养老服务项目建设，建成新堡村、临潭村、洮砚村、农丰村、辉铜村5个村级互助幸福院，让乡村养老服务"近在咫尺"，老年人晚年幸福"触手可及"。目前，5个村级互助幸福院已投入运营，2023年适老化改造项目启动，老人们在"家门口"就能享受到幸福晚年生活。瓜州县依据各乡镇和村的不同情况，确定了"助餐＋村集体、助餐＋文旅、助餐＋居家养老服务企业"等运营方式，制定下发了瓜州县农村老年人助餐配餐试运行方案，为农村60岁以上的老人实行成本价供餐，80岁以上的高龄老人、75岁以上的低保老人、特困家庭实行助餐补贴服务，并与慈善协会对接，采取"政府补助＋个人自费＋慈善捐助"的助餐模式，让老年人尽享惠民工程福利。

资料来源：甘肃政务服务网.瓜州县加快构建养老服务体系加大老年人兜底保障力度[EB/OL].(2023-12-28).https://zwfw.gansu.gov.cn/guazhou/zczx/gzdt/art/2023/art_0530adb31e2f43f3850d6763ac0319d5.html

现今，以子女及其核心家庭、家庭成员为支撑的家庭养老的更多责任正在向社区养老、制度养老、机构养老等新型的多元化养老模式转移，这在一定程度上减轻了子女的负担，但同时也可能加剧老人的不安与忧虑。老年人通常期望由子女照顾和陪伴，这种转变可能意味着与亲人分离、离开熟悉的社交圈子，面临与陌生人相处和适应新环境的挑战，使他们担心自己的抉择是否正确，是否能够获得足够的关爱和照顾。同时，还可能引发老年人对经济保障的担忧。

三、现代化乡村家庭建设探索

（一）弘扬社会主义新风尚家庭建设

习近平总书记提出"社会主义家庭文明新风尚"，关于家庭文明建设，特别是乡村家庭文明建设的内容，明确阐释了倡导社会主义家庭文明新风尚对提升家庭内部治理效能和家庭外部治理参与的重要意义。

社会主义家庭文明新风尚建设，一方面弘扬中华民族传统家庭美德；另一方面把社会主义核心价值观融入家庭生活，转化为新时代家庭文明的内涵和标杆。如习近平总书记提道，要"引导妇女既要爱小家，也要爱国家。""要帮助妇女处理好家庭和工作的关系，做对社会有责任、对家庭有贡献的新时代女性。男性也不能当甩手掌柜，要同妻子分担养老育幼等家庭责任，共担家务劳动。"又如："一些地方农村出现了'因婚致贫'现象，儿子结婚成家了，父母亲成为贫困户了。乡村是要有人情味，但不能背人情债，要在传统礼俗和陈规陋习之间划出一条线，告诉群众什么是提倡的，什么是反对的。"

（二）发扬中国的家庭传统文化作用——家训、家风、家教

家庭情感教育法要重新挖掘并发挥家庭传统文化——家训、家风、家教的培育作用，重新营造良好的家庭情感氛围。发挥家训的良好家风作用，才能更好地强化家庭伦理建设。[1] 中国传统的家训家风包含"修身齐家""节俭""孝顺"等思想理念，推崇忠孝节义、教导礼义廉耻，流传有《颜氏家训》《朱子家训》等典籍。以"家庭"为最小的单位开始做起，重视家庭氛围，培养家庭成员正直、健康、积极向上的品格，具有较强的积极意义。[2]

案例 9-2　四川省双河镇顾氏家族文化传承典范

四川省内江市资中县双河镇一带，生活着不少顾姓人，据记载他们都是"越王勾践"的后裔。千年家族繁衍，沉淀了优秀的顾氏家族

---

[1]　李锐.乡村振兴战略视域下农村优秀家风建设研究 [D]. 昆明：昆明理工大学，2021.

[2]　颜晨，李磊.农村家风建设在乡村社会治理中的协同作用研究 [J]. 西昌学院学报（社会科学版），2021，33(4): 54-60.

文化，传承 80 余代，其中 70 代人有官爵功名。而自入川以来有名可考的贤良人士有 40 余人。位于资中县双河镇雁家嘴村的顾氏宗祠，始建于清乾隆十九年（1754 年），为三进六天井合院式木构建筑。顾尽锋在读大学期间，就接过了顾氏家谱旧本整理和支系新生族人收集的工作，此前他的爷爷顾忠洋也为收集整理家谱付出了极大的心血。顾尽锋表示："我们也效法先人，开办书院，以传播优秀的中国文化为己任。还有意识培养孩子的家国情怀，继承祖先家国一体的祖训。我今天所教的这些国学经典、吟诵方法、书法知识，都是爷爷教会我的，我也有心把中国人优秀的传统文化，传播给更多的家庭。"

资料来源：陈丽霏.资中顾氏家族：十四条家训定家风 儿孙谨守数百年 [EB/OL].(2023-07-06)[2023-07-20].http://www.scjc.gov.cn/scjc/rdzx/2023/7/6/a0a65d405e0049afb221860b2026bcb5.shtml.

此外，乡村的文化屏障是保障乡土文化繁衍的重要武器。以家庭为单位，扬家风，通过代际传承当地原有的特色习俗、观念等，从中国传统文化中重新挖掘其价值，是保护和传承乡村文化最具中国特色的方式。

第二节　宗族

一、传统模式的宗族走向瓦解与消亡

（一）传统宗族模式的情况介绍

宗族制度是"以血缘关系为基础，以父系家长制为核心，以大宗小宗为准则，按尊卑长幼关系制定的封建伦理体制"，简单来说，就是血缘关系社会化的一种体现。① 它是我国古代沿传至今的最大的组织形态，在历史长河中发挥了巨大的作用，确立于夏朝，发展于商朝，完备于周朝。春秋战国以后，一个宗族所包含的人口往往可达几

---

① 毛少君.中国宗族制度的历史沿革及其重要内容 [J].浙江社会科学，1992(4)：30-34.

千。魏、晋、隋、唐时，个别豪门大姓甚至有上万人，《左传》《战国策》《汉书》等文均对宗族有所记载。1960年之前，在我国经济欠发达的农村地区，同一姓氏的人聚居在一起生活，形成以宗族为血脉核心的村落。部分村落，如"王家村""赵家庄"等便直接按照宗族姓氏命名。

宗族具有严格、有序的内部关系与治理制度，主要依据辈分、尊卑进行划分。高位者、高辈分者具有更强的权威与话语权，在宗族内部进行决策。宗族成员往往抱团聚集，利益与风险共同分担，在公共治理缺失的情况下，有利于对弱势群体进行经济援助，提高整体的生活质量，向外发声与表达，在我国古代及近现代农村居民的生活中发挥了很强的积极影响。[1]

（二）新时代下宗族的瓦解

在现代的社会生活中，宗族组织沿承的主要原因之一为保障宗族成员的各方面权利。当偏远地区、管辖不足的农村行政属性、治理能力等不足，难以支撑公平、公正的分配与评判时，人们将自然根据血缘亲疏"抱团取暖"，自发形成一套规则与机制，以此保证自己的权利不被侵害。全面小康的步伐不断推进，我国基层政府的行政能力也不断提升，偏远农村的基础设施、公共建设已经完成或正在进行全面、系统的搭建，无须宗族进行二次保障。[2]

此外，在生产力低下的古代，"族田"作为一个宗族的重要经济来源，关乎所有人的经济状况。这使得宗族内部高度利益相关，宗族成员相互依赖、唇亡齿寒。自新中国成立以来，我国经历了几次土地改革。将土地分配给村民，耕者有其田，农民不再以氏族为单位进行劳动。家庭联产承包制以后，农村产业的供给侧改革使得个人经济独立成为可能，对宗族的依赖进一步下降。

随着"陌新社会"的持续演变，城乡差距进一步缩小，人口流动

---

[1]　张百顺，黄世欣.宗祠文化在农村社会治理中的作用及其合理开发[J].百色学院学报，2020，33(6): 89-93.

[2]　宋文兴.中国基层政府政策执行中宗族影响探析[D].哈尔滨：黑龙江大学，2021.

增强，越来越多的年轻人走出乡村，去往全国各地的城市务工。宗族成员散布并定居于不同的城市，几代之后，"熟人社会"不再"熟人"。人口流动使得宗族的功能性大大降低，人们出于经济、生活等因素对宗族的需求减少，宗族内部关系自然而然被拉远。再加上在社会主义新思想的熏陶下，过去的"尊卑""大宗小宗"等理念被视作腐朽、封建，传统的宗族制度正在逐渐失去公信力与认可度，一步步迈入瓦解的边缘。

二、对宗族的争议与讨论

（一）宗族制度

在基层治理不足，人民生活较为困苦、艰难的时候，宗族制度确实对行政管理条例等起到了一定的替代作用。它约束与规范了族人的行为，提醒每一个成员依照制度进行道德自律，使得村庄可以正常、有序运转。在当时的社会背景下，宗族制度有利于集体工作的顺利进行，提高生产效率，维护乡村的团结与和谐，对社会履行正功能。然而，部分观念在现在看来依然是过时的，受父系、宗法制度等封建礼教影响，宗族的负功能日益凸显，如限制个人自由和选择权、重男轻女和性别歧视、族际偏见和排他性等，阻碍了社会思想观念的向前发展。

（二）宗族关系

良好、互助的宗族关系是村民之间团结协作的纽带，有利于加强村民的凝聚力、集体荣誉感。当宗族中某个成员生活相对困难时，宗族里的其他成员往往会伸出援助之手，和谐的宗族关系还可以带动成员共同富裕。但是，当宗族"抱团"过于紧密时，同样存在一些干扰公共权力机关正常工作秩序的现象。如现今乡村治理中，采取了民主选举的方式进行村主任等"村官"的选举，当地村民宗族可能会集中投票，将公共权力聚拢于宗族中，并把持选票结果。这将对选举结果产生较大的影响，带来的"民主选举不民主"等破坏乡村治理的问题。

（三）宗族秩序

宗族作为血缘关系社会化的产物，非常强调尊卑秩序，它要求任何人事安排和分工都应考虑亲属情义关系。无论能力大小，长辈理所当然地要居于高位，长辈的话语命令被奉为金科玉律。这种长幼、尊卑观念有利于弘扬中国传统美德，但过于严格引申出的权力归属问题可能会阻碍乡村经济的市场化发展。市场风云变幻莫测，显然，小字辈的年轻人更具有适应力，更能把握最新的机遇与动向。年轻人在数字时代成长，与新媒体技术紧密相连。他们能够更快地掌握和使用新媒体平台，通常具有更强的学习能力和求知欲，具有创新和探索精神，乐于接受新知识，善于通过自主学习和参加培训来掌握新的技术与平台。这种创新意识使他们更有可能在新媒体技术领域中发现新的机会，并能够灵活应用和掌握这些机会。市场经济中，能者居上。如果一味忽视甚至无视有能力者的想法与意见，仅遵从高位族人的命令，无论是一个村庄，还是一个家庭，都很难在市场中立足。[①] 同时，如果宗族以家族企业的形式运营公司，任人唯亲、公私不分、制度不明等问题有很大概率发生，容易将企业陷入困局当中。[②]

三、"新宗族"重构，进行新的价值取向与路径规划

新时代的社会主义建设如火如荼，"宗族"想要在当今社会中生存、流传下去，获得长久的生命力，就必须进行整合与重构，以人为本，与时俱进，在规范、治理等各个方面进行新的价值取向与路径规划。

从制度层面来看，宗族应当建立符合社会主义现代化要求的新制度；形成与完善新的规章、规则，向民主、平等、协商、共同富裕的当代生活要求靠拢；摒弃糟粕、封建思想，不"大家长"式集权，不以辈分、尊卑论权力归属，推动宗族内部的和谐、文明建设。一个好的制度应该凝聚人民的智慧，并留有一定的软性空间，供给人们在实际的社会生活实践中调整与改进。宗族应该着重于软性的制度建设，提升宗族治理规范。

---

① 白临鹏. 20 世纪 80 年代以来乡村宗族复兴及其对村治的影响 [D]. 武汉：华中师范大学，2013.

② 范婉静，周跃曼，张涵茜，等. 宗族文化在新农村文化建设中的挖掘与传承 [J]. 名作欣赏，2020(26): 50-51，64.

　　从政治层面来看，宗族应该协调成员意见，推动集体利益的表达，进行有序、良性的村务政治参与。宗族可以是弱势群体的保护者、族民意见的发声者，将族民拧成一股绳，争取正当的合法权益与正义的支持、帮助。但是，绝不能一家独大，只顾宗族利益，争夺政治权利，扰乱村内秩序。在现今平等、民主的社会中，宗族应当坚持中国共产党的领导，做基层政治的拥护者、参与者、辅助者，应当充分尊重宗族内及宗族外每一个个体的意见，不将人划分等次，不因群体而忽视个人，最大化发挥宗族的作用。

　　从经济层面来看，宗族应当进行现代化管理，发挥团结合作作风，促进经济互助。社会主义市场经济要求我们在市场中开展公平竞争。市场鼓励创新、企业家精神，奖励有能力者、有勇气者。传统的尊卑观念、宗族管理方法不再适用，能者居上、公平公开透明的宗族企业管理与运营方式是推动经济发展的最好保障。在谋取正当利益的同时尽可能保障族民的参与和获得，不让边缘族民被落下，团结合作，共同富裕。

　　从思想层面来看，宗族应当发挥优良传统文化的作用，取其精华，去其糟粕，促进文明乡风建设。[①] 在习近平新时代中国特色社会主义思想的引导下，培育和践行社会主义核心价值观，坚决反对长期以来的盲目攀比、奢侈浪费、尊卑有序等宗族陈规陋习，开展打击封建迷信和邪教传播，促进农村移风易俗，树立中国特色社会主义新风，全面提升农民素质，打造农民的精神家园。

第三节　村"两委"

一、村"两委"——乡村振兴的关键

（一）村"两委"的职能与定位

　　村"两委"是设在乡镇（街道）下一级行政村的组织机构，包含

---

① 杨衍. 宗族组织参与乡风文明建设研究 [D]. 蚌埠：安徽财经大学，2021.

村民委员会与村党支部委员会。其中，村民委员会是村民自我管理、自我教育、自我服务的基层群众性自治组织。村民委员会由主任、副主任和委员 3~7 人组成，由民主选举产生。1982 年，宪法确认了村民委员会的法律地位，村民自治从此具有法律依据。村委会不属于国家机关，它协助乡镇政府工作，负责管理村内事务，带领广大村民致富。

村党支部是中国共产党在农村的最基层的组织，是本村各种组织和各项工作的领导核心，是团结带领广大党员和群众建设中国特色社会主义新农村的战斗堡垒。村支部的职能是宣传共产党政策、帮助党的路线方针政策在基层的落实、带领广大基层人民在党的领导下发家致富奔小康。

（二）村"两委"的关系

1. 现存关系

从主流来看，村"两委"关系是融洽的，这是值得肯定的。但是，村"两委"之间存在着矛盾与冲突也是不争的事实。在村民自治背景下，村"两委"的矛盾与冲突属于建设性冲突的居多，属于破坏性冲突的占少数。[①]

现下，乡村中的两个基层组织团结互助，共同完成村务工作。但因为制度模糊、定位不明，权责划分不够清晰、部分组织包管包办等原因，村"两委"关系仍然有待进一步协调与改进。

2. "一肩挑"模式

目前，在全国的村务治理实践中，村"两委"诞生出"一肩挑"、"两推一选"、"一制三化"、青县模式和"4+2"工作法等新型的村"两委"治理模式，本节着重阐述"一肩挑"模式。

"一肩挑"模式是指一人同时担任村党支部委员会书记和村民委员会主任两个职位的村务治理模式。[②]该模式的诞生包含诸多背景。首

---

① 刘建荣，邱正文.村民自治背景下的村两委关系 [J].湘潭师范学院学报（社会科学版），2006(1): 68-70.

② 唐鸣，张昆.论农村村级组织负责人党政"一肩挑" [J].当代世界社会主义问题，2015(1): 3-26.

先，让有能力、有作为的人承担更多责任，有利于提升村务的整体治理水平，缓解人才外流的现状。其次，党政合一，可以在最基层加强党的组织与领导地位。近年来，村庄合并，自治不断下沉，为避免权责划分不明，无人做事、负责的窘境，集中权力是基层治理的合理选择。最后，村委会来自人民选举，属于社会权力，而村支部由党任命，属于国家权力。将国家权力与社会权力相结合，意味着村主任等原本靠民意监督的架构被纳入了科层制，同样进行考察。[①]

该模式的优势在于将群众基础与党政结合起来，有效地整合了"两委"，大大提高了村务治理的工作效率。同时，增强了党的吸引力，合并以后可以更有效地传达党的路线，加强思想教育与作风宣传等。规范权力运行可以推动我国基层反腐的进一步发展。但这同样存在着一些问题。一人担负起村支部书记与村主任的职位后，可能出现责任与压力过大，分身乏术，不能全面、深入地处理村务的情况。这相当考验村干部的个人能力，普适性的难度较高，并不一定每个基层村落都能实现。此外，"两委"合并之后，处理事务可能交叉进行，容易出现不规范授权的问题，给村庄发展留下隐患。[②]

案例 9-3　江西省幽兰镇"一肩挑"模式

江西省南昌市幽兰镇在 2021 年 31 个村（场、居）"两委"换届中，全面实现了"一肩挑"的模式。幽兰镇每月举办一次村"两委"干部培训，依托"幽兰大讲堂"阵地，邀请业务能手、劳动模范、先进党员授课。开展"人居环境整治""共同富裕样板村建设""四好农村路"等工作现场会，组织"一肩挑"村干部到示范村实地学习考察，交流经验，全面提升"一肩挑"的能力素质。同时，为避免"一肩挑"变"一言堂"，幽兰镇完善立体监督体系建设，强化村级纪检监察联络员及村务监督委员会合力监督。梳理公示"一肩挑"村干部权责清

①　程同顺，史猛 . 推进村级组织负责人"一肩挑"的条件与挑战——基于 P 镇的实地调研 [J]. 南开学报（哲学社会科学版），2019(4): 76-86.
②　陈军亚 . 农村基层组织"一肩挑"的制度优势与现实障碍 [J]. 人民论坛，2019(11): 99-101.

单，明确 11 条权力清单和 13 条责任清单。

资料来源：周璇.南昌县幽兰镇："一肩挑"助推农村基层党建工作提质增效 [EB/OL].(2022-08-25)[2023-07-20].https://baijiahao.baidu.com/s?id=1742124129597583174&wfr=spider&for=pc.

二、村"两委"建设困境

（一）乡村"空心化"

乡村"空心化"不断发展，受教育年限越长的农村精英越趋向于外流，大量农村青壮年人才随着人口迁移的浪潮去往城市发展与定居。这种大范围、成规模的人口流失不仅大大减少了基层群众自治的自治主体，同时虚化了村民自治。很多农村地区"青黄不接"，出现了"人才断代"的现象。村中大部分人口由老人、妇女、小孩组成，村"两委"组成班子的候选人范围不断缩小，"无人可选，无人去选"的"谁选举谁"问题阻碍了乡村建设与发展。

（二）政治冷漠化

"无人去选"的另一个成因是村民政治参与的冷漠化。[①] 现今，农村人口不断流失，留守于村中的符合政治参与标准的成年人逐渐减少；自然村合并为行政村，从地理上直接拉开了同村村民的关系，在选举等工作中，可能村民实际并不认识或熟悉候选人等；宗族纽带弱化，村内利益关联变淡，村民关系疏远……种种情况皆降低了村民对村"两委"工作的重视。村民失去政治参与的兴趣，基层自治也在一定程度上失去效力。

（三）治理不因地制宜

部分村存在将上级建议等内容行政化、照单全收、完全依照指示执行的现象，甚至存在层层收紧、加大执行力度的可能。这种层层收紧和加大执行力度的做法可能引发一些问题，过度行政化和照单全收的做法缺乏灵活性与适应性，可能无法充分考虑到当地的实际情况，导致政策效果不尽如人意。乡村治理应当因地制宜、实事求是、灵活变动，才能振兴乡村，带动可持续发展。

---

① 张劲松，骆勇.论农村村民政治冷漠的成因及消解 [J].理论探讨，2006(5): 25-28.

三、村"两委"的发展与展望

（一）积极完成村务工作，助力乡村振兴发展

村"两委"工作的首要目标就是完成本职村务的治理，带动基层民众共同富裕，助力乡村振兴发展。

应从推动农村土地、房屋等产权改革出发，解决20世纪末的产权不明等遗留问题，减少"小产权房""小产权地"在农村中的占比，为村民切实落实各项法律与政策保障。严守耕地红线，不因工弃耕。村"两委"可以考虑协助合作社或企业以集体承包的形式对村中大规模的闲置土地进行集体劳作与经营。

村"两委"应积极推动、促进农村一二三产业融合，创新农村营收方式。农业生产收成靠天，且粗加工产品收益不高。若有能力加强产业建设，引入先进的生产方法与机器，推动农业深加工、精品化，发展农家乐、休闲农庄、民俗等旅游服务业，农村的经济状况必将迎来好转。

建设文明乡村，加强农村的文化教育同样也是对村"两委"的工作要求之一。新时代下，乡村应该凝聚新的精神风貌。立足当前，着眼长远，加强对思想文化教育的普及、宣传，提升村民的重视程度。在潜移默化中影响与感染民众，提升人口基本素质，弘扬社会主义新思想。

（二）应对人口流失、乡村"空心化"

人口流失与乡村"空心化"已经成为现今农村的一大显著问题。当城市人口财富密度高于农村时，这种人口流动方向自发驱动、形成，是我国作为最大的发展中国家在经济腾飞的道路上必然经历的过程。但是，村"两委"仍然需要对该问题作出积极的应对，避免"空心村"现象的出现。

村"两委"应当鼓励与推动人才的定向培养政策，积极向上级党组织机关反映乡村实际建设需求。提升对村中未成年人教育的重视程度，给予一定资助、补贴，提高大学生回乡对应的条件、标准，敞开双臂欢迎人才回到家乡参与建设。同时，将"大学生村官"制度落到实处，让青年基层干部到实地、有活干，能学习与吸收知识，有上升

空间，提升青年基层干部的参与度与积极性。

此外，鼓励村民回乡创业也是应对"空心化"的方法之一。村"两委"可以积极与村民保持沟通、联系，鼓励有条件的村民回到家乡。在创业的同时还可以创造一批就业岗位，解决当地劳动力就业问题，将人才留在农村，带动周边地区经济的整体发展，加强新农村建设，推进"陌新社会"演变进程，形成新兴休闲康养化乡村，吸引更多的各地人旅居、定居农村，达到正向循环的境地。

（三）防腐贪污

先进性和纯洁性是党的本质属性，党的力量越壮大、党的事业越发展，就越加重视贪污防腐。中国共产党对腐败零容忍，坚持权为民所用、情为民所系、利为民所谋。基层组织同样应该秉持党的工作作风，警醒腐败。

在村"两委"的工作过程中，应该把政党引进来，加强纪律作风建设，坚决抵制贪污腐败、脱离群众、形式主义、官僚主义等问题。从制度上降低寻租可能，将村"两委"内部成员的权责划分清楚，做到事事有人应、不拖泥带水、不蒙混过关，让"不忘初心"的要求成为党员干部行动的"红线"和自觉。

（四）行政管理与制度建设

在行政管理与制度建设上，村"两委"应当从以下几方面做出努力。

首先，健全民主制度，丰富民主形式，拓宽民主渠道。加强村中村务的民主决策工作，加大群众自治力度。尝试多种方法鼓励村民进行政治参与，以人民群众为服务目标与治理主体，树立正确的群众利益观。

其次，进行科学、合理的绩效评估。通过多方考量，统一制定绩效考核的规则与标准。确定奖惩机制，整顿村"两委"内的干部作风、风气，加强工作规范与流程。建章立制，求真务实，积极推进村"两委"管理制度化、工作程序化。

最后，拓宽民意、民主监督的反馈渠道，设立真正公共、公开的意见箱等，维护国家利益和公民的合法权益。以服务人民为己任，监督村"两委"不以权谋私、不仗势欺人。

第四节　专业合作社

一、农业合作社蓬勃发展的现状与意义

农民专业合作社是在农村家庭承包经营基础上，同类农产品的生产经营者或者同类农业生产经营服务的提供者、利用者，自愿联合、民主管理的互助性经济组织。[①] 农业合作社的出现可以追溯至 1993 年《中共中央 国务院关于当前农业和农村经济发展的若干政策措施》的颁布。2006 年，第一部《农民专业合作社法》通过，加速了我国农民专业合作社的发展进程，10 年内带动我国合作社数量从 15 万上升至 153 万，增长了 10 倍有余。之后，多份中央一号文件均鼓励与扶持农业合作社建设，肯定了农业合作社作为乡村组织的主要形式之一在农村经济中发挥的重要作用。[②] 至 2021 年 4 月，全国农民合作社已达 225.9 万家，带动全国近一半农户，呈现高质量发展态势。[③] 我国农业合作社类型见表 9-1。

表 9-1　我国农业合作社类型

类　型	内　容
生产合作社	从事种植、采集、养殖、渔猎、牧养、加工、建筑等生产活动的各类合作社。如农业生产合作社、手工业生产合作社、建筑合作社等
流通合作社	从事推销、购买、运输等流通领域服务业务的合作社。如供销合作社、运输合作社、消费合作社、购买合作社等
信用合作社	接受社员存款贷款给社员的合作社。如农村信用合作社、城市信用合作社等
服务合作社	通过各种劳务、服务等方式，提供给社员生产生活一定便利条件的合作社。如租赁合作社、劳务合作社、医疗合作社、保险合作社、利用合作社等

[①]　中华人民共和国农民专业合作社法 [EB/OL].（2021-12-28）. https://www.gov.cn/xinwen/2017-12/28/content_5251064.htm.

[②]　李俏，贾春帅 . 合作社带动农村产业融合的政策、动力与实现机制 [J]. 西北农林科技大学学报 (社会科学版)，2020，20(1): 33-41.

[③]　康晨远 . 因地制宜是农民合作社高质量发展的必然选择 [J]. 中国农民合作社，2021(8): 19-21.

现有农民专业合作社已渐渐适应我国农业发展状况，并开拓出了多维度的经营类型和组织架构。凭借凝聚力和集体优势，我国农民专业合作社正在推动农村基础设施建设、带动农村投资和消费、提供更为优质的公共服务。从数量上来看，2019 年，我国农业合作社以行业分类，含种植业 105.6 万家、林业 11.7 万家、畜牧业 40.9 万家、渔业 5.9 万家、服务业 15.4 万家。其中，服务业以较上年 4.89% 的涨幅占所有行业最高（表 9-2）。由此可得，我国农业合作社在提升农村整体文化水平和科技素养方面发挥了重要作用，具有高度的凝聚力和集体优势，有效带动了"陌新社会"的向前发展，大力促进了农村产业融合、推动农村建设、改善农民生活、助力脱贫攻坚。

表 9-2　2019 年我国农业合作社数量（以行业分类）

行　　业	数量 / 个	比上年增长 /%
种植业	1 056 353	2
林业	117 307	4.14
畜牧业	408 724	−4.48
渔业	58 555	2.2
服务业	153 687	4.89

资料来源：农业农村部农村合作经济指导司，http://zdscxx.moa.gov.cn:8080/nyb/pc/index.jsp。

农民合作社的蓬勃、健康发展离不开各地地方政府、第三方机构等多元主体的合作与支持，我国地方政府已形成集中几种参与农民合作社工作的模式。在合作社成立前期，政府主要为合作社寻找符合条件的项目资金、提供专项经费，或以政府信用为其背书，牵线金融机构贷款、鼓励村民加入等，为合作社提供启动支持，推动其顺利起航。个别情况中，政府引导、参与合作社的初步工作，为合作社提供方向性建议。后期，政府多鼓励农民合作社独立成长、运营，不再参与运营，以起监督、辅助作用为主。

二、合作社的规模发展仍然受限

（一）乡村"空心化"带来的劳动力、精英人才不足

当今，农村社会正处于快速的"解构—重组"之中，产生了普遍的秩序失范行为。社会系统被严重破坏，原有的以耕作为主业的农民群体不断流失，青壮年劳动力多去往城市务工、定居，大量农村土地、房屋及山林被闲置或废弃，出现诸多"空壳村"的现象。虽然乡村"空心化"推动了农业合作社的出现，但它同样限制了农业合作社的发展。

案例 9-4　潜山市万涧村"空心化"制约合作社发展

以潜山市万涧村为例，当地人口总数为 2 573 人，但常住人口不足 1 000 人。全村劳动力人口占 72.4%，劳动力人口外出务工率高达70%。换句话说，村中老龄化情况严重，常住的基本都是中老年人口。现今，万涧村的劳动力已经不能支撑合作社的农业生产。每到农忙的时候，合作社便会发动全村妇女、老人下地，并去附近村庄雇用一定数量的村民加入劳作，甚至一些驻村的专家、学者也会帮忙。农村"空心化"，直接表现为劳动力人口减少，已经成为农业合作社扩大产业规模之路上的另一大难题。

（二）合作社生产资料不足，生产规模难以扩大，供求不匹配

当合作社在生产过程中面临缺乏足够的生产资料（如原材料、设备和技术支持）时，其生产能力将受到限制，无法满足市场需求的增长趋势。这种供需不平衡的情况可能会导致生产能力不足、生产效率低下及无法及时交付产品，进而限制合作社的发展潜力。万涧村"回味乡愁"合作社已经开始整合各类资源，但在资金、基础设施等上仍然存在较大困难。合作社用于生产"金丝皇菊"的首批烘干房、储藏室建造花费 20 余万元，来自村委会的"扶贫资金"，往后每年根据收成情况，按比例反馈给政府。从某种意义上来说，合作社尚处于负债经营阶段。村中有待流转、整合的资源还有很多，合作社的发展空间

很大。但如果想扩大生产规模，烘干房等基础的生产设施必须成套增加，跟上生产速度。这需要大量的资金投入。政府在农村合作社的发展中支持力度不够，存在一部分不稳定的优惠政策和信贷扶持，资金问题仍然难以解决。

与万涧村情况相近的村落在中国仍然有很多。农民合作社小额信贷困难、抵押资质不足、资金来源匮乏、政府支持不足等问题阻碍了它们扩大规模及持续生产的脚步。

（三）农民的文化素质不足，市场感知不灵敏

即便合作社已经以村为单位将农民个体的土地、山林等流转、整合起来，但相对而言，大部分合作社的生产规模还是较小，难以达到产业化水平。个别产量大的农产品，如红薯等，基本为毛利低的初级产品，同一批次推向市场容易导致供大于求，大量产品积压，大大打击农民的生产积极性。农业合作社的理事、社员大多文化素质不高，他们对市场需求的灵敏度不高，这使得与市场对接很容易产生错位。

三、合作社发展的可能性探索

（一）整合资源：寻求多方合作，集约化生产

农业合作社在发展过程中，应学会由"单打独斗"转变为"抱团竞争"，削弱位置、地形等空间局限性，推动跨村、跨乡镇、跨市、跨省区的农民专业合作社合作，贯通农业上下游产业链、畅通信息渠道、因地制宜、优势互补，增强农业合作社整体市场竞争力，利用合作效应推动各个农业合作社特色发展。

此外，农业合作社还应做好对接工作，积极寻求合作。现有结构下的理事应密切向政府反映村民呼声和需求，针对性地利用政府资源。合作社在发展过程中可以考虑同农村信用社、供销社、地区性合作经济组织、企业、公司、其他金融机构等联合，形成相互促进、相互提高的格局。[1] 农业合作社应当积极增强万涧农业合作社聚集资金能力，改善农民在利益分配上的话语权和地位，吸引农民入股；允许多种形

---

[1]　冯玉建.诸城市农民专业合作社发展对策研究[D].北京：中国农业科学院，2009.

式出资农业合作社，扩大出资形式范围——开放房屋、技术、工具、市场、信息等出资形式；注意合作联系，让社会组织、市场经济主体看到合作社发展潜力，凭借农业合作社不断增长的经济实力和日益完善的运营模式来达到银行、政府等标准和要求，推动农业合作社资金流动。

（二）挖掘内生动力：坚持人本主义，增强管理能力

农民是农业合作社的主体，调动农民参与农业合作社建设，实现农民在农业合作社管理过程中"当家做主"的角色是农业合作社后续发展的动力之一。选择有头脑、懂经营的社员为理事、社员提供知识、技能补给，培养骨干社员，是合作社可持续发展的重要路径。与此同时，农业合作社还需加大农村成人教育和职业教育宣传力度，与镇、县、市职业院校合作，提供更多农业技术教育机会，为农民学习实用技术创造条件。农业合作社还可以积极发挥现代远程教育网络、乡镇街道党校、农业技术推广中心、村支部等主阵地、主渠道作用，积极探索互动式培训，培养实用型新农民、新社员。

合作社还应完善自身结构和运行模式。健全合作社社员代表大会、理事会、监事会等组织机构，要求社员代表大会依照章程规定行使职权，理事会要严格执行社员代表大会的决议，确保民主决策、民主监督。在农业合作社治理过程中，强化民主管理：发挥理事会骨干作用，在重大事务决策上，召开农业合作社全员大会票决，尊重社员民主权利，听取社员意见，反映农业合作社发展需求。

同时，规范财务制度、利益分配机制。加强专业合作社财务管理，规范财款核算，定期向社员公布财务状况，并接受农业行政主管部门的审计和监督，确保财务公开、透明。合作社内的财务人员应该参考2022年印发的《农民专业合作社财务会计制度》等规定，根据农业合作社实际需要培训、安排独立财务人员，执行与合作社业务有关公务的人员不得担任合作社财务会计人员。为每个成员设立成员账户，清楚记载该成员的出资额、量化到该成员的公积金份额、本社接受国家财政直接补助和接受他人捐赠形成的财产平均量化到该成员的份额、该成员与本社的交易量（额）、本社对该成员的盈余返还和剩余盈余分配等内容。建立长期有效的利益分配机制，指导农民专业合作进行标准化生产，使社员能够在获取相当收益后维系好合作社内部利益分配情况，提高农民参与农业合作社积极性。

（三）坚持可持续发展：突出优势特色，发展多元产业

实现农业合作社可持续发展，增强市场竞争力，一要找准定位，找到特色运营模式对合作社差异化竞争发展具有关键作用；二要从单一产业发展方式转变到产业融合发展方式，这是农业合作社坚持可持续发展的必经之路。

农业合作社发展不应千篇一律，要根据自身自然地理、历史传统、人文环境等要素，挖掘本地特色，找到适合自身农业合作社的发展路径。正式与非正式的资源禀赋对当地依据特色发展具有重要意义。[①] 比如革命老区范围内的农业合作社与"红色历史"结合，推广出农业合作社品牌。品牌是农业合作社产品附加值的最佳载体之一，发展品牌对于农业合作社发展日益重要。以万涧村为例，农业合作社目前已有"金丝皇菊"等特色产品，在此基础上扩大规模并采取一定联合举措实行集约化生产经营、深加工、精加工，增加产品附加值。既要加强相关农产品的品牌效应，又要加强农业合作社社员品牌建设意识，还要打造好农业合作社所在村的村镇形象，将产品作为品牌形象推广载体，将农业合作社作为品牌文化发展平台。

虽然农业合作社本质上是经济组织，但提高经济效益、增加收入还是需要推动多种产业融合发展。提高第三产业比重是农业合作社实现产业转型升级的重要手段，规范农业合作社相关基础设施建设。在农家乐、民宿方面设定标准，由松散式经营方式转向统一管理，为合作社旅游业发展提供保障。要挖掘文化产业特色、延长产业链。发扬当地非物质文化遗产优势，注重发展农业合作社所在地区沉浸式体验；建设有组织、有规模的活动体系，吸引夏令营、公益志愿、实践调研等活动举办，打造合作社文化品牌。

由于不同合作社在自身条件、社员文化基础、地理位置等因素上

---

① 高圆圆，陈哲. 农业产业化经营组织模式演化逻辑、效益比较与未来发展取向[J]. 贵州财经大学学报，2022(5): 102-111.

有差异，各合作社都有各自特点。因此，合作社发展没有固定模式，也不能生硬地套用其他合作社模板。尤其是合作社与第三方在帮扶对接时，应主动根据自身特点针对性地制定方案，充分发扬当地特色、优势，让合作社在当地背景下个性化发展，更适应当地条件，这样成长起来的合作社才能给当地村民带来更优的效益。

第五节　产业基地

一、农村产业基地的兴起

随着我国农业生产方式逐步由传统向现代集约型方向过渡，作为现代集约型农业示范窗口的农业科技园应运而生，并呈快速发展的势头。1993 年，北京首次建立了示范农场，该农场以展示以色列设施农业和节水技术为主，之后相继出现了仍以展示和应用世界农业高新技术与先进农业设施为主要内容的高效种植园、高新技术示范园等。[①]

农村产业基地对我国农业发展与乡村振兴具有显著意义和影响。农村产业基地可以构建现代农业产业体系，示范推广现代农业技术，大大提升传统农耕时代的生产效率。它培养了新型的农业经营主体，"小农小户"向集约化、规模生产发展。同时，它还创新了体制机制，拓展出农业功能的现代农业示范区。

二、产业基地的农业新模式

（一）"农业产业链"+"旅游产业链"双链共同发展

作为"陌新社会"的重要表现形式之一，我国的很多农业产业基地开启多链、双链共同发展，有效推动农村一二三产业融合，提高农民收益。[②]过去，它们仅以农业为生，现今开发了旅游产业链，大力发

① 郑坤，梁玉琴.我国现代农业产业园发展历程及未来趋势 [J]. 现代农业科技，2019(23): 237-239.

② 郑坤，田乙慧，区红星，等.基于农村产业融合发展的现代农业园区规划研究——以广西来宾农村产业融合示范园为例 [J]. 农村经济与科技，2018, 29(3): 23-26.

展服务业等，以农业产业基地为根基，建立参观、体验等项目，反向逆文化潮流吸引游客前来消费，获得新的经济来源。

传统意义上的农民变为产业链上游的主要建设者，即完成了从农业耕作者向产业工作者的转变。对于他们来说，经济收入结构的丰富同时带来了更加稳定的家庭生活保障。产业基地的产业融合，既满足了城市居民的休闲需要，又有效带动了当地经济发展。[①] 产业融合模式分类见表9-3。

表9-3 产业融合模式分类

产业融合类型	产业融合方式
产业整合型	种植与养殖相结合
产业链延伸型	以农业为中心向前后链条延伸
产业交叉型	如农业与旅游业、文化融合
技术渗透型	如信息技术的快速推广应用，使得网络营销、在线租赁托管等成为可能
综合型融合	综合运用现代工程技术、生物技术、信息技术等技术成果，最大限度地摆脱自然条件对农业生产经营活动的束缚，在相对可控的环境条件下，实现农业的周年性、全天候、反季节的企业化生产

案例9-5 甘肃省上关镇打造"生态康养田园小镇"

甘肃省华亭市上关镇以聚焦打造"生态康养田园小镇"为目标，努力把发展特色文旅资源优势转化为实实在在的发展优势，打造温华生态园拓展实训基地。利用人文和自然资源，释放乡村旅游"新"玩法，建成了集田园休闲、农事体验、拓展训练为一体的温华生态园拓展实训基地，提升该镇乡村旅游吸引力和竞争力。上关镇还计划深入挖掘乡村文化，进一步推进农旅融合发展，集中力量打造青少年素质拓展基地、蔬果采摘、欢乐农场、农耕体验等项目，实现"产、学、研、用"协同发展，开辟出一条以特色农业、休闲旅游、研学体验、劳动实践融合发展

---

① 周士锋，王旭东，赵国芳. 城郊休闲观光农业园规划初探——以洛阳市太阳雨休闲观光农业园为例 [J]. 江西农业学报，2011，23(5): 32-35.

的乡村产业振兴"新干线"，推动农民增收、农业增效、农旅增色。

资料来源：上关镇："基地"＋旅游 激发乡村振兴新活力 [EB/OL].(2023-04-26)[2023-07-20].https://travel.sohu.com/a/670656167_121106869.

（二）农产品深加工化，技术含量逐渐提高

伴随产业基地的建立，农产品的技术含量逐渐提高。各农村产业基地开始以"绿色""有机"为核心理念，以质量为导向，构建全产业链标准体系。这样的农产品更具有质量保障，相应也能卖出更高的价格，在市场中获得竞争力。

此外，在产业基地中二次加工、深加工给予农作物更长的储存时间与更高的附加值，销售利润同样提高，有利于偏远地区的农民找到新的生活出路，迈向共同富裕。加强开展农产品的认定工作，推动农业科技创新，成为我国农业的重大战略决策。[①]

（三）现代农业产业园的发展

在产业基地的基础上，我国部分农业密集、发达地区形成了现代农业产业园。该产业园是指在有一定资源、产业和区位特点等优势的范围内优先发展现代农业，从而在某空间形成产业群的聚集区。这是由政府引导、企业运作，在规模化种养基础上实施集约化生产和企业化经营管理，集科技研发、农业生产、休闲旅游、示范服务、生态保护、创新孵化等多种功能为一体的现代农业园区。[②]

现代农业产业园是新时代农村"陌新社会"的最直接体现，是新时期中央推进农业供给侧结构性改革、加快农业现代化的重大举措，是培育农业农村经济发展新动能和推进农民增收机制创新的重要载体。我国农业农村部、各级农业单位都高度重视农业产业园的发展，截至2022 年 1 月 7 日，已认定与创建四批国家现代农业产业园，并安排财政补贴资金。

---

① 全伟，郑红梅，庄翠珍.抓好农业科技类认定　推进云南高原特色农业科技创新 [J].云南科技管理，2013，26(4): 15-18.
② 许萍，郑金龙，孟蕊，等.国家现代农业产业园发展特点及展望 [J].农业展望，2018(8)：25-28.

三、产业基地发展问题

（一）农民利益联结机制不强

现代农业产业基地、产业园应当强调"以农为本，农民受益"的原则，坚持"姓农、务农、为农和兴农"的要求，带动当地农户就业增收，给农民带来真正的实惠。[①] 在提升经济效益的同时，为农民办实事，增强社会效益与农民获得感。然而，现今大部分基地与园区并没有设计符合双方需求的激励机制，与农民、农民合作社的利益联结不强，更多的是以订单、土地租金、提供就业等浅层次关系为主，没有提供可以带动当地农民参与、共同盈收，享受现代科技带来的农业增值收益的渠道。以农民为农业主体，壮大农村的集体经济与乡村建设发展，保障农民家庭的长期、可持续收益较为困难。

（二）资金来源单一，产业基地难成规模化

国家现代农业产业园创建强调："通过 PPP、政府购买服务、贷款贴息等方式，撬动更多金融和社会资本投入"。[②] 然而，在我国的产业园建设中，国家主要以补助的形式投入财政资金；产业基地多由企业投资，但通常规模不大。这种较为单薄、单一的资金来源与使用方式很难撬动金融和社会资本的能力，难以充分发挥财政资金"四两拨千斤"的导向性作用。虽然个别产业园积极探索 PPP 模式，但由于农业领域 PPP 模式尚无成熟案例可循，均停留在方案构想阶段，未实质性实施。[③]

（三）"胡子工程"现象频出，基地未进入实际运转

很多农业产业基地在建设的前期较为盲目，并没有进行合理的布局规划、发展考量，定位不明，与当地的乡镇建设、优势产业等匹配

---

① 佚名.省农委副主任夏季在全省现代农业产业园创建工作视频培训班上的讲话 [J].吉林农业，2017(19): 36-39.
② 两部门关于开展国家现代农业产业园创建工作的通知 [EB/OL].（2017-04-08）. https://www.gov.cn/xinwen/2017-04/08/content_5183798.htm.
③ 肖琴，罗其友.国家现代农业产业园建设现状、问题与对策 [J].农业工程技术，2020，40(12): 27-31.

度不高，不符合区域协调发展的方向。同时，一些企业、地方并不能很好地维持基地运营需要，存在半途而废、中途撤资的现象。这将大大消耗国民经济，不利于区域建设与民生保障。如 2021 年央视曝光贵州省毕节市纳雍县于 2015 年和当地企业合作计划建设的省级农业示范园区，开建不久后就烂尾，已投入的 862 万元扶贫资金打水漂，上百亩永久基本农田荒废 5 年，并拖欠村民土地流转金 57 万元等。[①] 江西、四川等地农业产业园均有"烂尾"现象出现。

四、产业基地建设重点

（一）严格管理，产业基地规范、统一发展

各地政府应抓紧、抓牢产业基地建设，加大监察与管理力度，跟进从投标到建设再到投入生产的全流程，规范产业基地的建设发展，避免出现"胡子工程"等资源浪费现象。完善奖励机制与惠民机制，深入贯彻落实党中央要求，将财政资金用到刀刃上去，带动地区经济发展与农民生活质量提升。同时，高度重视农产品的质量问题，建立统一安全标准，绿色生产，保障人民的食品安全。[②]

（二）完善配套设施，打造山清水美的现代化产业基地

产业基地建设是改善农村生产生活条件的一大机遇。产业基地应当着手提升社会效益，完善配套设施改善当地农民的生活质量。一则惠民利民，二则产业基地口碑的建立还将促进当地旅游业发展。良好的村落民居，既是新农村的形象和标志，也关系农民的生存环境和生活质量。加快构建新型村落村庄，建设新型民居，改善村容村貌和农村人居环境，有利于打造山清水美的现代化产业基地，推动第三产业进步与产业基地的长久、可持续发展。

（三）管理现代化，品牌市场化，推进规模运营进展

产业基地要真正对接到市场中去，加强品牌建设，打造人民吃着放心的良心菜品牌，加强在市场中的竞争力。推进管理的现代化，提

---

① 央视曝光贵州扶贫项目 862 万元打水漂：农业园区刚开建就烂尾 [EB/OL].（2021-09-08）https://baijiahao.baidu.com/s?id=1710324483362284308&wfr=spider&for=pc.

② 柳兆春. 现代农业产业园经营不良的原因分析 [J]. 现代园艺, 2017(19): 36-37.

升管理者的综合素质与能力，加强基地内部的人力资本水平，规范管理基地，带动产业基地的现代化生产与运营。^①真正做到持之以恒利民、惠民，推动农村进步与发展的规模产业。

第六节　企业

一、乡镇企业是推动乡村经济发展的重要成分

乡镇企业是对生产经营地点位于中国农村地区的各类企业的称谓，是中国农民的伟大创造，是具有中国特色的经济形态和企业类型，是我国农村集体所有制的另一重要形式。20 世纪 80 年代以来，乡镇企业的发展经历了几次反复，现在已经成为农村经济的重要支柱，并且成为我国国民经济的重要力量。目前，我国从事农业、农业服务业的企业超过 370 万家，其中 39% 的相关企业为个体工商户。^②

在中国城乡二元格局的背景下，农村企业是促进农民就业和增收的重要方式和载体，为增加农民收入、繁荣农村经济和促进城乡协调发展作出了历史性贡献。截至 2019 年，农业产业化龙头企业 8.7 万家，其中国家重点龙头企业 1 243 家。新主体的大量涌入、新技术的广泛应用、新功能的持续拓展，推动乡镇企业纵向延伸、横向拓展，呈现"农业 +"态势。

"种植 +"林牧渔，催生鸭稻共生、蟹稻共生、鱼稻共生等内部循环型农业，稻鱼综合种养面积超过 3 000 万亩。"农业 +"加工流通，催生中央厨房、直供直销等外部延伸型农业，2018 年主食加工业营业收入达 2 万亿元。"农业 +"文化、教育、旅游、康养等产业，催生乡村休闲旅游业，2018 年接待游客 30 亿人次、营业收入超过 8 000 亿元。"农业 +"信息产业，催生在线农业、数字农业等智慧型农业，农村网

---

① 包乌兰托亚.我国休闲农业资源开发与产业化发展研究 [D].青岛：中国海洋大学，2013.

② 推进乡村振兴 2020 年我国新增近 54.6 万家农业相关企业 [EB/OL].（2021-02-22）.https://baijiahao.baidu.com/s?id=1692391361284843045&wfr=spider&for=pc.

络销售额突破 1.3 万亿元，其中农产品网络销售额达 3 000 亿元。乡村服务业创新发展，各类社会机构开展农资供应、代耕代种、统防统治、烘干收储、批发零售、养老托幼、环境卫生等生产性和生活性服务业，2018 年农村生产性服务业营业收入超过 2 000 亿元。①

二、乡镇企业发展的困难

（一）乡镇企业以劳动密集型为主，结构有待调整

乡镇企业仍然以高人力输入、低效益输出的劳动密集型产业为主。这类产业往往为消耗型的工业，技术水平不高，生产附加值较低，且存在过度破坏环境资源的可能。这种状况的形成与我国农村地区劳动力禀赋高，人力资本水平较低有关，但会带来比较严重的环境问题与区域经济难以发展、进步的问题。提高技术含量，改变生产模式，调整生产结构，是乡镇企业亟待解决的问题。

（二）财务管理不规范，多以"家族式"经营

乡镇企业的财务管理意识普遍较为薄弱，甚至仍以家族式管理为主导。部分中小型企业没有完善的财务核算机制，存在着收入不入账、坐支现金、虚设会计科目、物资管理混乱等一系列问题。② 同时，管理层权责归属不明、盲目决策等问题也容易暴露出来。这极大地降低了企业的生产效率与发展潜力，不利于企业的规模扩大与进步。

（三）乡镇企业融资困难

在前一点的基础上，由于部分乡镇企业的财务管理能力不足，对企业财务状况信息掌握不全，难以向银行等金融机构提供财务记录。此外，乡镇企业由于启动资金不足、固定资产贫瘠，还缺乏可靠的债务担保。因此，乡镇企业往往面临着融资困难的窘境，银行等金融机构难以为乡镇企业提供足量贷款。

民间资本同样对乡镇企业的投入较低。以农业为核心的企业盈

---

① 我国乡村产业发展情况是怎样的？[EB/OL]．（2019-07-23）．http://guoqing.china.com.cn/zhuanti/2019-07/23/content_75022262.htm.

② 王颖，戚英雷．乡村振兴战略下农村企业发展问题及对策研究 [J]．时代经贸，2018(25): 41-42.

利空间不高，融资较为困难。且民间借贷尚不成熟，不能为企业发展提供帮助。然而，农村企业对融资的有效需求十分旺盛，随着市场经济的不断完善和农业产业化、规模化发展对资金需求扩大，融资已成为"三农"经济发展的重要方式，解决乡镇企业融资难问题日益重要。[①]

（四）销售渠道单一，市场化体系不健全

尽管中国已进入"互联网+"时代，但农村企业的产品销售渠道还是比较传统、单一，部分农村企业仍坚持原有的产品销售模式，流通环节繁多，流通速度慢，产品去向狭窄。从某种意义上来说，它们并未向市场接轨，开放经营不足，且市场没有健全农村企业的销售体系。近几年来，中国农村企业的线上销售规模已呈现出快速增长的趋势。根据中国电子商务研究中心发布的数据，2020年中国农村电商交易规模达到11.8万亿元人民币，同比增长8.8%。但目前大多数农村企业的线上销售规模所占比例仍然较小，与城市地区相比，农村企业的线上销售规模仍有差距，未能充分利用"互联网+"的技术优势增加营业额。品牌影响力较差，拓宽新渠道的前期建设存在一定困难。[②]

三、乡镇企业腾飞展望

（一）规整企业管理制度，明确人员分工

乡镇企业想要长久发展，必须规整企业的各项管理制度。建立统一化作业流程体系标准，对各类人员的分工职责与工作要求作出书面的成文规定。鼓励能者居上，不以人情谈工作，不以家族关系决定决策权归属。以企业发展利益为核心追求，各司其职，推进企业工作有序化、规范化是中国农村企业面向新时代、面向未来的必然要求。

---

① 中国人民银行上饶市中心支行课题组.我国农村融资现实审视与制度重构[J].金融研究，2006(1)：149-159.

② 黄慕华，陈瑞，王雪.农村中小型企业销售渠道探讨[J].产业与科技论坛，2019，18(24)：218-219.

（二）政府做好融资保障工作，辅助乡村小微企业发展

政府应加大对乡镇企业的关注与支持，为小微企业的起步和后续运营提供资金方面的帮助与保障。以多种形式，如专业人才培养与输送，地方政府辅助企业进行自治、信用担保，为企业与银行等金融机构牵线等推动乡镇企业的发展。适当放宽对农村金融业和金融市场的限制，为小微企业提供必要支持，降低市场进入门槛。成立农村中小型企业发展指导中心，并建立农村中小企业发展创业投资基金和中小企业信用担保基金、农业发展风险基金等。[①]

（三）"互联网+"乡镇企业，赋能专业水平

互联网技术的迅猛发展改变了人们的生产与生活，为企业的生产与管理模式创造了便利条件，为传统的农业产业提供了新的发展动力。[②]乡村振兴战略的实施，使农村企业的发展面临较大机遇的同时也面临严峻的挑战，由于市场竞争越来越激烈，农村企业唯有形成核心竞争力，才能谋得发展的一席之地。为此，对于农村企业而言，应借助智能化的管理技术和方法，推进企业的专业化发展。[③]如山东省基本建立了17市小微企业和农村地方数据库，对小微企业生产经营、财务报表、行政许可与奖惩、公共事业等33大类信息进行收集，取得良好成果。[④]

乡镇企业应当尝试建立信息化管理系统机制，拓宽多元融资渠道。将互联网优势引入企业生产中去，以信息流融合的思想指导传统思想的转变，提升企业经营水平，改善企业的盈利状况，便捷企业发展与扩张。同时，乡镇企业还可以致力于互联网营销和传播，努力在品牌建设、多渠道推广、内容营销和数据分析优化等方面寻求突破，以建

---

① 何广文，欧阳海洪.把握农村金融需求特点 完善农村金融服务体系[J].中国金融，2003(11): 15-17.

② 魏括."互联网+"时代农村企业财务管理模式创新思路[J].农家参谋，2017(21): 216.

③ 张仲雯.乡村振兴战略的实施与农村企业管理的规范化发展[J].农业经济，2019(4): 41-43.

④ 山东17市建小微企业和农村地方数据库 健全信用体系[EB/OL].(2015-10-14). https://sd.ifeng.com/zbc/detail_2015_10/14/4445614_0.shtml.

立独特的品牌形象、扩大市场覆盖、创造有价值的内容并通过数据驱动的优化提升营销效果。突出乡镇企业的特色和价值，通过互联网渠道传播品牌故事。

第七节　本章小结

综上所述，本章从农村家庭出发，认为中国的乡村社会以家庭为个体基础单位，组成宗族的伦理体制。宗族在新时代下瓦解与重建，发挥新的作用，参与到以村"两委"为治理核心的村务工作中去。而后，村"两委"联合专业合作社、产业基地、乡镇企业等乡村组织，振兴乡村发展，带动共同富裕。

在家庭方面，本章主要关注了乡村家庭的变化现状，包括家庭权力的下移、妇女地位的上升、亲子关系的变化、兄弟姊妹关系的互惠与失衡等问题，同时还探讨了农村家庭的功能和问题。在宗族方面主要讨论了宗族制度的瓦解与消亡，以及对宗族的争议，包括传统宗族模式的介绍、新时代下宗族的瓦解和宗族制度、宗族关系、宗族秩序等方面的问题，以及新宗族的重构、新的价值取向和路径规划。村"两委"部分主要介绍了村"两委"在乡村振兴中的关键作用。其包括村"两委"的职能与定位、村"两委"之间的关系，以及村"两委"建设面临的困境和发展展望，如乡村"空心化"、政治冷漠化、治理不因地制宜等问题。而后承接了农业合作社的发展现状、意义以及面临的问题，包括农业合作社的蓬勃发展、规模受限的原因（如劳动力、生产资料和农民素质等方面）、合作社发展的可能性探索等。在产业基地部分，主要讨论农村产业基地的兴起、农业新模式及相关问题，如农业产业链与旅游产业链的共同发展、农产品深加工、现代农业产业园等方面的问题，同时探讨产业基地发展面临的问题和重点建设。在企业方面，主要关注了乡镇企业在乡村经济发展中的重要性、发展困难和展望，包括乡镇企业的结构调整、财务管理、融资困难、销售渠道等方面的问题，同时提出了乡镇企业规整管理制度、政府支持融资和利用互联网等方面的建议。

本章以当今乡村中具有结构性意义的组织为脉络，从厘清组织作用的角度出发，围绕我国乡村的内禀属性及特定的时代背景，探究 20 世纪以来"陌新社会"中不同的乡村组织如何架构起乡村的社会关系网络，以及它们在乡村振兴中做出的努力，并试图从中把握我国乡村组织建设发展的合理定位与未来发展趋势，从而为当今研究者对"中国乡村组织"加深认识、找到适合中国乡村的发展路径提供学术支撑。

第十章
乡村振兴之路

乡村兴，百业兴；"三农"稳，天下安。随着时代的进步和发展，我们所需要的乡村振兴不再是单一领域、单一方面的振兴，而是既包括经济、社会和文化振兴，也包括治理体系创新和生态文明进步等在内的全面振兴。[①]

随着经济与社会的高速发展，我国传统乡村以血缘、乡风民俗和关系为纽带连接所形成的差序结构"熟人社会"，正在逐步被以利益联结为关联，以规制、契约为纽带连接的利益关联的"陌新社会"所取代。如何在适应这种嬗变的同时实现乡村振兴，是我们亟须思考的重要问题。

必须立足中国社会、中国农村社会的独特特点，走出一条有中国特色的乡村振兴道路。[②]党的十九大提出了乡村振兴战略，要按照"产业兴旺、生态宜居、乡风文明、治理有效、生活富裕"的总要求，坚持农业农村优先发展。党中央、国务院作出战略部署，要通过几十年的努力实现乡村的全面振兴。本章将从乡村政治、经济、文明、生态等发展的基本方面出发，讨论探究全面实施乡村振兴战略下推动农业全面升级、农村全面进步、农民全面发展的路径。

---

① 魏后凯.如何走好新时代乡村振兴之路 [J].人民论坛·学术前沿，2018，139(3): 14-18.

② 刘彦随.中国新时代城乡融合与乡村振兴 [J].地理学报，2018，73(4): 637-650.

第一节　兴旺（发展生产）

乡村振兴五大目标是产业兴旺、生态宜居、乡风文明、治理有效、生活富裕，其中，"产业兴旺"是解决农民农村生存和生产问题的重点，其顺利实现不仅是对广大农民的迫切需求的重要回应，也是国家发展全局的关键一环。

2022 年中央一号文件《中共中央 国务院关于做好 2022 年全面推进乡村振兴重点工作的意见》提道，要稳住农业基本盘、做好"三农"工作，持续全面推进乡村振兴，确保农业稳产增产、农民稳步增收、农村稳定安宁，乡村振兴战略正以崭新的姿态全面推进。[1] 发展乡村产业，要把握和顺应经济社会发展规律，以满足市场需求为基础和导向，以各类乡村资源为依托，因地制宜地选择适合本地的乡村产业。

一、促进乡村产业融合与多样化发展

乡村振兴归根结底是发展问题，经济增长是乡村发展的核心。乡村产业是指依托于特定的人地关系地域系统及农业农村资源禀赋，以农村一二三产业融合发展为核心，是实现乡村全面振兴的经济基础，是解决乡村一切问题的前提。[2] 乡村产业包括经济、社会、生态等多重功能属性[3]，产业兴旺与生态宜居、乡风文明、治理有效、生活富裕紧密相关，是实现乡村振兴目标最直接的推动力。[4]

在中国乡村振兴背景下，产业兴旺在实现乡村全面发展中起到引领作用。产业的发展需要建立和健全包括生产体系、供应体系、加工体系、销售体系和服务体系在内的综合体系。其中，农业生产体系是乡村产业发展的重要基础。要通过技术培训、科技创新等手段提升生

---

[1]　邵一弘 . 巩固脱贫成果 助力乡村振兴 [N]. 南方日报，2022-07-06(A08).

[2]　罗其友，伦闰琪，杨亚东，等 . 我国乡村振兴若干问题思考 [J]. 中国农业资源与区划，2019，40(2): 1-7.

[3]　杨亚东，罗其友，杜娅婷，等 . 乡村振兴背景下的"产—景—村"融合发展：现状与对策 [J]. 中国农业资源与区划，2021，42(3): 232-239.

[4]　郭婷婷 . 乡村振兴背景下产业兴旺的现实困境和优化路径 [J]. 南方农机，2023，54(6): 101-103.

产技能和品质水平，加强农业标准化生产建设，推广绿色生态农业技术，提高农作物产量和品质；同时要构建完善的供应体系，强化农资供应和物流配送，保证农业生产的顺畅进行。

产业融合是实现农民增收、农业发展和农村繁荣的重要途径。2015 年中央一号文件首次提出"农村一二三产业融合"，此后历年中央一号文件、规划、报告等不断提及并完善。农村产业融合是一种以农业为基础，推动一、二、三产业融合的新型农业发展模式[1][2]，并通过技术赋能、产业链延伸等手段，解决农村发展问题，实现农民增收和乡村繁荣。[3][4]

传统乡村受交通不发达、生活活动空间半径短、封闭半封闭式小农经济等因素影响，主要属于生存依赖型，即（生产＋生活）型社区，而且更多地属生产型社区，主要从事农业生产；而随着改革开放的进一步深入，乡村正从生存依赖型，即（生产＋生活）型社区向未来乡村生活居住型，即（生活＋生产）型社区转变：基建设施的广泛建设使得交通设施日益便利，乡村居民外出务工、学习、消费的机会日益增加，交流开放程度日益提升；人口空间流动性的日益增强使得乡村居民居住地与职业的关系不断弱化，乡村社区的居民呈现出多类型、多流动的趋势，不同来源地、职业身份、思想意识、生活习惯的居民在同一个空间内交汇、流变，乡村逐渐过渡到所谓的"陌新社会"。

因而在完善传统产业、构建产业链条的基础上，也需要发掘和培育特色产业，将其他相关的产业与农业相融合，相互促进和支持，形成多元化的乡村产业结构，实现创新发展的现代化乡村产业可以利用当地资源和优势，吸引人才和投资，产生更多的就业机会和经济效益。

本书根据产业的类型、功能、服务对象、产出形式等因素，依照

① 于刃刚. 三次产业分类与产业融合趋势 [J]. 经济研究参考，1997(25): 46-47.

② 李佳伟. 乡村振兴战略背景下福建农村产业融合发展研究 [D]. 厦门：集美大学，2020.

③ 叶锋，马敬桂，胡琴. 产业融合发展对农业全要素生产率影响的实证 [J]. 统计与决策，2020，36(10): 87-91.

④ 张裕冬，周华，刘汉威，等. 乡村振兴战略背景下农村产业融合现实困境与发展对策——以粤西地区为例 [J]. 农村经济与科技，2022，33(13): 20-23.

农业农村产业生产、转化、服务、消费的逻辑，将农村产业按现代特色农业、农产品加工业、农业生产性服务业、农村生活性服务业、乡村建筑业、乡村文化产业 [①] 六个方面产业融合的发展方向和路径予以介绍（图 10-1）。

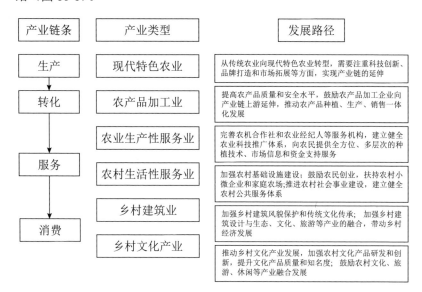

图 10-1　农村产业现代化发展路径

（一）推动现代特色农业科技创新，实现规模化、融合化、多样化发展

习近平总书记指出"要鼓励和扶持农民群众立足本地资源发展特色农业、乡村旅游、庭院经济""要扶持新型农业经营主体，培养造就新型农民队伍，把现代特色农业这篇文章做好"。[②] 发展特色农业是我国农业结构战略调整的要求，是提高我国农业国际竞争力的要求，是增加农民收入的迫切需要，应进一步通过新技术、新模式加强农业基础设施建设，推动农业生产方式转型升级，培育新品种、新产品，增进农业经济效益。

① 依据《关于促进乡村产业振兴的指导意见》《乡村振兴战略规划（2018—2022年）》等对于乡村新兴产业进行分类。
② 关于乡村振兴，总书记这样强调 [EB/OL].(2021-03-11). http://www.qstheory.cn/laigao/ycjx/2021-03/11/c_1127198193.htm.

与传统农业以满足人们的基本生活需要不同，特色农业着眼于满足人们对农产品日益增长的多元化、个性化的需求为目的，需要在发展过程中进一步强调以市场需求为基础和导向以及产品质量的提升；强调地域来源的特殊性和供给产品的特色性，塑造地域特色产品品牌，即"人无我有""人有我优""人优我特"，用高品质、特色化的农产品占据特殊的市场地位，使之成为农民增收就业的重要途径。

我国目前的特色农业呈现创新化、融合化、多样化发展，依据地方特色和生产特点涌现出多种多样的类型。按生产部门或产出种类划分，可以将特色农业分为特色种植业、特色林果业、特色养殖业、观光休闲农业等。

发展现代特色农业，应以科技创新为驱动，积极引进高新技术和优良品种，提高农业生产效率和品质；加强生态保护和资源利用，推行生态农业、有机农业等可持续发展模式，提高土地利用效率，进一步促进农业技术转移与推广，推动农业生产方式转变。在消费者对农产品的需求日益呈现高品质化、健康化、环保化的当下，应进一步提高农产品的品质、安全性和附加值，促进农业特色化、产业化、集约化多维发展。

（二）加快发展生活性服务业，促进保障和改善民生

生活性服务业领域宽、范围广，与人民群众生活和经济社会发展都密切相关，乡村生活性服务业的发展，是推动农村地区经济增长动力转换的重要途径，也是使农村居民群体充分获得生活保障、改善民生的重要手段。[①]

生活性服务业主要包括居民和家庭服务、健康服务、养老服务、旅游服务、体育服务、文化服务、法律服务、批发零售服务、住宿餐饮服务、教育培训服务十大方面。但现如今我国农村地区生活性服务业发展相对滞后，"不便利"的问题依然突出。农村地区便利店多为路边店、夫妻店，高品质、服务辐射半径大的连锁商超设施

---

① 国务院办公厅关于加快发展生活性服务业促进消费结构升级的指导意见：国办发〔2015〕85号 [EB/OL].（2015-11-22）. https://www.gov.cn/zhengce/content/2015-11/22/content_10336.htm.

少。与较为完善的城市社区"一刻钟生活服务圈"相比，远郊农村地区生活性服务业没有形成点线面的网络布局，农村群众日常生活用品消费，大多数靠赶大集的现状并未从根本上解决。家电修理、配钥匙、修鞋等服务摊点，大多集中在镇上或大一点的村庄，对于普通村庄居住的农村群众非常不便利，"便利性"与"安全性"两大问题亟须解决。[①]

从需求侧来看，农村生活性服务业的发展具有十分广阔的空间。人口结构的变化及国民生活水平的提高，使得人民对于就医、健身、养老、旅游、运动、环保等与健康相关的需求日益增加，健康产业具有较大的发展空间和发展潜力，健康中国建设正当其时。

从需求结构上看，随着我国农民收入水平的持续提高，生活观念和生活方式的不断变化，对于生活性服务的需求也日渐多元化、高质化；从需求规模上看，随着农村基础设施改善和生态环境保护意识的加强，美丽的田园风光、清新的空气和良好的人居环境，会吸引大量人口回归农村养老康养、休闲旅游。

在民生需要与产业发展的良好空间的驱动下，我国基层政府应进一步加强政策支持，鼓励农民创业，扶持农村小微企业和家庭农场，发展农村电商、农产品特色加工等产业；完善服务体系和设施，加强农村基础设施建设，完善农村物流、仓储、水利、电力等基础设施建设和服务，提高农村生产生活条件，引导社会资本进入农村生活服务领域；推进服务供给侧结构性改革，推进农村社会事业建设，建立健全农村医疗、教育、文化等公共服务体系，提高服务效率和质量，进而提升农村居民生活质量。

（三）支持农业生产性服务业企业发展，提高服务效率和水平

农业生产性服务业指为农业生产过程提供专业技术、咨询、信息、物流、金融等支持服务的一类产业。随着农村经济结构、社会结构、文化结构的发展变化，推进农业现代化的过程也是农业产业链延伸和农业服务化的过程，因而发展农业生产性服务业显得至关重要。[②]且因

---

① 张祝华. 优化农村地区生活性服务业发展 [J]. 北京观察，2023(1): 65.

② 姜长云. 关于发展农业生产性服务业的思考 [J]. 农业经济问题，2016，37(5): 8-15，110.

为农业生产性服务业广泛的产业工作内容和工作性质，可对于解决农业劳动力非农化、老龄化等问题提供有效解决途径。[1]

农业生产性服务业的发展需要进一步推进农村金融保险、农机技术、产品分级等服务的社会化和专业化，完善农机合作社和农业经纪人等服务机构，提高服务质量、效率和水平。引导社会资本进入农业服务领域，鼓励农业龙头企业和专业合作社向农民提供全方位、多层次的种植技术、市场信息和资金支持服务，推动服务业与农业企业的深度融合，增强服务业的市场竞争力，建立健全农业科技推广体系，开展农技示范、培训和咨询服务，提高农民科技素质，为千家万户农民产前、产中、产后服务提供有力保障。

（四）提升农产品加工业技术水平，推动农产品产业链一体化发展

农产品加工业是指利用先进的加工技术，将农业生产的原材料进行初加工、深加工和精深加工，转化为更高附加值的农产品的一类产业，包括食品加工、药品加工、木材加工等。但从总体上看，我国目前农产品加工工业化水平极低，小作坊、小摊贩等个体散户仍然是生产和供应的主体，产品的质量、安全、卫生难以保障，农产品加工业行业大而不强、增长方式粗放的问题十分突出。

随着我国的国民收入不断提高，消费者对于食品消费趋向多样化、个性化、健康化，方便食品、休闲食品、功能食品、保健食品的市场需求也快速增长，推动农产品加工业不断创新，向多元化方向发展。

各地应根据市场需求和资源条件，加强政策支持，加强农产品品牌建设和质量监管，提高农产品质量和安全水平；加强标准化建设和质量控制，提高农产品品质和安全性，积极发展适合本地产业特点的农产品加工业，鼓励农产品加工企业向产业链上游延伸，推动农产品种植、生产、销售一体化发展，延长农业产业链、就业链和效益链，拓展市场渠道和营销模式，增强市场竞争力，拉动农业农村经济和县域经济发展。

---

[1] 姜长云. 发展农业生产性服务业的模式、启示与政策建议——对山东省平度市发展高端特色品牌农业的调查与思考 [J]. 宏观经济研究，2011，148(3): 14-20.

（五）发挥乡村建筑业带动作用，营造美丽乡村宜居景观

乡村建筑业是指利用传统的建筑技术和材料，建造具有乡村特色的建筑物，如田园别墅、农家乐、民宿等，打造出富有田园风情的乡村建筑景观。党的十八大以来，在创新、协调、绿色、开放、共享的新发展理念引领下，我国乡村建筑业生产规模不断扩大，吸纳就业作用显著，支柱产业地位不断巩固，农村基础设施和人居环境的改善为农村建筑业发展提供了强劲持久的动力。

乡村建筑业通过改善乡村居住水平、基础设施和生态环境，推动实现城乡人民共享发展成果。截至 2020 年，全国乡镇排水管道长度22.2 万千米，比 2012 年增加 7.5 万千米。同时，农村信息基础设施建设也取得新进展，行政村通光纤、通 4G 比例超过 99%，村村通宽带全面实现，农村地区互联网普及率也提升至 57.6%。[①] 乡村建筑业的平稳发展不断为社会提供新就业岗位，为吸纳农村剩余劳动力、缓解社会就业压力作出了重要贡献。

在乡村建设和人居环境的改善中，基层政府应进一步重视发展农村建筑业，制定适合农村特点的建筑业管理标准，加强农村建筑施工队资质管理，规范农村建筑市场；加强产业合作和市场开拓，提高市场竞争力和服务质量，推行绿色建筑理念，推广绿色住宅、节能建筑等，实现可持续发展的同时，加强乡村建筑设计与生态、文化、旅游等产业的融合，持续发挥乡村建筑业对于改善乡村居住水平与生态环境、吸纳就业等方面的重要作用。

（六）推动乡村文化产业发展，加强乡村文化资源挖掘

乡村文化产业指通过挖掘和利用乡村文化资源，开发更多乡村文化旅游景点，产生更多文化类产品，并形成一个以文化产业为主导的乡村经济活动领域。

我国当前部分农村地区仍然面临较为突出的精神文化建设问题，农村基础设施不健全、建设主体缺位等因素使得农民对健康向上精神

---

① 建筑业高质量大发展 强基础惠民生创新路——党的十八大以来经济社会发展成就系列报告之四[EB/OL].（2022-09-19）. https://www.stats.gov.cn/xxgk/jd/sjjd2020/202209/t20220920_1888501.html.

文化的需求无法得到满足。我国目前乡村文化经济主要局限于观光旅游、传统工艺产品制作、民俗演艺等传统领域，开发主体单一，产业科技含量低，创意设计浅层化，在区位条件限制、基础设施落后、资源供约束的瓶颈下文化产业难以实现自我成长，无法在可持续发展的前提下为乡村产业振兴和乡村文化振兴注入强劲动能。[①]

案例 10-1　重庆华溪村——挖掘文化资源，推动农文旅产业融合

重庆市华溪村是曾经的集中连片特困区域——武陵山片区的典型贫困村之一。为不断扩展农村资源内涵，华溪村决定深度挖掘文化资源。

一方面，华溪村有序推动谭家院子戏台建设，培育壮大华溪土戏非遗队伍；深度挖掘中华蜂蜜文化，通过在农房外墙画漫画或建设蜜蜂科普馆，不断传承"守蜂人"精神；组建 40 余人华溪村坝坝舞队、腰鼓队，组织评选勤劳致富、乐于助人、公道正派等华溪年度榜样，不断提升村民的知识文化水平。另一方面，深度挖掘旅游资源，如清理出溶洞、天坑、溪流、奇峰、缺门山、蛮王寨等文化旅游资源。华溪村还是土家族世代居住生活的场所，土家风情、民俗文化作为旅游资源，也通过"三变"改革开发利用，支撑村民增收。

资料来源：雷明，王钰晴. 交融与共生：乡村农文旅产业融合的运营机制与模式——基于三个典型村庄的田野调查 [J]. 中国农业大学学报（社会科学版），2022，39(6): 20-36.

乡村文化产业未来的发展方向应以文化产品开发、文化旅游等形式为主导，进一步注重文化创新和产业融合。推动中华传统文化价值现代化表达与形象化传播的同时，加强农村文化产品研发和创新，提升文化产品质量和知名度，拓展市场渠道和营销模式，提高产品的影响力和市场竞争力，创建一批文化特色鲜明、功能齐全的文化产业园区和文化创意小镇，促进文化产业发展，促进乡村一二三产业协调发展以及打开城乡要素互联互通全新的通道，进而带来农业生产、农村

[①]　范建华，邓子璇. 数字文化产业赋能乡村振兴的复合语境、实践逻辑与优化理路 [J]. 山东大学学报（哲学社会科学版），2023，256(1): 67-79.

生活和农民生计模式的创新转化与持续优化。

二、乡村地区实现产业兴旺的优化路径

在农村产业发展中，市场逻辑和政府逻辑是相互关联和相互作用的。市场逻辑强调供需关系、竞争优势、市场机制等，而政府逻辑则强调公共利益、社会公平、规则制定和监管等。市场逻辑通过价格机制、供求机制和竞争机制，推动农村产业发展，引导资源的有效配置和优化，推动农民创业创新，提高农村经济效益。政府逻辑则通过制定相关政策、提供公共服务和基础设施建设等，为市场的正常运行提供保障和支持，维护市场秩序，促进农村产业的健康有序发展，实现产业兴旺（图10-2）。

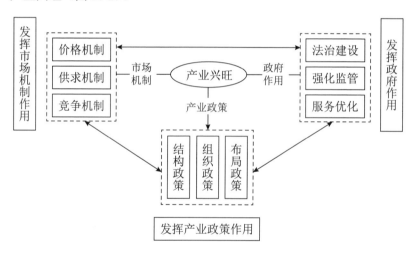

图 10-2　产业兴旺发展逻辑

（一）立足乡村实际，强化资源整合与产业融合

乡村产业的发展必须"因地施策"，针对每个乡村的不同特点，准确定位，找到适合的产业发展，制定特色产业发展计划，确定发展方向和目标，不能千篇一律。若盲目搞创新、促多元，可能会因为各种主客观原因导致无法长久持续，造成资源的浪费，消磨村民的积极性与信心，对于乡村产业体系的建设和运行破坏性很大。在立足乡村实际的基础上，应进一步通过顶层设计强化资源整合与不同产业融合。

案例 10-2　广西南宁：立足实情，实现资源整合与优化配置

广西南宁市立足市情，研究制定南宁市现代特色农业示范区建设增点扩面提质升级的三年行动方案，强调要通过制度改革、技术升级、产业升级、三产融合、品牌创建等措施推动现代特色农业示范区建设，积极整合各级财政基金与涉农资金，发挥龙头企业在示范区建设的主力军作用，着力构建以龙头企业为核心，农民合作社为纽带，家庭农场和专业大户及普通农户为基础的新型农业经营体系；根据已形成的蔗糖加工产业、畜禽加工产业、牛奶加工产业、饲料加工产业、桑蚕加工产业、林纸加工产业、优质粮加工产业、花茶加工产业等农产品加工优势产业，新增建设一批农产品加工技术研发专业分中心和农产品加工技术集成基地，构建了示范区农产品采摘、加工、分拣、包装、冷链、仓储、运输等农产品流通网络体系；加强与电商的合作，着力构建市、县、乡、村电子商务网络体系，开展专业化分工与合作，实现土地、资金、技术、人才和信息等要素的优化配置。

资料来源：谢振华，蒋秋谨，周娟.南宁市现代特色农业核心示范区发展的实践分析 [J].当代农村财经，2022，312(9): 52-54.

以广西壮族自治区南宁市现代特色农业核心示范区发展的实践经验为例，在立足乡村实际的基础上，应进一步通过顶层设计强化资源整合与不同产业融合。针对每个乡村的不同特点，准确定位，找到适合的产业发展，制定特色产业发展计划，确定发展方向和目标，不能千篇一律。

（二）加强组织建设，激发原有的人才活力

人才振兴是乡村振兴的基础。然而因为我国的城市化与城乡发展格局，农村劳动力大量外流以致乡村劳动力短缺，进而使得农村产业发展受限。

案例 10-3　广西毛竹山村——吸引人才力量，实现共生协同

2002 年伊始，当地政府号召毛竹山群众种植葡萄，并多次组织有能力的村民外出学习考察葡萄等经济作物的种植与产业发展。村民王

海荣、王世迁等大胆尝试，成为首批成功引进高品质葡萄种植技术的创业领头羊。第一年，这些带头村民种了50多亩并喜获丰收，亩产值达到8 000多元。同时，村干部也积极引导村民调整农业产业结构，形成统一品种、统一技术、统一销售的"三统一"产业发展经验，给种植户提供保障，让群众看到实实在在的效益，彻底打消了老百姓的顾虑。

此后，村民纷纷主动投入葡萄种植行列，大量土地改种葡萄。一位村民说："过去我家主要种水稻，或者打零工，一年到头也就不到5 000元的收入。后来在村里党员的带头下，改为种葡萄。一开始担心亏本，只种了两亩，没想到葡萄收获后产量和收成都特别好，去年家里靠葡萄收入十几万元，比种水稻好多了。"全村葡萄种植面积从2002年的19亩发展到2021年的320余亩，年人均纯收入达3万元，高于全市、全区、全国平均水平，生活居住条件有了翻天覆地的变化。

资料来源：雷明，王钰晴.交融与共生：乡村农文旅产业融合的运营机制与模式——基于三个典型村庄的田野调查[J].中国农业大学学报（社会科学版），2022，39(6)：20-36.

在我国乡村社会中，社会力量的引领在激励人才、产业振兴中发挥着十分重要的作用。要解决乡村劳动力短缺的问题，一方面，在乡村内部，要培育乡土人才，激发原有的人才活力，加强对农村优秀专业人才的技术培训，培养更多实践能力强、技术经验丰富、眼光长远、学习能力优秀的乡贤能人，通过充分发挥乡贤能人的引领和带动作用，促进村民接受、实现村民团结、动员村民参与，增强村集体的凝聚力和行动力，进一步促进乡村产业繁荣发展；另一方面，要继续加强外部人才引进与下沉，鼓励人才深入群众。

第一，继续深化拓展与职业院校、科研院所、企业的合作，联合培养领军人才、青年科技人才和高水平创新团队，选优配强"引路人"，坚持把政治标准放在首位，采取"跨村交流一批、机关选派一批、本村选拔一批"的方式。第二，在各级政府的政策支持与资金保障下，建立引进人才在村工作报酬逐年增长机制，高技能专家人才开展技术指导、学术交流，柔性引进从源头上为乡村振兴提供长效人才支撑。第三，在持续激发人才活力的基础上，进一步加强党组织建设与深化党组织在乡村产业振兴中的引领和支持作用。基层党组织需要充分发挥在群众中的引领与凝聚作用，通过深入基层、深入群众以充分了解村庄实情，因地制宜整合规划地区资源，统领发展特色产业与打造乡村特色品牌；在推行过程中进一步加强对于村民的宣传教育，积极动员村民参与到产业建设与创新的实践中。

（三）优化保障机制，促进产业生产要素流动

在乡村振兴的具体实践过程中，资金、技术和土地是重要的产业生产要素。

农业农村属于一般公共预算优先保障领域，要进一步加大农业农村的政策和资金倾斜力度，统筹城乡发展，加速资金、技术、人才、金融等生产要素的流动[①]，合理规划乡村土地资源，在生产要素层面优化保障机制。

1. 畅通农村金融服务助力产业发展

农村金融服务是农村产业规模化扩张、标准化运营的重要内容。随着经济水平的提升，我国农村金融组织和金融体系逐步完善，使得农村金融在农村产业结构优化与规模扩张中发挥着更加重要的作用。[②]

我国农村金融仍然存在一系列壁垒。我国农村金融市场相对发展缓慢、闭塞，且我国农村金融供给存在明显的东西部差异[③]，农村市场尤其是低资源地区、边远地区的农村市场风险较高，投入产出比也远远不如城市地区，导致多数商业银行机构缺乏足够激励在农村地区开展业务。我国农村地区目前主要的金融机构为农村信用社，其在农村的垄断地位和相对稳定的收入流导致其对于金融产品与金融服务的创新性不强，出现难以满足农村产业需求的问题，农村金融机构经营管理人员专业水平较低、多为个体散户的农民缺乏基本金融意识与资产

---

① 张静. 乡村经济可持续发展规划研究 [J]. 南方农机，2022，53(5): 78-80.

② 赵民学. 数字经济背景下农村金融服务乡村产业振兴的困境及应对 [J]. 农业经济，2023(9): 117-119.

③ 陈蔚，姜铁军，张艳莹，等. 乡村振兴背景下金融支持我国农村产业融合发展研究 [J]. 新金融，2022(7): 30-36.

能力等现象也使得农村产业的发展面临资金难题。

在数字经济与乡村振兴的背景下，从宏观角度来看，要使农村金融服务提升农民的融资效率、助力农村产业发展，需要进一步优化农村金融市场体系、加强农村金融的基础设施建设[①]，强化数字普惠金融对于乡村振兴与乡村跨区域协同的赋能作用[②]；从金融机构、金融产品等微观视角来看，政府应加大对于农村信贷等支持力度，创造商业银行支持涉农产业发展的动力；搭建数字技术基础设施与平台，充分运用云计算、大数据等技术与金融进行融合，开发更符合农村产业发展、农民需求的金融产品。[③]

2. 合理运用乡村土地空间资源

乡村土地是发展农村经济的基础，但由于受到经济发展及传统观念的制约、农村务农人口大量外流以致"空心化"的现象，当前很多地区存在着土地闲置、土地流转等规划层面问题，随意占地、任意使用的现象也仍然十分普遍，农村土地资源利用率并不高。[④]

因而对于政府来说，科学编制国土空间规划，合理保障农村产业用地，深化农业空间用地结构和布局优化十分重要，应鼓励土地流转，提高土地利用率，尽量避免过度利用与破坏环境的现象。

第一，合理安排建设用地规模、结构和布局。在严格耕地和生态保护红线保护的基础上，探索适应乡村振兴和农村一二三产业融合发展需求的农业、生态空间管控单元划分方法及传导机制。依据土地及地方特点优化农村产业用地布局，尽量利用农村本地或附近资源开展农产品初加工、发展休闲观光旅游等。

第二，培育并完善土地交易市场，完善农村土地流转服务体系。一是完善农村土地流转中介服务组织，设立县、乡、村三级土地交易

① 闫世阳．数字金融赋能农村产业发展的创新路径探研 [J]．黑龙江粮食，2023(8):146-148.

② 成康康，杜赫．数字普惠金融对农村产业融合影响的实证检验 [J]．技术经济与管理研究，2022(8): 91-96.

③ 陈蔚，姜铁军，张艳莹，等．乡村振兴背景下金融支持我国农村产业融合发展研究 [J]．新金融，2022(7): 30-36.

④ 刘军凯．乡村振兴背景下土地资源利用存在的问题及措施 [J]．山西农经，2021(21): 70-72.

中介服务中心，并充分发挥中介服务组织在土地供需双方间的桥梁纽带作用，为农村土地流转市场化创造条件[1]；二是建立并优化农村土地纠纷协调体系，协调土地所有人、承包人以及经营者三方的利益，提升土地交易效率；三是尽力消除土地流转信息流通壁垒，构建整合信息平台，做好档案管理与备案。

3. 优化数字技术赋能产业发展

技术是推动产业发展的核心要素。随着互联网、大数据、云计算、人工智能、区块链等技术的蓬勃发展，数字经济不断激发经济社会发展的新动力，其重要性日益凸显。数字技术能在农村各种类型产业的全流程中进行赋能，通过提升农业生产能力与流通效率、完善管理筛查体制、巩固金融支持等途径，促进农村产业结构的优化与产业内容的融合，助力农村产业多元化、深度化发展。[2]

政府应进一步加强对农村技术创新的支持，鼓励技术创新，加强技术转移，可引导鼓励从数字化农业、农业物联网、农村电商等多方面促进技术赋能乡村产业。通过精准农业、智能农业等手段，实现农业生产的精细化管理和智能化决策，如利用物联网技术可实时监控土壤湿度、气温等环境参数，利用无人机和遥感技术快速勘测地块、监测病虫害、提高防治效果。运用数字技术赋能优化农产品供应链，实现农产品的溯源管理和供应链的透明化，提高农产品的流通效率和市场竞争力[3]；村委会、基层党组织、乡贤能人等应积极利用农村电商帮助乡村产业发现新的市场机会，发展农村特色产业和乡村旅游等产业，推动农村经济的多元化发展。

第二节　宜居（环境优美）

建设一个天蓝、地绿、水清的美丽家园，是亿万人民的共同心愿。

---

①　李萍. 农村土地资源价值提升机制研究 [J]. 当代县域经济，2020(7): 62-64.

②　夏诗园. 数字技术赋能乡村振兴："红利" 与 "鸿沟" [J]. 西部金融，2022(8): 3-9.

③　赵德起，丁义文. 数字化推动乡村振兴的机制、路径与对策 [J]. 湖南科技大学学报 (社会科学版)，2021，24(6): 112-120.

人与自然和谐共生是中国式现代化的重要内涵之一。党的二十大报告提出，提升环境基础设施建设水平，推进城乡人居环境整治。

近年来，多地多部门加大城乡建设力度，提升城乡社区绿化水平、加大城镇污水处理设施建设力度、推进城乡生活垃圾治理，因地制宜、精准管理，城乡人居环境得到明显改善。[①] 通过引导村民群众集中开展卫生扫除、垃圾清理、生活垃圾外运、环境整治等改善人居环境行动，我国乡村脏乱差面貌明显改观；乡村自来水普及率不断提高，乡村水环境建设也取得明显改善，据水利部统计，2022 年全国乡村自来水普及率达到 87%[②]，开工实施了 529 处大中型灌区建设和改造项目，完成了 124 座大中型水库、6 082 座小型水库除险加固；通过持续推进"厕所革命"，2018 年以来我国累计改造乡村户厕 4 000 多万户，2023 年乡村卫生厕所普及率超过 73%。[③]

农业农村部、住房和城乡建设部联合发布提出[④]，"十四五"期间争取在全国创建示范美丽宜居村庄 1 500 个左右，引领并带动各地因地制宜推进省级创建示范活动，打造不同类型、不同特点的宜居宜业和美乡村示范样板，推进乡村振兴。强调要遵循示范引领、分级创建、尊重规律、注重实效、因地制宜、有序推进、村民主体、政府引导等基本原则。在创建过程中，既要引领地方开展各级创建示范活动，形成上下联动、分级创建的良好局面，又要合理安排创建示范时序和标准，防止盲目跟风、一哄而上，还要根据乡村资源禀赋、经济发展水平等因村施策、有序推进。同时，是否参与创建、建设什么内容等都要充分尊重村民意愿，不搞强迫命令、包办代替。

---

① 多地多部门扎实推进城乡人居环境整治 [EB/OL].（2022-12-22）. http://www.gov.cn/xinwen/2022-12/22/content_5733032.htm.

② 新华社：2023 年我国农村自来水普及率将提升至 88%[EB/OL].（2023-03-14）. https://slt.fujian.gov.cn/ztzl/2023nqsslgzhy/hyyw/202303/t20230306_6126685.htm.

③ 农业农村部：中国农村卫生厕所普及率超过 73% [EB/OL].（2023-05-23）. https://www.rmzxb.com.cn/c/2023-05-23/3349206.shtml.

④ 农业农村部办公厅 住房和城乡建设部办公厅关于开展美丽宜居村庄创建示范工作的通知：农办社〔2022〕11 号 [EB/OL].（2022-10-25）. https://www.gov.cn/zhengce/zhengceku/2022-10/25/content_5721548.htm.

一、乡村人居环境治理的未来发展方向

在乡村人居环境的整治中，应注重乡土味道，打造各美其美的美丽宜居乡村。干净、整洁的乡村人居环境是小康社会的基本要求，是乡愁得以安放的基础。在整治方式上，应注重乡土味道、体现农村特点，不能全部"改新""重建"，或在城市中心主义理念下照搬照抄城镇建设的模板、随意地拆村并村、颠覆性的土地整治、以扶贫为理由的易地搬迁、"新社区"建设即"赶农民上楼"等①，在整治后变得"千村一面"，丢失了乡村风貌与当地特色。

案例 10-4　上海农村提升农村人居环境：从干净整洁向生态宜居转变

在最新一轮的农村人居环境整治中，上海"全区域、全要素、全覆盖"促进农村地区面貌的整体提升，实现城市开发边界外乡村地区村庄改造的全覆盖，改善村民出行条件，整修老旧房屋、清理乱搭乱建85万平方米，在13.3万户农居中建设美丽庭院"小三园"（小花园、小菜园、小果园）。立足"房田水路林村"的全要素提升，提升村容村貌、推进绿色田园建设、提升农村水环境质量、推动农村公路提质增效。各个涉农区结合自己的实际，梳理打造特色工程，打出"自有"品牌。奉贤区聚焦产业导入区，形成了南庄公路乡村商务区、农艺公园总部区等多个美丽乡村片区；浦东新区实施"美丽庭院"升级版规划，美化公共区域，全域推进架空线序化，解决"空中蜘蛛网"问题；松江区聚焦农户庭院、口袋公园、小微景观三要素，"一村一方案"提升村容风貌。

资料来源：上海提升农村人居环境：从干净整洁向生态宜居转变 [EB/OL].（2022-01-07）.http://www.gov.cn/xinwen/2022-01/07/content_5666990.htm.

党的十八大以来，我国累计建设 5 万个以上具有地方特色的美丽

---

① 陆益龙，陈小锋 . 新时代的中国乡村振兴之路 [J]. 中国农业大学学报（社会科学版），2019，36(3): 9-17.

乡村，全国 90% 以上的自然村生活垃圾得到收运处理，比 2012 年提高 60 个百分点。在各地的乡村实践中，农村人居环境整治活动主要集中在"厕所革命"、生活污水治理、生活垃圾治理、整体环境治理等方面，取得了诸多实际成果。乡村建设力度空前，乡村面貌发生巨变，广大农民拥有更多获得感、幸福感、安全感。

农村人居环境整治是一项系统性、长期性、复杂性的工作，具有底子薄、基础差、点多面广等特征，不论是发达地区还是欠发达地区，都应重视农村人居环境的整治，因地制宜、分类指导，制定当地的整治标准与方案。

如何进一步推进中国的乡村人居环境治理，实现 2035 年美丽乡村、美丽中国的远景目标，未来发展的方向可以从以下几方面进行探讨。

（一）推进农村环境综合治理

随着城市化的不断推进，乡村生态环境破坏的压力越来越大。未来的发展方向应该是加强生态治理，保护好乡村的生态环境，遏制乡村环境污染，实现生态与农业共生、水与土共治、人与自然和谐相处。

乡村生态环境治理是乡村振兴战略的重要组成部分。农村环境污染治理面临多重挑战，需要综合运用物质、能源、信息等多方面手段积极推进农村环境综合治理。[①] 治理农村生态环境需要从源头上防范和治理污染，依照污染源分类，农村环境污染可分为农业面源污染和农村生活垃圾污染，前者的防治应实施推广科学耕作技术、减少农业化肥和农药的使用、推进畜禽养殖污染治理等措施，通过改善农业生产方式，加强农村生态文明建设，全面提升乡村的生态环境质量和农业生产质量；后者的防治则需要在农村积极推广生活垃圾分类、建立垃圾处理站点、引导居民参与垃圾处理等。[②]

（二）推动乡村环境智能化监测

数字技术赋能乡村环境监测是推动农村现代化环境治理的重要手段。通过运用物联网、大数据、云计算等技术手段，建立乡村环境监

① 　王辉 . 河南省修武县农村人居环境综合治理研究 [D]. 贵阳：贵州大学，2022.
② 　李智 . 渝北区农村环境污染综合治理研究 [D]. 重庆：西南大学，2021.

测系统，并积极采取推广智慧农业、推进农村生活垃圾分类处理等措施，以提升农业生产的效率和质量、减少农业面源污染和生活垃圾带来的环境污染问题。

（三）加强环境监管和执法

应积极推动乡村环境监测体系的建立健全，以开展环境监测和评估、对污染源进行跟踪和监管；加强环境监管和执法，完善农村环境监管机制，加强对农业生产和生活污染源的监管和管理，提高环境执法的力度和效果。[①]

二、农村人居环境治理的发展路径

农村人居环境治理是一项范围广、环节多、任务重的系统性工程，其中涉及政府、村委、村民、企业、社会组织等多类主体，但当前以政府为主导、主要依靠财政资金投入的农村人居环境治理模式已经出现瓶颈，无法满足当前农村人居环境的可持续治理要求，究其原因可能是政府责任履行、村委协调能力、村民公共意识、企业参与意愿和社会组织作用等方面出现了问题。[②]

农村人居环境作为公共产品，其治理涉及范围较大、难度较高，需要多元主体的充分协同，参与主体可分为政府、市场力量和社会力量，其中市场力量主要指乡镇企业，社会力量则以乡村精英和普通村民等为主。[③]

乡村人居环境治理需要努力调动多方治理主体的积极性，在全社会形成共同行动、共担风险、共同依存、共同发展的新理念，完善新时代乡村人居环境的多元参与协同治理机制，进一步构建协同共进的

---

① 韦雅文. 乡村振兴战略背景下农村环境监管的问题与对策研究 [D]. 湘潭：湘潭大学，2021.

② 周丰. 西宁市湟中区农村人居环境多元主体协同共治研究 [D]. 西宁：青海师范大学，2022.

③ 杜智民，康芳. 乡村多元主体协同共治的路径构建 [J]. 西北农林科技大学学报（社会科学版），2021，21(4): 63-70.

人居环境治理格局。[①] 如图 10-3 所示，从多主体视角分析农村人居环境治理的优化路径，有如下参考性建议。

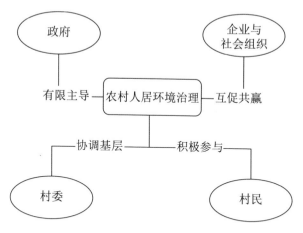

图 10-3　农村人居环境治理主体

（一）政府：发挥有限主导作用，积极搭建多元协同治理平台

由于政府的公共属性和农村人居环境的准公共属性，政府掌握大量治理资源，在农村人居环境治理中发挥主导和支持作用，通过政策支持、资金保障、平台搭建等方式，吸引和调动各类资源投入农村人居环境治理。但随着农村人居环境治理的深入，政策失效、治理不畅等问题逐渐显现，政府花费大量人力、财力、精力，但收效却与投入不成正比，"大包大揽"的代价越来越大。因而需改变"政府是农村人居环境治理的唯一参与者"的观念，认识到政府发挥的主导作用是有限的。

政府需要重新定位其职能，从"管控式"治理逐渐向"服务式"治理转变，摒弃全权负责、过度干预的传统做法，发挥有限的主导作用，加大投入力度，为改善农村人居环境提供足够的资金和政策支持，在保障财政资金、加强监督管理、完善治理制度体系等方面做好宏观布局和战略规划。

① 　史奕潼，于凯 . 新时代乡村人居环境多元参与协同治理的优化路径研究 [J]. 中国集体经济，2023(27): 13-16.

政策扶持是加强农村人居环境治理工作的有力保障，需要政府制定和完善相关政策法规，包括乡村环境保护法、农村环境治理法、农村生活垃圾管理条例等，为乡村环境治理提供明确的法律依据。

政府资金支持与鼓励社会资本参与是重要资金来源。政府可以设立用于乡村环境治理项目的资助和补助的专项基金，并鼓励社会资本参与，鼓励企业、民众支持环境保护产业的发展。

政府也应着力构建利益分享与协同机制，利用好数字科技媒介完善多主体参与的线上表达平台，健全信息发布机制；在征求广大农民群众意愿的基础上，充分考虑当地实际情况，有序推进整治。从村庄自然风光、文化特色、资源禀赋、经济状况等多方面考虑，在建设改造的同时，注重保持村庄的乡土气息、民俗文化、田园风光、特色建筑等原有风貌；建设好农村人居环境改善的平台和交流机制，形成合作共赢、协同发展的良好局面。[①]

（二）村委：发挥基层组织作用，建立完善村规民约

强有力的村"两委"班子在农村人居环境治理中具有承上启下的重要作用，既直接联系着村民，又接受乡镇政府的指导、协助上级政府落实政策。要进一步巩固农村基层党组织核心作用，保障村民的民主权利，以村民需求和村民普遍受益为出发点，结合乡村建设重点工作运用"一事一议"等民主协商议事制度，对农村人居环境治理重点工作进行公示并征求村民意见、建议。

村委可结合村庄实际，加强社会管理和服务，加强对村庄环境卫生、垃圾处理、设施维护等情况的监管；将保护公共环境卫生、维护公共设施等内容纳入村规民约，明确规定村民在农村人居环境治理中应尽到的责任、义务；积极组织村民开展环境卫生整治和文明村建设活动，增强社区文明意识和环境保护意识，通过对村规民约执行情况定期进行监督检查、积极宣传等形式引导村民形成参与农村人居环境治理的主动意识，寻找新模式、新途径，引入企业和社会组织等力量，共同推进农村人居环境改善。

---

① 毛春合，候丽君.协同治理视域下农村人居环境治理的优化——以 M 县 C 镇为例 [J].湖南行政学院学报，2023(5): 13-20.

（三）企业与社会组织：发挥市场与社会力量的作用，实现互促共赢

企业在带动当地农民的就业、促进农村及区域经济与社会发展、改善农村生活环境与村民生活水平等方面发挥着重要作用。但乡村地区企业的引入与发展也可能具有一定负向外部性影响，给农村环境带来改变或污染，成为农村环境问题的源头。因而企业应主动承担相应的社会责任，积极与当地村委会等合作协商，倾听村民的意见和诉求，减少与调解误会矛盾，并积极采取"村企共建"、结对帮扶等方式支持农村人居环境治理，发挥市场力量的资源优势、规模优势、经验优势。

社会组织也可以在农村人居环境治理中发挥重要作用，主要可以分为如村民理事会、村务监督委员会等农村内部社会组织，与环保志愿者组织、公益义工等专业性、有组织性的外部社会组织。前者可积极协调政府、企业、村民等主体之间的关系，充分发挥桥梁和纽带的作用；后者则可充分发挥专业、人才、技术等要素优势，为农村人居环境治理贡献力量。

（四）村民：发挥乡贤能人作用，提升村民公共意识

农村人居环境的污染问题与居民的环保意识和行为习惯密切相关，激励农民参与人居环境治理是提高农民参与度的关键。[①]

随着人们个体意识的增强，乡土社会中的村民主体也逐渐"原子化"，血缘、地缘等的相对淡漠、乡村公共意识的薄弱使得乡村社会的公共利益难以得到保障。农村人居环境作为准公共产品，深入每一位村民的切实生活之中，其治理关键还是在于村民自治，需要村民有公共意识与责任意识。可利用村委会、基层党组织的力量建立农民环保组织、设立环保志愿者队伍等形式，加强农民的组织和凝聚力，鼓励农民参与人居环境治理工作；通过设立积分奖励机制等方式，激励农民积极参与维护乡村环境行动，通过营造环保氛围、切身参与环保行动等方式，提高农民的环保责任感和使命感。

---

① 胡慧，杨坤，马红丽，等．农民环境保护意识与行为研究 [J]．气候变化研究进展，2020，14(2)：162-166.

维护公共人居环境的意识关键在于氛围的培养，民主协商、宣传教育等方式都有利于构建全民参与农村环境治理的氛围。进一步提升村民自治管理的能力，培养村民的民主意识，让村民乐于参与到农村人居环境治理中，自觉承担维护农村环境的责任，遵守环保法律和规定，从自我做起，共同维护美丽家园。其中，老党员、乡贤能人等在行为与精神上对广大村民的引领作用不容小觑，应鼓励有威望、有能力的乡贤能人多多调动村民参与农村治理的热情，加强与政府、村"两委"、村民的合作与沟通，充分发挥各方面的优势，共同推进农村人居环境改善。

第三节　文明（精神愉悦）

乡村振兴既要"塑形"，更要"铸魂"，这是新时代提出的崭新考题、面临的重大课题。实施乡村振兴战略，其实质就是要落实到乡民物质和精神两个层面，给村民提供更多的获得感、幸福感、安全感。乡风文明建设，不仅是落实乡村振兴战略的重点，也是传承传统文化的灵魂以及稳定美好生活的关键内容。

一、我国乡风文明建设的发展现状

乡村文化的复兴是中华文化复兴的重要组成部分，然而中国的乡村文化随着乡村传统乡土社会解构、现代化与城市化的冲击发生了一系列结构性的变化，仍面临诸多挑战。乡风文明建设是一项综合系统工程，涉及社会风气、生活方式等众多因素，建设中面临的主要问题在于村民缺乏主人翁意识、优秀乡村文化面临流失、道德失范和封建思想残余等方面。[①] 由于我国乡村大多数农民受教育程度普遍偏低，对事物深度认知和学习能力不足，从而导致封建迷信思想仍在蔓延。

乡风文明建设的意义所在就是提高农民群众的全方位发展，防止

---

① 杨秋婉，郭沅鑫. 乡村振兴战略下乡风文明建设路径研究 [J]. 边疆经济与文化，2023，230(2): 63-66.

思想所带来的困惑和迷茫，引导农民群众不断完善自身。[①] 推进移风易俗、建设文明乡风，任务涉及范围大，地区间异质性强。"高价彩礼、人情攀比、厚葬薄养、铺张浪费等陈规陋习在部分地区持续蔓延势头得到有效遏制，农民群众在婚丧嫁娶中的人情、宴席、彩礼等支出负担明显减轻，婚丧礼俗倡导性标准在行政村实现全覆盖，县、乡、村推进移风易俗的工作制度基本完善……"近年来，在以习近平同志为核心的党中央坚强领导下，各地各部门把深入推进移风易俗作为乡村振兴的重要内容，坚持守正创新、弘扬良好风尚，淳朴清朗、向上向善的文明新风激荡在神州大地广袤的田野间，获得感、满足感洋溢在亿万农民幸福的笑脸上。[②]

在文明乡风的建设过程中，各地涌现出了丰富多样的经验做法，在遏制陈规陋习的同时，提倡法治文化与文明新风，牢牢抓住文化振兴这一重点，多点发力，通过以文化人、联村共治、"三治"融合等方法，内外兼修，不断提高村级文化素养，共建文明乡风，助推乡村文化振兴。

二、乡风文明建设的关键策略

（一）多主体参与，形成协同合力

文明建设的核心是"人"。农民内生动力的激发、文明素质提高，无不依赖着"农民"作为个体思想觉悟、道德水准、文明素养提高。[③] 先易后难、循序渐进，各地各部门研究安排针对性措施，从农民群众愿接受、易实施、能见效的问题入手，以咬定青山的韧劲，以埋头苦干的狠劲，脚踏实地、担当作为，持续发力、常抓不懈，努力取得群众满意的实际效果。从政府、村民两侧的主体角度入手，建设文明乡风，应从带动、规范和推广三个方面入手。

---

① 汪沅，于盈. 乡风文明建设：重要价值、现实难点与关键策略 [J]. 长春工程学院学报（社会科学版），2022，23(4): 12-16.
② 王静. 文明新风，激荡在希望的田野上 [N]. 新华每日电讯，2022-09-26(3).
③ 刘萍. 乡村振兴背景下昭通乡村文明建设的实践路径研究 [J]. 农村经济与科技，2022，33(10): 114-116.

1. 组织领导与发动群众相统一：充分发挥党员干部的示范表率的作用

习近平总书记强调："办好农村的事情，实现乡村振兴，关键在党。"[1] 乡土社会中，有权威性和说服力的人物在群众的思想引领与行为引导中发挥着重要的作用。各级党委要以高度的政治责任感，加强乡风文明领域相关专业知识的学习，提高自身的专业领导能力、决策能力，提高决策的科学性、准确性，为乡风文明建设提供组织保障；基层党组织要把带领农民进行乡风文明建设作为政治责任，勇于承担起来。

2. 道德约束与制度约束相统一："刚柔并进"规范村民行为

对村民与乡村社会的约束可以通过道德、教育、号召等"柔性约束"与通过树立规范、制度等"刚性约束"结合进行。

"柔性约束"主要在于通过教育、熏陶和培养，让村民形成自觉文明意识、自觉文明行为。基层政府可通过鼓励村民读书学习、组织开展文明礼仪讲座、引导村民遵守社会生活中的礼仪规范等措施，鼓励乡村形成良好的乡风，树立文明和谐的道德风尚。弘扬勤俭节约、诚信谦和、尊老爱幼、助人为乐的传统美德。而批评教育、党纪处分、法律制裁等"刚性约束"在乡风文明建设中也不可或缺，对于加大高彩礼、人情攀比、厚葬薄养、铺张浪费、封建迷信等不良风气应进行坚决治理。

在实际建设和治理过程中，应将"柔性约束"和"刚性约束"结合起来，政府及党组织在做好监管的同时，也应鼓励村民群众性自治组织的建立，积极采纳群众的想法、满足村民的真正需求。

3. 榜样引领与有效宣传相结合：形成全员共建的良好氛围

在各地的乡村治理实践中，也通过各种宣传方式的创新与整合平台的建设，大幅提升了乡风文明建设的体系规范度和大众参与度。

案例 10-5　内外兼修，共建文明乡风——寻乌县吉潭镇圳下村"文明乡风建设"

寻乌县吉潭镇圳下村圳积极争取项目资金，对圳下战斗旧址进行

---

[1]　习近平. 在中央农村工作会议上的讲话 [N]. 光明日报，2017-12-30(1).

维护修缮，组织村民成立"若兰"诗社，定期开展诵读红色家书、写红色诗歌对联、参观圳下战斗旧址、讲述红色故事等活动，把红色基因融入村民日常生活，植入村民内心深处，让红色文化成为乡风文明最重要的"底色"。

资料来源：史慧芳. 内外兼修　共建文明乡风——寻乌县吉潭镇圳下村"文明乡风建设"经验做法 [J]. 老区建设，2022，611(24): 52-55.

通过典型的树立，为大家树立榜样，起到模范带头作用，形成风清气正、心齐劲足、健康向上的村庄发展局面。提供乡风文明学习榜样，利用榜样的力量引导农民群众学习，通过树立道德模范、大力宣传模范事迹、着力推广新乡贤文化等方式，有效地引导广大农民群众摒弃封建思想、陈规陋习等不良思想。充分发挥村民自治组织和村民的主体作用，鼓励广大村民主动参与乡风文明建设，推动党组织和村民自治组织之间的密切联系和有效沟通，建立协作机制，形成全员参与、共同建设的良好氛围。[1]

（二）深入挖掘乡村文化资源

乡村文化资源的深度挖掘是当前乡村文化建设的重要课题。深度挖掘乡村文化以提高乡村居民的生活品质和福利水平，是一个系统工程，需要综合运用多学科、多领域的知识和技术。随着城镇化和工业化进程的快速推进，乡村地区面临日渐严重的老龄化、"空心化"问题。尽管乡村拥有丰富的文化资源，但由于缺乏人才继承和适当的开发方案等现实因素，这些优秀、深厚的乡村文化资源往往被闲置浪费，无法得到有效利用[2]，只有通过全方位、多角度的挖掘和利用，才能在实现乡村文化资源可持续发展的同时，实现乡村经济、文化和社会的全面发展。

乡村现有文化资源可分为历史文化资源、民族文化资源、民俗文

① 王志远，杨帆. 乡风文明建设与乡村振兴路径探究 [J]. 华北水利水电学院学报，2020，41(1): 85-92.
② 申文静，胡卫卫. 乡村文化资源的开发模式：挖掘、整合与推广——以咸阳市礼泉县袁家村为例 [J]. 台湾农业探索，2022(4): 69-75.

化资源等[1]：历史文化资源是乡村的重要财富，充分挖掘、整合和推广乡村的古建筑、古遗址、历史文物等宝贵的历史文化资源可以让人们更好地了解乡村的历史沿革和文化传统；民族文化资源是其独特的文化符号和精神象征，民间传统艺术形式、民族舞蹈、音乐和歌曲、传统手工艺等可以展示地域特色和文化特点，增强当地的文化自信和认同感；民俗文化资源包括乡村传统节庆、民俗习俗、民间艺术表演等，是乡村文化的鲜活体现，通过组织乡村节庆活动，搭建民俗风情街，举办民俗展览和文化交流活动等可将乡村的民俗文化传承与弘扬，吸引更多游客和文化爱好者前来参观与体验，推动乡村社区经济和文旅产业进一步发展。

（三）加强政策引导和法律保障，完善乡风文明评估指标体系

政策的引导和支持在乡风文明建设中至关重要。当前，乡风文明建设仍存在缺乏明确的政策引导、相关政策文件不够完善、缺乏统一的标准和指导等问题。

政府部门应加强乡风文明建设的政策引导，制定明确的政策文件，明确乡风文明建设的目标和任务，并提供政策支持和经济奖励，激励乡村居民参与乡风文明建设[2]；完善乡风文明建设的法律保障，建立健全的法律法规体系，明确违反乡风文明的行为的处罚和惩罚措施，提高违法成本，保护乡村文明的长久发展；在推动政策落地生效的同时，也要注重政策的监测和评估，及时调整政策措施，提高政策的针对性和灵活性。

乡风文明建设的评估指标体系应包括社会行为规范、道德素养、文明礼仪等方面的指标，既要注重定量评估，也要注重定性评估，全面反映乡风文明建设的成效。应进一步建立科学、合理的评估指标体系，对于乡风文明的发展进行定量和定性的评估；建立健全乡风文明建设的评估监测机制，定期进行评估和监测，及时发现问题和不足；加强评估过程的公正性和透明度，可以通过引入第三方评估机构、社

---

[1] 牛淑萍. 文化资源学 [M]. 福州：福建人民出版社，2012：11-12.

[2] 张宇，王思奇. 乡村振兴背景下乡风文明建设的意义及对策 [J]. 湖北民族学院学报，2020，39(1)：73-79.

会参与等方式来确保评估结果的客观性和权威性，为优化乡风文明建设提供科学依据，对于违反乡风文明的行为进行处罚和惩戒，保护乡风文明的长久发展。[①]

第四节 有效（有效治理）

乡村治理是国家治理的重要组成部分，乡村治理现代化与国家治理现代化的目标实现密切相关。乡村振兴作为新时代"三农"工作总抓手，治理有效是其基础和保障。治理体系的不断完善，将推动治理能力和成效的展现，进而推动乡村振兴实现实际效果。

一、"三治融合"的内在逻辑和实现路径

单一的治理方式不适用于当前农村的发展，依据地区特点，运用自治、德治、法治相结合等治理逻辑，才能形成新治理效能。乡村治理亟待更加成熟的治理模式，加强农村基层基础工作，自治的村民主体性、德治的价值引导性和法治的强制性为乡村治理新路径建设指明新的方向。[②]

从"三治融合"乡村治理体系生成的地方实践可知该治理体系的参与主体主要包括乡镇党委、村支"两委"、农民组织、乡镇企业、农民自身以及法律服务组织，其中，前两者属于制度性主体，后四者属于非制度性主体，如图 10-4 所示。

（一）自治：充分发挥村民主体性

随着"陌新社会"逐渐成形，传统的乡村治理模式显现出不足，难以有效应对新兴的社会矛盾和多样化的公共需求。传统治理依赖"熟人社会"的信任基础和村"两委"的单一行政职能，而"陌新社会"中居民主体的多元化、社会关系的契约化、社区内部的陌生化和

---

① 刘莉，李小龙，王晓芳，等.乡村振兴背景下乡风文明建设路径探析 [J]. 新农村建设，2021，42(2): 78-85.
② 凌唯钊，陆倩倩.乡村振兴背景下乡村"三治融合"的内在逻辑和实现路径 [J]. 甘肃农业，2023，550(4): 80-84.

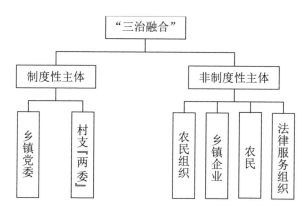

图 10-4 "三治融合"乡村治理体系参与主体

利益化等特点，使得社会整合的难度加大，导致传统治理方式在有效性和包容性上受到挑战。如何适应这种嬗变？乡村社区自治共同体的建构是关键。

完善并发扬农民自我管理、自我教育的机制，是自治、德治、法治结合的核心。[①] 村自治的主体是村民，自治的精神在于强调村民事务由村民处理，由村民自行选举村民代表组成村民委员会，村集体一切大小事务由村民自行讨论、自行决定，党和政府在其中扮演着引导者的角色，这充分体现了社会主义制度之下人民当家作主。

因此，在"三治融合"过程中，自治主要体现在村民主体性，体现人民当家作主性，这也是社会主义中国区别于封建社会和资本主义社会的显著标志。

（二）德治：村党组织、乡贤能人的价值引导性

基层党组织是"三治融合"乡村治理体系生成的领导者，乡村社会信任、互惠规范、关系网络分别为"三治融合"乡村治理体系生成提供基本前提、治理规则、厘定治理主体与治理内容。

村党组织、优秀干部、青年人才在乡村治理及基层工作开展中发挥着重要的引领作用。

---

① 王亚华. 立足国情农情走出中国特色乡村振兴之路 [J]. 中国农业资源与区划，2020，41(9): 1-8.

首先是村党组织的建设与完善。完善村党组织领导的体制机制，发挥党员的先锋模范作用，是实现有效乡村治理的基本要求。应当进一步清除整顿软弱涣散党组织，充分发挥党支部战斗堡垒的作用，通过党员以点带面，打通组织群众、深耕群众、服务群众的"最后一公里"。实现党组织内部的良性互动和上下党组织联通互动，加强对后进党组织的关心帮助，实现组织内部动态管理。[①] 其次是优秀干部的选拔和引入。村支部需要有政治素养过硬、有大局意识、有活力干劲的党员同志担任"领头羊"。且要持续做好大学生"村官"、大学生文书、人民监督员、网格员等选派工作，让热爱"三农"工作的群体有施展才华的平台，营造一个有利于新村民参与乡村建设、乡村发展的良好环境，使得原村民、回乡者、新村民都能在乡村振兴中切实发挥才智，达成实现个人价值与社会价值的良好结合。

在"三治融合"的实践中，德治最具有张力、最能决定乡村社会治理水平的高低。弘扬和贯彻社会主义核心价值观和中华优秀传统文化，将道德建设融入村规民约的修改中，设立"法德讲堂"、建立"法德文化墙"，开展"十星"级系列文明创建活动、"最美"评选活动、树"道德典范"活动等[②]，对于"三治融合"与乡村有效治理具有治本塑魂的重要意义。

顺应乡村社会的嬗变特点，着力探索适应当地特色的、新的治理模式，凝聚共治合力，有效把由面向"熟人社区"的传统治理变为面向"陌新社区"的现代治理，建构互信互助、共建共享的乡村社区共同体，满足新老村民的多元化需求，解决新老村民的多元化诉求，这是乡村振兴中创新乡村治理的关键。

（三）法治：法律制度的强制性

乡村治理现代化的重要表现是制度化、规范化，这有赖于建立健全乡村治理体系的监督保障机制。基层政府和村组织要在学法、用法、

---

① 喻建英.以有效治理推动乡村现代化建设 [J].农家参谋，2022(23): 4-6.
② 王海峰，易柳."三治融合"乡村治理体系的生成逻辑与未来路向——基于社会资本嵌入鄂西 W 村实践的考察 [J].华侨大学学报 (哲学社会科学版)，2023，155(2): 47-58.

守法等方面普及法律知识，树立村民法治思维，且需要进一步加大对村务监督工作的重视，并对乡村治理的监督工作提出了具体要求。针对现实中存在的一些不良现象，坚决把受过刑事处罚、存在"村霸"和涉黑涉恶、涉邪教等问题的人清理出村干部队伍。加大基层小微权力腐败惩治力度，营造遵纪守法全家光荣的乡村文化氛围。[①]

二、乡村振兴战略视角下乡村社会治理创新的实施路径

数字乡村是乡村振兴的战略方向，数字乡村治理是基层社会治理的战略发展方向。数字时代技术的兴起和应用为实现乡村治理现代化提供了重要的技术支撑，推动着乡村治理创新与转型，给乡村治理变革带来颠覆性影响。

但数字技术赋能乡村治理还存在一系列现实困境，主要在于观念、价值与制度层面：因治理观念、认知思维的滞后而导致数字赋能在治理端、需求端的失效；尚未梳理技术工具理性与价值理性的统一，囿于对技术工具的单一运用，侧重于"如何治"的工具理性，而缺乏对技术赋能"为何治"价值理性的深入思考[②]，陷入"技术利维坦"问题；缺乏制度保障体系，因数字鸿沟、信息藩篱等问题使得治理主体不能多元化拓展。

（一）全面提升基层党组织的领导力

基层党组织的领导应始终贯穿于基层乡村社会治理、创新全过程和各方面，彰显"一核多元"治理结构中"一核"的功能。基层党组织与基层群众联系最密切，服务百姓生活最直接，乡村治理以及为村民提供民生服务作为村的中心工作中，党建嵌入也拥有巨大优势：第一，中心工作的政治性很强，党建引领可以作为一种政治资源，基层党组织和党员都有无条件服从上级组织安排的义务，方便动员人力、

---

① 冯留建，王宇凤．健全自治、法治、德治相结合的乡村治理体系 [J]．中国高校社会科学，2021(4): 64-72，160．

② 任敏，谭新华．数字技术赋能乡村治理创新：逻辑、困境与纾解 [J/OL]．新疆农垦经济，2023(5): 34-41[2023-04-29]．http://kns.cnki.net/kcms/detail/65.1048. F.20230419.1742.002.html．

物力、财力，为中心工作的目标进行服务；第二，基层村庄治理和民生服务的实事可以作为思想政治教育后的现实实践，使得党员的主体性可以被充分发挥，党员在其中获得成就感的同时，也可以使村民及整个村庄受益，更容易形成党组织内部以及村委会和村民之间的凝聚力。

党组织作为乡村建设的领导者，治理思路和治理逻辑要明确，权责归属要清晰，调动村民主动性，促进党组织和村民间的关系融合，形成良好的数字化组织生态，协同共进，激发党组织的创造活力和农民的积极主动性以实现合作共赢。[①] 应进一步加强党组织培训与能力建设，提升干部的党性修养和治理能力；加强党组织对乡村治理工作的指导和监督，确保重大决策和政策的贯彻执行；加强党员干部在乡村治理中的引领作用，带动广大居民积极参与乡村建设。[②]

（二）服务为导向：以公众整体需求为内生动力

基层政府应强化以民为中心的服务逻辑，自下而上关注公众需求，更深刻、更细致地以服务为导向思考乡村治理中群众"需要何种服务、想要如何服务"，而非单纯停留在被动式管理层次"出现了什么问题、如何解决问题"。应及时了解、充分收集群众需求，因地制宜设计相关服务以增强群众的幸福感与获得感，让"数字"不仅发挥促进政府服务效率的工具性价值，还重塑乡镇政府民需导向的价值理念更好赋能乡村政务服务。[③] 除了平衡工具目标和价值目标外，乡镇政府还应依靠数字技术树立主动服务的理念，发挥微博微信、移动客户端等新媒体的作用，将相关政务信息及时公开宣传，维护群众知情权与监督权，获得群众支持和认同，互相增信。同时还应培养"互联网思维"，激活数字技术使其真正服务于治理内生需求，了解群众需求、精准提供服务、动态数据分析、掌握运作效果，让"数治"迸发更多"数智"优势。

① 　文丰安. 数字技术赋能乡村建设现代化：重要性、梗阻及发展进路 [J]. 湖北大学学报（哲学社会科学版），2022，49(5): 134-141，173.

② 　张志鹏，李雪娟. 乡村振兴背景下乡村治理机构和治理能力建设研究 [J]. 中国国土资源管理，2020，37(10): 35-41.

③ 　李晓昀，邓崧，胡佳. 数字技术赋能乡镇政务服务：逻辑、障碍与进路 [J]. 电子政务，2021(8): 29-39.

1. 打造共建共治共享乡村治理共同体

我国乡村最基本、最重要的乡村社区共同体，就是空间意义上的共同体——乡村的基层社区。通过依托乡村基层社区这一共同体，多元社会主体如乡镇街道、社区、村、共建单位等参与社区志愿服务活动，激发了社区居民广泛参与的热情，使社区成为居民展示、交流和互助的平台。同时，这也有助于社区管理服务的延伸和拓展，弘扬邻里团结友爱、互帮互助的传统美德，促进邻里亲情和社区的和谐发展，建设安定祥和的新型社区。

在治理端层面应完善"网格化"治理布局，加强跨政府部门合作与协调，政府部门之间应加强沟通和协调，明确各部门的责任和职能分工；建立有效的工作机制，加强信息共享和资源整合，共同推动乡村治理工作的推进。[①] 社区党委可以通过搭建"议事·近邻"品牌，采用"定点 + 流动"的方式常态化开展"书记茶话会""书记会客厅"等活动，同时创新流动式布局的"社区议事桌"，以此实现现场动态收集反馈民情，并将居民议事关口前移、重心下移，以加强居民参与社区事务决策的程度，提高社区管理的主动性和社会满意度。着力在"网格化"治理布局中健全完善基层治理关键节点，为推进社会治理创新提供依托载体和工作抓手。应进一步明确强化监督和问责机制，建立健全乡村治理的监督机制，加强对乡村治理过程的监督和评估；设立举报渠道和投诉处理机制，保障居民权益和维护社会稳定；加强对乡村干部的考核评价，建立绩效考核和激励机制。

2. 加强公众参与和社会组织的合作

基层乡村治理涉及的治理对象来源多样、身份多样、需求多样，同时又直接关联基层群众日常生产生活，需要理顺治理关系、形成治理主体整体合力、营造协同共治良好氛围。在方式上应鼓励推进网上服务型政府建设。如村委会组织设立相关公众号，不同板块鼓励综合素质较强的村民管理，促进村民参与感，吸纳相关主体管理与自身能力水平适配的事务，加强连接感与参与力，培育村民的主动意识，调

① 王伟，丁永芳. 乡村治理创新的路径探索 [J]. 华中农业大学学报 (社会科学版)，2020，32(6)：48-55.

动村务管理积极性；同时还可以利用互联网优势时刻跟进了解群众在基层建设中的状态，切实保障群众利益。

市场外部主体的参与一方面可以通过志愿者教授协助提升村民数字素养以弥合数字鸿沟，让技术治理同基层内需更好互构；另一方面可以通过引入市场组织等形成适度、良性的竞争状态，改变原有单一行政主体格局自上而下的控制模式，适当放权，让服务更高效、让治理更协调，真正实现数字增能。应充分发挥第三方组织作用，吸纳社会组织和市场组织实现结构的互动、功能的互补、机制的互联①，激发多主体的信息科技优势与公共服务递送能力构建新型多元的数字治理生态。

第五节　富裕（生活富裕）

让人民过上好日子、实现共同富裕，是中国共产党矢志不渝的奋斗目标。2020 年底，中国脱贫攻坚任务顺利完成，人民生活质量显著提升，但是城乡发展不平衡、不充分及贫富差距较大等问题依旧存在，并且农村的发展远远落后于城镇，解决城乡差距大这一难题是实现共同富裕的重要环节。②

习近平总书记在党的二十大报告中指出，"全面推进乡村振兴。""统筹乡村基础设施和公共服务布局，建设宜居宜业和美乡村。"这是新时代新征程对正确处理好工农城乡关系作出的重大战略部署，充分反映了亿万农民过上美好生活的愿景和期盼，为全面推进乡村振兴、加快农业农村现代化指明了前进方向。消除绝对贫困补齐了我国全面建成小康社会最突出的短板，为实现全体人民共同富裕打下了扎实的现实基础。但从现实来看，目前还面临着农村发展动能落后城市导致城乡收入差距过大、农村内部"共享"机制不完善，低收入人群

---

① 陈弘，冯大洋. 数字赋能助推农村公共服务高质量发展：思路与进路 [J]. 世界农业，2022(2): 55-65.

② 陈亚君. 乡村振兴与共同富裕的耦合协调发展研究 [J]. 统计理论与实践，2023，526(2): 61-68.

收入提升面临瓶颈两大困境。[①]

从低收入监测来看，截至 2022 年 6 月，我国民政部门建立的全国低收入人口动态监测平台已覆盖约 6 200 万人，涵盖了低保对象、特困人员、低保边缘家庭、支出型困难人口、易返贫致贫和其他困难人员五类人群，占同期全国总人口的 4.4%。[②] 从收入五等分来看，2022 年，农村常住居民中的低收入组约有 9 821 万人，人均可支配收入为 4 856 元。假设农村居民的可支配收入分布均匀，2022 年约有 9 821 万农村居民的可支配收入低于 8 495 元。[③]2003—2020 年不同层面的收入差距变动趋势见表 10-1。

表 10-1 2003—2020 年不同层面的收入差距变动趋势

项　　目	2003 年	2008 年	2013 年	2018 年	2020 年
收入差距基尼系数	0.479	0.491	0.473	0.468	0.468
城乡居民收入差距	3.120	3.110	2.810	2.690	2.560
城镇内部收入差距	3.310	5.740	4.930	5.900	6.160
农村内部收入差距	7.330	7.530	8.240	9.290	8.230

资料来源：基尼系数来自《中国住户调查年鉴》，其余指标根据《中国统计年鉴》数值计算。

注：城乡收入差距用城镇人均可支配收入与农村居民人均可支配收入（纯收入）之比衡量，城镇或农村内部收入差距用最高和最低 20% 人群的人均可支配收入之比衡量。

我们必须清醒地看到，在乡村振兴过程中也面临着一些突出问题或深层次矛盾，我们必须注意到，我们所要建设的社会主义现代化国家是一个人口众多、幅员辽阔并且处于不断变化之中的国家，城乡之

① 李实，史新杰，陶彦君，等 . 以农村低收入人口增收为抓手促进共同富裕：重点、难点与政策建议 [J]. 农业经济问题，2023，518(2): 4-19.
② 根据光明网和民政部新闻整理；中国这十年｜民政部：对 6200 多万低收入人口实现动态监测和常态化救助帮扶 [EB/OL].（2022-09-08）. https://m.gmw.cn/baijia/2022-09/08/36012374.html.
③ 国家统计局 . 中华人民共和国 2022 年国民经济和社会发展统计公报 [EB/OL].（2023-02-28）. https://www.stats.gov.cn/sj/zxfb/202302/t20230228_1919011.html.

间、区域之间在经济社会发展水平和条件上存在较大差异，城乡二元结构仍然存在并将长期存在。[①] 因而，我们需要不断探索、不断创新、不断积累经验，坚持在经济发展的基础上促进共同富裕。

一、生活富裕的发展方向

（一）产业融合与创新业态：乡村振兴的大方向

在经济转型和社会现代化的大背景下，乡村社会如果仅仅依靠单一化的农业，那将难以适应现代社会的发展需要。乡村要适应新形势的发展需要，就必须进行产业结构的调整和改革。

聚焦产业促进乡村发展，农业农村部开展 2022 年中国美丽休闲乡村推介，贯通产加销，融合农文旅，持续推进农村一二三产业融合发展。经各省遴选推荐、专家评审和网上公示，农业农村部推介的北京市门头沟区妙峰山镇炭厂村等 255 个乡村为 2022 年中国美丽休闲乡村，其中农家乐特色村 84 个。这些乡村呈现出以下三大特点。

一是创新业态丰富。将农业观光采摘、农业科技科普有效结合，打造高科技生态农场，建设含星空笔记、科学实践等沉浸式自然博物教育营地，搭建光影秀与传统农耕文化融合的互动式舞台，九成入选乡村结合不同农时，举办采茶节、稻田音乐节等富有农味的节庆活动。

二是农民主体地位凸显。在被推介的农家乐特色村里，农民既是经营者，利用自家农房农地经营农家乐特色项目；又是从业者，村内休闲农业从业人员中农民占比超过 85%，平均带动农户超过 300 户；更是分享者，将近九成的入选村中农户的主要收入为乡村休闲旅游经营性收入。

三是数字赋能营销服务。多数入选村利用 App、直播平台等开展营销宣传、门票预约和客房预订，同时通过大数据等技术实现消费导引、客流计算等功能，让服务迈向智能化、信息化和高效化。

由这些特点可以看出，在宏观层面，要想实现农民增收和共同富

---

① 中国政府网.习近平：坚持把解决好"三农"问题作为全党工作重中之重 举全党全社会之力推动乡村振兴 [EB/OL]（2022-03-31）.https://www.gov.cn/xinwen/2022-03/31/content_5682705.htm

裕的美好目标，就要走产业融合、数字化发展之路，大力实现乡村农业的现代转型，促进农产品的产业链延伸、集群化发展，在业态创新方面发掘潜力，将农业、农产品加工业和旅游业等服务业有机结合起来。

在微观层面，需鼓励与引导小农户找到与市场衔接的路子，在市场中争取到更高的经济效益，实现农户与市场的融合[①]；打通回乡堵点，引导好、服务好、保护好人才、资金、技术下乡的积极性，充分激发村民参与乡村建设的主动性，有效畅通社会力量投身家乡建设。

（二）物质生活富裕和精神生活富裕相互融合、相互促进

习近平总书记在党的二十大报告中明确指出"中国式现代化是全体人民共同富裕的现代化"，"物质富足、精神富有是社会主义现代化的根本要求。"[②]

促进农民精神生活共同富裕首先要找准政治方向，做好农村思想政治工作，强化农民价值引领。在实践中，有两条主要路径：第一，将农村思想政治工作与选派驻村第一书记和工作队工作相结合。作为乡村振兴的"排头兵"和"中转站"，驻村干部对农村农民的影响最直接也最深入。因此，要严把驻村干部选派关，选拔政治立场坚定、思想素质过硬、热爱农村工作的中共党员做驻村干部。以驻村干部的言行丰富农民的精神世界，用驻村干部的实际行动引领农民价值观。第二，农民精神生活共同富裕还需要精进协同配合，整合多方力量资源，在广大农村地区形成建设合力。农村地区各乡镇政府和村委会要做好领导组织工作，摆脱官僚主义和形式主义，尊重农民的首创精神，就能够创新精神文化生活活动载体，找到方法调动农民的积极性，从而提高农民在精神文化生活中的参与度。[③]

---

① 陆益龙，陈小锋. 新时代的中国乡村振兴之路 [J]. 中国农业大学学报 (社会科学版)，2019, 36(3): 9-17.

② 习近平. 高举中国特色社会主义伟大旗帜 为全面建设社会主义现代化国家而团结奋斗——在中国共产党第二十次全国代表大会上的报告 [N]. 人民日报，2022-10-26(1).

③ 包羽鸣. 乡村振兴视域下促进农民精神生活共同富裕路径探析 [J]. 农村经济与科技，2023, 34(4): 100-103.

二、坚持在发展中保障和改善民生

生活富裕具有经济、社会、文化等多层次、多方面的内涵，因而实现生活富裕不仅要从经济发展、社会进步、文化创新等多方面出发，更要提供更加普惠优质的社会保障，着力补齐民生短板①，优化乡村公共服务，推动乡村振兴战略顺利实现。

（一）进一步加强社会保障体系建设

社会保障是促进社会成员共享国家发展成果、调节收入再分配的重要手段，在共同富裕进程中发挥着至关重要的作用。

一些学者在我国社会保障与共同富裕的关系议题上做了诸多探讨，主要聚焦于社会保障助力实现共同富裕中发挥的作用，以及基于共同富裕如何进行社会保障体系的改革展开。前一视角下的研究主要从社会保险、社会救助、扶贫等方面考察社会保障对共同富裕的影响：如有研究发现，社会保险作为保障弱势群体基本生活的重要支撑、提升风险化解能力的重要途径，是实现新时代共同富裕的推进器②；以及社会救助在共同富裕视角下作为重要的收入再分配手段与社会保障的重要组成部分，能够发挥兜底保障和促进发展的双重功能是迈向共同富裕目标不可或缺的、基础性的和兜底性的制度安排③；从医疗保障角度，有学者从共同富裕视角下总结医疗保障事业取得的显著成效，并认为应该继续充分发挥好医疗保障作为社会再分配的政策调节作用。④后一视角下的研究主要聚焦社会保障体系在机理机制、存在问题、实践路径方面：如认为高质量社会保障体系在价值理念、构建内容、参与主体与覆盖对象方面与共同富裕存在多维一致性⑤；而高质量的社会保

①　师嘉唯，成龙.共同富裕视域下人民美好生活的建构逻辑[J/OL].西南交通大学学报(社会科学版),2023,24(5): 17-33[2023-10-10]. http://kns.cnki.net/kcms/detail/51.1586.c.20230915.0802.006.html.

②　陈成文.论完善社会保险制度与实现新时代共同富裕[J].社会科学家,2022(1): 34-41.

③　张浩淼.共同富裕视角下的社会救助[J].中国社会保障,2021(9): 34-35.

④　郑功成.从共同富裕视角推动医疗保障高质量发展[J].中国医疗保险,2022(3): 12-14.

⑤　金红磊.高质量社会保障体系推进共同富裕：多维一致性与实现路径[J].社会主义研究,2022(1): 91-96.

障体系建设主要通过优化社会保障体系结构、改进社会保障制度设计
与创新社会保障运行机制等路径来实现，健全的社会保障体系整体合
力推动共同富裕，有助于提升共同富裕的张力，社会保险、社会救助、
社会福利和补充保障对共同富裕的实现分别发挥支撑性、兜底性、提
升性及促进性作用。[①] 在社会保障的具体层面：从社会救助角度，有学
者认为面向共同富裕需要从兜底保障转向适度的分配正义，在提升低
收入家庭收入水平、缩小低收入家庭收入差距等方面发挥更大作用[②]；
从社会保险角度，有学者认为应进一步推进社会保险法定人员全覆盖、
资助困难群体参保与减轻其参保缴费负担、调整和提高社会保险待遇
水平[③]；从社会福利角度，研究发现适度普惠在价值选择上存在商榷的
空间，而发展主义话语导致的低水平福利供给的政策选择可能已经不
再适用于共同富裕的大时代背景，认为应当推动社会福利向适度积极
的社会福利方向转变。[④]

在实现共同富裕的过程中，民政部门的工作对象——困难群体、
弱势群体成为共同富裕的短板，应当成为党和国家在实现共同富裕层
面所关注的重点对象。困难群体能否享受发展成果，决定了我国共同
富裕能否实现。[⑤] 没有高水平的人群兜底保障就不可能有共同富裕。为
消除绝对贫困，中国从 2013 年开始实施精准扶贫，提出"社会保障兜
底一批"的重要举措，社会保障制度自此成为精准扶贫的重要支柱，
在全面打赢脱贫攻坚战中发挥举足轻重的作用。

首先，作为兜底减贫的重要环节，社会救助充分发挥了解决"两
不愁三保障"的兜底支持作用。而没有劳动能力的贫困户不纳入贫困
扶助对象范围，这可能导致此类人群的边缘化，最低生活保障制度可

---

① 何文炯. 建设适应共同富裕的社会保障制度 [J]. 社会保障评论，2022，6(1): 23-34.
② 杨立雄. 从兜底保障到分配正义：面向共同富裕的社会救助改革研究 [J]. 社会
保障评论，2022，6(4): 102-114.
③ 姚建平. 社会保障制度如何助力实现共同富裕 [J]. 群言，2022(11): 26-28.
④ 葛忠明，林子昂. 适度普惠还是适度积极？——论共同富裕背景下福利政策的
发展 [J]. 南通大学学报 (社会科学版)，2022，38(6): 78-88.
⑤ 王杰秀，安超. "元问题"视域下中国养老服务体系的改革与发展 [J]. 社会保
障评论，2020，4(3): 62-76.

以在一定时期内作为解决他们温饱问题的基本手段。[①]

其次在医疗保障方面，通过基本医疗保险、大病保险和医疗救助等多重医疗保障制度，实现"基本医疗有保障"的脱贫目标，帮助近1 000万因病致贫家庭精准脱贫，有效缓解了因病致贫问题。[②] 医保制度不仅可以通过改善居民健康状况，增强劳动能力来提高收入，而且能够通过减少医疗支出降低致贫返贫风险。[③]

最后在养老保障方面，实现贫困人口养老保险应保尽保、应发尽发。国家将建档立卡贫困人口纳入城乡居民基本养老保险保障范围，并为他们代缴养老保险或给予缴费补贴，同时按规定发放养老金和高龄补贴，有效缓解了老年贫困的发生。2020年底，超3 014万老年贫困人口领取基本养老保险待遇，其中1 735万为建档立卡贫困老人；自2017年代缴政策实施以来，共为1.19亿困难人员代缴城乡居民基本养老保险费129亿元。[④] 许多学者的研究显示，养老保障帮助改善老年人的生活状况有助于减缓贫困[⑤]，在此基础上对于养老保险制度的整合、扩大覆盖面以及逐步提升养老保险水平等措施，进一步增强了养老保障的减贫效果。[⑥]

（二）农村公共服务供给的优化

农村公共服务的优化是提高农村居民生活品质和福利水平的重要途径，农村公共服务是指政府为农村居民提供的基本公共设施和公共服务，包括教育、医疗、文化、交通、环保、社会保障等诸多方面。

[①] 刘文静. 社会保障与精准扶贫如何"牵手"互动 [J]. 中国社会保障，2017(8): 50.

[②] 杨穗，赵小漫. 走向共同富裕：中国社会保障再分配的实践、成效与启示 [J]. 管理世界，2022, 38(11): 43-56.

[③] 于大川，李培祥，杨永贵. 农村医疗保险制度的增收与减贫效应评估——基于CHNS(2015) 数据的实证分析 [J]. 农业经济与管理，2019(5): 35-45.

[④] "十四五"规划《纲要》解读文章之33| 健全多层次社会保障体系 [EB/OL]. （2021-12-25）. https://www.ndrc.gov.cn/fggz/fzzlgh/gjfzgh/202112/t20211225_1309721.html.

[⑤] 张川川，GILES J，赵耀辉. 新型农村社会养老保险政策效果评估——收入、贫困、消费、主观福利和劳动供给 [J]. 经济学（季刊），2015, 14(1): 203-230.

[⑥] 边恕，宋经翔，孙雅娜. 中国城乡居民养老金缓解老年贫困的效应分析——基于绝对贫困与相对贫困双重视角 [J]. 辽宁大学学报（哲学社会科学版），2020, 48(1): 88-97.

农村公共服务供给是农村治理领域的重要研究议题，提升农村公共服务供给的效率与质量，对于实现乡村振兴战略具有重要意义。农村服务供给主体是多元的，但是多元主体之间并未形成整合协作的格局。当前农村公共服务的供给主体包括政府、企业、基层村民自治组织、非政府组织、农村精英和农民个人，但我国农村公共服务供给中供给主体之间并未形成体系化、整体性的合作协同机制，与我国农村农民日渐多元的公共服务需求难以达成有效匹配，在供给内容、决策机制、目标价值等方面存在碎片化问题[1][2]；当前政府与其他供给主体的协作服务作用不突出，供给涵盖的内容和范围不全面。[3]

除去不同层次的主体整合之间存在碎片化问题，政府在农村公共服务供给中的重要主体，其同一层次的主体整合中，即不同层级政府与不同行政部门之间，同样存在割裂和协作水平低的问题。从财权与事权的角度出发，财权事权涉及的"条""块"上的诸多主管部门权力与功能边界的不清晰加剧了政府内部行政体制的碎片化，也进一步导致农村公共服务碎片化的供给困境[4]；从各政府部门利益分割的角度出发，各部门作为"经济人"，功能边界不清与利益分割会使得各部门之间缺乏沟通合作，服务政出多门、政策分散且呈"孤岛"状态。[5]

关于如何解决当前农村公共服务供给碎片化及供给主体割裂的问题，众多学者从加强整体性治理的视角进行了论述。在政府内部，应利用数字化转型的独特优势通过组织整合、服务供给、机制协同三重路径来强化农村公共服务跨部门连接，在政策落实过程中着力消除沟

① 陈洋庚，姚蕾，周慧玲.农村公共服务供给机制的"碎片化"与整体性重构 [J].特区经济，2020(10): 60-63.

② 姚贱苟，于恩洋.农村公共服务供给碎片化困境与整体性突破 [J].农业经济，2022(2): 45-47.

③ 单琳琳.优化农村公共服务供给 提升基层社会治理效能 [J].宏观经济管理，2022(10): 61-69.

④ 陈怡俊，黄海峰.基于整体性治理的农村公共服务供给机制研究——以社会影响力债券为例 [J].农村经济，2020(1): 62-70.

⑤ 陈思奇.农村养老服务供给的"碎片化"问题与整体性治理研究 [J].山西农经，2022(11): 43-45.

通与价值障碍；同时，也应厘清不同层次主体之间的关系，协调来自政治、社会、经济三个维度的治理目标，实现"制度、信息、资金"的共享与整合，重视村民自治的"软规则"作用的发挥，与各级政府的"硬规则"结合，通过多中心供给决策机制、供给筹资机制以及供给需求表达机制、供给人才机制，实现供给农村公共服务的多元化合作。①②

在农村公共服务的供给中，强调市场、社会组织以及村庄精英承担着在公共服务供给链条上的重要功能③，在动态的互动过程视角下不同群体成员之间相互协调，培养信任和规则意识，共同建设群体共同行动机制。④

案例 10-6　辽宁沈阳市：深入践行"与邻为善、以邻为伴"理念奋力开创党建引领基层治理新局面

近年来，沈阳市聚焦打造"全国城乡基层治理现代化标杆城市"总目标，顺应发展新形势和群众新期待，坚持党的领导、统筹协调各方，不断提升基层治理效能。

推进小区党群服务站建设，确保"两邻"基层治理有阵地。按照不少于30平方米的标准，采取单独建、联合建方式，在每个小区建设集"党建＋养老＋医疗＋教育＋就业＋治安"为一体的党群服务站，并实现有党员先锋岗（党员责任区）、有民生品牌下沉力量和工作机制。

实施党建聚邻工程。推动社区"党组织—网格（小区）党支部—

① 冯超. 多中心合作：农村公共服务供给机制建构——台湾地区村（里）公共服务供给实践启示 [J]. 闽台关系研究，2022(1): 100-110.

② 汪奕. 乡村振兴战略背景下农村基本公共服务供给机制研究 [D]. 南昌：江西财经大学，2021.

③ 陆自荣，张颖. 党组织建设引领农村公共服务供给创新的逻辑——基于"市场—科层"制的效力分析 [J]. 清华大学学报（哲学社会科学版），2022，37(4): 199-214，228.

④ 李潘涛. 互动式治理视角下的农村基本公共服务供给研究——基于 L 村饮水工程的个案 [J]. 黑龙江生态工程职业学院学报，2021，34(6): 83-86.

楼院党小组—党员中心户"四级组织体系 100% 覆盖，全面推开红色物业，依托"三长五员"工作专班（小区点长、应急点长、荣誉点长和物业管理员、卡口值守员、医疗防疫巡查员、社区警务巡查员、街道专管员），党支部引领全市物业企业有效融入小区治理。组建"就业帮帮团"，以网格为载体开展入户走访，根据需求提供岗位。探索建立社区家庭签约服务站，为 2.8 万名行动不便老人签订家庭医生，并组织中医药"大篷车"进社区、"知名专家到身边"等活动，提供居民"家门口"就医获得感；实施科技安邻工程。社区治理信息化平台扎实推进，将社区居民信息逐层装入网格、楼宇、单元、户，绘制完成覆盖 2 480 余个城乡社区、60 余万栋楼宇的"电子装户图"。

如今沈阳全市 1 527 个村、955 个社区统一悬挂"两邻"标识，50 万份"两邻"年历发到居民手中，1.1 万余名社区工作者全部佩戴胸牌服务，全市掀起了熟知"两邻"、宣讲"两邻"、践行"两邻"的浓厚氛围。

资料来源：辽宁沈阳市：深入践行"与邻为善、以邻为伴"理念 奋力开创党建引领基层治理新局面 [EB/OL].（2022-07-29）. http://dangjian.people.com.cn/n1/2022/0729/c441888-32489305.html.

辽宁省沈阳市在党建引领下持续探索群众参与基层治理的新路径，秉持"与邻为善、以邻为伴"的理念，进一步满足广大社区居民对文化生活的需求，激发社区居民广泛参与的热情，提供居民交流、展示、互助的平台，更好地延伸拓展社区管理服务职能，进一步弘扬邻里团结、互助和睦的传统美德，融洽邻里亲情，使得"两邻"理念成为沈阳基层治理现代化建设的靓丽名片。在基层治理与公共服务提供中应充分考虑居民多元需求，引导居民加入志愿者队伍，在乡村公共服务的供给中发挥"能人""闲人""好人"的优势，助推邻里关系良性互动，打造最具温情的邻里互助品牌。

第六节　美丽（乡村美丽）

加强美丽乡村建设是响应乡村振兴战略、助力中华民族伟大复兴的必然选择，在进行美丽乡村建设的过程当中要综合各方面的影响因素，了解掌握乡村实际发展情况，以不断满足时代对农村发展的要求，从而全方位地加强对乡村的建设，促进乡村在生态、文化、经济上的协调稳定发展。

"美丽乡村"的概念于2013年首次提出，将人与自然和谐共生的理念作为工作的出发点和落脚点，体现了对人与自然关系的全新认识和理解。美丽乡村建设主要以"绿色"发展理念为核心，一方面关注乡村的自然环境的改善，另一方面也关注乡村人文环境营造，旨在营造良好的乡村居住环境，为居民身心健康发展提供切实、可靠的保障。[①]"环境优美"的目标更多在于农村人居环境的改善，而"美丽乡村"更多在于乡村整体生态环境的保护和优化。近年来，随着美丽乡村概念和实践的发展，人们逐渐开始意识到美丽乡村建设不仅要实现改善生态的基本要求，同时还需因地制宜，结合每一个地区的特色与实际情况进行布局调整与优化，使中国乡村发展更具有多元化、个性化，注重文化价值的创造。要以乡村振兴战略为核心，着力于美丽乡村生态环境的优化，提高农村区域发展的竞争能力，让美丽乡村开发和建设能够成为一张彰显农村发展成效的名片。

美丽乡村的建设有利于营造良好的乡村生态环境，对于乡村振兴战略的实施也具有重要的意义，进一步推动乡村生态振兴、组织振兴。[②]现阶段美丽乡村建设主要存在的问题主要在于：在乡村振兴战略下美丽乡村建设建什么？怎么建？

一、美丽乡村建设的现状与发展方向

2022年5月中共中央办公厅、国务院办公厅印发的《乡村建设行动实施方案》指出，美丽乡村建设既聚焦"硬件"又突出"软件"，提出加强道路、供水、能源、物流、信息化、综合服务、农房、人居环境等农村重点领域基础设施建设，改善农村公共服务和乡村治理。

---

① 马媛. 乡村振兴战略背景下美丽乡村建设与发展 [J]. 新农业，2023，985(4): 90-91.
② 盛蓉蓉. 乡村振兴背景下美丽乡村建设困境及对策分析 [J]. 河北农业，2023(9): 23-26.

近年来，全国各地加快推进农村基础设施建设和公共服务改善，取得了较为显著的成效，乡村面貌也由此发生了巨大变化。同时也要看到，农村公共基础设施往村覆盖、往户延伸还存在明显薄弱环节，教育、医疗卫生、养老等公共服务质量还有待提高，与农民群众日益增长的美好生活需要还有差距。

在纵向层面，我国政府上下层级间统筹规划呈现碎片化。我国部分地区村庄规划建设标准不高，政府上下层级间的责任机制也不够明晰。很多地区美丽乡村建设都处于起步阶段，相关工作由县政府或乡镇政府主导，村级领导只负责最后落实，未形成完整、系统的规划流程和监管体系；且当前环境整治工作的监督及考核大多依靠地方政府，缺少农民自我检查及监督的环节。此外，部分地区美丽乡村建设工作未能与当地各种资源深度结合，我国很多地区拥有很多值得挖掘的特色文化资源，尽管各地政府在美丽乡村建设过程中意识到要保护、利用当地文化资源，但很多工作在具体落实过程中流于表面，面临对当地资源及文化的挖掘不够深入、乡村建设方式单一等问题。[①]

在横向层面，政府与市场、社会力量的协同存在不畅。部分地方政府对所在地资源整合力度不够，在产品规划上与市场结合力度不足。各地区在组织和规划产业建设及产品设计时，缺少基础的市场调研，易出现产品同质化的问题。此外，目前我国大部分地区仍然缺乏环境管护机制，各地政府在环境管护工作中大多采取合作项目的方式，但村组织与合作企业的衔接存在一定问题。大多数企业只负责主街道的清理打扫以及垃圾输送工作，其他问题如绿面墙修护、农村"三堆"清理等工作依然需要村组织解决。然而由于村组织能力有限，后期维护工作并不能保证。

因此，推进美丽乡村建设，应进一步处理好政府内部上下层级、各部门之间的关系，处理好与村民、市场、社会的关系，以农民为主体，尊重差异、因地制宜。

---

① 郑秀桃.乡村振兴背景下×县美丽乡村建设问题研究[D].沈阳：辽宁大学，2023.

（一）以群众需求为核心，发挥农民主体作用

在美丽乡村的建设中，农民群众不仅仅是受益者，更是重要的参与者、建设者、监督者。乡村建设是为农民而建，要坚持问需于民、问计于民，完善农民参与机制，把农民满意作为衡量标准。

要努力发挥基层政府的引导作用，培养农村社会中人民群众建设美丽乡村的主人翁意识，激发农民主动参与美丽乡村建设的积极性，充分听取村民的意见和建议，尊重村民的权利和利益，根据村民的需求和实际情况，制定出更加符合当地实际的政策和计划。

实施乡村建设行动，必须坚持数量服从质量、进度服从实效，求好不求快，以普惠性、基础性、兜底性民生建设为重点，逐步使农村基本具备现代生活条件。在目标上，要坚持从实际出发，同地方经济发展水平相适应、同当地文化和风土人情相协调，结合农民群众实际需要，分区分类明确目标任务，合理确定公共基础设施配置和基本公共服务标准。

（二）处理好政府和市场、社会的关系

美丽乡村建设需要政府与市场力量、社会力量多元主体之间的协同合作。在政府的战略方向引导下，要发挥市场配置资源的基础性作用，鼓励吸引银行信贷、民间资本和社会力量参与美丽城镇建设，鼓励和支持农民的创业创新；鼓励社会力量通过结对帮扶、捐资捐助和智力支持等多种方式参与农村人居环境改善和美丽城镇建设，形成"村民筹资筹劳、政府财政奖补、部门投入整合、集体经济补充、社会捐赠赞助"的多元化投入格局。①

案例 10-7　广东省协同推动"一村一品、一镇一业"，绘就乡村振兴美丽新画卷

广东省各级党委政府和农业农村部门坚决贯彻落实省委、省政府的决策部署，抽调骨干人员，成立工作专班，推动"一村一品、一镇一业"工作落实到位。经省政府同意，省农业农村厅制定并印发

---

① 聂诚果.美丽乡村建设中基层政府生态职能研究 [D]. 绵阳：西南科技大学，2023.

"1+N"规范性文件；深化项目和资金管理改革，将立项审批权限下放至县政府，实现简政放权；建立项目库信息管理平台，实现项目入库、审核、审批、备案、进度等全程信息化管理；举办多层次、全覆盖的培训。全省累计举办培训416期，培训人员18 676人次，推动市、县、镇、村各级干部熟悉、掌握政策和项目建设要求。

在主体培育方面，着力突出抓好农业龙头企业、农民合作社和家庭农场等农业新型经营主体发展，培育壮大了一批适应区域化、专业化、规模化发展要求的新型经营主体。

"一村一品、一镇一业"根植于广袤土地，延伸到千家万户。项目实施以来，2 278个省级特色农业专业村主导产业总产值达481.45亿元，平均占村农业总产值53.12%；300个省级专业镇主导产业总产值达894亿元，平均占镇农业总产值48%。围绕优势特色产业发展，"一村一品、一镇一业"建设着力培育主体、打造品牌，促进绿色发展、产业融合，成效显著。

资料来源：广东省农业农村厅"一村一品、一镇一业"建设工作方案[EB/OL].（2019-05-11）. https://dara.gd.gov.cn/zcwj/content/post_2385957.html.

广东省促进农村产业的发展，推动乡村经济的升级，多主体协同打造"一村一品、一镇一业"的特色新村。在充分融合市场力量和社会力量的同时，各地也应建立和完善健全的市场监管机制，加强对市场行为的监管和管理，保证市场的公平竞争和合法经营。

二、美丽乡村建设与发展的思路与策略

（一）以绿色发展为引领，以循环经济为转型

生态环保是建设美丽乡村的基础和前提，必须坚持生态优先、绿色发展的理念，加大水土保持等环境保护措施力度，提升农村生态环境质量。从生态出发，加强同其他产业的有机结合，推行生态加工业、生态加农业、生态加旅游业等复合型产业的发展[①]，逐渐打破传

---

① 王爱华，王明锐，姚晶晶. 乡村振兴战略下茂名市美丽乡村建设发展现状与对策研究 [J]. 绿色科技，2023，25(13): 243-249，269.

统产业的限制边界，注重产业发展的技术革新，实现发展与环境的有机融合。[1]

　　一是要科学保护土地资源。乡村地区土地资源是乡村生态环境的重要组成部分，科学保护和利用土地资源，就是保护生态环境的重要保障。可以通过制定地方性土地资源管理方案，规范土地利用方式，创新土地利用方式，实现生态环境与经济发展协调发展。[2]二是要加强水资源管理。水资源是乡村生态环境的关键组成部分，加强水资源管理，保护水资源，就是保护生态环境的重要措施。应该进一步加强综合治理水土流失、加强村庄水资源管理、提高生态水利建设。三是要培育新型农业业态。美丽乡村建设与传统农业的区别在于，它摒弃了以往那种资源无法循环和高效利用的单一线性发展模式，而是将新型农业生产理念引入乡村建设中来，从"资源—产品—废弃物"转型为"资源—产品—废弃物—再生资源"。乡村地区可以通过优化农产品生产的质量、品质等，提高农产品在市场竞争中的优势，推动乡村产业发展；培育新型农业业态，如农业观光、农业旅游等，推动乡村产业发展，为乡村美丽建设提供经济支撑。

（二）提升美丽乡村建设水准，合理规划建设方案

　　坚持科学规划和设计原则，不大拆、大建，最大限度保留村庄原有风貌，特别是对一些承载乡村文化、记忆的景物，要有所保留，突出地方特色和乡土味道，完善基础设施。

　　在此基础上开展村容村貌综合提升行动，美化乡村生态环境。开展村庄主次街道硬化行动，各村要通公交车，方便群众出行；开展村庄绿化行动，利用春冬季节大力开展植绿补绿行动，对道路两侧、宅间空地、庭院空间、河道池塘等载体进行绿化，加快村庄游园绿地建设；开展村庄亮化行动，主干道和公共场所要安装路灯，建立村庄亮化管护长效机制，方便群众出行；开展村庄美化行动，整治乱堆乱放、乱倒乱扔、私搭乱建行为，清理房前屋后的垃圾，美化村庄环境。

[1]　马媛. 乡村振兴战略背景下美丽乡村建设与发展 [J]. 新农业，2023，985(4): 90-91.
[2]　李娜. 基于乡村美丽建设的乡村旅游发展研究 [J]. 商务经济与管理，2020(20): 47-49.

（三）健全管理考核机制，加强引进专业人才

在推进环境整治管理及维护工作时，要依据各村实际情况，选择合适的管理方法和模式。依据各村特点，由政府与相关企业合作，统筹管理环境维护、垃圾清运等工作，将环境整治工作交由相关专业市场机构负责，在提高资源利用率的基础上，有效加强环境管护工作的专业性。

在落实环境整治工作监督及考核时，必须明确各级政府及各部门职责，厘清监管责任主体，明确考核标准、细则以及奖惩规定，构建市、镇、村三级的纵向考核体系，实行"日、周、月、季"长效考核机制；在健全考核监督机制的同时，进一步健全人才引进机制，通过提升基层干部待遇、完善基层干部晋升制度等措施吸引人才，吸引更多人才参与美丽乡村建设，并倡导和鼓励当地人才回乡创业助力家乡建设。

乡村振兴战略顺应了时代发展的要求，同时对美丽乡村建设赋予了新的内涵，在具体的实践中要实现乡村建设的进一步发展就应以绿色发展为引领，实现循环经济转型，加强基础设施建设，塑造乡村风貌，让生态同经济一起发展，将人与自然和谐共生的理念落实到位[①]，绘就美丽乡村美好画卷。

---

① 马媛. 乡村振兴战略背景下美丽乡村建设与发展 [J]. 新农业，2023，985(4): 90-91.

第十一章
向变而生 乡村重构

在乡村"空心化"、产业多元化，特别是休闲康养趋势化的当下，我国乡村正经历着不同于传统乡村、"乡民"不同于传统农民、"产业"不同于传统农业的嬗变。城乡融合、城乡要素互动趋势加强，新乡村正在以不可阻挡的态势发展。乡村正从生存依赖型社区向乡村生活居住型社区转变，居住地与职业的关系不断弱化，乡村居民的职业越来越呈现出多样和多变，传统乡村因血缘相关而形成的差序结构"熟人社会"正逐步被以血缘＋利益联结的契约型"陌新社会"替代。

第一节　嬗变："熟人社会"到"陌新社会"

一、乡村"空心化"

现代城市"虹吸"效应的存在，使得城镇化趋势不可阻挡。按照国际经验，城镇化率在 30%～70% 是城镇化快速发展时期，当前发达国家城镇化率高达 80% 以上，而城镇化率为 66.16% 的中国正处在由高速度向高质量转变的关键时期。参照发达国家 80% 以上的城镇化率，中国的城镇化率如果达到 75%，至少还要有 1.2 亿农村人口进城。据《中华人民共和国 2023 年国民经济和社会发展统计公报》，按常住人口计算，2023 年我国农村有 47 700 万人，全国农民工总量 29 753 万人，比 2022 年增长 0.6%。其中，外出农民工 17 658 万人，增长 2.7%；本地农民工 12 095 万人，下降 2.2%。

如果给当下的乡村画像，"缺人"是最大特征。20 世纪 90 年代中国"空心化"的村庄，至少还有一支留守的"386199"部队，即"老人妇女儿童"在村里坚守，但现在乡村的这支部队也残缺不全了，老人们被子女接到城里帮忙去了，妇女大多一起进城打工，或在城镇里陪娃娃读书，村落成为新的"候鸟栖息地"，农忙的时候村里还有 50 岁以上的人在家，等忙完自家活计后这些人又大多进城去了。另外，留守人员中，懂农活、会农活的"农一代"，因年事太高已干不动农活了，50 岁及以下的人大都在城里打工，即使偶有返乡也大多不愿意做或做不了农活了。那些农村出生的人上完学后大多直接进城工作，根本不会干农活，整个都是制造业、服务业思维，缺乏农业思维。

另据 2017 年公布的《第三次全国农业普查主要数据公报》[①]，按照在农业经营户或农业经营单位中从事农业生产经营活动累计 30 天以上（包括兼业人员）的口径统计农业人口，2017 年真正从事农业生产经营的人数只有 3.142 2 亿，已经不到 14 亿总人口的零头。"缺人"表现在，不仅各方面具有特长的人才缺，最关键的是作为农业生产最基础的基本劳动力也显现出短缺现象，昔日作为国民经济劳动力蓄水池的广大农村，正面临青壮年劳动力干涸、见底的危险。

二、乡村产业多元化

随着 2020 年中国脱贫攻坚战取得全面胜利，广大乡村正处于巩固脱贫攻坚成果与乡村振兴的有效接续期，并逐步走向全面乡村振兴。"乡村要振兴，产业必振兴"，国家将发展产业作为乡村振兴的战略首选，鼓励不同地区根据资源禀赋发展乡村产业，乡村地区产业多元化将成态势，到乡村投资创业的人将越来越多，乡村涌现出许多新产业。比如一些乡村山高林密、矿产丰富，开发建材产业；有些地区发展果蔬业，育苗、种植、修剪、施肥、采摘、分拣、包装、干果、榨汁、电商、批发、零售、运输全部在村内进行；有的开展光伏发电、风力

---

① 国家统计局 . 第三次全国农业普查主要数据公报 [EB/OL]. https://www.stats.gov.cn/sj/pcsj/nypc/202302/U020230223531273769774.pdf.

发电，光伏板下、风轮杆下种草搞养殖等。据多次实地调研，我们发现，在广大农村，乡村旅游业已普遍开展。数据显示，中国休闲农业和乡村旅游快速壮大，2019 年乡村休闲旅游接待游客约 32 亿人次，营业收入达 8 500 亿元，直接带动吸纳就业人数 1 200 万，带动受益农户 800 多万户。[①]2020 年休闲农业与乡村旅游收入达到 6 000 亿元规模，吸纳就业 1 100 万人。近年来，乡村旅游业呈井喷式增长。乡村旅游 3 ～ 4 天，自驾去城市近郊、省内乡村游玩成为乡村旅游的主要形态。乡村旅游已成为都市人"远离城市喧嚣，放松身心"，增进家庭成员、朋友间感情的新方式。随着人们消费升级及个性化需求的增加，我国乡村旅游会多样化、融合化和个性化发展，为寻根、纾解乡愁、领略田园风光、体验田间劳作、探究民俗风情等需求服务。比如，乡村旅游除了过去的农家乐，现在又流行起度假式深度体验游。

由于 21 世纪中国已经步入老龄化社会，可以预测，乡村康养产业将会成为乡村的一大新兴产业。中国现有老龄人口已超过 2 亿，到 2023 年末，60 岁及以上人口为 29 697 万人，占 21.1%，其中 65 岁及以上人口为 21 676 万人，占 15.4%。[②] 随着国民生活水平的提高以及人口老龄化高峰的到来，中国城市老人"换一种活法"的消费需求日益增加，乡村由于其自然恬淡的生活情调和远离污染的环境氛围，在乡村振兴及大健康政策背景下，基础生活设施不断改善，以服务为主，投资较少、收益较高的乡村康养业项目将会不断被开发出来。

三、"熟人社会"到"陌新社会"

当下，我国新乡村正在以不可阻挡的态势迅速发展，呈现出城乡融合趋势日益加强的特点。城乡之间的要素互动更加频繁，村民走出村庄，外部人员进入村庄进行投资、创业、旅游观光及康养消费，形

---

① 农业农村部新闻办公室 . 全国休闲农业和乡村旅游大会强调：加快乡村休闲旅游业恢复发展 推进产业提档升级高质量发展 [EB/OL].（2020-09-17）. http://www.moa.gov.cn/xw/zwdt/202009/t20200917_6352290.htm.
② 国家统计局 . 中华人民共和国 2023 年国民经济和社会发展统计公报 [EB/OL].（2024-02-29）. https://www.stats.gov.cn/sj/zxfb/202402/ t20240228_1947915.html.

成了新型的人口和资源流动。此外，一二三产业与四五六产业高度融合，生产、生态、生活实现了高度和谐。新老农民在这一过程中逐渐融合，形成了新的邻里关系；而农村居民与城市居民也在共处中融合，构成了"新乡人"这一新的社会群体。在这一"陌新社会"中，最显著的特点是居民主体的多元化、就业结构的多样化以及生活方式的多样化。传统单一的农民角色已被新的农民、返乡老农民以及留守老农民等多元化的居民主体所取代。同时，传统以种植养殖为主的第一产业也被新型产业以及高度融合的产业形态所取代。乡村的传统村委会组织形式已不再适应新的社会需求，逐渐被新的乡村社区组织形态所取代。如何适应这种嬗变？乡村重构——乡村社区新型共同体建构是关键。

第二节　乡村社区重构——乡村新型社区共同体建构

现阶段，乡村经济发展路径正向"乡村主题化、体验生活化、农业现代化、业态多元化、村镇景区化、农民多业化、资源产品化"转变。乡村也正在由传统乡村向现代乡村转变：传统乡村属于生存依赖型社区，而且更多属于生产型社区，主要从事农业生产，由于交通不发达，活动空间半径短，"两亩地一头牛，老婆孩子热炕头"，封闭半封闭式的小农经济为常态模式。随着改革开放乡村振兴工程的深入，交通、沟通日益便利，交流开放程度日益提升，乡村正从生存依赖型社区向乡村生活居住型社区转变，居住地与职业的关系不断弱化，乡村居民的职业会变得多样和多变，乡村社区也逐渐变得类似城市社区，即不同出生地、受教育程度、职业、意识、习性的居民在社区共处，相互影响、彼此融合。在这种情况下，打造乡村社区新型共同体势在必行。

一、乡村社区新型共同体

社会学中"共同体"一词由德国古典社会学家滕尼斯在其《共同

体与社会》[①]中引入，是指人们以一定方式结合起来共同活动的过程，包括物质活动和非物质活动两部分。物质活动包含物质资料的生产活动和物质生活资料的消费活动；非物质活动又称精神活动，包括精神产品的生产活动（如科学研究、文艺创作、学校教育等）和满足人们精神需求的消费活动（如观赏、社交、阅读等）。社会物质活动和社会精神活动密切联系，使人类社会生活丰富多彩。

这里的乡村社区新型共同体，是指由个人、群体和组织按一定方式和规范组合而成的一个关联的大集体，其成员有共同的价值认同和生活方式，共同的利益和需求，以及强烈的认同意识，其实质就是一个开放式社区——乡村新型社区，具有经济性、社会化、心理支持与影响、社会控制和社会参与等多种功能。

随着中国城乡人口的加快流动，乡村社区将会加快建设，最终成为新旧村民日常生活、融合的重要社会空间。而中国许多乡村社区的居民正变得复杂起来。陌生的新面孔、陌生的熟面孔，常见的陌生人、陌生的家人，越来越多地出现在村庄里，由于生活习惯、文化程度、年龄差距、性格差异等将导致村民需求多样化，在这个新群体中，人与人之间相对陌生。而以熟人社会为基础的以村"两委"为主要特征的传统村庄基层治理方式/模式、治理体制机制渐显乏力，导致当前乡村社区的服务不足、水平不高、方式单一，社区服务专业人才匮乏、素质不高问题突出，仅靠村"两委"提供传统的行政公共服务远远满足不了新村民的需求，新村民对社区的认同感、归属感相对缺乏。这种变化使得乡村社区的传统治理模式面临严峻挑战，难以有效应对日益多元化的居民需求和日益复杂的社区关系。为此要着力探索新的治理模式，凝聚共治合力，有效地把面向"熟人社区"的传统治理转变为面向"陌新社区"的现代治理，建构互信互助、共建共享的乡村社区新型共同体，满足新老村民的多元化需求，解决新老村民的多元化诉求，这是乡村振兴中创新乡村治理的关键。

因此，乡村社区新型共同体的新型乡村社区，既有别于传统的行

---

① 滕尼斯.共同体与社会[M].林荣远，译.北京：商务印书馆，1999.

政村，又不同于城市社区，它是由若干行政村合并在一起，统一规划、统一建设而成；或者是由一个行政村建设而成。建设乡村社区新型共同体要因地制宜，营造一个有利有效的氛围，不仅为村庄原住民创造更好的生活环境，还有利于回乡的新村民参与乡村建设，从而在乡村振兴中发挥才智。所以，该共同体应该成为一个新的生活集聚地、新的职业岗位提供地、新的农村基层治理示范地、新的幸福实现地、新的农村价值展示地。

二、乡村社区新型共同体的新型乡村社区建构

新时期、新阶段，新型乡村社区建设就是要把当前我国农村的基层社区建设作为城乡统筹的有力抓手，整合各种资源，外源内源化，内源外源化，二化融合，均衡、科学、有序地推进。建设中，乡镇街道、社区、村、共建单位齐心协力，把邻里情"种"进乡村社区的居民心中，激发其广泛参与的热情，使其成为新型社区真正意义上的第一代居民，使整个建设过程成为居民们交流、展示、互助、认同的过程，使社区管理服务职能同时得到延伸拓展。

（一）新的生活集聚地

"管理有序、服务完善、文明祥和"是新型农村社区生活的目标场景，新社区需要制定共同遵守的规章制度，共同进行社会建设和文化建设。社区居民在活动过程中，根据需要逐步形成共同的价值观和行为规范，形成独特的社区文化，成为共建共享、休戚与共、相互认同的"共同体"。这种社区文化应该成为社区居民自我教育和自我管理的真正帮手，不仅能繁育出一代代具有本社区文化特征的居民，更重要的是能够保证"乡村社区新型共同体"的存续。

这一乡村新型社区的建设，不仅包括搭建社区居住空间和邻里的社会交往空间、打造精神文化家园，使新村民、老村民住在一起时，能妥善解决好村内事务，更重要的是围绕"同住""住好"，不断推动社区从"陌新社会"向"成熟现代乡村社会"转变。随着居民融入社区程度的加深，新社区的现代化建设会向更高层次、更深领域迈进。而进一步完善治理理念，采用新的超越传统村庄基层治理模式的社区

治理机制是当务之急。

在乡村振兴定点帮扶调研中，我们发现，不少帮扶主体除帮助村庄修路、改建学校和医院、引入投资项目外，还采用了一种新的物业管理方法改善定点帮扶村庄的生活秩序，即成立物业公司管理村庄。物业公司经理由原村主任兼任，再由村里推选一名村民组长进村物业公司工作，物业公司其他职工由帮扶单位委派，物业管理中既能贯彻中央及地方的行政命令，又能满足村内居民的合理要求，还能用现代化的管理理念和方法管理乡村生活秩序。可以说这种做法就是建设"美好乡村社区新型共同体"的尝试之一，从社区基础、创新项目、治理理念等方面提高了基层治理水平，推动了城乡二元结构的破除。

可以说，未来"美好乡村社区新型共同体"的内涵是从物理空间逐步向社区治理文化拓展，并依托"民生直达"平台，逐步完善智慧社区建设，为社区减负增效，提升治理和服务水平。

（二）新的职业岗位提供地

目前乡村振兴过程中，乡村规划正在从上到下地推进，高校、研究机构、规划单位、帮扶单位等都在为建设乡村社区新型共同体出谋划策，村庄大多积极配合。根据资源禀赋、气候环境、地形土壤、历史传统、民俗民风等制定的新型社区规划，不仅能强化政策引导，凝聚共识、打通堵点，引导、服务、保护好人才、资金、技术下乡，更重要的是能通过开发新项目或壮大已有产业，提供新的就业岗位。不同于传统乡村第一产业占主导，乡村振兴中，乡村开始出现一二产业融合、一二三产业融合、一二三四产业融合、一二三四五产业融合、一二三四五六产业融合、一三产业融合、一四产业融合，等等，新融合产生新项目，大量新职业接踵而生。以方兴未艾的乡村旅游及康养产业为例，其将会创造大量的就业岗位来满足大批城市人口进入乡村社区后的需要。

建设这一新的职业岗位提供地，需要牢筑社区基础。要重新进行区域规划，统一规范功能布局、设计标准、施工要求，注册使用统一标识，推进社区"美好乡村社区新型共同体"建设；优化社工队伍结构，重点扶持枢纽型社会组织和社区社会组织。

要节约土地，提高土地生产效率，以集约化经营为主导，以农民自愿为原则，以提高农民生活水平为目标，调动起农民主动到社区建房购房的积极性，流转出原来的旧宅，从而用于复耕等。让农民既不远离土地，又能集中享受城市化的生活。

通过岗编适度分离等多种方式，鼓励城市在职科教文卫体等工作人员定期服务乡村，提升新型社区的文化底蕴。健全县级统一组织、乡级深化落实、村级具体实施的责任体系，为符合条件的设计师、大学生、退役军人、返乡农民工、企业家进乡工作提供便利，对其子女、配偶、父母等近亲属入托入学、就业就医、养老入院等提供"绿色通道"。

围绕"稳就业、促发展"深入开展"助业服务"，利用党员服务市集等平台常态化开设"就业咨询""企业招聘""就业政策"等摊位，对残疾人等特殊群体给予专门就业援助，为居民群众就业提供暖心支持。

总之，可采取多种措施，汇聚人心、激发内生动力，充分激发新、老村民参与乡村新社区建设的主动性，有效畅通社会力量投身乡村建设。

（三）新的农村基层治理示范地

新型乡村社区出现后，新型乡村共同体同样成为农村基层治理的一个有机组成。由于村民结构不同，共同体可以成立新的领导班子，根据社区规模，成立社区党委或社区党支部，乡镇干部可以兼任书记，合并进入社区村的各村支书可担任社区党组织委员，使社区建设牢牢置于党的坚强领导下，保证党的方针政策引导社区发展。选举组建社区委员会、社区监督委员会等机构，组建管理班子要考虑老、中、青比例，考虑不同职业群体的比例，代表各方群众的利益，调动起社区居民主动参与社区管理的积极性。新型社区要以党建引领，注重社会协同。社区领导要关注建档立卡贫困户的生活情况，帮助本社区不发生规模性返贫；要关注低保家庭生活情况，监督国家补助送达真正的困难户；要关注移民搬迁村民的生活状态，帮助他们融入社区；要组织文体活动，促进邻里间互识互知、互信互促；要推进农村社区基础设施和公共服务的建设，合理使用水、电、路、治安、医疗等"九配套"项目资金，美化村容村貌。可引入物业公司管理社区生活环境，实现物业管理理念及手段的现代化；社区可参与居民与物业、居民与居民矛盾的协调。社区各村经济事务可仍由各村负责，在新的生产管理模式普遍之前，继续采用流行的"企业＋合作社＋村民"等形式。

当然，新型农村社区更需要新型、合法的组织架构，需要给予社区管理单位相应的法律地位。

（四）新的幸福实现地

新型农村社区出现，其突出点是乡村振兴、社会发展加速了第一产业与其他产业融合而派生出新的居住区，居住区有原住农民也有外来人口，彼此陌生，需要从生产生活、物质文化等各方面建设它。因此，不能将新社区简单地理解为村庄翻新或人口聚居，而是要将其视为缩小城乡差距的"最后一公里"，必须营造一种新的社会生活形态，让农民从身份变为职业，让农村社区居民享受到跟城里人水平相当的公共服务。

新型农村社区必须具有以下几种属性。

（1）突出的家园属性。因为脱胎于农村的"熟人社会"，传统农村因血缘关系而特有的亲密感，自然也能较多地在新社区的邻里交往中传承；必须建设好新社区公共文化空间，方便居民歌唱、跳舞、阅读、下棋等活动，促进才艺交流与提升；转变农村单纯为居住而建房的习惯，新社区的建筑风格要具有当地特色、民族风情，要保护好历史遗存，寻得到乡愁；要充分挖掘第一产业文化，保护好绿水青山。

（2）突出的民生属性。将当地农村第一产业与其他产业融合而生的新项目，作为可观光的产品，提升品牌知名度，提升从业者的自豪感；加快科教文卫人员下乡从业速度，完善教育、医疗设施，使其至少能满足社区居民特别是老人和儿童的基本需求，并加快提升其规模和质量；不断扩大新社区的开放程度，水、电、路、网等基础设施不仅通畅而且质量好，居民不仅购物、通信方便，而且享用的果蔬等涉农产品比城市社区居民更为绿色、新鲜。

（3）突出的现代属性。利用数字赋能，搭建好社区主页以实现村民联动、社区智治；充分利用互联网资源，建立社区居民生活微信圈，方便居民问询、表达意见、转让闲置用品，实现微自治下的智慧生活。

新型农村社区居住生活费用比城市低，国人甚至外国人士都愿意到新型农村社区居住生活，这就是新型农村社区建设和经营管理成功的标志。

（五）新的农村价值展示地

新型乡村社区建设要获得政府、社会各界和广大民众的支持，需要从价值上得到广泛认同。

要认识到新型农村社区是共同富裕在乡村振兴中的重要载体，是建构以人为核心的乡村现代化平台，是满足人民对美好生活向往的重要举措。新型农村社区的建设和经营管理体现了中国共产党人坚持以人民为中心，面向美好生活，面向现代化，把握时代脉搏，深入调研，问需于民，确保新型农村社区建设贴近群众、贴近生活，更好地服务社区居民的执政理念。

新型农村社区建设体现了科学引领，借鉴国外经验、城市社区建设经验，因地制宜做优、做深规划设计，高效整合各类公共服务和配套资源，建设中少花冤枉钱、少走冤枉路，体现了科学技术的生产力价值。

新型农村社区遵循"绿水青山就是金山银山"的理念，建设中将保护生态环境放在首位，用纯净的空气、水源、土壤，秀丽的山川、河流创造经济价值，是宜居、宜业、宜游绿色低碳智慧的"有机生命体"，凸显了环境价值。

新型农村社区建设注重保留地方特色，修缮保护好古迹，更多地承载了农耕文明印记，体现民俗风情，挖掘土特产品的文化内涵，以文化价值增加中国特色。

持续探索党建引领下群众参与基层治理的新路径，弘扬古老乡村"熟人社会"以"与邻为善、以邻为伴"的传统美德，营造"邻里亲""邻里帮""邻里乐""邻里评""邻里夸"的邻里关系，调动社区居民广泛参与社区治理的热情，避免重蹈现代都市居民区"冷漠邻里"弊端，用管理生产力给社区赋值。

第三节　改革创新：持续推进农村深化改革

耕者有其田：从事农业生产者即以农为生者——农民，必须有其基本生产资料——土地。若是土地之保障缺失，其生产过程就无法形成，其生产活动也就无法开展，更不可能成为收入的来源，就会陷入严重的生存危机。传统所谓农民即村民，村民即农民，须满足于农而生、于农而居、于农而长三个基本条件，三个条件不可或缺，有一缺失就不能称之为完整的农民（传统的），特别是最后一个条件，缺一条件，只能称之为半农民、非农民。按照其于农而生、于农而长之依赖程度，依照户籍所在地，可以将当下农民分为50%农民（相当于农业生产中的半劳力）、30%农民、10%农民、0%农民等。随着城镇化率进一步提升，未来农民结构：20%纯农民+80%兼业农民。未来土地：50%集约化（保底线安全），30%机动（保多样），20%自留（保生计）。未来村庄结构：20%生产+80%生活，20%农民+80%各行业人员，20%年轻人+80%老人。

为此，为消除城乡发展不平衡和农村发展不充分现象，解决目前乡村"空心化"、缺人问题，就要大力培养兼业农民，其既当农民又不当农民。推进城乡低保两线合一，进一步推进城乡基础设施、医疗卫生公共服务均等化。

大力促进人流下沉乡村，增加乡村人气，提振乡村活力，增进城乡联系，全面推进乡村经济发展及乡村振兴，保障城乡人的要素上下流动，特别是向下、向广大乡村流动是关键。能人回乡建设、回乡发展，引导品行好、有能力、有影响、有声望、热衷家乡建设事业的专业人才、经济能手、文化名人、社会名流等，回乡参与建设，不仅对于推动促进健全县、乡镇、村服务体系，为乡村建设、乡村发展提供专业服务，让更多在村能人想干事、能干事、真干事、干成事具有重要作用，而且对帮助培养本土人才具有重要作用。更重要的是其所形成的示范效应，能够让更多在外能人想回来、回得来、留得住、干得好。其中，退休干部、退休教师、退休医生、退休技术人员等回乡居住，通过有针对性的岗位设置，如产业发展指导员、村级事务监督员、社情民意信息员、村庄建设智囊员等岗位设置，使这些宝贵的人力资源学有所用，在乡村振兴中切实找到发挥才智的用武之地，对于增加乡村活力、提升乡村智力、强化乡村基层治理力、保障乡村生命力等乡村建设、乡村发展方面具有重要意义，更重要的是，他们通过亲身示范和传帮带，吸引了本地相关人才返乡，同时进一步推动了地方相关组织的建设和完善。同时，通过大量退休人员返乡，日益"空心化"的乡村将会再次热闹起来，人气将会大幅度提升，活力将会大大增强，产业生态将会快速形成，乡村旅游、返乡创业就业热度将会大幅度提升。

　　同时，深化三权分置改革，探索推广股田制。结合新型城镇化战略，有序推进农业转移人口市民化，这也是新时期推进向新型城镇化转变的重大举措。当前，在符合条件的农业转移人口落户城镇方面存在落户意愿与城镇落户政策严重不匹配的现象——"夹生"城镇化，即"放开落户的城镇农业转移人口不愿意落户"，而"农业转移人口有落户意愿的城市没有放开落户限制"，其根源是城乡基本公共服务改革的严重滞后和农村改革的严重滞后。一方面是中国农村改革严重滞后，"农民工"在农村的承包地和宅基地缺乏市场化的退出机制，"农民工"不愿意在几乎没有任何市场收益的情况下放弃承包地、宅基地及其他相关权益。另一方面是城乡基本公共服务不对接，缺乏流转衔接机制。目前中国按照城乡不同的特点，分别建立了相应的基本公共服务体系，相互之间差异较大，而且缺乏相互流转衔接的渠道，这在很大程度上限制了农业转移人口市民化进程。要在完善城乡基本公共服务流转机制的基础上，增加基本公共服务国家统筹层次，构建城乡统一的国家基本公共服务体系，从根本上解决农业转移人口市民化问题。同时，深化农村经济体制改革，积极探索农村承包地、宅基地、集体经营性建设用地"三块地"改革。

参考文献

[1]   GREIF A，TABELLINI G .Cultural and institutional bifurcation：China and Europe compared[J].The American economic review，2010，100(2)：135-140.

[2]   HE G，WANG S.Do college graduates serving as village officials help rural China?[J].American economic journal：applied economics，2017，9(4)：186-215.

[3]   HEBERLE R．The causes of rural-urban migration a survey of German theories[J]．American journal of sociology，1938，43(6)：932-950.

[4]   阿如汗，张启宇，刘云慧 . 欧美主要国家与我国传粉昆虫多样性保护政策和研究比较分析 [J]. 生态与农村环境学报，2023，39(1)：1-11.

[5]   白临鹏 .20 世纪 80 年代以来乡村宗族复兴及其对村治的影响 [D]. 武汉：华中师范大学，2013.

[6]   白凌婷，徐嘉辉，谢小军 . 乡村振兴背景下农村生态环境污染治理的不足与对策 [J]. 农业经济，2023(8)：34-37.

[7]   白美妃 . 撑开在城乡之间的家——基础设施、时空经验与县域城乡关系再认识 [J]. 社会学研究，2021，36(6)：45-67，227.

[8]   班涛 . 年轻夫妇"两头走"——乡村家庭权力结构变迁的新现象 [J]. 西北农林科技大学学报 (社会科学版)，2016，16(2)：87-92.

[9]   包乌兰托亚 . 我国休闲农业资源开发与产业化发展研究 [D]. 青岛：中国海洋大学，2013.

[10]   鲍梓婷，周剑云 . 当代乡村景观衰退的现象、动因及应对策略 [J]. 城市规划，2014，38(10)：75-83.

[11]   北京市地方志编纂委员会 . 北京志·农业卷·农村经济综合志 [M]. 北京：北京出版社，2007.

[12]   边恕，宋经翔，孙雅娜 . 中国城乡居民养老金缓解老年贫困的效应分析——基于绝对贫困与相对贫困双重视角 [J]. 辽宁大学学报 (哲学社会科学版)，2020，48(1)：88-97.

[13] 卞辉 . 农村社会治理中的现代乡规民约研究 [D]. 咸阳：西北农林科技大学，2014.

[14] 布鲁范德 . 新编美国民俗学概论 [M]. 李扬，译 . 上海：上海文艺出版社，2011.

[15] 蔡昉 . 城市化与农民工的贡献——后危机时期中国经济增长潜力的思考 [J]. 中国人口科学，2010(1)：2-10，111.

[16] 蔡昉 . 户籍制度改革与城乡社会福利制度统筹 [J]. 经济学动态，2010(12)：4-10.

[17] 蔡禾，王进 . "农民工"永久迁移意愿研究 [J]. 社会学研究，2007(6)：86-113，243.

[18] 蔡禾 . 新中国城乡关系发展与当下面临的问题 [J]. 社会学评论，2021，9(1)：18-28.

[19] 蔡明丹，陈妹 . "推力—拉力"下乡村精英流失缘由及对策探讨 [J]. 农村经济与科技，2021，32(11)：8-12.

[20] 蔡文成 . 基层党组织与乡村治理现代化：基于乡村振兴战略的分析 [J]. 理论与改革，2018(3)：62-71.

[21] 曹晶晶，李宣 . 劳动力外出务工对农村家庭消费结构的影响——兼论务工区域的协同效应 [J]. 商业经济研究，2022(4)：57-60.

[22] 曹峻 . 试论民国时期的灾荒 [J]. 民国档案，2000(3)：54-57，111.

[23] 曹宗平 . 乡村振兴背景下农民工返乡问题的多维审视 [J]. 中州学刊，2021(8)：41-47.

[24] 常明明 .20 世纪 50 年代前期农户收入研究 [J]. 中国农史，2014，33(3)：75-85.

[25] 陈波 . 公共文化空间弱化：乡村文化振兴的"软肋" [J]. 人民论坛，2018(21)：125-127.

[26] 陈春声 . 信仰与秩序 [M]. 北京：中华书局，2019.

[27] 陈春霞，石伟平 . "四化同步"战略下农村职业教育发展的适应性反思：症结与转型 [J]. 现代教育管理，2018(7)：79-83.

[28] 陈锋 . 分利秩序与基层治理内卷化——资源输入背景下的乡村治理逻辑 [J]. 社会，2015，35(3)：95-120.

[29] 陈接峰，胡虹 . 新乡村体验类节目内容生产的三种模式 [J]. 中国电视，2019(11)：63-67.

[30] 陈军亚 . 农村基层组织"一肩挑"的制度优势与现实障碍 [J]. 人民论坛，2019(11)：99-101.

[31] 陈勤建 . 当代民间信仰与民众生活 [M]. 上海：上海锦绣文章出版社，2013.

[32] 陈潭，王鹏.信息鸿沟与数字乡村建设的实践症候[J].电子政务，2020(12)：2-12.

[33] 陈文超，陈雯，江立华.农民工返乡创业的影响因素分析[J].中国人口科学，2014(2)：96-105，128.

[34] 陈锡文，陈宗瑞.中国农业发展报告[M].北京：中国农业出版社，1986.

[35] 陈锡文，韩俊.转变中的村庄[M].北京：清华大学出版社，2016.

[36] 陈燕凤，夏庆杰，李实.中国农村家庭消费贫困变迁(1995—2018)[J].社会科学战线，2021(6)：108-118.

[37] 陈映芳."农民工"：制度安排与身份认同[J].社会学研究，2005(3)：119-132，244.

[38] 陈泳超.作为文体和话语的民间传说[J].阅江学刊，2020，12(1)：106-112，123.

[39] 陈勇勤.晚清时期农业近代化思路与实践[J].江西社会科学，1998(1)：4-10.

[40] 程国强，朱满德.中国工业化中期阶段的农业补贴制度与政策选择[J].管理世界，2012(1)：9-20.

[41] 程美东.当代中国社会发展理论研究[M].北京：知识产权出版社，2018.

[42] 程名望，张家平.新时代背景下互联网发展与城乡居民消费差距[J].数量经济技术经济研究，2019，36(7)：22-41.

[43] 程同顺，史猛.推进村级组织负责人"一肩挑"的条件与挑战——基于P镇的实地调研[J].南开学报(哲学社会科学版)，2019(4)：76-86.

[44] 池泽新，谢元态.中外农业政策[M].南昌：江西科学技术出版社，2007.

[45] 楚明钦.数字经济下农业生产性服务业高质量发展的问题与对策研究[J].理论月刊，2020(8)：64-69.

[46] 川北稔.一粒砂糖里的世界史[M].赵可，译.海口：南海出版公司，2018.

[47] 崔海涛，李荣.湖北省农业生产资料控股集团有限公司：为乡村振兴贡献"供销力量"[J].中国农资，2019(44)：16.

[48] 波普诺.社会学[M].李强，等译.10版.北京：中国人民大学出版社，2000.

[49] 单德启，张军英.警惕空心村蔓延，遏制村庄无序建设[J].小城镇建设，1999(8)：40-41.

[50] 邓彪."三治合一"乡村治理模式中的村规民约建设研究[D].湘潭：湘潭大学，2020.

[51] 邓大才.农民打工：动机与行为逻辑——劳动力社会化的动机—行为分析框架[J].社会科学战线，2008(9)：83-93.

[52] 邓大才. 走向善治之路：自治、法治与德治的选择与组合——以乡村治理体系为研究对象 [J]. 社会科学研究，2018(4)：32-38.

[53] 邓钺洁. 人间仙草深山采 石斛花开幸福来——贵州深入建强石斛全产业链 [J]. 当代贵州，2020(33)：40-41.

[54] 狄金华. 县域发展与县域社会学的研究——社会学的田野研究单位选择及其转换 [J]. 中国社会科学评价，2020(1)：47-58，158.

[55] 杜赞奇. 文化、权力与国家——1900—1942 年的华北农村 [M]. 王福明，译. 南京：江苏人民出版社，2018.

[56] 段清清."撤点并校"对农村义务教育均衡发展的影响 [D]. 杭州：浙江大学，2018.

[57] 范婉静，周跃曼，张涵茜，等. 宗族文化在新农村文化建设中的挖掘与传承 [J]. 名作欣赏，2020(26)：50-51，64.

[58] 方向明，金吴文浩. 政府转移支付对居民收入再分配效应的研究——基于相对贫困和地区差异的视角 [J]. 财经理论与实践，2023，44(5)：59-67.

[59] 费孝通，吴晗. 皇权与绅权 [M]. 上海：华东师范大学出版社，2015.

[60] 费孝通. 费孝通文集：第 5 卷 [M]. 北京：群言出版社，1999.

[61] 费孝通. 乡土中国 [M]. 上海：上海人民出版社，2006.

[62] 费孝通. 乡土重建 [M]. 上海：上海人民出版社，2006.

[63] 费孝通. 云南三村 [M]. 北京：社会科学文献出版社，2006.

[64] 费正清. 美国与中国 [M]. 张理京，译. 北京：世界知识出版社，2003.

[65] 冯尔康，阎爱民. 宗族史话 [M]. 北京：社会科学文献出版社，2012.

[66] 冯尔康，等. 中国宗族史 [M]. 上海：上海人民出版社，2009.

[67] 冯惠玲，陈心林. 土家族乡村社会民俗文化研究 [M]. 北京：民族出版社，2020.

[68] 冯玉建. 诸城市农民专业合作社发展对策研究 [D]. 北京：中国农业科学院，2009.

[69] 复旦大学历史学系，复旦大学中外现代化进程研究中心. 近代中国的乡村社会 [M]. 上海：上海古籍出版社，2005.

[70] 高鸣，芦千文. 中国农村集体经济：70 年发展历程与启示 [J]. 中国农村经济，2019(10)：19-39.

[71] 高小贤. 当代中国农村劳动力转移及农业女性化趋势 [J]. 社会学研究，1994(2)：83-90.

[72] 高雪莲. 生存有道：基于"家庭本位"的多元化小农生计结构——来自黔东南 W 侗寨的田野考察 [J]. 西北农林科技大学学报 (社会科学版)，2020，20(5)：85-92.

[73] 高圆圆，陈哲. 农业产业化经营组织模式演化逻辑、效益比较与未来发

展取向 [J]. 贵州财经大学学报，2022(5)：102-111.

[74] 葛忠明，林子昂 . 适度普惠还是适度积极？——论共同富裕背景下福利政策的发展 [J]. 南通大学学报 (社会科学版)，2022，38(6)：78-88.

[75] 龚丽兰，郑永君 . 培育"新乡贤"：乡村振兴内生主体基础的构建机制 [J]. 中国农村观察，2019(6)：59-76.

[76] 巩前文 . 当代中国"三农"发展研究 [M]. 北京：中央编译出版社，2019.

[77] 郭婷婷 . 乡村振兴背景下产业兴旺的现实困境和优化路径 [J]. 南方农机，2023，54(6)：101-103.

[78] 郭云南，姚洋 . 大姓当选：生产性投资还是收入分配 [J]. 金融研究，2014(11)：191-206.

[79] 国务院发展研究中心课题组，侯云春，韩俊，等 . 农民工市民化进程的总体态势与战略取向 [J]. 改革，2011(5)：5-29.

[80] 哈耶克 . 自由秩序原理 [M]. 邓正来，译 . 北京：生活·读书·新知三联书店，1997.

[81] 韩嘉玲，余家庆 . 离城不回乡与回流不返乡——新型城镇化背景下新生代农民工家庭的子女教育抉择 [J]. 北京社会科学，2020(6)：4-13.

[82] 郝耕，孙维佳 . 农业生产方式变革是乡村振兴的根本出路 [J]. 西安财经大学学报，2020，33(6)：66-74.

[83] 郝敬恒 . 农村小康问题研究 [M]. 北京：中国统计出版社，1992.

[84] 何广文，欧阳海洪 . 把握农村金融需求特点 完善农村金融服务体系 [J]. 中国金融，2003(11)：15-17.

[85] 何仁伟 . 城乡融合与乡村振兴：理论探讨、机理阐释与实现路径 [J]. 地理研究，2018，37(11)：2127-2140.

[86] 何阳，孙萍 . "三治合一"乡村治理体系建设的逻辑理路 [J]. 西南民族大学学报（人文社科版），2018，39(6)：205-210.

[87] 河北省绿化委员会办公室 . 绿色河北 [M]. 石家庄：河北科学技术出版社，2008.

[88] 贺聪志，叶敬忠 . 农村留守老人研究综述 [J]. 中国农业大学学报（社会科学版），2009，26(2)：24-34.

[89] 贺聪志，叶敬忠 . 小农户生产的现代性消费遭遇——基于"巢状市场小农扶贫试验"的观察与思考 [J]. 开放时代，2020(6)：6，45-60.

[90] 贺伟 . 我国粮食最低收购价政策的现状、问题及完善对策 [J]. 宏观经济研究，2010(10)：32-36，43.

[91] 贺雪峰，董磊明 . 中国乡村治理：结构与类型 [J]. 经济社会体制比较，2005(3)：15，42-50.

[92] 贺雪峰，仝志辉 . 论村庄社会关联——兼论村庄秩序的社会基础 [J]. 中

国社会科学，2002(3)：124-134，207.

[93] 贺雪峰. 城乡关系变动与乡村振兴的阶段 [J]. 贵州社会科学，2021(8)：133-138.

[94] 贺雪峰. 论农村基层组织的结构与功能 [J]. 天津行政学院学报，2010，12(6)：45-61，97.

[95] 贺雪峰. 论中国农村的区域差异——村庄社会结构的视角 [J]. 开放时代，2012(10)：108-129.

[96] 贺雪峰. 试论 20 世纪中国乡村治理的逻辑 [J]. 中国乡村研究，2007(1)：157-173.

[97] 贺雪峰. 乡村的前途：新农村建设与中国道路 [M]. 济南：山东人民出版社，2007.

[98] 贺雪峰. 小农立场 [M]. 北京：中国政法大学出版社，2013.

[99] 贺雪峰. 新农村建设与中国道路 [J]. 读书，2006(8)：92-99.

[100] 洪银兴，陈宝敏. "苏南模式"的新发展——兼与"温州模式"比较 [J]. 宏观经济研究，2001(7)：29-34，52.

[101] 侯翠梅，苏杭. 大学生返乡创业的现状与路径研究 [J]. 人民论坛，2023，763(12)：95-97.

[102] 侯麟军，何纯真. 治理主体多元化视角下农村基层党组织建设 [J]. 南阳理工学院学报，2019，11(5)：23-27.

[103] 侯亚杰. 户口迁移与户籍人口城镇化 [J]. 人口研究，2017，41(4)：82-96.

[104] 胡洪彬. 乡镇社会治理中的"混合模式"：突破与局限——来自浙江桐乡的"三治合一"案例 [J]. 浙江社会科学，2017(12)：64-72，157.

[105] 胡那苏图，崔月琴. 组织化振兴：农村社会组织参与乡村治理路径分析——以内蒙古东部脱贫县 A 镇三村为例 [J]. 理论月刊，2020(5)：111-121.

[106] 胡中升. 国民政府黄河水利委员会研究 [D]. 南京：南京大学，2014.

[107] 黄建伟，陈东强. 工商资本下乡对农户农地流转行为的影响 [J]. 资源科学，2022，44(5)：913-926.

[108] 黄孟齐. 子女外出务工对农村留守老人身心健康的影响 [D]. 成都：西南财经大学，2021.

[109] 黄慕华，陈瑞，王雪. 农村中小型企业销售渠道探讨 [J]. 产业与科技论坛，2019，18(24)：218-219.

[110] 黄帅金. 土地对农民工城市落户意愿的影响——基于 2017 年全国流动人口动态监测调查数据的再考察 [J]. 安徽农业大学学报 (社会科学版)，2020，29(6)：81-89.

[111] 黄英. 陇西县土地撂荒原因分析与综合治理 [J]. 甘肃农业，2021(11)：

109-111.

[112] 黄园渐，杨波.从胡焕庸人口线看地理环境决定论 [J]. 云南师范大学学报（哲学社会科学版），2012(1)：68-73.

[113] 黄宗智.华北的小农经济与社会变迁 [M]. 桂林：广西师范大学出版社，2023.

[114] 黄宗智.长江三角洲小农家庭与乡村发展 [M]. 北京：中华书局，2000.

[115] 黄宗智.资本主义农业还是现代小农经济？——中国克服"三农"问题的发展道路 [J]. 开放时代，2021(3)：6，32-46.

[116] 季中扬，胡燕.当代乡村建设中乡贤文化自觉与践行路径 [J]. 江苏社会科学，2016，285(2)：171-176.

[117] 姜方炳."乡贤回归"：城乡循环修复与精英结构再造——以改革开放40年的城乡关系变迁为分析背景 [J]. 浙江社会科学，2018(10)：71-78，157-158.

[118] 姜长云.发展农业生产性服务业的模式、启示与政策建议——对山东省平度市发展高端特色品牌农业的调查与思考 [J]. 宏观经济研究，2011，148(3)：14-20.

[119] 姜长云.关于发展农业生产性服务业的思考 [J]. 农业经济问题，2016，37(5)：8-15，110.

[120] 焦长权，周飞舟."资本下乡"与村庄的再造 [J]. 中国社会科学，2016(1)：100-116，205-206.

[121] 金三林，曹丹丘，林晓莉.从城乡二元到城乡融合——新中国成立70年来城乡关系的演进及启示 [J]. 经济纵横，2019(8)：13-19.

[122] 康晨远.因地制宜是农民合作社高质量发展的必然选择 [J]. 中国农民合作社，2021(8)：19-21.

[123] 亢林贵.从父权到平权——中国家庭中权力变迁问题探讨 [J]. 山西青年管理干部学院学报，2011，24(1)：91-94.

[124] 科大卫，刘志伟.宗族与地方社会的国家认同——明清华南地区宗族发展的意识形态基础 [J]. 历史研究，2000(3)：3-14，189.

[125] 孔凡文，张小飞，刘娇.我国城乡基本公共服务均等化水平评价分析 [J]. 调研世界，2015(7)：9-12.

[126] 孔祥智.2009年中国三农前景报告 [M]. 北京：中国时代经济出版社，2009.

[127] 雷家宏.中国古代的乡里生活 [M]. 北京：商务印书馆，2017.

[128] 雷明.向变而生乡村重构："熟人社会"到"陌新社会"——兼论乡村社区新型共同体建构 [J]. 社会科学家，2024(1)：9-14.

[129] 李德荃.关于我国农村信贷缺口的估计 [J]. 东岳论丛，2017，38(10)：

75-85.

[130] 李海峰.生态文明视角下传统村落的保护与开发实践 [J].环境工程，2023，41(5)：254-255.

[131] 李建民，董磊明.经济分化与宗族的"外强 - 中干"——以珠三角地区为研究对象 [J].中国农业大学学报（社会科学版），2019，36(3)：91-102.

[132] 李建兴.乡村变革与乡贤治理的回归 [J].浙江社会科学，2015(7)：82-87，158.

[133] 李晶石，吴义虎，郑金宇.金融支持农垦盘活土地要素 [J].中国金融，2021(4)：90-91.

[134] 李君，李小建.河南中收入丘陵区村庄空心化微观分析 [J].中国人口·资源与环境，2008(1)：170-175.

[135] 李兰芬.国家认同视域下的公民道德建设 [J].中国社会科学，2014(12)：4-21，205.

[136] 李玲，江宇.毛泽东医疗卫生思想和实践及其现实意义 [J].现代哲学，2015(5)：39-43，106.

[137] 李旻，赵连阁.农业劳动力"女性化"现象及其对农业生产的影响——基于辽宁省的实证分析 [J].中国农村经济，2009(5)：61-69.

[138] 李培林，李炜.农民工在中国转型中的经济地位和社会态度 [J].社会学研究，2007(3)：1-17，242.

[139] 李强.影响中国城乡流动人口的推力与拉力因素分析 [J].中国社会科学，2003，1(5)：125-136.

[140] 李俏，贾春帅.合作社带动农村产业融合的政策、动力与实现机制 [J].西北农林科技大学学报（社会科学版），2020，20(1)：33-41.

[141] 李荣彬，张丽艳.流动人口身份认同的现状及影响因素研究——基于我国 106 个城市的调查数据 [J].人口与经济，2012(4)：78-86.

[142] 李锐.乡村振兴战略视域下农村优秀家风建设研究 [D].昆明：昆明理工大学，2021.

[143] 李少民.解决农村土地撂荒问题的财政对策 [J].经济研究参考，2017(54)：18-20.

[144] 李夏伟.我国城乡金融不平衡发展对城乡收入差距的影响——基于 1978—2019 年省级面板数据的分析 [J].世界经济文汇，2023，274(3)：99-120.

[145] 李行健，曹聪孙，云景魁.新词新语词典 [M].北京：语文出版社，1989.

[146] 李亚雄，安连朋.脱嵌与嵌入：农村留守老人养老从家庭养老到互助养老的嬗变——以陕西省凤翔县 Z 村为个案 [J].理论月刊，2021(9)：104-112.

[147] 李长莉 . 晚清上海社会的变迁：生活与伦理的近代化 [M]. 天津：天津人民出版社，2002.

[148] 李壮 . 乡村振兴中村企"双向借力"模式及其共富效应 [J]. 西南民族大学学报 (人文社会科学版)，2023，44(2)：189-197.

[149] 李子联 . 人口城镇化滞后于土地城镇化之谜——来自中国省际面板数据的解释 [J]. 中国人口·资源与环境，2013，23(11)：94-101.

[150] 厉以宁 . 走向城乡一体化：建国 60 年城乡体制的变革 [J]. 北京大学学报（哲学社会科学版），2009，46(6)：5-19.

[151] 连晓佳，童耀南 . 后营村：以牧羊起家的民宿村 [J]. 新农村，2022(9)：19.

[152] 梁漱溟 . 乡村建设理论 [M]. 上海：上海人民出版社，2011.

[153] 梁漱溟 . 中国文化要义 [M]. 上海：上海世纪出版集团，2005.

[154] 刘爱玉 . 城市化过程中的农民工市民化问题 [J]. 中国行政管理，2012(1)：112-118.

[155] 刘贝贝，青平，肖述莹，等 . 食物消费视角下祖辈隔代溺爱对农村留守儿童身体健康的影响——以湖北省为例 [J]. 中国农村经济，2019(1)：32-46.

[156] 刘传江 . 新生代农民工的特点、挑战与市民化 [J]. 人口研究，2010，34(2)：34-39，55-56.

[157] 刘国华 . 我国家庭暴力法律救济体系探讨 [J]. 学术交流，2006(8)：47-49.

[158] 刘豪兴 . 农村社会学 [M].2 版 . 北京：中国人民大学出版社，2008.

[159] 刘洪彪，甘辉 . 新农村建设中"空心村"的整治 [J]. 农业现代化研究，2007，28(5)：586-588.

[160] 刘佳，王玥玮 . 学校劳动教育课程建设的"乡村思路"[J]. 中国教育学刊，2021(6)：71-75.

[161] 刘坚 . 旧中国扫盲识字教育评介 [C]// 中央教育科学研究所，中国教育学会教育史分会，中国地方教育史志研究会 . 纪念《教育史研究》创刊二十周年论文集（6），2009.

[162] 刘建娥，凌巍 . 中国县域城镇化再抉择——社会性流动的重大转向与系统性构建 [J]. 社会学研究，2023，38(3)：23-44，226-227.

[163] 刘建荣，邱正文 . 村民自治背景下的村两委关系 [J]. 湘潭师范学院学报（社会科学版），2006(1)：68-70.

[164] 刘娟，孙素芬，孟鹤 . 乡村能人促进专业合作组织发展的动因·优势与对策 [J]. 安徽农业科学，2010(11)：5900-5901.

[165] 刘丽华，冯程 . 从"遮蔽"到"在场"：短视频赋能乡村故事传播探究 [J]. 传媒论坛，2022，5(23)：64-67.

[166] 刘士勤 . 读报手册 [M]. 北京：北京语言学院，1981.

[167] 刘守英，王一鸽. 从乡土中国到城乡中国——中国转型的乡村变迁视角 [J]. 管理世界，2018，34(10)：128-146，232.

[168] 刘铁芳. 乡村的终结与乡村教育的文化缺失 [J]. 书屋，2006(10)：45-49.

[169] 刘铁梁. 村落——民俗传承的生活空间 [J]. 北京师范大学学报（社会科学版），1996(6)：42-48.

[170] 刘文静. 社会保障与精准扶贫如何"牵手"互动 [J]. 中国社会保障，2017(8)：50.

[171] 刘馨秋，王思明. 中国传统村落保护的困境与出路 [J]. 中国农史，2015，34(4)：99-110.

[172] 刘彦随，刘玉，翟荣新. 中国农村空心化的地理学研究与整治实践 [J]. 地理学报，2009，64(10)：1193-1202.

[173] 刘彦随. 中国新时代城乡融合与乡村振兴 [J]. 地理学报，2018，73(4)：637-650.

[174] 刘越山. 喜看"航民村"的共同富裕路 [J]. 经济，2022(10)：75-79.

[175] 柳兆春. 现代农业产业园经营不良的原因分析 [J]. 现代园艺，2017(19)：36-37.

[176] 龙花楼，李裕瑞，刘彦随. 中国空心化村庄演化特征及其动力机制 [J]. 地理学报，2009(10)：1203-1213.

[177] 卢建新. 农村家庭资产与消费：来自微观调查数据的证据 [J]. 农业技术经济，2015(1)：84-92.

[178] 卢良恕，刘志澄，信乃诠. 建设农业科技创新体系 加快农业现代化进程 [J]. 求是，2000(8)：54-55.

[179] 陆铭，陈钊. 城市化、城市倾向的经济政策与城乡收入差距 [J]. 经济研究，2004(6)：50-58.

[180] 陆铭. 玻璃幕墙下的劳动力流动——制度约束、社会互动与滞后的城市化 [J]. 南方经济，2011(6)：23-37.

[181] 陆益龙，陈小锋. 新时代的中国乡村振兴之路 [J]. 中国农业大学学报（社会科学版），2019，36(3)：9-17.

[182] 陆益龙. 户口还起作用吗——户籍制度与社会分层和流动 [J]. 中国社会科学，2008(1)：149-162，207-208.

[183] 路遥. 中国民间信仰研究述评 [M]. 上海：上海人民出版社，2012.

[184] 罗其友，伦闰琪，杨亚东，等. 我国乡村振兴若干问题思考 [J]. 中国农业资源与区划，2019，40(2)：1-7.

[185] 雒珊. 作为平台的村庄：资本下乡"经营村庄"及其后果 [J]. 中国农业大学学报（社会科学版），2023，40(4)：114-127.

[186] 吕书正. 中国现代化进程中的小康社会：小康社会在社会主义初级阶段

的历史地位研究 [M]. 郑州：河南大学出版社，2004.

[187] 马媛. 乡村振兴战略背景下美丽乡村建设与发展 [J]. 新农业，2023，985(4)：90-91.

[188] 韦伯. 经济与社会：第一卷 [M]. 阎克文，译. 上海：上海人民出版社，2010.

[189] 韦伯. 儒教与道教 [M]. 洪天富，译. 南京：江苏人民出版社，2003.

[190] 韦伯. 中国的宗教：宗教与世界 [M]. 康乐，简惠美，译. 桂林：广西师范大学出版社，2004.

[191] 马良灿，康宇兰. 是"空心化"还是"空巢化"？——当前中国村落社会存在形态及其演化过程辨识 [J]. 中国农村观察，2022(5)：123-139.

[192] 毛少君. 中国宗族制度的历史沿革及其重要内容 [J]. 浙江社会科学，1992(4)：30-34.

[193] 毛世平，张琳，何龙娟，等. 我国农业农村投资状况及未来投资重点领域分析 [J]. 农业经济问题，2021(7)：47-56.

[194] 毛泽东. 毛泽东选集 [M]. 北京：人民出版社，1991.

[195] 缪凯. 现阶段宗族力量在乡村治理中的作用研究 [J]. 新西部（理论版），2009(4)：11，12.

[196] 聂诚果. 美丽乡村建设中基层政府生态职能研究 [D]. 绵阳：西南科技大学，2023.

[197] 宁华宗. 共生的秩序：当代中国乡村治理的生态与路径 [D]. 武汉：华中师范大学，2014.

[198] 农业部农村经济体制与经营管理司课题组，张红宇. 农业供给侧结构性改革背景下的新农人发展调查 [J]. 中国农村经济，2016(4)：2-11.

[199] 欧阳慧. 改革开放三十年我国农村劳动力转移政策演变路径 [J]. 经济研究参考，2010(23)：14-17.

[200] 潘淑贞，王红. 家族企业的宗族集群化经营机理——对菲律宾华人企业的经济人类学考察 [J]. 湖北民族学院学报 (哲学社会科学版)，2019，37(4)：138-145.

[201] 庞涛，朱荔丽. 新农村建设语境下非物质文化遗产数字化保护 [J]. 包装工程，2015，36(10)：28-31.

[202] 彭新万，张凯. 中部地区农民工回流趋势与政策选择 [J]. 江西社会科学，2017，37(6)：230-235.

[203] 钱杭，谢维扬. 宗族问题：当代中国农村研究的一个视角 [J]. 社会科学，1990(5)：21-24，28.

[204] 钱杭. 关于当代中国农村宗族研究的几个问题 [M]// 钱杭. 宗族的传统建构与现代转型. 上海：上海人民出版社，2011.

[205] 钱杭.农村家庭的结构变动与当代宗族的转型[M]//钱杭.宗族的传统建构与现代转型.上海：上海人民出版社，2011.

[206] 钱龙，卢海阳，钱文荣.身份认同影响个体消费吗？——以农民工在城文娱消费为例[J].南京农业大学学报(社会科学版)，2015，15(6)：51-60，138.

[207] 钱再见，汪家焰."人才下乡"：新乡贤助力乡村振兴的人才流入机制研究——基于江苏省L市G区的调研分析[J].中国行政管理，2019(2)：92-97.

[208] 潜苗金.禮記譯注[M].杭州：浙江古籍出版社，2007.

[209] 邱炳皓.古田镇的创业之路[M].厦门：鹭江出版社，1993.

[210] 曲福田.中国工业化、城镇化进程中的农村土地问题研究[M].北京：经济科学出版社，2010.

[211] 瞿同祖.中国法律与中国社会[M].北京：中华书局，2003.

[212] 全国妇联权益部.维护农村妇女土地权益报告[M].北京：社会科学文献出版社，2013.

[213] 全伟，郑红梅，庄翠珍.抓好农业科技类认定推进云南高原特色农业科技创新[J].云南科技管理，2013，26(4)：15-18.

[214] 任卓，秦玉友.乡村学校劳动教育课程开发：深层困境与路径选择[J].河北师范大学学报(教育科学版)，2023，25(3)：116-121.

[215] 阮荣平，周佩，郑风田."互联网+"背景下的新型农业经营主体信息化发展状况及对策建议——基于全国1394个新型农业经营主体调查数据[J].管理世界，2017(7)：50-64.

[216] 尚晓元.中国国民的自我抑制型人格——商品经济中的市民心态剖析[M].昆明：云南人民出版社，1989.

[217] 沈熙政.农村集体资产的公共性之维及其价值实现[J].农业经济，2022(1)：43-45.

[218] 沈筱芳.党的领导与基层社会治理研究[D].北京：中共中央党校，2017.

[219] 沈延生.村政的兴衰与重建[J].战略与管理，1998(6)：1-34.

[220] 盛来运.中国农村劳动力外出的影响因素分析[J].中国农村观察，2007(3)：2-15，80.

[221] 石帆.中国邮票集锦：1878-1981[M].北京：外文出版社，1983.

[222] 石淑华，吕阳.中国特色城镇化：学术内涵、实践探索和理论认识[J].江苏社会科学，2015(4)：50-57.

[223] 石义彬，邱立.弱者的力量：生命历程视域下留守妇女的社交媒体赋权[J].新闻与传播评论，2021，74(5)：13-27.

[224] 时聪聪.资源因素、文化规范和城乡家庭夫妻权力[D].南京：南京大学，2012.

[225] 史卫民，同童．乡村振兴下工商资本下乡的主要风险及防范 [J]．西北民族大学学报（哲学社会科学版），2023(2)：97-110．

[226] 宋金平，王恩儒．中国农业剩余劳动力转移的模式与发展趋势 [J]．中国人口科学，2001(6)：46-50．

[227] 宋文兴．中国基层政府政策执行中宗族影响探析 [D]．哈尔滨：黑龙江大学，2021．

[228] 苏红键．中国流动人口城市落户意愿及其影响因素研究 [J]．中国人口科学，2020(6)：66-77，127．

[229] 苏奇，游珊珊，陈斌卿，等．"新三农"问题的出现和破局之策 [J]．山西农经，2022(19)：20-22．

[230] 孙迪亮，宋晓蓓．新乡贤参与乡村社会治理的理据分析 [J]．科学社会主义，2018(1)：105-110．

[231] 孙鹤．乡村振兴战略实践路径 [M]．北京：社会科学文献出版社，2020．

[232] 孙武军，徐乐，王轶．外出创业经历能提升返乡创业企业的经营绩效吗？——基于 2139 家返乡创业企业的调查数据 [J]．统计研究，2021，38(6)：57-69．

[233] 孙晓宁，甄瑾慧．农村居民数字贫困成因、状态及其关系结构研究——基于山西省晋中市的田野调查 [J]．中国图书馆学报，2022，48(3)：112-129．

[234] 孙运宏，鲍磊．中国农村公共文化建设的政策演进及其逻辑理路 (1949-2022)[J]．学海，2023(2)：12-20．

[235] 谭深．中国农村留守儿童研究述评 [J]．中国社会科学，2011(1)：138-150．

[236] 唐皇凤．中国国家治理体系现代化的路径选择 [J]．福建论坛（人文社会科学版），2014(2)：20-26．

[237] 唐鸣，张昆．论农村村级组织负责人党政"一肩挑" [J]．当代世界社会主义问题，2015(1)：3-26．

[238] 唐任伍，孟娜，刘洋．关系型社会资本："新乡贤"对乡村振兴战略实施的推动 [J]．治理现代化研究，2021，37(1)：36-43．

[239] 唐宗力．农民进城务工的新趋势与落户意愿的新变化——来自安徽农村地区的调查 [J]．中国人口科学，2015(5)：113-125，128．

[240] 田方舟．论传统村落保护发展的困境与出路——以乡村振兴中的风险社会治理为视角 [J]．吉首大学学报（社会科学版），2023，44(5)：151-160．

[241] 田柳．江阴杏林春秋 [M]．上海：上海古籍出版社，2011．

[242] 托克维尔．论美国的民主 [M]．北京：商务印书馆，1996．

[243] 万建中．民间文学引论 [M]．北京：北京大学出版社，2006．

[244] 万斯大．学礼质疑·宗法八 [M]．长沙：岳麓书社，2012．

[245] 汪淳玉，吴惠芳．乡村振兴视野下的困境留守妇女 [J]. 中国农业大学学报（社会科学版），2020(4)：93-100.

[246] 汪三贵，刘湘琳，史识洁，等．人力资本和社会资本对返乡农民工创业的影响 [J]. 农业技术经济，2010(12)：4-10.

[247] 王爱华，王明锐，姚晶晶．乡村振兴战略下茂名市美丽乡村建设发展现状与对策研究 [J]. 绿色科技，2023，25(13)：243-249，269.

[248] 王彩波．经济起飞与政治发展——东亚新兴工业化国家与地区政治经济发展研究 [M]. 长春：吉林教育出版社，1998.

[249] 王春光．县域社会学研究的学科价值和现实意义 [J]. 中国社会科学评价，2020(1)：36-46，157-158.

[250] 王春光．新生代农民工城市融入进程及问题的社会学分析 [J]. 青年探索，2010(3)：5-15.

[251] 王锋德，李斯华，肖俊华．我国农机装备产业现状及发展建议 [J]. 中国农机装备，2023(7)：81-85.

[252] 王桂新，沈建法，刘建波．中国城市农民工市民化研究——以上海为例 [J]. 人口与发展，2008(1)：3-23.

[253] 王海娟，夏柱智．资本下乡与以农民为主体的乡村振兴模式 [J]. 思想战线，2022，48(2)：146-154.

[254] 王沪宁．当代中国村落家族文化 [M]. 上海：上海人民出版社，1991.

[255] 王杰，蔡志坚，秦希．外出务工经历对农村家庭非农创业绩效的影响研究——基于 CHFS 的实证分析 [J]. 经济与管理，2021，35(6)：43-51.

[256] 王杰秀，安超．"元问题"视域下中国养老服务体系的改革与发展 [J]. 社会保障评论，2020，4(3)：62-76.

[257] 王景新．乡村建设的历史类型、现实模式和未来发展 [J]. 中国农村观察，2006(3)：46-53，59.

[258] 王军，朱杰，罗茜．中国数字经济发展水平及演变测度 [J]. 数量经济技术经济研究，2021，38(7)：26-42.

[259] 王君昌．社会工作介入农村家庭暴力的具体策略研究——基于社会心理学视角 [J]. 云南农业大学学报 (社会科学版)，2018，12(5)：42-48.

[260] 王鸾凤，朱小梅，吴秋实．农村金融扶贫的困境与对策——以湖北省为例 [J]. 国家行政学院学报，2012(6)：99-103.

[261] 王铭铭．村落视野中的文化与权力：闽台三村五论 [M]. 增订版．北京：商务印书馆，2021.

[262] 王秋玉．"非物质文化遗产 + 旅游"对农村经济增长的驱动与实施 [J]. 农业经济，2022(8)：57-59.

[263] 王绍琛，周飞舟．打工家庭与城镇化——一项内蒙古赤峰市的实地研究

[J]. 学术研究，2016(1)：69-76，177.

[264] 王绍光. 学习机制与适应能力：中国农村合作医疗体制变迁的启示 [J]. 中国社会科学，2008(6)：111-133，207.

[265] 王申贺. 当代中国社会结构论 [M]. 北京：中国展望出版社，1991.

[266] 王西玉，崔传义，赵阳. 打工与回乡：就业转变和农村发展——关于部分进城民工回乡创业的研究 [J]. 管理世界，2003(7)：99-109，155.

[267] 王先明，李伟中.20 世纪 30 年代的县政建设运动与乡村社会变迁——以五个县政建设实验县为基本分析样本 [J]. 史学月刊，2003(4)：90-98，104.

[268] 王轶. 西部农民工返乡创业的就业效应 [J]. 中南民族大学学报（人文社会科学版），2023，43(6)：111-120，185.

[269] 王颖，戚英雷. 乡村振兴战略下农村企业发展问题及对策研究 [J]. 时代经贸，2018(25)：41-42.

[270] 王颖. 新集体主义：乡村社会的再组织 [M]. 北京：经济管理出版社，1996.

[271] 王玉娟. 农村空心化背景下留居农民参与村级公共事务路径思考 [J]. 理论与改革，2011(5)：101-102.

[272] 魏后凯，王贵荣. 农村绿皮书：中国农村经济形势分析与预测（2022~2023）[M]. 北京：社会科学文献出版社，2023.

[273] 魏后凯. 如何走好新时代乡村振兴之路 [J]. 人民论坛·学术前沿，2018，139(3)：14-18.

[274] 魏括. "互联网＋"时代农村企业财务管理模式创新思路 [J]. 农家参谋，2017(21)：216.

[275] 温铁军. ""三农"问题"：世纪末的反思 [J]. 读书，1999(12)：3-11.

[276] 温艳青. 断裂与重建：大流动时代乡村家庭情感互动研究 [D]. 重庆：西南大学，2020.

[277] 翁有为. 从 20 世纪三四十年代乡村的生存与出路看社会转型问题 [J]. 史学月刊，2013，397(11)：15-17.

[278] 邬志辉，秦玉友. 中国农村教育发展报告 2019[M]. 北京：北京师范大学出版社，2020.

[279] 吴惠芳，饶静. 农业女性化对农业发展的影响 [J]. 农业技术经济，2009(2)：55-61.

[280] 吴景超. 唐人街：共生与同化 [M]. 筑生，译. 天津：天津人民出版社，1991.

[281] 吴理财，李芝兰. 乡镇财政及其改革初探 [J]. 中国农村观察，2003(4)：13-24.

[282] 吴玲，张福磊．精准扶贫背景下农村数字化贫困及其治理 [J]. 当代世界社会主义问题，2018，136(2)：28-35.

[283] 吴象．再谈农村改革与发展——农村经济论集之四 [M]. 北京：经济科学出版社，1997.

[284] 吴重庆，张慧鹏．小农与乡村振兴——现代农业产业分工体系中小农户的结构性困境与出路 [J]. 南京农业大学学报（社会科学版），2019，19(1)：13-24，163.

[285] 吴重庆，张慧鹏．以农民组织化重建乡村主体性：新时代乡村振兴的基础 [J]. 中国农业大学学报（社会科学版），2018，35(3)：74-81.

[286] 习近平．把乡村振兴战略作为新时代"三农"工作总抓手 [J]. 求是，2019（11）：4-10.

[287] 习近平．决胜全面建成小康社会 夺取新时代中国特色社会主义伟大胜利——在中国共产党第十九次全国代表大会上的报告 [M]. 北京：人民出版社，2017.

[288] 夏怡然．农民工定居地选择意愿及其影响因素分析——基于温州的调查 [J]. 中国农村经济，2010(3)：35-44.

[289] 夏恿．法治是什么——渊源、规诫与价值 [J]. 中国社会科学，1999(4)：117-143，207.

[290] 夏柱智，贺雪峰．半工半耕与中国渐进城镇化模式 [J]. 中国社会科学，2017(12)：117-137，207-208.

[291] 萧放．重返乡土：中国乡土价值的再认识 [J]. 西北民族研究，2023(3)：83-93.

[292] 萧淑贞．生态乡村 [M]. 石家庄：河北人民出版社，2019.

[293] 肖琴，罗其友．国家现代农业产业园建设现状、问题与对策 [J]. 农业工程技术，2020，40(12)：27-31.

[294] 肖文韬．乡村的变迁逻辑、发展困境与振兴之路 [J]. 中南民族大学学报（人文社会科学版），2020，40(5)：128-132.

[295] 谢晖．当代中国的乡民社会、乡规民约及其遭遇 [J]. 东岳论丛，2004(4)：49-56.

[296] 徐海娇．劳动教育的价值危机及其出路探析 [J]. 国家教育行政学院学报，2018，250(10)：22-28.

[297] 徐海娇．意义生活的完整性：人工智能时代劳动教育何以必要与何以可为 [J]. 国家教育行政学院学报，2019(11)：88-95.

[298] 徐俊六．都市与乡村的异构："李子柒现象"之人类学解读 [J]. 西北民族大学学报（哲学社会科学版），2021(1)：59-67.

[299] 徐良梅，朱炳祥．"宗族弱化"的历史原因探析 [J]. 武汉大学学报（哲学

社会科学版），2005(6)：866-871.

[300] 徐茂明 . 明清以来乡绅、绅士与士绅诸概念辨析 [J]. 苏州大学学报，2003(1)：98-101.

[301] 徐晓全 . 新型社会组织参与乡村治理的机制与实践 [J]. 中国特色社会主义研究，2014(4)：86-89.

[302] 徐勇，邓大才 . 社会化小农：解释当今农户的一种视角 [J]. 学术月刊，2006(7)：5-13.

[303] 徐勇，赵德健 . 找回自治：对村民自治有效实现形式的探索 [J]. 华中师范大学学报（人文社会科学版），2014，53(4)：1-8.

[304] 徐勇 . 国家整合与社会主义新农村建设 [J]. 社会主义研究，2006(1)：3-8.

[305] 徐勇 . 县政、乡派、村治：乡村治理的结构性转换 [J]. 江苏社会科学，2002(2)：27-30.

[306] 徐勇 . 挣脱土地束缚之后的乡村困境及应对 —— 农村人口流动与乡村治理的一项相关性分析 [J]. 华中师范大学学报 (人文社会科学版)，2000(2)：5-11.

[307] 徐勇 . 中国家户制传统与农村发展道路——以俄国、印度的村社传统为参照 [J]. 中国社会科学，2013(8)：102-123，206-207.

[308] 许传新 . 农民工的进城方式与职业流动——两代农民工的比较分析 [J]. 青年研究，2010(3)：1-12，94.

[309] 许红红 . 中国农村家庭权力结构变迁分析 [D]. 太原：山西师范大学，2014.

[310] 许萍，郑金龙，孟蕊，等 . 国家现代农业产业园发展特点及展望 [J]. 农业展望，2018(8)：25-28.

[311] 严旭阳，汤利华，杨一介 . 城乡关系视野下的空心村功能重构：动力与机理——北京密云干峪沟村"重生"案例研究 [J]. 管理评论，2020，32(4)：325-336.

[312] 阎万英，尹英华 . 中国农业发展史 [M] 天津：天津科学技术出版社，1992.

[313] 阎云翔 . 私人生活的变革：一个中国村庄里的爱情、家庭与亲密关系（1949—1999）[M]. 龚小夏，译 . 上海：上海书店出版社，2009.

[314] 颜晨，李磊 . 农村家风建设在乡村社会治理中的协同作用研究 [J]. 西昌学院学报 (社会科学版)，2021，33(4)：54-60.

[315] 晏阳初 . 晏阳初文集 [M]. 成都：四川教育出版社，1990.

[316] 杨春艳 . 宗族与反哺：乡土景观建设中的礼制实践 [J]. 百色学院学报，2018(3)：25-29.

[317] 杨华 . 私密生活的兴起与农村年轻女性的个体化构建——以豫东马庄调查为例 [J]. 中国青年研究，2018(7)：39，82-89.

[318] 杨华.隐藏的世界 [M].北京：社会科学文献出版社，2012.

[319] 杨沛英.创新农村社会管理 [M].北京：社会科学文献出版社，2012.

[320] 杨穗，赵小漫.走向共同富裕：中国社会保障再分配的实践、成效与启示 [J].管理世界，2022，38(11)：43-56.

[321] 杨晓军，陈浩.中国城乡基本公共服务均等化的区域差异及收敛性 [J].数量经济技术经济研究，2020，37(12)：127-145.

[322] 杨晓曦.宗族视角下的乡村治理现代化——以河南省 X 村为例 [J].郑州大学学报 (哲学社会科学版)，2015，48(3)：28-31.

[323] 杨亚东，罗其友，杜娅婷，等.乡村振兴背景下的"产—景—村"融合发展：现状与对策 [J].中国农业资源与区划，2021，42(3)：232-239.

[324] 杨衍.宗族组织参与乡风文明建设研究 [D].蚌埠：安徽财经大学，2021.

[325] 杨竹，陈鹏.转型期农民工外出就业动机及代际差异——来自珠三角、长三角及中西部地区农民工的实证调查分析 [J].农村经济，2009(9)：15-19.

[326] 叶继红.就地城镇化还是异地城镇化——论中国城镇化的"两基 - 多维"模式 [J].国研纪要，2022(3)：19-35.

[327] 叶敬忠，贺聪志，吴惠芳，等.留守中国 [M].北京：社会科学文献出版社，2010.

[328] 叶敬忠，吴惠芳，孟祥丹.中国农村留守人口 [M].北京：社会科学文献出版社，2015.

[329] 叶兴庆，殷浩栋.从消除绝对贫困到缓解相对贫困：中国减贫历程与2020 年后的减贫战略 [J].改革，2019(12)：5-15.

[330] 叶兴庆.积极推进农产品市场体系建设 [J].中国农村经济，2000(8)：29-35.

[331] 易卓，桂华.从"半工半耕"到"半城半乡"：农民城镇化的阶段与策略 [J].江汉学术，2022，41(1)：52-61.

[332] 李永亮.激活与渗透：新时代劳动教育的行动应答 [J].人民教育，2020(3)：34-36.

[333] 尤鑫.农村女性家庭权力变迁背景下家庭养老资源供给研究 [D].武汉：华中农业大学，2014.

[334] 游建刚.浅析如何解决农业生产中的土地撂荒问题 [J].山东农机化，2020(6)：34-35.

[335] 于大川，李培祥，杨永贵.农村医疗保险制度的增收与减贫效应评估——基于 CHNS(2015) 数据的实证分析 [J].农业经济与管理，2019(5)：35-45.

[336] 余佳，丁金宏.中国户籍制度的政策效应、改革取向与步骤选择 [J].华

东师范大学学报 (哲学社会科学版)，2010，42(4)：65-70，74.

[337] 俞可平，徐秀丽 . 中国农村治理的历史与现状——以定县、邹平和江宁为例的比较分析 [J]. 经济社会体制比较，2004(2)：13-26.

[338] 郁建兴，任杰 . 中国基层社会治理中的自治、法治与德治 [J]. 学术月刊，2018，50(12)：64-74.

[339] 袁建涛 . 乡村振兴背景下农村非物质文化遗产保护困境与突破之策 [J]. 邵阳学院学报 (社会科学版)，2021，20(4)：38-43.

[340] 袁学骏，李保祥 . 耿村民间文化大观 [M]. 北京：北京图书馆出版社，1999.

[341] 袁媛，王一晟，刘彬 . 宗族文化是否影响企业并购决策？——来自上市家族企业的证据 [J]. 外国经济与管理，2022，44(5)：136-152.

[342] 岳成浩，吴培豪 . 重构抑或消亡：乡村振兴背景下宗族功能再定位研究 [J]. 西北大学学报 (哲学社会科学版)，2019，49(3)：52-57.

[343] 岳永逸 . 朝山——庙会的聚与散，映射出的民间的生活与信仰 [M]. 北京：北京大学出版社，2017.

[344] 岳永逸 . 行好：乡土的逻辑与庙会 [M]. 杭州：浙江大学出版社，2014.

[345] 臧艺兵 . 民歌与安魂 [M]. 北京：商务印书馆，2009.

[346] 罗西瑙 . 没有政府的治理 [M]. 张胜军，刘小林，等译 . 南昌：江西人民出版社，2001.

[347] 张百顺，黄世欣 . 宗祠文化在农村社会治理中的作用及其合理开发 [J]. 百色学院学报，2020，33(6)：89-93.

[348] 张川川，GILES J，赵耀辉 . 新型农村社会养老保险政策效果评估——收入、贫困、消费、主观福利和劳动供给 [J]. 经济学 (季刊)，2015，14(1)：203-230.

[349] 张端 . 新中国成立以来中国农民的变迁及走向 [D]. 北京：中共中央党校，2013.

[350] 张华泉 . 我国 71 年农村科技扶贫变迁历程及演化进路研究 [J]. 科技进步与对策，2020，37(15)：18-27.

[351] 张杰，李可立 . 中国城市化背景下村落"空心化"形成机制及调控研究 [J]. 开发研究，2010(6)：101-103.

[352] 张劲松，骆勇 . 论农村村民政治冷漠的成因及消解 [J]. 理论探讨，2006(5)：25-28.

[353] 张康之 . 论新型社会治理模式中的社会自治 [J]. 南京社会科学，2003(9)：39-44.

[354] 张奎力 . 赤脚医生与社区医患关系——以社会资本理论为分析范式 [J]. 社会主义研究，2014(6)：119-127.

[355] 张良 . 中国农业生产资料价格稳定性研究——基于种子等农业生产资料的分析 [J]. 价格月刊，2022(12)：41-45.

[356] 张露露，任中平 . 乡村治理视阈下现代乡贤培育和发展探讨 [J]. 广州大学学报 (社会科学版)，2016(8)：57-63.

[357] 张琦，张艳荣 . 以农业社会化服务破解土地撂荒难题 [J]. 人民论坛，2023(5)：87-92.

[358] 张瑞娟，高鸣 . 新技术采纳行为与技术效率差异——基于小农户与种粮大户的比较 [J]. 中国农村经济，2018 (5)：84-97.

[359] 张森，王思萍，陈新岗 . 精耕细作：中国传统农耕文化 [M]. 济南：山东大学出版社，2017.

[360] 张新光 . "小农"概念辨析——兼论我国现行小农经济的弊端与改革取向 [J]. 现代财经 (天津财经大学学报)，2011，31(12)：5-15.

[361] 国家卫生健康委员会 .2019 中国卫生健康统计年鉴 [M]. 北京：中国协和医科大学出版社，2019.

[362] 张学珍，赵彩杉，董金玮，等 .1992—2017 年基于荟萃分析的中国耕地撂荒时空特征 [J]. 地理学报，2019，74(3)：411-420.

[363] 张勋，万广华 . 中国的农村基础设施促进了包容性增长吗 ?[J]. 经济研究，2016，51(10)：82-96.

[364] 张叶连 . 城郊农民半工半耕生计模式分析——以广西良庆镇 A 村为例 [J]. 农业与技术，2021，41(23)：178-180.

[365] 张翼 . 农民工"进城落户"意愿与中国近期城镇化道路的选择 [J]. 中国人口科学，2011(2)：14-26，111.

[366] 张元红 . 论中国农业税制改革 [J]. 中国农村经济，1997(12)：4-11，16.

[367] 张在一，毛学峰 ."互联网 +"重塑中国农业：表征、机制与本质 [J]. 改革，2020(7)：134-144.

[368] 张仲雯 . 乡村振兴战略的实施与农村企业管理的规范化发展 [J]. 农业经济，2019(4)：41-43.

[369] 张竺鹏 . 我国农村劳动力转移培训的发展现状与实施对策 [J]. 职教论坛，2005(28)：29-33.

[370] 张祝华 . 优化农村地区生活性服务业发展 [J]. 北京观察，2023(1)：65.

[371] 赵晨晓，董志勇 . 父母外出务工与农村留守儿童健康——基于 CFPS 微观证据的考察 [J]. 湖北社会科学，2021(2)：59-65.

[372] 赵凤敏，郭素芳，王临虹，等 . 中国农村地区已婚妇女家庭暴力发生情况及其相关知识调查 [J]. 中华流行病学杂志，2006(8)：664-668.

[373] 赵怀让 . 改革与发展研究 [M]. 郑州：河南大学出版社，1998.

[374] 赵莉，刘屾续 . 新时代青年农民工人力资本状况及对策研究——以北京

市第三产业青年农民工为例 [J]. 中国青年社会科学，2020，39(6)：91-100.

[375] 赵树凯. 乡村治理：组织和冲突 [J]. 战略与管理，2003(6)：1-8.

[376] 赵霞. 传统乡村文化的秩序危机与价值重建 [J]. 中国农村观察，2011(3)：80-86.

[377] 赵秀玲. 乡村文化振兴与新乡贤再造 [J]. 河北学刊，2023，43(4)：167-175.

[378] 赵旭东. 否定的逻辑：反思中国乡村社会研究 [M]. 北京：民族出版社，2008.

[379] 郑春风. 乡村家庭、儿童手机实践与父母媒介干预困境——基于 GH 乡的民族志考察 [J]. 新闻记者，2022(2)：71-82.

[380] 郑坤，梁玉琴. 我国现代农业产业园发展历程及未来趋势 [J]. 现代农业科技，2019(23)：237-239.

[381] 郑坤，田乙慧，区红星，等. 基于农村产业融合发展的现代农业园区规划研究——以广西来宾农村产业融合示范园为例 [J]. 农村经济与科技，2018，29(3)：23-26.

[382] 郑有贵.1978—2012 年中国农村发展变迁及其原因 [J]. 中国农史，2016，35(4)：115-123.

[383] 中共中央文献研究室. 建国以来重要文献选编：第 20 册 [M]. 北京：中国文献出版社，2011.

[384] 中国人民银行上饶市中心支行课题组. 我国农村融资现实审视与制度重构 [J]. 金融研究，2006(1)：149-159.

[385] 中国语言文字使用情况调查领导小组办公室. 中国语言文字使用情况调查资料 [M]. 北京：语文出版社，2006.

[386] 中华人民共和国国家统计局. 中国统计年鉴 2022[M]. 北京：中国统计出版社，2022.

[387] 周大鸣，等. 当代华南的宗族与社会 [M]. 哈尔滨：黑龙江人民出版社，2003.

[388] 周飞舟，吴柳财，左雯敏，等. 从工业城镇化、土地城镇化到人口城镇化：中国特色城镇化道路的社会学考察 [J]. 社会发展研究，2018，5(1)：42-64，243.

[389] 周士锋，王旭东，赵国芳. 城郊休闲观光农业园规划初探——以洛阳市太阳雨休闲观光农业园为例 [J]. 江西农业学报，2011，23(5)：32-35.

[390] 周晓光. 农村未婚老人的生活质量及提升对策研究 [J]. 中国软科学，2021（1)：174-183.

[391] 朱承. 儒家的如何是好 [M]. 桂林：广西师范大学出版社，2016.

[392] 朱方林，朱大威.江苏省盘活利用闲置宅基地的典型模式与实现路径 [J].农业经济，2021(11)：102-104.

[393] 朱桂琴.农村"留守女性"心理健康状况调查与思考 [J].天中学刊，2006 (8)：135-137.

[394] 朱启臻，鲁可荣.中国"三农"问题研究（之二）——乡村旅游与农村社区发展 [M].北京：中国农业大学出版社，2008.

[395] 朱秋博，张萌，白军飞.数字之利与数字之弊：短视频对农村居民的影响 [J].西北农林科技大学学报（社会科学版），2023，23(3)：20-33.

[396] 祝秀丽.村落故事讲述活动研究 [M].北京：中国社会科学出版社，2013.

[397] 邹孔华，乔博.农村土地流转与新型农业现代化 [M].郑州：黄河水利出版社，2014.

[398] 左停，赵梦媛，苏青松.聚焦贫困预防：基于贫困边缘人群和新生贫困人群的对策研究 [J].贵州社会科学，2020(9)：147-154.